国家社科基金
GUOJIA SHEKE JIJIN HOUQI ZIZHU XIANGMU
后期资助项目

能源消费结构和产业结构
协调优化机制研究

Research on the Coordination and Optimization of Energy Consumption Structure and Industrial Structure

邹 璇 等著

中国财经出版传媒集团

经济科学出版社
Economic Science Press

国家社科基金后期资助项目
出版说明

后期资助项目是国家社科基金设立的一类重要项目，旨在鼓励广大社科研究者潜心治学，支持基础研究多出优秀成果。它是经过严格评审，从接近完成的科研成果中遴选立项的。为扩大后期资助项目的影响，更好地推动学术发展，促进成果转化，全国哲学社会科学工作办公室按照"统一设计、统一标识、统一版式、形成系列"的总体要求，组织出版国家社科基金后期资助项目成果。

全国哲学社会科学工作办公室

前　言

　　能源消费结构能影响产业投资结构，产业投资结构会影响产业产值结构，而产业产值结构又会进一步回溯影响能源消费结构，从而使得能源消费结构和产业结构之间存在内生互动关系。因此，建立能源消费结构和产业结构协调优化机理及其推进机制，能有力地促进能源消费结构和产业结构之间正向互动优化，是深入践行习近平经济思想、习近平生态文明思想和实现"双碳"目标任务的重要保障。

　　低碳绿色发展是新时代产业高质量转型的重要方向，中国各地只有主动对标"双碳"目标与任务，谋求绿色低碳可持续发展，才能重塑产业竞争优势。本书在第 2 章综述能源消费结构调整、产业结构调整以及两者之间相互影响研究的基础上，第 3 章分析中国能源消费结构、产业结构及两者协调状况。第 4 章探索能源消费结构与产业结构协调优化机理。通过梳理相关理论，建立起能源消费和产业结构协调优化机制理论框架，挖掘能源消费结构与产业结构的单向协调优化机理和双向协调优化机理，探索包括政府管理机制、市场驱动机制和规制诱导机制在内的双向协调优化促进机理。第 5 章分析能源消费结构调整对产业投资结构的协调促进机制。该章基于要素结构和产业结构的关系，构建了包括产业投资、能源消耗与环境污染治理在内的效用最大化和收益最大化模型，并通过消费者均衡和生产者均衡的双均衡分析，挖掘能源消费结构对产业投资结构的内在作用机制，并对其做实证检验。第 6 章分析能源消费结构对制造业结构的协调促进机制。分别从能源消费结构影响制造业结构的激励效应、结构效应、技术效应和空间溢出效应角度挖掘了能源消费结构对制造业结构的内在影响机制，并对这些影响机制做了相应的实证检验。第 7 章分析产业结构对能源消费结构的协调促进机制。分别从产业的行业结构和空间结构角度挖掘产业结构对能源消费结构的影响机制，进而建立产业行业结构和空间结构联动对能源消费结构的影响机制，并基于产业主体利润最大化和消费者效应最大化原则建立能源消费结构对产业结构产生内在作用的理论模型，同时针对机制和理论模型展开实证分析。第8章分析能源消费结构与产业结构双向协调优化促进机制。其中，分析了双向协调优化推进要素——政府宏观调控、市场调节和环境规制三大要素的现状，挖掘了三大要素促进能源消费结构和产业结构双向协调优化的作用机制，并对挖掘的作用机制展开实证检验。第9章测算能源消费结构和产业结构双向协调优化下的理想结构。基于能源消费结构和产业结构的协调优化机制，根据"十四五"规划和2035年远景目标纲要以及2030年、2060年的"双碳"目标任务依次测算出2020～2060年各年能源的理想消费结构、产业的理想能源消费结构（份额）和产业的理想产值结构（份额）。第10章设计能源消费结构与产业结构协调优化的推进机制。基于能源消费结构与产业结构双向协调优化促进机制研究及双向协调优化下理想的能源消费结构和产业结构预测，从协调优化实施原则、目标导向、系列推进机制及政策支点等方面展开推进机制设计。第11章探索能源消费结构与产业结构协调优化路径。分别探索了以能源消费结构调整促进产业投资结构优化、以能源消费结构调整促进制造业结构优化、以产业结构调整促进能源结构优化，以及通过宏观调控、市场调节和环境规制促进能源消费结构与产业结构双向协调优化等路径，并提出了系列具有针对性的政策建议。

该成果是本人与研究生贾蕾玉、王盼、肖薇、杨旭等共同努力下完成的国家社科基金后期资助项目（20FJYB038）结项成果，得到了五位项目匿名评审专家和三位结项匿名评审专家的一致肯定，同也吸收了他们中肯的修改意见，在此一并感谢！

能源消费结构和产业结构协调优化机制纷繁复杂，该成果仅是对其主杆的开创性探索，难免挂一漏万，敬请读者批评指正！

目　　录

第1章 绪 论

1.1 研究背景及意义

1.1.1 研究背景

当今世界面临的百年未有之大变局正在加速演变，新一轮科技革命和产业变革带来前所未有的激烈竞争，气候变化、重大公共突发事件等全球性问题对人类社会带来前所未有的挑战，绿色低碳可持续发展变得异常艰难。然而，绿色低碳可持续发展是新时代能源革命和产业转型的方向，是落实国家"双碳"战略的根本途径。为落实 2030 年"碳中和"、2060 年"碳达峰"的"双碳"目标任务，中华人民共和国国民经济和社会发展第十四个五年规划和 2035 年远景目标纲要多处提到"完善能源消费总量和强度双控制度，重点控制化石能源消费。实施以碳强度控制为主、碳排放总量控制为辅的制度，支持有条件的地方和重点行业、重点企业率先达到碳排放峰值。推动能源清洁低碳安全高效利用，深入推进工业、建筑、交通等领域低碳转型""生产生活方式绿色转型成效显著，能源资源配置更加合理、利用效率大幅提高""促进农业、制造业、服务业、能源资源等产业协调发展""推动煤炭等化石能源清洁高效利用，推进钢铁、石化、建材等行业绿色化改造"等，这就明确告诉我们完成"双碳"战略目标任务必须从能源消费结构调整和产业结构转型双向发力，促使能源消费结构和产业结构协调优化。只有加快能源消费结构和产业结构向绿色低碳方向协调转型，才能实现长期可持续发展。只有大力开发利用新能源和发展绿色低碳产业，才能有效突破化石能源对环境污染的冲击，才能解除能源、环境对产业发展的制约，才能在长远发展过程中掌握主动权和占据有利位置。为此，要牢固树立可持续发展观，打破能源资源瓶颈，彻底改变依靠低成本要素投入、资源环境消耗式的粗放型增长模式，切实推进质量效率型绿色增长模式。要加快产业结构向绿色低碳转型升级，推动传统产业绿色改造，构建绿色低碳产业发展体系。

社会经济活动总是离不开自然资源的开发利用和各类生产活动，中国自改革开放以来，社会经济快速发展，取得了令人瞩目的成绩。与此同时，经济的快速增长和工业化的发展也给资源环境带来了很大的压力，不断增大的工业规模和有限的资源环境之间出现了严重的失衡现象，冲击着社会经济可持续发展。然而，中国依旧处于工业化中期阶段，重工业和交通运输业的快速发展使得能源消耗大幅上升，而中国还会经历一段工业大规模发展、大量消耗能源资源的阶段，工业生产对资源环境的压力依旧会相当大。一直以来，中国的工业发展主要依靠要素驱动，特别是资源投入和投资驱动。2010～2020年，中国的工业企业面临着人力成本和运营成本持续上涨的双重压力，处于价值链低端的企业面临着发展中国家和地区的低成本竞争，处于价值链中高端的企业则需要抵御发达国家的技术输出收紧和供应链脱钩的冲击，在内外发展环境双重趋紧的挤压下，中国的工业企业开始进入一种成本优势逐步削弱与产业转型升级、价值链逐渐攀升与环境与资源失衡并存的新常态。自20世纪90年代开始，中国便着手调整优化能源消费结构，逐步降低化石能源中的煤炭消耗比重，鼓励天然气消费，积极开发和利用新能源（风电、太阳能、地热能等可再生能源、安全核电），从限量定价等方面促进能源消费结构逐渐优化。尤其是党的十八届五中全会把"绿色发展"作为经济发展方式转变的"五大发展"理念之一，强调"绿色是永续发展的必要条件和人民对美好生活追求的重要体现"。可见，环境保护已经从过去被动式的治理，逐渐转向主动式的生态建设和资源优化。中国资源总量虽然比较丰富，但人均资源占有量低，石油、天然气人均储量不到世界平均水平的10%。同时，工业"三废"（废水、废气和固体废弃物）排放量持续高速增长，严重威胁着生态环境。据《2020年国民经济和社会发展统计公报》，2020年，与2019年相比，中国每万元GDP能耗比下降0.1%，全年能源消费总量49.8亿吨标准煤，同比2019年增长2.2%，其中，煤炭增长0.6%，原油增长3.3%，天然气增长7.2%，一次电力增长3.1%。同时，清洁能源（天然气、水电、核电、风电等）消费量占能源消费总量达24.3%，同比上升1.0个百分点，重点耗能工业企业每吨钢综合能耗下降0.3%，每一度火力发电标准煤耗下降0.6%。全国每万元GDP的二氧化碳排放量下降1%。由此可见，中国的能源消耗模式正向更加均衡、合理、可持续的方向转变。但中国的煤炭消费量占总能源消费的 56.8%，而中国大气污染最根本的原因正是煤炭消费量大引起的。截至 2019 年，中国工业废水排放量达 252 亿吨，同比降低 33.3%，工业固体废弃物排放量达 35.4268 亿吨，同比增长 1.7%，2017 年，工业废气排放量达 83.86 万亿亿立方米，且还在持续快速增长。随着近年来技术的提升和治理力度的加大，中国污染物的排放逐年减少，但就世界范围来看，依旧高居榜首。然而，2017 年，中国环境污染治理投资只有 9539 亿元，占 GDP 比重为 1.06%，仅对工业污染的治理起到 0.1% 的作用。工业行业的发展会对周围环境带来很大的负面影响，包括采矿业的矿坑导致的地面沉降，制造业生产过程中产生的酸性废水、废气的排放对地下水和空气的污染，以及生产和供应业对能源的大量消耗造成的周边生物多样性的破坏和带来的水土流失等诸多不良的外部效应。就采矿业而言，煤矿采挖过程中会产生约 20 多种有毒化学物质，并经由排放水的渠道扩大污染范围。因此，对于工业发展水平低下、相关监管不严格的国家，工业的发展会对环境造成无法弥补的损毁，同时影响人类的健康。中国的能源消费结构依旧不平衡，工业发展水平不高，环保投资和监管力度相对不足，煤炭的消耗比重过大，资源环境的压力难以缓解。由中国的资源环境现状来看，能源消费结构的改善、新型能源的开发和普及以及资源环境压力的缓解对中国经济发展转型的实现有着重大现实意义。因此，对于中国工业来说，只有主动适应中国经济发展的"新常态"，做好充足的准备，抓住机遇，加强自主创新，实现绿色、可持续的发展，才能重塑工业竞争优势。

世界第二大经济体高速增长的背后是巨大的能源消费需求，中国 2011 年成为世界第一大能源消费国，根据《中华人民共和国 2020 年国民经济和社会发展统计公报》，到 2020 年，能源消费总量已高达 49.8 亿吨标准煤，已经远远不能自给自足了。为确保经济持续发展，必须大幅进口国外能源，以至于能源对外依存度不断持续攀升，根据《中国能源发展报告 2018》，2018 年能源进口量达到 10 亿吨标准煤，整体对外依存度达到 21%，根据《2019 年国内外油气行业发展报告》，2019 年中国原油和石油对外依存度双双突破 70%，这带来了一定的能源安全隐患。与此同时，中国经济的粗放式增长和"富煤少油"的资源特征，使能源的生产和消费长期以煤炭为主，能源利用效率不高且带来了一系列的环境问题。随着中国对环境污染等问题重视度的提高，以及新能源产业和相关技术的快速发展，中国的一次能源消费结构也有了较大改变，2001～2019 年中国煤炭、石油、天然气和一次电力消费的比重从 68：20.2：2.4：8.4 变为 57.7：18.9：

8.1：15.3①，不同品种能源的均衡度和多样性有了明显改善，但还没有实现清洁能源的大幅度替代，以煤炭为主的单一的能源结构没有真正改变，这也造成了严重环境污染问题，给中国的绿色发展带来了巨大压力。近些年，中国能源需求的增长速度随着经济发展阶段的改变逐渐放缓，但能源消费的质量和效率问题日益突出，中国经济要想实现高质量发展和完成"双碳"目标任务，能源供需矛盾、能源结构不合理以及环境污染等问题必须得到解决。在这个过程中，除了加快能源供给侧改革保障能源安全、加快能源革命，在现有基础上优化国内能源消费结构也是必然选择。对此，政府也出台了大量的政策规划，着力调整中国能源消费结构。中国在"十二五"规划中就提出了降低碳排放的目标，"十三五"规划能源发展目标指出，到 2020 年，中国煤炭消费的比重要降低到 58% 以下（2019年已降到 57.7%），并且其中半数以上为发电耗煤，而天然气和非化石能源消费的占比要分别达到 10% 和 15%②，事实上这些指标在 2019 年就提前完成了。党的十九大报告中也指出要积极发展新能源和可再生能源，降低碳强度，推动能源技术进步。2020 年底，中国在联合国峰会上提出"双碳"目标任务，到 2030 年非化石能源消费比重达到 25% 左右，表明中国能源转型的力度显著加大、速度显著加快。与此同时，各个地方政府也对当地的能源发展进行了中长期规划，稳步推进能源结构的改善。能源的消耗来源于各个产业对能源消费需求的增长，产业结构的调整对于降低能源消费和优化能源结构至关重要，同时产业结构升级也是当前实现经济高质量发展的重要途径。从中国能源消费在各个行业的分布来看，呈现出明显的非均衡形态，能源消耗大量集中在工业行业，根据国家统计局 2019年公布的能源消费数据测算，工业生产过程中的能源消耗占能源消费总量中约占 66%，尤其是部分高耗能行业能源需求很大，而第一产业的能源消费占比不到 2% 左右。除了以工业为主的能源消费特点外，中国现有的产业结构和产业生产体系的能源利用效率较低，以工业生产为主要能源消费活动也带了来较大的环境污染压力，国家统计局数据显示，2017 年中国的二氧化硫排放达到了 875 万吨。随着经济增长放缓，产业结构也在不断调整，三次产业之间的比例不断改变，尤其是第三产业发展迅速，2020年中国第三产业的比重达到了 54.5%，同时产业内部结构也在不断优化，生产效率稳步提高。但一段时间内工业仍然是经济发展的主要动力，现有

---

① 数据来源于《中国能源统计年鉴》，使用发电煤耗算法数据计算得到。
② 发改委能源局印发的《能源发展"十三五"规划》。

的产业结构对能源的投入仍有较高依赖。要实现能源消费结构的优化，必须调整不合理的产业结构，引导产业结构优化升级，打造清洁低碳的产业体系。随着中国经济进入新常态，经济和社会发展目标的重心也出现转变，能源需求要逐渐放缓，但改变能源消费结构不合理状况是当前亟需解决的问题。而作为实现经济高质量发展的重要手段，产业结构的调整不仅能促进资源的优化配置，对能源高质量发展和能源消费结构优化也具有重要意义。

目前，中国经济发展方式与此前没有多少改变，仍然属于高投入、高能耗、高污染、低效益的粗放型发展，经济增长和资源环境的矛盾仍然十分突出。以新能源替代传统能源促进产业结构转型，无疑是优化能源消费结构和调整产业结构的重要方向。发展新能源密集型产业是解决这些难题的突破口，能带动其他行业降低化石能源的使用，解决石油等资源紧缺和环境污染的问题，改善环境。新能源密集型产业的兴起还能为相关的电池产业、电动产品关键零部位产业和电力产业提供发展机会，为新时代产业发展带来新的经济增长点，推动经济发展模式的转变，促进经济的可持续发展。而且，中国的石油供需缺口大，外部依存度很高。新能源密集型产品的推广能够大幅度节约石油资源，能同时减少污染物排放、净化生态环境、减少石油消耗、促进可再生能源的开发与利用。正因为如此，所以国务院把一些新能源密集型产业（如新能源汽车）确定为中国战略新兴产业发展的重点方向之一。虽然在传统能源密集型产业领域中国落后于国外很多，但是新能源密集型产业与发达国家差距不是很大，完全有机会以"弯道超车"方式追赶上发达国家，缩小新能源密集型产业发展与发达国家之间的差距。随着新能源密集型产业迅速发展，在生产和销售量不断创新高的同时，中国能源供需缺口也会越来越大。大力发展新能源密集型产业，譬如，大力开发大容量储能设备、氢能机床机车、光伏机车机车、电动机床机床等。减少石油消耗和废弃物排放，既是产业结构朝着绿色低碳发展的转型方向，也是促进能源开发利用朝着清洁可再生发展的转型方向。

新能源密集型产业（如新能源汽车产业）发展代表了当前及未来相当长一段时间中国产业结构优化的方向。随着中国城镇化步伐的加速和经济持续快速发展，未来相当长的一段时期里能源密集型产品的需求量仍将持续增长，用传统能源密集型产品来满足这样的需求必然会加剧能源紧张和环境污染。党中央明确指出，面对资源约束趋紧、环境污染严重的严峻形势，必须把生态文明建设放在突出地位，融入经济社会发展的过程当中，实施"双碳"战略，实现可持续发展。坚持生态文明建设优先的基本国策，着力推进绿色发展、低碳发展，形成协调合理的能源消费结构和产业结构。

1.1.2 研究意义

能源消费结构能影响投资结构，投资结构又会影响产业结构，而产业结构又会进一步回溯影响能源结构，从而使得能源消费结构和产业结构之间存在内生互动关系。因此，优化产业结构，尤其是开发利用新能源和发展新能源密集型产业，能有力地促进能源消费结构和产业结构之间协调发展。为此，该成果分析了能源消费结构调整对产业结构优化、产业结构调整对能源消费结构优化以及能源消费结构和产业结构协调优化的作用机理，设计能源消费结构与产业结构协调优化推进机制，以新能源开发利用促进传统产业改造、调整传统产业结构促进新能源开发利用以及发展新能源密集型产业促进能源结构和产业结构协调优化，对于促进经济高质量发展具有重要的理论和现实意义。

（1）理论意义。

许多学者对能源经济体系进行了研究和完善，现有研究从不同角度出发对能源消费结构的影响因素及其作用机制进行了分析。而该成果研究能源消费结构和产业结构单向和双向协调优化机理，并设计能源消费结构和产业结构协调优化推进机制，测算了双向协调优化下的理想能源消费结构和理想产业结构，丰富了产业结构调整与能源结构调整研究，是对产业经济学相关研究的补充。同时，在一定程度上也是对能源经济学相关理论的丰富与拓展。

（2）现实意义。

本书能为中国制定能源结构优化政策、产业调整与升级政策以及促进能源和产业高质量发展提供新思路和决策参考。能源消费结构与产业结构之间密切相关。不仅能源消费的品种选择以及能源消费的行业分布取决于经济体中各个产业的发展水平和产业结构特征，而且能源资源的分布也会对区域产业结构产生影响，不合理的能源消费结构也会对产业结构的转型升级造成限制，同时产业的行业结构及其区域结构也直接影响着能源消费结构。因此，首先，从能源消费结构调整入手研究产业结构优化，有助于降低中国经济中高耗能、高污染行业的比重，提高产业体系能源利用效率；其次，从产业结构调整入手研究能源消费结构优化，有助于降低中国经济发展中的化石能源的使用比重，提高能源体系中的新能源利用率；再次，从能源消费结构和产业结构双向优化角度，研究能源结构和产业结构的协调优化关系，有助于建立能源消费结构调整促进产业结构优化和产业结构调整促进能源结构优化的内在作用机理，进而形成良性互动促进机制；最后，设计能源消费结构和产业结构协调优化推进机制，分析促进能源消费结构与产业结构协调优化的要素——政府宏观调控、市场机制调节和规制诱导，有针对性地解决两者双向协调优化的难题，推动经济发展方式的转变，促进经济增长，谋求能源消费结构和产业结构协调优化的新突破。

1.2　主要研究内容

本书围绕能源—产业结构协调优化机制这个轴心，分别从文献综述、现状与问题、协调优化机理、能源消费结构对产业投资结构的协调促进机制、能源消费结构对制造业结构的协调促进机制、产业结构对能源消费结构的协调促进机制、促进能源消费结构和产业结构协调优化的要素作用机制、协调优化下的理想能源消费结构与产业结构、能源消费结构和产业结构协调优化推进机制、能源消费结构和产业结构协调优化路径等十章展开研究，梳理了能源消费结构与产业结构现有研究文献，分析了能源消费结构和产业结构现状及存在的问题，挖掘了能源消费结构与产业结构协调作用机理，深入解构了能源消费结构调整对产业投资结构优化、能源消费结构对制造业结构、产业结构对能源消费结构的内在影响，挖掘了能源结构和产业结构协调优化促进要素的作用机制，设计了能源消费结构和产业结构协调优化机制，测算了协调优化下的理想能源消费结构与理想产业结构，并针对各章研究结论提出了能源消费结构和产业结构协调优化的路径。

1.3　研究思路与方法

1.3.1　全书逻辑框架

全书围绕着能源结构和产业结构协调优化机制轴心，通过文献综述（第 2 章）并基于现状分析（第 3 章），构建能源消费结构与产业结构协调优化理论机制（第 4 章），建立起全文的理论分析框架。进而，在理论分析框架的指导下，设立第 5 章研究能源消费结构对产业投资结构的协调促进机制和第 6 章能源消费结构对制造业结构的协调促进机制，用以分析能源消费结构调整对包括产业投资结构和制造业生产结构在内的产业结构优化的机制，达到厘清能源消费结构调整能全过程促进产业结构优化——不仅从源头上影响产业投资结构，而且能最终影响产业生产结构（产值结构）。设立第 7 章研究产业结构对能源消费结构的协调促进机制，希望从机制上考察产业结构调整如何影响能源结构优化，意在完成第 4 章能源消费结构与产业结构协调优化理论机制中构建的理论分析框架的另一端产业结构调整如何影响能源结构优化。设立第 8 章挖掘能源消费结构与产业结构双向协调优化的促进机制，意在找到促进能源消费结构与产业结构双向协调优化的影响要素——市场化调节、宏观调控与规制诱导，挖掘市场机制调节、政府宏观调控与环境规制诱导对双向协调优化的内在作用机制，并展开实证检验，为下文设计能源消费结构与产业结构协调优化机制奠定理论基础。设立第 9 章测算能源消费结构与产业结构协调优化下理想的能源消费结构和产业结构目标，为下文设计能源消费结构与产业结构协调优化机制奠定现实目标基础。设立第 10 章设计能源消费结构和产业结构协调优化推进机制，意在从协调优化实施原则、目标导向，进而从市场调节、宏观调控、规制诱导等方面设计推动能源消费结构和产业结构协调优化行为的落实机制，本章是对第 4 章协调优化机理和第 8 章协调优化促进机制的实践探索，也是对第 9 章理想能源消费结构和理想产业结构的推进落实。设立第 11 章探索能源消费结构和产业结构协调优化路径，是策略性完成上述理论系列机制、优化目标和推进机制的对策建议。总体而言，后 3 章是对第 4~8 章研究的能源消费结构和产业结构协调优化机制的实践探索和落实。该书主要章节都是遵循"理论分析—现实考察—实证检验—对策研究"的路径展开研究的。全书研究思路及逻辑架构如图 1.1 所示。

1.3.2 研究方法

本书综合采用了诸如规范分析法、比较静态法、一般均衡法、计量实证法和跨学科法等多种研究方法展开系统性研究。全书 11 章都是遵循从理论到实证展开研究，并在实证中将空间因素、地区差异、能源禀赋差异、投资结构、产业结构、新能源密集型产业等纳入考虑。结合相关理论和中国的现实情况，运用面板数据、空间计量方法进行实证检验与分析，并针对实证结果提出相应对策建议。主要方法如下。

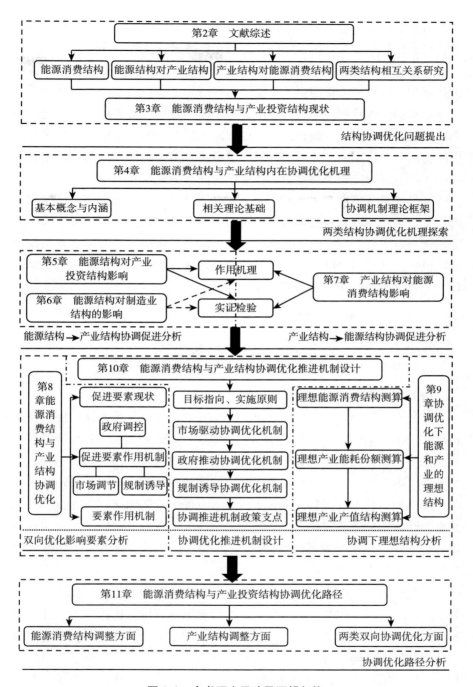

图 1.1　全书研究思路及逻辑架构

一是规范分析法。通过对能源消费结构、产业投资结构及产业生产结构等方面的文献搜集整理，归纳梳理现有研究方向，确定本书 11 章研究主题及其切入点，借鉴相关理论和研究方法，挖掘理论机制和展开计量检验，结合机制和实证结果，归纳、总结和提炼出相关政策建议。

二是比较静态法和一般均衡法。通过比较静态分析法分别建立利润最大化模型和效用最大化模型，将能源消费结构、投资结构、产业结构、新能源政策变了等分别纳入模型之中，并采用一般均衡法将利润最大化模型和效用最大化模型并联耦合起来，探索能源消费结构和环境污染治理对投资结构的作用机制、产业结构调整对能源消费结构的作用机制、新能源密集型产业发展对能源消费结构和产业结构的影响机制。

三是计量分析法。采用空间面板模型、时间—空间双固定效应模型、两步回归法、空间自相关模型和空间滞后模型，对能源消费结构、环境污染治理与产业投资结构的效应理论机制、产业结构调整对能源消费结构的作用机制、能源消费结构和产业结构协调优化推进要素（市场化、宏观调控、环境规制）作用机制展开实证检验。

1.4　成果创新点

（1）学术创新。

一是学术思想创新。第 4 章建立的能源消费结构与产业结构协调优化机理是最为基础的环节，是理论机制；第 10 章设计的能源消费结构与产业结构协调优化推进机制，是实现机制，是对理论机制的升华；第 5 章、第 6 章、第 7 章和第 8 章共同建立起的能源消费结构—环境污染治理—投资结构协调关系以及投资结构—产业结构—能源消费结构之间内在关系，是更为具体的关键环节。因此，该成果在行为主体内生性利益（利润和效用）最大化下探索能源消费结构和产业结构协调优化机理以及其推进机制，是一种学术思想的创新。

二是学术观点创新。能源结构和产业结构的协调优化机理及其推进机制，是产业行为主体与产品消费主体在利益驱动下协调选择的内生性经济行为。在整个经济系统（生产和消费部门）中，利益最大化是促进能源消费结构和产业结构协调优化的关键；以能源消费结构优化促进投资结构优化，以投资结构优化促进产业结构优化，以产业结构优化倒逼能源消费结构优化，以宏观调控、市场调节和规制诱导推动能源消费结构和产业结构协调优化；能源消费结构和产业结构调整的前提是，产业行为主体和产品消费主体的利润/效用水平在结构调整后不低于调整前。这些学术观点具有明显的创新性。

三是研究方法创新。将"能源消费结构""产业投资结构""产业生产结构"与利润最大化和效用最大化模型有机结合，以利益最大化目标，针对不同能源消费结构和产业结构，分别构建"能源消费结构—环境污染治理—投资结构优化""产业投资结构—产业生产结构—能源消费结构"的利润最大化和效用最大化模型，并求解生产部门和消费部门利润和效用相协调的一般均衡。同时，构建了四大指标体系和特色数据库，并利用数据库的基础数据，运用空间自相关模型和空间滞后模型对内在机制做实证检验和空间异质性分析。实现了研究方法新突破。

（2）学术价值。

一是从理论层面探索能源消费结构对产业投资结构的协调优化机制、产业生产结构调整对能源消费结构的协调优化机制以及能源消费结构与产业结构双向协调优化机制，从实践层面挖掘宏观调控、市场调节和规制诱导对能源消费结构与产业结构协调优化的推进机制，丰富和发展产业经济学和能源经济学相关理论。

二是把能源和环境因素加入生产函数和效用函数中，建立起生产和消费领域的一般均衡，同时将能源消费结构、环境污染治理与产业投资结构三者纳入理论机制框架，建立起能源消费结构—产业投资结构的内在机制和产业结构—能源消费结构之间作用机制，力求让各级政府顺应经济运行机制，掌握经济发展方式转变的主导权，为实现高质量发展提供新方向。

三是将空间因素纳入能源消费结构和产业结构分析框架，分析地区能源消费结构的区际关联效应；运用空间计量模型实证考察产业结构和能源消费结构的空间溢出效应。该成果在一定程度上丰富与拓展丰富产业结构理论和能源经济理论。

四是该成果探索的"能源消费结构与产业投资结构协调优化机理""能源消费结构与产业结构协调优化推进机制"等，可直接应用于指导经济发展方式转变。

五是该成果探索和设计的能源消费结构优化路径、产业投资结构优化路径、产业生产结构优化路径以及宏观调控、市场调节和规制诱导促进能源消费结构与产业结构双向协调优化路径等，能为中央政府顶层设计经济高质量发展提供新思路和作决策参考。

第 2 章　文献综述

2.1　关于能源消费结构的研究

当今经济社会的发展越来越以工业发展为导向，然而工业结构的不合理性可能导致能源消费的大幅增加，并对资源和环境产生不利影响。能源消耗与可持续性发展之间的矛盾由来已久，要实现经济可持续发展必须适时调整能源消费结构，目前的研究主要从影响能源消费结构的因素和改善能源消费结构的角度入手。查建平（2012）认为能源消费结构、工业能源消耗强度因素对工业碳排放绩效产生显著影响[1]。刘亚清（2018）通过构建空间面板数据模型，发现能源消费结构主要受到经济增长、居民和企业能源消费偏好、意识等社会因素的影响[2]。何则（2017）采用广义LMDI 和弹性脱钩指数，认为能源消费增长与 GDP 增长都是指数型增长，指出能源强度是能源消费量降低的最主导因素[3]。李慧芳（2018）通过对影响因素的 LMDI 分解，提出技术进步和经济增长是影响能源消费增长的最主要因素[4]。贾蕾玉（2017）通过构建均衡模型，指出应从产业结构、政府调控和市场机制方面优化能源消费结构[5]。张媛（2018）基于2012～2015 年广州市 136 家重点用能企业数据的实证研究，提出了提高能源效率的管理模式和政策管制建议[6]。邓光耀（2018）利用动态面板数据实证研究，发现产业结构升级和对外贸易依存度的降低有助于降低能源消费和碳排放，人口数量和能源强度的增加不利于降低能源消费和碳排放[7]。于明亮（2020）利用 LMDI 分解法，提出降低各产业部门的能源强度有助于抑制能源消费的增加[8]。

学者们从多个视角切入，运用多种理论和模型，研究了各种影响因素的重要程度。郭等（2008）[9]使用结构方程分析能源消费同管理水平、技术变革之间的相关关系；莱德勒（Liddle，2013）认为家庭规模和城市人口引发了城市化，进而促进能源消费增加[10]。国内学者申俊（2016）运用空间计量方法，宋长鸣（2012）利用主成分分析法，郭菊娥（2008）引入通径分析法[11-13]，全面分析了人口数量、经济增长、能源结构等要素对能源消费的影响；范德成（2012）提出能源消费结构主要受到人口规模、碳排放约束、能耗规制等因素的影响，其中能耗规制因素对优化能源结构具有间接促进效果[14]；朱承亮（2011）构建了前沿模型，将劳动要素、投资要素、三大产业产出水平、外商直接投资、贸易水平、环境规制和政策等因素纳入研究，得到了各因素的相关关系[15]。

梳理相关文献发现，一个地区的能源消费结构往往受到经济、社会等各类因素的影响，学者们对能源消费结构的研究主要从以下角度出发。

（1）经济增长。能源是经济持续增长的重要支撑，持续的经济增长也会引致大量能源消费需求。有关经济增长与能源消费结构关系的研究，不少学者发现两者之间存在一定的因果关系（胡军峰等，2011[16]；Dogan E et al.，2016[17]；Saidi K et al.，2016[18]），但综合来看这些研究会受到选取样本对象和时间段的影响而得到不同的结论。也有研究分析经济增长与能源消费之间的相互作用，马加齐诺（Magazzino，2015）研究认为能源消费增加对经济发展有负面影响[19]，齐绍洲和李杨（2018）发现，可再生能源消费对经济增长具有显著的门槛效应[20]。赵进文（2007）发现经济增长对能源消费的影响会因为不同的发展阶段呈现出不同的效应[21]，徐斌等（2019）认为在不同阶段清洁能源对经济增长的影响不同[22]。也有研究认为能源消费结构的发展与地区经济增长的质量有关，孟望生（2019）研究发现经济增长方式的转变会带来地区能源消费的差异[23]。总的来看，能源消费结构与地区的经济发展水平息息相关。

（2）能源价格。张宗益等（2010）研究发现能源价格上涨有助于降低煤炭消费，而清洁能源的比重会有所提升[24]。柴建（2012）研究发现中国的能源价格结构的扭曲促进了能源强度的提高，相对低廉的煤炭价格促进了煤炭消费占比的增长，不利于中国能源消费结构优化[25]，李崇岩和王富忠（2019）发现能源价格上升有利于抑制能源强度[26]。刘洽、赵秋红（2015）认为在可再生能源发展还不能满足经济发展需要时，能源消费主要还是依赖传统化石能源，此时不宜将价格制定过高，能源价格要与经济发展相适应[27]。

（3）技术进步。技术创新是社会发展的根本动力，对于能源消费结构的优化也是如此。滕玉华等（2010）认为能源消费结构的根本性改变必须依靠技术的改进来实现[28]，姜磊等（2011）认为技术进步将大大改进能源的生产和消费方式[29]，阿米尔等（Amir B et al.，2014）认为技术水平与能源消费量成正相关[31]。此外，廖茂林等（2018）认为技术进步有利于能源效率的提升[31]，张志雯等（2017）发现能源技术创新对能源效率的提升作用显著[32]，而对不同品种能源利用方式的改进以及能源利用效率的提高将带来能源消费结构的变化。

（4）城镇化进程。一些学者认为城镇化过程中，农村人口逐渐转变为城镇人口，能源消费种类也会从传统能源转向优质能源，并且城镇较完善的基础设施也有利于清洁能源的推广（黄飞雪、靳玲，2011[33]；王蕾、魏后凯，2014）[34]。帕乔尔斯等（Pachaurs et al.，2008）认为城镇化进程的加深会带来居民能源消费种类的转变，从而改变能源消费结构[35]，但刘（2009）认为随着城镇化进程的加深和能源效率的提高，城镇化对能源结构的正效应会逐步减弱[36]。周敏等（2018）认为城镇化对能源消费具有门槛效应，城镇化发展初期大量的基础设施建设反而会使能源消费结构呈现高碳化[37]。贺小莉（2018）分析中国1978～2015年的季度数据发现，短期内城镇化进程会推动能源消费增长，但是，长期里城镇化进程对能源消费存在类倒U型的影响[38]。

（5）能源禀赋。地区良好的能源禀赋优势可以促进当地经济的发展，但也可能抬高区域能源使用强度，影响区域产业结构调整和优化，最终导致"资源诅咒"。蔡荣生（2013）认为能源丰富地区面临能源短缺的可能性及能源使用压力较小，从而习惯性地依赖于传统的高能耗、低层次产业，最终形成"高碳"的产业结构和能源消费结构[39]。王军和仲伟周（2009）研究发现，要素禀赋不同导致地区间能源强度差异[40]，盛鹏飞（2015）采用Tobit面板模型研究发现优越的能源资源禀赋反而会降低生产过程中的能源的利用效率[41]，陈峥（2017）也认为地区能源禀赋会对全要素能源效率产生负向的影响，但同时也发现政府通过制定相应产业政策进行干预可以有效地改善这一现象[42]。

（6）环境规制。大部分学者认为严格环境规制政策能够有效降低经济生产中污染且低效的能源的使用，促进清洁能源的消费，从而改善区域能源消费结构，如史等（2009）分析认为环境规制程度的提高会大大减少煤炭消费[43]，林伯强等（2015）也认为严格的环境规制将大大降低中国煤炭的一次能源消费占比[44]，孙早等（2019）研究发现能源消费总量会因为环境规制而有所控制[45]。但也有学者认为环境规制的加强会造成能源消费结构短期内的恶化[46]，这主要是由于部分企业为了实现利润最大化而大量使用低成本的化石能源。有的学者研究分析了不同情况下环境规制与能源消费的关系，周肖肖等（2015）研究发现环境规制与人均能源消费的关系呈倒 U 型，要达到了一定阶段环境规制才会对能源消耗产生明显的抑制效应[47]；陶长琪等（2018）发现随着能源消费结构的演变，环境规制对能源效率的影响是不同的[48]；殷秀清和张峰（2019）研究认为环境规制对不同种类能源消费结构的影响不同[49]。

（7）对外开放水平。一些研究认为对外贸易的发展会带来大量的资源消耗[50-51]，也有研究认为对外开放水平的提高会带来新的技术、新的生产方式，促进能源利用效率的提高[52]，并对当地的能源消费结构产生影响。许秀梅和尹显萍（2016）研究发现，出口规模越大能源的消耗就越多，但同时贸易开放水平的提高也会促进能源利用效率的提高[53]。纪玉俊、赵娜（2016）对中国制造业研究发现，不同的对外开放水平会影响产业聚集与能源利用效率的关系[54]。郑翔中、高越（2019）认为外商投资的进入会带来技术溢出效应，从而提高地区的能源利用效率[55]。

（8）能源消费的空间。对于能源消费影响因素的研究，大多数文献采用时间序列数据或者普通面板数据进行分析，但也有越来越多的学者考虑到空间因素对能源消费的影响，采用空间计量方法进行实证分析。对于能源消费来说，区域之间的能源消费会受到区域经济联系、要素流动、政策外部性等因素的影响，这使得能源消费活动会存在一定的空间相关性，因此必须考虑空间因素对地区能源结构的影响（张志雯，2017）[32]。

此外，还有不少学者探讨了中国能源消费存在的空间依赖性。吴玉鸣等（2008）对 2002～2005 年中国省域能源消费进行研究分析发现中国省域能源消费存在空间依赖性，相邻省份的能源消费也会对当地的能源消费活动产生影响[56]。周建等（2017）基于对相关政治制度的分析，研究发现中国省际能源消费存在着空间依赖以及空间动态演进机制[57]。一些学者从空间维度分析了中国能源强度的特征，胡玉敏和杜纲（2009）发现中国省域能源强度存在空间趋同和正向空间溢出[58]，刘亦文等（2016）研究发现中国省域能源消费强度布局具有明显的地理空间依赖性，而且还存在显著的空间溢出效应[59]。也有许多学者通过研究发现中国能源消费效率具有明显的空间关联，如：程叶青等（2013）研究发现中国能源消费的碳排放强度在省级层面呈现出显著的空间集聚[60]，徐盈之和管建伟（2011）考察 1991～2008 年的情况发现，中国能源效率的空间正相关性正在逐渐增强[61]。刘华军等（2015）和黄杰（2018）研究发现中国的省际能源消费、省际能源环境效率存在着网状的空间关联[62-63]。而对于能源消费结构的空间相关性和空间分布，现有文献对其研究相对较少。周彦楠等（2017）发现中国的省域能源消费结构呈现出明显的地带性空间分布特征[64]，王立平等（2016）基于环境库茨涅兹理论进行研究发现能源结构存在空间相关性，且会因"路径依赖"形成空间集聚[65]，韩峰等（2018）研究发现生产性服务业的专业化集聚有助于改善本地能源结构，但会对周边地区产生负向空间溢出[66]。

2.2　关于能源消费结构对产业结构影响的研究

（1）关于能源消耗与产业发展关系的研究现状。

近年来，学者们的研究均发现能源消耗对产业发展有显著的影响。如董利（2008）认为中国产业发展能显著促进能源效率的提高，但是第二产业增加值比重上升不利于提高能源效率[67]。邓明（2010）认为能源消耗量、经济增长量以及污染物排放量与经济增长结构和能源消费结构强相关，能源消耗对经济增长只存在短期效应[68]。俞毅（2010）发现 GDP 对能源消费的影响存在门槛效应，超过一定的门限值，能源消耗会带来越来越多的废气排放，环境恶化的速度可能远快于经济发展的速度，故在中国经济增长方式实现根本性转变之前，东部地区的第二产业向中西部地区转移是中短期的一种较好的安排[69]。孙广生（2011）发现行业的产出对能源消耗有显著的正效应，而技术效率则有相反的作用，但在同比例变化情况下，前者的影响总体超过后者，因此能源需求的提高是行业发展的必然趋势，且不同行业的能源消耗对产出和技术效率变化的弹性不同[70]。基米（Kim，2015）研究认为对于 24 个工业化国家来说，人均用电量和用电强度这两个指标有着相同的随时间收敛的趋势，且就集群模式而言，人均用电量和人均收入是非常相似的指标[71]。卡兰菲尔和李（Karanfil and Li，2015）认为，由于不同子样本之间的因果联系及由此得到的推论有很大的差异，研究得到的结论是电力消耗的增长对区域差异和国家的收入水平很敏感[72]。胡宗义和刘亦文（2015）认为，中国能源利用效率低下，污染排放严重，人力资本、资本存量和城市化率对经济增长的推动作用较为明显，但能源消耗量对经济增长的推动作用并不明显[73]。

近年来，随着技术水平的提高，清洁能源的开发和普及，中国能源消费结构正逐渐向更合理、更持续化的方向发展，能源消耗与技术的关系也得到更多的关注。诸多研究认为技术水平的提高能够提高能源利用效率，降低能源消耗强度，优化能源消费结构。如韩智勇（2004）指出，1998 ～

2000 年中国各产业能源利用效率的提高促使了能源消耗强度下降，其中工业能源消耗强度下降是总体能源消耗强度下降的主要原因[74]。李廉水（2006）提出工业部门能源效率提高的主原是技术效率的提升，科技进步的贡献次之，但科技进步随时间推移对工业部门能源效率的提升作用逐渐增强，技术效率的作用慢慢减弱[75]。王霞（2010）研究发现，第二产业比重、能源价格变动与技术进步均对能源消耗强度有一定影响，影响因素共同通过内在联结关系与相互作用机制，对提高能源效率有积极作用[76]。王班班、齐绍洲（2014）认为不同来源技术进步的要素偏向有所不同，对能源消耗强度的影响不同，有偏技术进步通过要素替代效应对能源消耗强度的影响很大，能源使用型技术进步会在一定程度上提高能源消耗强度，而能源节约型技术进步必然会会降低能源消耗强度[77]。刘亦文（2014）认为，能源使用型技术进步对农业以外的生产部门的平均产出水产生了正向偏离，而对农业及其相关部门并没有显著正向影响，从长期看来，能源使用的技术进步有利于促进产业结构优化升级[78]。张华（2015）发现，随着能源节约型技术进步的提高，能源消耗先增加后降低，即能源节约型技术进步与能源消耗呈倒 U 型曲线关系，故应着力推动能源节约型技术进步并理顺能源价格机制，同时合理引导社会消费观念[79]。

关于能源消耗与环境污染的传导机制的研究，多数学者认为较高的能源需求会加剧环境污染程度，但相关技术水平的提高有助于提高能源利用效率，并提高环境质量。如苏里（Suri，1998）发现，工业化进程中的国家和已完成工业化的国家均通过出口工业制成品来提高能源需求，同时工业化国家也通过进口工业制成品业降低能源需求[80]；而已完成工业化的国家，工业制成品的进口是引起环境改善的重要因素，工业制成品的出口则造成环境污染。王锋（2010）研究发现，1997～1999 年中国工业部门能源利用效率的提高驱动了二氧化碳排放量下降，而深层原因可能是技术进步[81]。库默（Kumar，2010）分析认为发达国家给予发展中国家的环保技术和治理支援能够起到改善当地的环境污染，提高清洁能源的环保性能的作用，前提是发展中国家要跟上发达国家的技术水平的提高，如果没有跟上发达国家的技术水平的提高，发展中国家的环境效率不但不会上升还会下降[82]。尼古拉斯（Nicholas，2011）分析提出，污染排放的边际损害是成倍计算的，资源使用后污染排放带来的损害比自身带来的经济增值更大，且燃煤发电的外部成本更大[83]。

（2）关于环境治理与经济发展关系的研究现状。

有关环境污染与经济的关系，最早由梅多（Meadow，1972）提出，其后发展为 EKC 假说，指出由于受到自然资源的限制，污染和人均收入之间存在倒 U 型关系。就二者之间的关系，学者们做了各方面的研究，早期观点主要有两类，即围绕环境污染和经济收入之间是否存在倒 U 型关系展开论述。

第一类观点认为存在倒 U 型关系，即随着经济的发展，环境会在退化达到一定阈值之后逐渐改善，也就是说，环境退化可能会在某一时期限制经济发展，但要改善环境，还是要大力发展经济。贝克曼（Beckerman，1992）认为，一个国家改善自身环境的根本性长远途径是持续不断地发展，虽然早期发展阶段可能出现环境恶化和资源短缺等，但是持续不断发展总能够解决这些问题[84]。丁达（Dinda，2005）以内生增长理论解释了收入和环境退化之间的倒 U 型关系，指出收入和环境之间有效的资金分配是二者之间倒 U 型关系的基础[85]。由此可见早期的研究认为，环境退化可能会在某一时期限制经济发展，但要改善环境，还是要大力发展经济。

第二类观点认为随污染物的不同，污染和收入之间的关系也有差异，即不一定存在倒 U 型关系，而且需要有人为的环境投资来改善环境。大卫（David，1996）认为，EKC 假说关于经济的进一步发展会缓解环境退化的推断是基于人均收入服从世界平均水平的正态分布，但事实上平均收入是低于正态分布下的平均水平的[86]。丁达（Dinda，2000）在对空气质量和经济增长关系的实证分析中认为，环境退化和经济增长的关系并不是 EKC 假说所认为的倒 U 型关系，SO_2 与 PCGDP 之前呈逆向关系，而悬浮颗粒物与 PCGDP 之间则成 U 型关系，并且认为收入水平和经济特征共同影响环境退化率[87]。文和陈（2007）基于省际面板数据，分析了 GDP 与五种工业污染排放物之间的关系，发现随污染物类型和区域的不同，GDP 与工业污染排放物之间的关系是不同的，并认为在 1992 ~ 2006 年 EKC 曲线并不适用于中国现状。也就是说后期的研究更重视环境保护，应该人为地调控环境质量，而不能仅仅依赖经济发展[88]。

早期关于环境与经济关系的研究主要集中于污染物排放与经济收入之间，而近年来学者们则关注更多有关治污经济效益、技术及环境治理与规制等方面。研究认为环境治理与经济增长有正相关作用，技术进步能够提高环境治理效率，推动环境保护和产业结构优化。王兵（2008）研究指出，平均意义上，考虑环境规制后全要素生产率技术水平提高，技术进步是其增长源泉，说明环境规制会促进技术进步，进而对经济发展产生积极作用[89]。沈能（2012）指出环境规制只有跨越特定强度的门槛值时才有效。经济发展水平存在双重门槛，门槛值越高，环境规制对技术创新的促进作用越大[90]。宋马林、王舒鸿（2013）将区域环境效率分解为技术因素和环境规制因素，认为只有转变低层次的发展模式，以技术进步带动环境保护，推动东部先进技术向中西部的转移，加强中西部环境规制，才能使中国环境效率整体得以提升[91]。加娄吉（Gallouj, 2013）将内生增长模型与结构变化和环境维度结合后提出，环境问题和环境税的引入可能会改变服务行业的就业结构，并且发现资本密集型产品部门的环境的理想停滞的劳动生产率与经济成正相关关系，对环境税的长期影响力提出质疑[92]。

（3）关于产业投资结构的研究现状。

有关产业投资的研究，国内学者多认为合理的产业投资结构能够更好地服务于经济发展，强调政府应调节产业部门间资金分配的不平衡，使发展速度和经济效益相统一。李宁辉（2006）从不同投资主体进行分析，指出不同投资主体在投资上存在的问题，认为应该尽可能地减少金融资源的外流，使其尽可能为经济的发展服务[93]。刘苏社（2009）从政府的角度来分析投资产出结构效率以及制度的效率，认为政府投资总量仍然不足，政府的投资产出效率低于其他投资主体的投资产出效率[94]。韩巍（2010）发现，不同投资主体结构和不同区域结构投资效率各不相同，进而提出了以优化投资结构、优化投资规模促进投资效率[95]。徐承红（2012）认为，无论是短期内还是长期里，投资的扩大、产业结构的优化都有利于经济发展，污染税费对经济发展的促进作用始终优于治污投资，政府干预与市场结合的治污投资有利于经济的长期发展[96]。

同时，部分学者从产业结构优化对地区市场发展和环境的影响角度展开研究，如付宏（2013）认为创新通过投入研发经费和研发人员来影响产业结构的高级化产出，创新效率通过产业生产技术效率和规模效率的实现来影响产业结构高级化进程，并具有地区差异[97]。龚强（2014）发现银行对技术较为成熟的产业是更有效的融资渠道，而金融市场能够对技术前沿的产业提供更有力的支持，并且金融结构随产业结构的变化而变迁，良好的市场投资环境是金融市场有效发挥作用的前提条件[98]。柯善咨和赵曜（2014）发现城市规模对产业结构的生产效率具有决定性影响，但存在门槛效应，只有城市规模达到某一门槛时，城市内部的产业才能从上下游产业关联中获得效益，且其效益随产业结构的转型而增加[99]。肖挺（2014）的分析表明产业结构优化对于工业硫排放有着明显的限制作用，但只对东部地区人均排放量有所抑制，中西部地区则在产业迁移后、工业进步的同时，成为环境质量的牺牲者[100]。王君斌（2014）发现，投资调整成本和消费习惯增强了产业流动性和投资效应的持续性[101]。

国外学者近年来的研究则致力于投资的区域和环保效应。如萨吉德（Sajid，2013）认为，国外投资产生的溢出效应有很大的地区差异，技术水平、人力资本存量和金融发展水平相对较高的区域获得的利益更大[102]。安德里斯（Andreas，2013）分析了收入分权对在国家一级层面以下城市提供基础设施的影响，结果发现，收入的权力下放后，国家一级以下的基础设施投资增加，而投资并没有重新分配，但收入分权还是降低了专项资金较多的用于基础设施投资[103]。安妮特（Annette，2015）通过三差分析法得到结论，认为股息减税并不会影响总的投资，但会影响投资的重新分配[104]。帕斯夸里（Pasquale，2015）分析认为，国外投资降低了二氧化碳的排放量，对环境保护有益处，但从变量系数可以看到国外直接投资对环境保护的中性作用[105]。霍夫曼（Hofman，2006）对产业结构变化和能源利用的情况进行了实证分析，指出以省为单位的经济体，能源强度随单位资本产出的升高而降低，产业内的部门间的能源节约是能源强度降低的主要原因[106]。

（4）关于能源消耗、环境保护与政府调控关系的研究现状。

研究认为，能源消耗与政府调控有一定的相关关系，政府调控的变化能在一定程度上促进能源消费结构和消耗方式的优化。如汪旭晖（2007）发现，经济增长对能源的依赖程度正在随着国家能源政策的调整逐渐减小，在当前能源供需缺口持续扩大的情况下，实施节能优先的能源政策，加速促进经济结构朝着能源节约型和集约化转型[107]。孙广生（2012）发现，全要素生产率对能源效率具有显著影响，且这种影响要大于要素投入的替代变化影响，而要素投入替代变化的区际差异却是影响地区间能源效率差异的重要因素，这是完善节能减排政策的理论基础[108]。毛雁冰（2012）研究发展，能源强度与就业之间存在着显著的长期均衡关系，但存在滞后效应，为此政府制定政策和政策实施过程，需要注意政策的时滞，通过优化工业布局，实现能源强度与就业率之间的良性互动[109]。唐和谭（2012）认为节能政策可能会影响经济发展，应该积极探索可再生能源，以一种环保的方式确保足够的能源来支持经济的发展[110]。

对于环境污染与政府调控的关系，则认为政府规制能够有效降低污染物的排放量，促进环境质量的提高。如约翰和丹尼尔（John and Daniel，2003）发现，较严格的环境法规对污染密集型企业更加不利，目前的研究可能大大低估了环境法规的影响[111]。董竹（2011）发现，中国环境治理投资与环境质量之间存在长期的正向均衡关系，但前者对后者的正向冲击持续时间较短，因此中国应建立环境治理投资的长效机制[112]。刘洁

（2013）在理论上发现地方政府以降低税率改善营商环境的同时，环境污染的负外部性无法得到补偿，以至于这样的降税环境政策引发"趋劣竞争"，进而导致环境污染加剧和环境质量的降低[113]。胡宗义（2014）发现政府活动对污染物有显著的直接减排效应，但间接效应随着不同的发展阶段效应有所不同，并认为当前的收入水平下政府活动并不具有污染减排效应，故需根据不同省份的发展现状制定不同的政府政策[114]。魏巍贤（2015）认为，要实现既定的环境治理和经济发展的双重目标，必须打多类型政策组合拳，让不同能耗强度的行业承担差异化税负，以此遏制高耗能行业发展、鼓励低耗能行业发展，从而从能耗强度角度优化产业结构[115]。周肖肖（2015）认为，环保投资增速赶不上工业化速度，中国目前仍存在环境规制的节能悖论[47]。邵帅（2016）研究发现，目前中国大部分东部省份的雾霾程度随经济增长水平提高而加剧，粗放型高耗能产业结构和以化石能源为主的能源结构共同加剧大气污染[116]。

（5）能源结构对制造业结构影响的文献综述。

当前中国经济进入"新常态"，制造业结构优化节奏加快，增强了对能源结构绿色转型的要求。能源消费结构调整和制造业结构升级之间的关系历来为学界重视，产生了诸多相关研究成果。具体表现在如下三个方面。

第一，研究能源消费对产业发展的影响。能源消费主要通过能源价格影响各制造业行业发展，不同行业受影响程度不同。林伯强（2008）采用CGE方法对宏观经济与能源价格之间的关系进行了考察，认为能源价格提高对经济增长和高耗能行业具有负面影响[117]。韦宁（2016）研究发现清洁能源消费量的增加将促进能源成本显著提高，进而制约化石能源依赖性较强的高耗能行业的发展，但对高新技术产业的影响较小[118]。王昕（2009）在1998~2007年中国制造业能源数据的基础上，将制造业分为四大类来解析能源消费量与各类制造行业的关系[119]。齐志新等（2007）认为能源消费随产业结构重型化的增强而加剧，适度提高能源价格有利于促进产业结构转型升级[120]。刘明磊（2011）基于投入产出视角，计量实证发现，对碳减排进行规制会阻碍高耗能行业发展[121]。

第二，挖掘产业结构与能源消费结构的相互关系。学界关于能源消费结构与制造业结构的文献较为广泛，主要有中国能源结构现状及问题、能源视角下制造业结构现状及问题、能源消费结构与制造业结构的相互影响效应四个方面：一是国内学者关于能源消费结构现状的研究广泛，目前中国能源结构主要存在能耗总水平过高、能源效率低下和对化石能源依赖严重等问题。于珍、李保明、施祖麟（2010）发现中国制造业能源消费结构变化较小，认为必须通过提高能源效率、降低能源消费总量以及开发新能源与节能技术的途径来解决能源问题[122]。邹璇（2010）计算了能源消费弹性系数和单位 GDP 能耗来求证中国经济增长与能源消费之间的相互作用[123]。白岚（2011）分析了包头市 2001～2007 年的能源品种及其消费量、能源消费结构和重点行业能源消费等状况[124]。二是学者们从能源视角分析了中国产业和制造业结构现状，认为产业结构中存在技术落后、能源效率低下等问题。史丹（1999）认为中国的产业结构是影响能源消耗的核心因素[125]。路正南（1999）建立计量回归模型[126]，曾波、苏晓燕（2006）构建灰色关联度模型[127]，证明了中国第二产业占能源消费主要比重是能源消费最强的影响因素。唐玲和杨正林（2009）实证发现中国制造业能源效率不高，其中垄断行业的能源效率明显低下[128]。三是学界从全国或地区层面研究了能源消费结构与产业结构的双向关系，而全国层面的文献相对较少。周江（2011）基于全国省级面板数据实证研究发现，工业是产业结构中对能源消费结构影响最大的部分，而煤炭能源是能源消费结构中对产业结构影响的最大者[129]。刘冰、孙华臣（2015）认为科技进步对产业结构高级化具有显著正向效应，而能源结构向清洁化方向调整则具有制约作用[130]。杨亚会（2016）构建耦合协调模型发现二者存在较强的动态关系，产业结构变动对能源消费结构没有明显冲击，而能源消费结构对产业结构具有很强的负作用[131]。张占平和高占东（2014）、刘雅（2019）、王璐茜和章俊涛（2019）分别基于河北省、天津市和浙江省相关数据，对当地产业结构与能源消费结构之间的相互作用进行了计量分析[132-134]。四是国内学者探索了能源消费结构对产业结构及制造业结构的作用机理，并就优化能源结构、促进产业尤其是制造业产业升级提出了诸多对策建议。汪小英（2013）认为中国当前经济发展模式过于依赖化石能源，建议应当转向以结构调整为主的政策取向，缓解能源和环境压力[135]。李翠、王海静等（2018）建立动态面板门槛模型研究制造业升级对能源消费结构的影响[136]。赵燕敏（2010）实证检验了产业结构对经济增长、能源消费具有纽带性作用，并深入分析了中国能源消费面临的具体约束[137]。

2.3　关于产业结构对能源消费结构影响的研究

（1）关于产业结构与能源消费结构的研究。

产业结构调整会对经济体的能源消费产生不可忽视的影响，而这方面的研究主要集中于产业结构与能源需求、能源效率、能源消费结构等方面。学者们从不同角度探讨了产业结构与能源消费的关联性，尹春华（2003）利用灰色关联分析法对三次产业和能源消费进行关联分析[138]，周密（2009）实证检验了产业结构与能源消费间存在的因果关系与长期均衡关系[139]。徐丽娜等（2013）发现产业结构和能源结构的优化能够降低能源强度，提高能源效率[140]，邓等（2014）分析发现国民经济中工业的占比的降低能够促进能源消耗的减少[141]。张勇和蒲勇健（2015）基于Moore值测算了地区产业结构升级指数，并且发现产业结构升级具有显著的促进能源强度下降的结构效应[142]。罗朝阳和李雪松（2019）则认为只有达到了一定的技术进步门槛，产业结构升级才会明显推动能源效率的提升[143]。

部分学者探讨了产业结构调整对能源消费结构优化的影响，并采用不同研究方法进行了实证检验。不同产业的能源消费水平和能源强度是不同的，如果高耗能产业在国民经济中的比重将直接影响经济总体的能源消费强度和能源需求。李宏岳、陈然（2011）认为中国产业发展受到传统能源消费结构的压力，而通过打造低碳高效的产业链能够促进能源消费结构调整[144]。也有学者通过计量实证发现，区域产业结构和资源禀赋条件的差异会影响能源消费结构优化[145]。王为东和杨健（2018）对江苏省的能源消费和产业结构状况进行研究发现，产业结构与能源消费结构关联密切，其中重点要对第二产业的能源消费结构进行优化[146]。也有学者从不同角度对产业结构调整对能源消费结构的作用机制进行了探讨，唐晓华等（2016）研究发现产业结构与能源消费之间会形成短期和长期两条不同的反馈循环，两者之间存在反馈机制[147]，李翠等（2018）研究发现产业结构对能源消费结构间存在双重门槛效应，产业结构在不同企业规模下对能源消费结构的影响效应会有较大区别[136]。

（2）关于工业结构对能源消费结构影响的研究。

学界和业界历来都很重视能源消费结构调整和产业结构升级之间的关系。随着工业化和城镇化的高速推进，能源消费引发的能源缺口和环境问题日益突出，学术界开始深入挖掘影响能源消费结构的因素，探索如何改进工业结构，完善经济发展的能源消费政策。穆斯塔法和安泰关注能源消费在经济发展中的作用以及工业结构与能源消费的相互关系。穆斯塔法（Mustafa, 2013）运用从1960~2008年能源消费和经济增长的数据，采用ALR模型方法，通过实证研究，提出土耳其的能源消耗和欧共体经济增长呈正相关[148]。米奇（Miech, 2014）利用格兰杰因果关系检验，提出能源消费与GDP增长呈双向关系，直接协同增长可显著促进了尼日利亚的经济发展[149]。

而国内学者的研究层面主要集中在工业结构对能源消费结构的影响，主要从两者的关联性和地区之间的差异性进行研究。齐志新等（2007）侧重于探究工业的内部结构，认为轻重工业的转变会显著影响能源消费和能源强度，并且提出部门强度对工业能源强度的影响更显著[120]。刘畅（2008）将工业划为 29 个行业，分别厘清了不同工业行业之间的相互作用，以及工业行业能源消耗强度变动及其影响因素。研究发现，能源产品占总能源消费比重的增加会降低高耗能工业的能源消耗强度[150]。王菲（2013）利用工业特征偏向指数建立出地区能源消费强度影响因素的回归分析模型，提出中西部地区呈现出工业结构高耗能化的演进态势，而东部地区则相反[151]。因此，要根据地区差异，因地制宜，制定出适合本区域的节能目标和政策措施。

（3）关于政策举措方面的研究。

韩智勇（2004）通过协整性分析和因果关系分析，提出中国制定能源政策时，需要综合考虑经济增长的目标和能源供应压力[152]。张艳芳（2017）提出，推进工业内部结构调整、减少工业发展的高能源依赖程度，是进一步降低工业能源强度的根本路径[153]。冉江婧（2019）对 2006～2017 年河南省的工业碳排放总量做出测算以后，促进其工业低碳化发展的约束性和激励性措施[154]。李崇岩、王富忠（2019）基于能源消费结构影响因素的研究，提出完善能源价格体系、外贸内贸并重、深化能源供给侧结构性改革的政策建议[26]。武运波（2019）运用多因素分析方法，探究能源价格对工业能源强度的影响，提出提高技术创新水平、发展清洁能源消费的建议[155]。

2.4　能源结构与产业结构协调优化相关研究

吴萨和李泊言（2005）[156] 及马迪森（Maddison，2006）[157] 等研究发现，中国产业结构演进促进了能源资源再配置。坎巴拉（Kambara，1992）[158] 和理查德（Richard，1999）[159] 研究发现，促使能耗强度变化的主要因素是产业结构，尤其是工业、服务业、轻工业以及重工业的结构变化。盖尔和门德斯（Gale and Mendez，1998）[160]、布若克和泰勒（Brock and Taylor，2005）[161]、侯赛尼和卡内科（Hosseini and Kaneko，2013）[162] 发现，在环境约束下，产权结构、产业结构、规模结构与能源结构等因素变化对经济增长产生影响。帕尼亚努托（Panayotou，1993）通过建立横截面数据来估算环境库兹涅茨曲线，估算结果表明：伴随着工业化速度与资源开发能力正相关，工业化步伐越快，资源开放利用的越多，进而资源消耗的速度也渐渐超过资源的再生速率。所以当一国的经济以农业为主转向以工业为主时，资源消耗的速度会加快，环境污染的程度也会加深；环境污染缓解的条件是，产业结构深入高级化和能源密集型产业转向技术密集型产业[163]。朱永彬、刘昌新等（2013）通过对比中国与美国、欧盟以及日本等发达国家在产业结构和工业能源强度上的差距，并用 Markov 模型预测了中国未来的产业结构和能源强度的走势，肯定了产业结构演变对降低能源强度的贡献[164]。2007 年中国投入产出学会课题组在分析 2002 年中国的投入产业表以及改进的结构系数时发现，一次能源部门、二次能源部门与国民经济各部门之间明显存在着不同程度的关联性。屈小娥（2009）研究发现，中国各省能源消费在空间上存在相关性，并且产业结构的变动会影响到能源消费的变动，整个过程呈现出正的溢出效应。在此研究的基础上还提出了促进一地区产业结构优化升级带动当地以及临近地区能源消费水平，城镇化水平，经济发展水平等的提高提出一系列的建议[165]。闫窈博（2018）研究发现，控制能源消费总量这一措施有助于加快中国产业结构的调整，在调整的过程中对第一产业的影响最小，对第二产业存在较大的相反方向的冲击对第三产业发展存在正向的促进作用。总之，中国能源消费总量的改变会改变中国的产业结构[166]。吕明元、陈磊和王洪刚（2018）挖掘了产业结构生态化的经济学内涵及其演进机制，认为能源结构调整对产业结构生态化具有重大影响，进而完善了产业结构与能源结构之间协调发展的理论依据[167]。陶冶和薛惠锋（2009）利用灰色关联分析法展开实证研究，建立了能源结构与产业结构协调关系的定量评价模型，研究表明，1990~2007 年中国的能源结构—产业结构协调度经历了增长—下降—增长变化，但能源结构与产业结构之间互动不佳[168]。徐丽娜、赵涛等（2013）以能源强度为中介，运用 SVAR 模型分析能源结构与产业结构之间的关系，发现降低煤炭消费份额，有利于提升能源利用效率，优化能源结构[140]。

产业结构在对能源结构产生影响的过程中，主要是通过影响能源消费进而对能源消费结构产生影响。关于产业结构与能源消费结构的关系，路正南（1999）通过对中国产业结构调整与能源消费之间建立实证模型，得出结论：产业结构的改变直接影响了能源的需求并改变了能源的消费结构[126]。刘满平（2006）建立产业结构和能源消费内部结构之间的模型，分析中国产业结构变化与能源消费、供给之间的协调发展程度，得到了第二产业比重、经济增长与石油、天然气消费量以及能源消费总量之间明显存在着长期协整关系[169]。许秀川、罗倩文（2008）发现，缓解经济增长中的能源消费需求压力的可行之路——调整产业结构，变粗放增长为集约增长[170]。曹俊文、朱庆文（2007）[171]和周江、李颖嘉（2011）[129]发现，不同产业的能源自发消耗水平以及能源消耗倾向具有明显的差异。工业是影响能源消费结构最大影响，而产业结构影响最大的是煤炭产业。吕明元、陈磊、王洪刚（2018）研究发现，北京市、天津市与河北省相比，后者的产业结构差异化水平远远滞后于前两者，产业结构高级化水平和产业结构合理化水平分别是能源消费结构的最大影响因素和最小影响因素[167]。刘凤朝、孙玉涛（2008）的研究表明技术创新以及产业结构的调整对能源消费量及能源结构的改善具有重要作用。运用实证分析表明技术进步来促进产业结构的优化升级，带动经济增长方式的转变是拉动能源消费结构改善的重要途径[172]。李姝、姜春海（2018）等发现，调整战略性新兴产业对能源消费带来重要影响。但在调整产业结构的过程中需要政府和市场的双重努力。尤其是能源市场由于中国的特殊国情能源市场一直处于垄断地位，再加上地方政府不太愿意发展高耗资风险高的新型产业偏爱于发展高耗能的传统产业在一定程度上也限制了能源消费结构的优化。所以靠战略新型产业推动产业结构的优化升级进而倒逼驱动能源结构的改善，但这个过程需要政府和市场双管齐下[173]。刘冰和孙华臣等人采用动态面板门槛模型分析能源消费结构的变化对产业结构调整的影响效应。通过对京津冀鲁的分析发现从长期来看，在能源消费中新能源的比重进一步提升，它的替代效应会逐步现象，同时随着产业领域的技术进步，低能耗生产技术替代落后的高耗技术。在技术进步以及新能源替代的双重作用下能源结构的调整会倒逼产业结构的调整[130]。

综上所述，目前关于产业结构与能源结构的相关研究主要局限在二者的独立方面，缺乏对二者之间相互联系的系统分析，对二者之间的互动机制缺乏系统研究，特别是能源结构对产业结构优化的影响机制研究甚少，还有很多内容有待丰富和发展。

2.5 文献简评

（1）能源消费结构对产业结构影响的文献简评。

从研究视角来看，相较于早期主要从能源消耗量、污染物排放与经济收入等视角的研究，近年来的研究多关注于能源消费结构、消耗强度和污染治理及其影响因素等的研究；从研究内容来看，随着人们对生活环境的关注和能源消耗的不断增大，近年来的研究更加关注环境污染和能源结构的优化，能源的有限性和能源使用造成的环境污染也迫使人们追求更加清洁及可再生的新能源的开发和使用。并认为有增无减的能源危机和需要减少温室气体是追求可再生能源的主要驱动力，可再生能源技术的发展有助于推动可再生能源的发展，其相关政策和法律也是非常重要的。学术界不断研究经济发展与能源消耗、环境污染之间的相互关系，希望能够寻求能源、环境与经济协调并进的可持续的发展方式。现有的研究对于环境污染和能源消耗的研究从理论到实证已有一定的成果，而关于产业投资结构方面的研究则相对缺乏，国内则更关注农业部门。而且这些文献多关注经济增长与能源消耗或环境污染之间的关系，较少有将能源、环境、经济整合在同一个框架之下，但事实上经济增长尤其是产业结构，包括产业投资结构与环境污染治理、能源消耗之间是紧密相连的。

学界关于产业结构和能源结构的研究虽然较为丰富，但仍存在一些不足：一是现有文献侧重于研究能源消费结构和产业结构高级化的动态联系，研究中更关注产业结构对于能源结构的影响这一单向关系，就能源结构升级对产业结构作用机制的探索不深入。二是学界就能源消费结构调整引起的产业结构变动只关注产业间结构变动，尚未研究细分产业如能耗量巨大的制造业内部变动情况，能源结构调整后的能源密集型和非密集型制造业产业比重变化情况尚不清晰。三是前期文献多针对国家层面展开研究，能源消费结构的区域异质性特征是否存在这一问题有待探讨。

（2）产业结构对能源消费结构影响的文献简评。

在当前提倡经济高质量发展的背景下，尤其是绿色可持续发展的背景下，国内外学者从经济增长、资源禀赋、技术进步、能源价格、产业结构等方面入手对产业结构对能源结构影响做了一定程度的研究，主要表现为：研究视角上，早期学者主要研究可直接测算的能源消耗量，而近年来学者逐渐将研究视角转向能源消耗强度、能源消费结构等需要进一步测算的指标；研究方向上，早期研究主要是探究工业结构与能源消费结构的转换关系，近年来学者更加注重工业结构与能源消费结构的转型升级问题，并且在近期的研究中，学者从决策者的角度出发，研究结果中探索出更完善更切实可行的能源政策和经济政策。

在分析方法上，越来越多的学者将空间因素纳入考量范围，运用空间分析方法对能源消费的空间效应进行了分析。产业结构及其变动决定地区能源消费结构的重要因素，许多研究对其进行了理论分析和实证考察，但相关研究还存在一定的不足，有待进一步完善：一是理论分析方面，大多研究仅简单描述产业结构与能源消费结构间的现状，对相关作用机制的分析仍显不足。关于产业结构和能源消费结构的研究大多数集中在实证分析，许多文献只对两者的关系进行了简单的关联性分析或因果分析，或是选取不同对象和模型进行实证考察，较少深入分析产业结构调整影响能源消费结构的内在机制。此外，也没有明晰产业结构调整的方向，而产业结构调整的方向不同，影响能源消费结构的路径和最后产生的综合效应也会有所不同。二是在指标选取上，对产业结构的测度比较粗糙，大多使用第二、三产业的占比、重工业轻工业比重等指标来代表产业结构，也较少对中国各个省份的产业结构进行详细测度。从产业结构调整的内涵出发，产业结构调整既包括不同产业部门间比例关系的改变，也包含了产业内部行业的调整、价值链和产品结构的改变等，需要采用更科学的指标体系进行测算。每个地区的经济发展水平和产业结构水平具有较大差异，应对此进行考量和分析。三是从研究方法上，相关实证研究还是以传统面板模型为主，较少文献考虑了空间因素的影响。而现实中地区间往往存在广泛的经济联系，各区域间的能源消费结构也不是完全独立的，区域间的要素流动、产业转移、政策外部性等因素都会影响地区能源消费结构，许多研究也发现中国不同地区的能源消费结构存在一定关联性，因此对能源消费结构的实证研究应加入空间因素的考量。

显然，关于能源消费结构学术界已有较深入的研究，但有关工业结构与能源消费结构的关系研究不充分，尤其是工业结构调整对能源消耗结构优化的影响仍然需要深入研究。为此有必要厘清工业结构发展对能源消费结构的作用机制，解决工业领域能源消费结构不合理的问题。这些问题将在第 7 章做深入探讨。

综上所述，现有文献对于单一的能源消费结构和产业结构均已有较深入的研究，而对于能源消费结构和产业结构之间关系的研究比较匮乏。产业结构调整对能源消耗结构优化、能源结构调整对产业结构优化以及能源消费结构与产业结构协调优化的研究仍然是目前学术热点，也是中国经济发展中需解决的重大问题。为此本书试图解决以下问题：能源消费结构与产业结构协调优化机理是什么？包括产业结构调整对能源消耗结构优化机制是什么和能源结构调整对产业结构优化机制是什么，以及如何解决能源消费结构与产业结构不协调的问题？能源消费结构与产业结构协调优化的推进机制又是什么？

第3章 中国能源消费结构和产业结构及其协调状况分析

3.1 能源供需现状分析

中国的能源消费一直以来都是煤炭为主，煤炭是主要的能源供给资源。中国能源资源分布存在严重地区差异，煤炭资源主要集中于西北部，如山西、陕西、内蒙古等地区，西部和华北地区石油和天然气资源丰富，南方则拥有充沛的水资源。此外，西藏、新疆、宁夏等地区拥有丰富的太阳能资源。总体来看，中国主要的能源资源的种类及其空间分布很不均衡，这在一定程度上决定了中国各地区的能源消费特点甚至影响相关产业的发展，因此对中国各地区能源消费的分析要基于其资源禀赋的现实情况，从供给和需求两方面综合进行考虑。

3.1.1 能源需求状况

大量经济建设带来能源需求激增，而且中国长时间实行的是一种粗放型的经济增长模式，投入要素的数量大而效率较低，导致长期处于高投入、高消耗、低产出的状态，能源消费总体上现出不断增长的态势。2018年，中国的能源消费总量占全球的24%，增长量占到了全球的34%，中国连续18年成为全球能源增长的最主要来源[①]。

中国能源消费总量持续增长但增速放缓。由图3.1可以看出，近十几年以来，中国能源消费总量一直在上升，没有出现下降的趋势，2020年中国能源消费总量已经达282864万吨标准煤。但能源消费增长速度却呈波浪下降趋势，尤其是2004年、2007年和2011年，能源消费增速出现悬

---

① 资料来源于《BP世界能源统计年鉴（2019年）》。

崖式下跌。2004 年能源消费增速最高，达到了 16.8%，随后几年又降低到 2008 年的 3.9%，而在 2011 年以后中国能源消费增长的速度波动较小，基本维持在 5% 以下，能源的消费增长较缓慢。结合中国经济发展的现实情况可以发现，能源消费的增长与社会经济的发展是相适应的，近几年，中国经济发展转型和产业调整卓有成效，能源需求的增速也得到了控制。

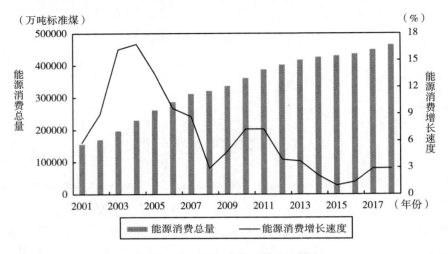

图 3.1　中国能源消费总量及其增速

资料来源：历年《中国能源统计年鉴》。

　　而分地区来看，从 2020 年中国各省（区、市）能源消费量空间分布可以看出，中国能源的消费大体与地区经济发展以及能源资源分布情况相适应，能源的消费集中在东部经济发达省份，如浙江、广东、山东，以及中西部部分能源资源大省份，如河北、内蒙古、山西、新疆等。经济发达的地区往往能源需求量也比较大，同时能源生产投入与消耗也会比较倾向发生在能源资源比较丰富的地区，在当地建设能源开采、利用和运输的产业链，对能源消耗的依赖度较大。

3.1.2　能源供给状况

　　中国煤炭资源丰富，位居世界第 3 位，能源资源禀赋呈现出"富煤、缺油、少气"的特点。中国的一次能源生产以煤炭为主，占到了总量的 70% 左右，其他化石能源如原油产量仅占能源生产总量的 8% 左右，天然气占 5% 左右，因此，中国原油和天然气很大一部分需要依靠进口。而随着能源需求的上升，中国油气进口量也不断增加。而其他的新能源，如风电、核电等，其生产量在中国巨大能源生产总量面前，体量还是相对较小，还有很大的发展空间。

如图 3.2 所示，2001～2016 年中国能源生产总量总体上呈上升态势，2016 年以后出现了较明显的下降态势，2018 年和 2019 年有所上升。2001 年中国一次能源生产总量仅 147425 万吨标准煤，而 2018 年中国一次能源生产总量达到 377000 万吨标准煤，比 2017 年增长了 5.2%。从能源生产的增速来看，最高是 2004 年的 15.6%，最低是 2016 年，降至最低为 −4.3%，2017 年后又出现增长，但总体来看一次能源产量的增速在近几年基本都维持在 5% 以内。显然，中国一次能源生产的变化趋势与能源消费需求的变化是大体一致的。

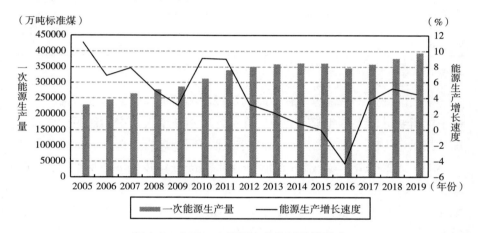

图 3.2 中国一次能源生产总量及其增速
资料来源：历年《中国能源统计年鉴》。

近几年，中国能源生产总量变化不大，但不同种类的一次能源生产量出现了一定的调整，主要能源煤炭的产量明显下降，而天然气和水风核等清洁能源的产量基本稳步增长，中国能源生产结构出现更加清洁低碳化的趋势。如表 3.1 所示，2001～2018 年，中国煤炭生产的占比呈先升后降的趋势，到 2018 年中国原煤生产占一次能源生产总量的 69.3%，比 2007 年的高峰时期比重降低了 8.5 个百分点；原油的比重比 2001 年降低了 8.7 个百分点。而天然气的比重稳步上升，2018 年增加到 5.5%，比 2001 年上升了 3.8 个百分点。近几年，中国新能源产业得到快速发展，虽然新能源的总产量还是较低，但增速较快。2019 年，中国一次电力及其他能源等非化石能源的生产量占一次能源总产量的 18%，比 2001 年增加了 9.2 个百分点。而其中主要是以水电为主，占到了能源总产量的 10% 左右，核电、风电等新能源的比重较低，分别只有能源总产量的 2%、6% 左右。其他新能源如太阳能、海洋能等，虽然大力建设，许多项目开发建设规模也走在世界前列，但真正产能还是较小。

表 3.1　　　　　　　　　**中国一次能源生产结构**　　　　　　　单位：%

年份	原煤比重	原油比重	天然气比重	一次电力等比重
2001	72.6	15.9	2.7	8.8
2004	76.7	12.2	2.7	8.4
2007	77.8	10.1	3.5	8.6
2010	76.2	9.3	4.1	10.4
2013	75.4	8.4	4.4	11.8
2016	69.8	8.2	5.2	16.8
2018	69.3	7.2	5.5	18

资料来源：根据《中国能源统计年鉴》，利用发电煤耗算法计算所得。

中国能源生产总量越来越不能满足经济不断增加的能源消费需求，因此中国需要进口大量能源，能源对外依存度不断增大。中国能源的能源资源种类以煤为主，能源的生产和消费也主要依赖煤炭资源，其他化石能源如石油、天然气的产量相对较低，因此能源进口以石油、天然气为主。2017 年，中国能源进口总量为 9.99 亿吨标准煤，其中石油进口量为 4.9 亿吨，天然气进口量为 945 亿立方米，相比 2006 年的进口量翻了几番。而能源进口量的增长伴随着中国能源的对外依存度不断上升。如表 3.2 所示，2017 年中国能源进口量占可供给能源总量的比重达到了 22.41%，与 2006 年相比增加了大约 11 个百分点。其中，中国的电力基本自给自足，电力进口量长期保持在 0.1% 左右；煤炭的对外依存度增幅也不大，从 2006 年的 1.46% 增加到 2017 年的 7.09%。但石油的对外依存度在 2017 年达到了 83.57%，天然气对外依存度为 39.55%，对外依存度分别比 2006 年增加了 27.88 个百分点、37.88 个百分点，增长非常明显。很显然，在有限的资源条件和一定的新能源发展水平下，中国煤炭消费占比的降低，伴随着大量石油、天然气的进口，对国外进口能源的依赖性增加。

表 3.2　　　　　　　　　　**中国能源对外依存度**　　　　　　　　单位：%

年份	总能源	煤炭	石油	天然气	电力
2006	11.16	1.46	55.69	1.68	0.19
2009	14.25	4.10	66.27	8.51	0.16
2012	16.86	6.89	69.13	28.08	0.14

年份	总能源	煤炭	石油	天然气	电力
2015	18.01	5.14	72.02	31.76	0.11
2017	22.41	7.09	83.57	39.55	0.10

资料来源：根据《中国能源统计年鉴》，能源对外依存度用能源进口量占该能源可供量的比重计算。

现在，中国是世界上最大的能源进口国，能源对外依存度的上升为中国造成了极大的能源安全隐患，能源的供需矛盾是当下亟需解决的重要问题之一。在这一点上，要从供给和需求两端同时发力，要努力增加新能源的开发和供给，也要从能源的产业消费端入手，促进产业体系的节能低碳化发展。

3.2　能源消费结构现状分析

3.2.1　中国能源消费结构的总体状况

能源消费结构是各类能源消费量占能源消费总量比例。中国具有"多煤、少油、缺气"的能源禀赋特点，煤炭是自然就是主要的能源消费对象，其次才是石油、天然气，而太阳能、风能等清洁能源的消费占比很小。同时，煤炭的各项成本也相对较低，经济快速增长产生了巨大的能源需求，也使得煤炭消费的比重一直居高不下。近些年，随着能源发展战略的贯彻落实，增强了能源消耗的多样化，加快了清洁能源技术的开发利用，促进了煤炭消费份额下降，促进了清洁能源消费比重的上升，能源结构逐渐向清洁低碳化转变，但变化较缓慢，短期内难有较大的改善，这样的能源消费结构也给中国的环境治理带来了巨大压力。表3.3展示了中国2001～2020年一次能源消费结构的变化情况，可以看出中国不同品种能源消费的此消彼长。

表3.3　　　　　　　2001～2020年中国一次能源消费结构　　　　单位：%

年份	煤炭比重	石油比重	天然气比重	一次电力等比重
2001	68	21.2	2.4	8.4
2004	70.2	19.9	2.3	7.6
2007	72.5	17	3	7.5

年份	煤炭比重	石油比重	天然气比重	一次电力等比重
2010	69.2	17.4	4	9.4
2013	67.4	17.1	5.3	10.2
2016	62	18.5	6.2	13.3
2018	59	18.9	7.8	14.3
2019	58	19	8	15
2020	56.8	18.9	8.47	15.83

资料来源：根据《中国能源统计年鉴》数据，利用发电煤耗算法计算所得。

如表 3.3 所示，2001～2020 年中国煤炭、石油消费比重逐渐降低，天然气、水电、核电等清洁能源消费比重明显增大，但仍与世界平均水平和发达国家水平存在一定差距。2020 年中国煤炭消费量占比高达 56.8%，远远高于全球平均水平 31 个百分点；天然气消费比重从 2001 年的 2.4% 到 2018 年的 8.47%，消费相对量和绝对量都在不断增长，但天然气、石油等能源的消费占比仍低于全球平均水平。非化石能源方面，2020 年水电、风电、核电等一次电力消费量占能源消费总量的 15.83%，与 2001 年相比，提升了 7.43 个百分点。但非化石能源利用主要以水力发电为主（比重约占 8%），核能和其他可再生能源占比低。中国风力发电 2020 年占比仅为 3.5% 左右，低于世界平均水平和发达国家水平，中国核能消费比重 2020 年达到 2.43%，也不及其他核电国家。截至 2020 年，中国煤炭消耗占比 56.8%，石油占比 18.9%，天然气占比 8.47%，一次电力及其他能源等占比 15.83%。从 1980 年至今，耗煤比重下降了 16%，耗气比重上升了 6.9%，耗油比重不但没有上升反下降了 2.5%，清洁电力比重上升了 13.7%。相比之下，2015 年世界煤炭消耗比重的平均水平为 27.21%，还不到中国煤炭消耗比重的 1/2；清洁能源（包括天然气）消耗占比达 38.2%，中国清洁能源消耗占比只有 22.1%。中国能源消耗对煤炭的依赖性依旧过大，这不仅会降低能源综合利用率，一定程度上也会妨碍产业调整，过度使用化石能源会产生大量有害物质，破坏环境，令经济发展与环境之间的矛盾越来越大。

由图 3.3 可看出，自 2000 年起，煤炭消耗结构曾于 2002 年达到一个低谷后上升，在 2007 年上升到一个顶峰后再次下降，至今经历了先下降、后上升、再下降的过程。石油消耗结构则于 2002 年到达顶峰后逐步下降，至 2009 年降至低谷后再次反弹，但其后始终处于波动状态。也就是说，从 2000 年以后的 18 年间，煤炭和石油的消耗比重在浮动中逐步下降，而水电、核电、风电等清洁电力的消耗结构除在 2011 年经历了一次波动，也基本上处于稳步上升的状态，天然气的消耗结构则始终处于缓慢上升。由此可见，中国的能源消费结构正在发生积极的改变，能源调整战略是有一定成效的，且会是一个长期的调整过程。

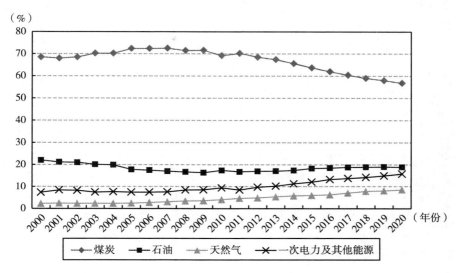

图 3.3 能源消费结构的变化趋势

资料来源：历年《中国统计年鉴》。

中国的煤、油、天然气、电力四大类能源的消耗情况如表 3.4 所示。

表 3.4　　　　　　　　　中国四大类能源的消耗规模及结构

年份	煤		油		天然气		电力	
	消耗量 （万吨标准煤）	结构 （%）	消耗量 （万吨标准煤）	结构 （%）	消耗量 （万吨标准煤）	结构 （%）	消耗量 （万吨标准煤）	结构 （%）
2000	37699.8	44.46	28919.13	34.10	2778.5	3.28	15406.34	18.17
2001	38680.92	43.82	29590.23	33.52	3174.31	3.60	16825	19.06
2002	42357.07	43.86	31991.62	33.13	3423.95	3.55	18799.75	19.47
2003	52305	46.01	35480.48	31.21	4059.03	3.57	21840.46	19.21
2004	64724.54	47.61	41325.41	30.40	4649.13	3.42	25256.91	18.58
2005	71932.08	48.45	42690.86	28.75	5298.25	3.57	28554.4	19.23
2006	74229.35	46.40	46443.38	29.03	6437.57	4.02	32850.12	20.54
2007	77256.98	44.84	49526.35	28.75	7838.78	4.55	37668.97	21.86
2008	80427.69	44.85	49903.08	27.83	9172.87	5.12	39823.86	22.21
2009	81021.31	43.74	52013.47	28.08	9448.7	5.10	42737.16	23.07

年份	煤		油		天然气		电力	
	消耗量（万吨标准煤）	结构（%）	消耗量（万吨标准煤）	结构（%）	消耗量（万吨标准煤）	结构（%）	消耗量（万吨标准煤）	结构（%）
2010	78236.15	36.46	78236.15	36.46	9756.53	4.55	48381.12	22.54
2011	88221.55	40.66	62176.72	28.66	12112.41	5.58	54444.92	25.09
2012	87820.9	39.26	65070.32	29.09	13216.74	5.91	57598.9	25.75
2013	82892.45	36.21	68546.72	29.94	14717.22	6.43	62756.06	27.41
2014	80311.59	34.48	71198.55	30.57	15900.39	6.83	65485.8	28.12
2015	81376.14	33.11	76922.35	31.30	16645.69	6.77	70801.65	28.81
2016	80740.55	31.59	79386.68	31.06	17852.49	6.99	77580.96	30.36
2017	81255.87	30.14	82948.42	30.77	20606.91	7.64	84787.69	31.45
2018	81870.58	28.76	85407.03	30.00	23798.24	8.36	93626.97	32.89
2019	82489.94	27.44	87938.51	29.25	27483.80	9.15	103387.76	34.40
2020	83113.99	26.19	90545.03	28.52	31740.14	10.01	114166.14	35.97

注：表中所有数据均为工业行业的终端消耗量。2019 年、2020 年数据做了修正。

资料来源：历年《中国能源统计年鉴》。

（1）煤的消耗总量自 2000 年后一直处于上升阶段，直到 2010 年出现一定幅度的下降，这一现象可能与 2008 年的美国金融危机的波及使得多数企业生产规模缩水有关，其后虽在 2011 年又大幅提升，但之后又进入下降阶段，而煤炭的消耗比重在 2011 年之前一直处于上下波动状态，2011 年之后则不断下降，这一趋势与中国"十二五"规划中对能源结构调整和环保的强调有关。

（2）油的消耗总量自 2000 年之后一直不断增大，到 2010 年达到最大值，而 2011 年的消耗量则较大幅度的减少，之后一直保持增加趋势。油的消耗结构自 2000 年至今，始终在 30% 左右浮动，但在 2010 年前后经历了较大幅度的增长和减少之后，也一直保持增长状态。这与中国油品供应对外依赖度大有关，而世界油价多处于不稳定状态。

（3）天然气和电力的消耗总量在 2000 年后始终处于增长状态，但天然气的消耗比重一直处于不稳定状态，直到 2010 年之后的几年才保持稳定的增长，而电力的消耗比重除在 2004 年和 2010 年前后出现小幅的波动外，整体基本上一直处于稳定的增长状态。这与中国今年来对天然气和新型电力行业的扶持有关，使得天然气和电力的消耗量和所占比重不断增加。

由此可见，随着中国经济的不断发展，能源消耗总量逐年递增，在国家的宏观调控和企业的努力下，各类能源的消耗状况也在发生变化，能源消费结构正朝着更为均衡的方向发展。

3.2.2 各大产业能源消费状况

（1）三大产业能源消费状况。

中国能源消费集中在第二产业，能源消费总量中有68%为第二产业消耗，尤其是工业生产过程中的能源消耗占能源消费的压倒性比例，制造业的能耗占比就有55%。而第三产业的能源消费占比为30%，第一产业等其他活动的能源消费占比非常小。制造业中高耗能产业的能源消费量巨大，同时以工业的能源消费活动也会来较大的环境污染压力。因此，优化能源消费结构要从调整产业结构入手，尤其要提高工业的能源利用效率，推行清洁生产、绿色生产。2018年的情况如图3.4所示。

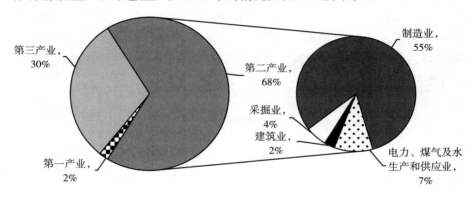

图3.4　中国能源消费的产业分布
资料来源：根据《中国统计年鉴》能源消费的行业数据整理。

（2）工业主要行业能源消费现状。

中国能源消费持续增加，2010～2019年年均增长了3.4%，但能源消费在各个行业之间的能源消费结构存在差异。工业耗能最多，生活消费和交通运输、仓储和邮政业次之，农、林、牧、渔、水利业耗能最少，且均以2010年为时间节点，前后出现不同的发展趋势。农、林、牧、渔、水利业的能源消耗比重逐步下降，2001年达到2.93%，至2011年后降至2%以下，此后一直维持在2%以下。交通运输、仓储和邮政业的能耗结构在2004年和2008年经历了两次波动后，稳步上升，2012～2019年一直维持在8%以上。建筑业在2001～2019年先是缓慢下降，至2008年降至最低1.21%，其后逐步上升，至2014年达到1.77%，此后整体上保持平稳，始终处于1.5%左右的状态。批发、零售业和住宿、餐饮业的能耗比重在2008年之前缓慢下降，之后则逐渐提升，2009~2019年总体浮动不大，始终保持在2.3%左右。生活消费方面，能耗结构在2010年之前在波动中有下降趋势，之后则保持上升状态。

工业能源消费在各行业中占比最大，2010~2019年工业的能源消耗比重在不断增大，2010年之后则有下降趋势，2010~2019年分别为264289.85万吨标准煤、281990.31万吨标准煤、293440.77万吨标准煤、297076.92万吨标准煤、297224.65万吨标准煤、298344.14万吨标准煤、298075.28万吨标准煤、301523.71万吨标准煤、290915.39万吨标准煤和302293.38万吨标准煤，增长速度明显放缓。工业能源消耗比重在2013年之前长期高达70%以上，2014年降至69.44%，此后维持在67%左右。而在工业主要行业中，占据工业能源消耗总量的50%左右的有六大行业——燃料加工业，黑色金属冶炼加工业，有色金属冶炼加工业，化学制造业，非金属矿采选业，电力、热力生产和供应；尤其是黑色金属冶炼加工业所占比重最大，但是2010~2019年所占比重逐年递减。所有工业行业能源消费占总消费的比重呈现下降的趋势，尤其是原先的能源密集型工业（见图3.5）。

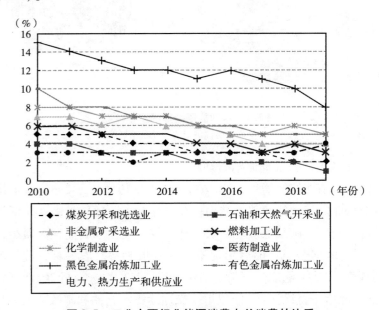

图3.5 工业主要行业能源消费占总消费的比重

资料来源：作者根据国家统计局网站数据整理。

如果将工业行业整理合并成27个具体行业（见表3.5），则2010~

2019 年 27 个工业行业的产值及其占工业总产值的比重出现严重分化，饮料制造业、专用设备制造业、非金属采矿选业、医药制造业、食品制造业 5 个行业的发展速度明显高于行业平均增速；另有纺织业、造纸和纸制品业、有色金属冶炼加工业、电子设备制造业以及电气、热力生产和供应业 5 个行业发展速度持续低于工业平均增速。

表 3.5 工业行业分类

1 煤炭开采和洗选业	10 纺织业	19 有色金属冶炼加工业
2 石油和天然气开采业	11 纺织服装、服饰业	20 金属制品业
3 黑色金属矿采选业	12 造纸和纸制品业	21 通用设备制造业
4 有色金属矿采选业	13 燃料加工业	22 专用设备制造业
5 非金属矿采选业	14 化学制造业	23 运输设备制造业
6 农副食品加工业	15 医药制造业	24 电气机械制造业
7 食品制造业	16 化学纤维制造业	25 电子设备制造业
8 饮料制造业	17 非金属矿物制品业	26 仪器仪表制造业
9 烟草制品业	18 黑色金属冶炼加工业	27 电力、热力生产和供应业

表 3.6 依次列出了 2000～2020 年的工业煤品、油品、天然气和电力的消耗量和结构，可以看出，在工业能源消耗中，以煤和电力的消耗为主，油和天然气的消耗较少。

表 3.6 工业四大类能源的消耗规模及结构

年份	工业煤品		工业油品		工业天然气		工业电力	
	消耗量（万吨标准煤）	结构（％）	消耗量（万吨标准煤）	结构（％）	消耗量（万吨标准煤）	结构（％）	消耗量（万吨标准煤）	结构（％）
2000	23771.72	47.89	12880.59	25.95	2270.18	4.57	10713.08	21.58
2001	22348.96	45.29	12942.94	26.23	2486.30	5.04	11566.35	23.44
2002	21630.60	42.08	14078.15	27.39	2632.60	5.12	13057.51	25.40
2003	25558.52	42.85	15369.89	25.77	3178.70	5.33	15533.33	26.04
2004	32917.05	46.55	16206.18	22.92	3359.58	4.75	18230.61	25.78
2005	34315.50	45.83	16064.65	21.45	3880.41	5.18	20616.75	27.53
2006	34291.06	43.03	16965.31	21.29	4599.14	5.77	23828.97	29.90
2007	35860.17	41.39	17720.71	20.45	5323.72	6.14	27737.42	32.01
2008	46834.84	46.94	18815.79	18.86	5542.78	5.56	28575.17	28.64
2009	48398.04	47.09	18791.43	18.28	5356.04	5.21	30228.82	29.41
2010	48676.72	44.51	21082.94	19.28	4815.53	4.40	34785.04	31.81

年份	工业煤品		工业油品		工业天然气		工业电力	
	消耗量 （万吨标准煤）	结构 （%）	消耗量 （万吨标准煤）	结构 （%）	消耗量 （万吨标准煤）	结构 （%）	消耗量 （万吨标准煤）	结构 （%）
2011	49783.87	42.49	22091.78	18.86	5972.76	5.10	39316.75	33.56
2012	50089.03	41.99	21572.10	18.08	6668.75	5.59	40970.01	34.34
2013	70160.30	48.66	21765.35	15.10	7890.23	5.47	44362.19	30.77
2014	71534.64	46.93	21851.17	14.34	12260.21	8.04	46776.38	30.69
2015	64054.99	45.19	19718	13.91	16418.58	11.58	41549.99	29.31
2016	57407.48	41.42	20383	14.71	17803.25	12.85	42996.89	31.02
2017	52733.86	37.34	21487	15.21	20950.83	14.84	46052.84	32.61
2018	46900.38	32.51	22460	15.57	25802.93	17.89	49094.91	34.03
2019	41712.21	28.30	23477.06	15.94	31778.75	21.57	52337.93	35.51
2020	37097.95	24.64	24540.18	16.32	39138.54	26.00	55795.17	37.06

注：表中所有数据均为工业行业的终端消耗量。2019年、2020年数据做了修正。
资料来源：历年《中国能源统计年鉴》。

工业煤品的消耗量在2000~2002年有一定的下降，2002年之后中国的工业煤品的消耗量不断增加，至2014年已达到71534.64万吨标准煤，此后下降，到2018年下降至46900.38万吨标准煤，基本上是2000年的消耗量的3倍还多。而工业煤品的消耗结构一直处于上下波动状态，期间在2007年降至最低值41.39%，在之后的2013年达到最大值48.66%，然后一直下降，到2018年降至32.51%。

工业油品的消耗总量在2000~2018年基本上处于稳定增长状态，但在2012年出现一定幅度的下降，之后又恢复增长趋势，至2018年已达到22460万吨标准煤，比2000年的油品消耗量增长了74.4%。工业油品的消耗结构在2002年之前保持一定的增长，但之后的几年不断下降，直到2010年出现一定的回升，之后再次不断下跌，至2018年已降至15.57%，比2000年的油品消耗结构降低了40%。

工业天然气的消耗量在2000年仅有2270.18万吨标准煤，之后直到2008年之前，工业天然气的消耗量一直不断增加，2008~2010年出现了一定程度的下降，之后天然气的消耗量快速增长，2018年已达到25802.93万吨标准煤，是2000年时的11倍还多。而工业天然气的消耗结构在此期间则始终处于上下浮动的状态。

工业电力的消耗量自2000年之后一直处于稳定的增长状态，2018年的消耗总量已达到 49094.91 万吨标准煤，基本上是 2000 年的消耗量的 4.6 倍。但工业电力的消耗结构的变动趋势与天然气的类似，始终处于波动状态。

可以看出，虽然四大类能源的消耗总量在总体上保持增长状态，但各自的能源消费结构的变动趋势各有不同。然而，我们可以发现，天然气和电力的消耗结构的变动与煤品的消耗结构的变动趋势有此消彼长的趋势，在煤炭的消耗比重降低的同时，天然气和电力的消耗比重有增长的趋势，而在煤炭消耗比重增加的情况下，天然气和电力的消耗结构均同时出现下降的趋势，而油品与煤品的消耗结构间的相对的变动趋势虽不明显，但也有一定的互相替代的关系。

虽然，中国能源消费结构逐步向清洁能源提升，煤炭和石油的消费比重减少，但是前者的增幅和后者的跌幅均不理想。2020 年，在中国的能源消费总量中，煤炭消费比重为 56.8%，石油消费比重为 18.9%，天然气消费比重为 8.4%，一次电力及其他能源消费比重为 15.83%。相比于 2001 年，2020 年煤炭消费占比减少 11.2%，石油消费占比减少 2.3%，天然气消费占比增加 6.07%，新能源消费占比增加 7.43%。且随着能源消费的需求日益增加，非清洁能源的消费量也日益增加，这给中国发展节能型工业行业发展带来了巨大压力。在化石能源的消费中，煤炭的消费量在 2003 ~ 2014 年一直处于持续增长的状态，至 2014 年已达到 281854.30 万吨标准煤，是 2003 年的 2 倍多，占能源消费总量的 70.0%，2015 ~ 2016 年呈现出小幅度下降后，2017 ~ 2019 年消耗量又呈现出逐年增加的趋势。石油的消费量在 2003 ~ 2019 年持续增加，截至 2019 年已经达到 92622.72 万吨标准煤，比 2003 年的消费量增长了 129.1%。天然气的消耗量和石油消费量基本保持一致，在 2003 ~ 2019 年持续上涨，截至 2019 年时已达到 38999.04 万吨标准煤，是 2003 年消费量的 8 倍多。从 2003 年开始，新能源的消费呈上升趋势，2011 年时略有波动，在 2019 年时已经达 74585.66 万吨标准煤，是 2003 年消耗量的 11 倍多。新能源的消费与煤炭的消费类似，均呈现出波动状态。能源消费中化石能源消费一直稳居第一，新能源消费较少，因此，减少化石能源的消耗的目标仍然面临着巨大压力。

综上可知，在国家的相关战略和政策的调控下，中国工业行业的能源消耗比重逐渐降低，能源消费结构和产业结构正在向更均衡的方向发展。但目前为止，工业依旧是中国的高耗能、高污染现状的主要来源，近年来虽有一定程度的改善，但是改变以高耗能、高污染的重工业为主的产业结构依旧任重而道远。

3.3　产业结构现状分析

3.3.1　中国产业结构现状

（1）三次产业结构变化状况。

从当前中国三次产业的比重变化来看，近几年，中国第二、三产业的迅速发展，这也使得中国产业结构逐步调整优化，保证了今后经济更加健康和可持续的发展。如图 3.6 所示，2005~2020 年，中国第一产业增加值占 GDP 的比重正稳步减少，2005 年第一产业占比为 14.1%，到 2020 年第一产业占比仅为 7.7%，经济增长对第一产业的依赖度较低。而第二产业增加值占 GDP 的比重相对变动较小，2020 年第二产业的比重保持在 37.8%，发展比较平稳。第三产业增加值比重增长明显，从 2012 年开始第三产业的占比（45.5%）就超过了第二产业的占比（45%），到 2020 年第三产业的比重已达到 54.5%。这表明近年来政府对第三产业的扶持以及相关发展策略卓有成效，中国三次产业的结构也日趋合理、协调。

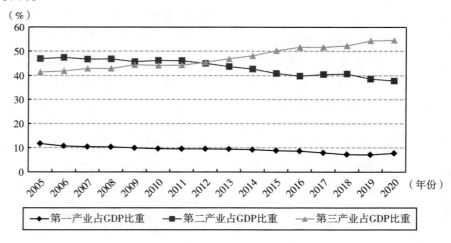

图 3.6　中国三次产业比重变化

资料来源：根据历年《中国统计年鉴》整理。

而从三次产业对 GDP 增长的贡献率和拉动率来看，也反映出中国经济增长对第二产业依赖程度有所降低，第三产业日趋成为经济发展的重要支柱。如图3.7所示，2001~2018年，第一产业对GDP增长的贡献率在2004年达到最高的7.3%，2007年最低为2.7%，总体上第一产业对GDP的贡献率基本保持在5%以内，比较稳定。相对来说，第二、三产业对GDP的贡献率最大，但波动也较大，主要是2007~2010年全球经济危机期间，第二产业对GDP的贡献率突增，而第三产业贡献率转升为降。第二产业的贡献率自2010年开始稳步下降，2010~2018年第二产业对GDP的贡献率下降了20%左右。第三产业对GDP的贡献率在2001~2010年先增后减，从2010开始呈逐步上升趋势，并在2015年开始超过第三产业，到2018年第三产业对GDP的贡献率已达59.7%。而从三次产业对GDP增长率的拉动情况与贡献率的变化趋势基本一致，第一产业的拉动率稳步降低，而第二、三产业的拉动率在2010年后开始降低、增长，在2015年第三产业对GDP增长的拉动开始超过第二产业对GDP增长的拉动。从2015年开始，三次产业对GDP的贡献率和三次产业对GDP增长速度的拉动来看，第三产业占据第一位，都超过第二产业和第一产业。这说明从三次产业来看，中国产业结构的优化取得了显著的成果，第三产业发展迅速，三次产业的均衡度有了明显改善。

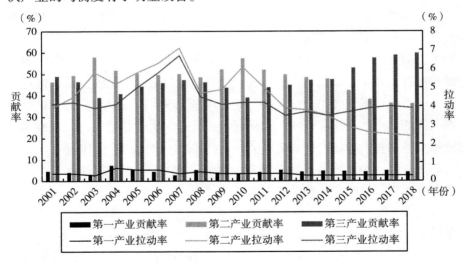

图3.7　中国三次产业贡献率与拉动率

资料来源：根据《中国统计年鉴》基础数据计算所得。

（2）分地区三次产业结构状况。

分地区来看，中国各地区产业结构的发展总体与地区经济发展情况基本一致，经济发展水平较高的省市其第二、三产业越发达，产业结构水平越高。以第二、三产业所占GDP比重粗略计算全国各省（区、市）的产业结构。2018 年，北京、上海、天津等地的第二产业和第三产业增加值之和占总 GDP 的比重超过 99%，而东部沿海的一些发达省份的第二、三产业产值占国内生产总值的比重在 95% 以上，如广东（96%）、江苏（95.5%）、浙江（96.5%）等，东部发达省份的经济增长中第一产业占比的已经非常低了，主要是以第二、三产业为主，而北京、上海、广东等发达城市的服务业发展已极具规模，当地的产业结构与经济发展能够更好地良性互动。中部省份如湖南、湖北、河南、江西、安徽等的第二、三产业占比大多在 90%~95%，西部省份如新疆、宁夏、甘肃、内蒙古、贵州、云南等则基本低于 90%，这些地区第二、三产业内部的发展情况也各不相同，与发达地区还存在一定距离。总的来说，中国第二、三产业的比重逐年增高，但地区间产业结构还有一定差距，大部分地区产业结构还有很大优化调整的空间。当然，仅仅通过观察三次产业的比重变化来判断各地产业结构的调整是非常粗糙和不严谨的，本书还需要进一步选取合适的指标进行测度和分析。

3.3.2 产业结构调整的测度

产业结构调整是指各个经济部门和产业的比重以及生产要素分配的变化（Kuznets，1957）[174]，这是一个动态变化的过程。在产业结构调整的测度方面，目前并没有一个公认统一的测度方法，国内外许多学者从不同的角度提出对产业结构的测量方法。比较经典的是霍夫曼比例法，即用轻重工业产值比来代表工业化水平，也有许多学者使用标准结构法来进行国家之间的产业结构比较研究。大多数学者通过三次产业结构比值来衡量产业结构的调整，如第三产业的产值占比第二、三产业的产值比重等（宋凌云、王贤彬，2013）[175]。黄亮雄等（2012）采用第三产业与第二产业的产值之比来代表产业结构的高级化演变[176]，也有学者将三次产业进行排序并乘以相应系数来合成产业结构高级化指数（靖学青，2005）[177]。王岳平（2007）运用投入产出分析法揭示产业结构变动的内在作用机制[178]，付凌晖（2010）则以各个产业之间的夹角变动来反应产业结构的演变[179]。一些学者认为高技术产业的发展能够带动产业结构的调整升级，因此以高技术行业的发展情况来衡量产业结构水平（庞瑞芝、李鹏，2011；张同斌、高铁梅，2012）[180-181]，也有学者认为要从产业的价值链高度提升角度来衡量产业结构升级（马珩，2015）[182]，还有学者从产业结构的国际差异切入进行研究（李钢等，2011；周天勇和张弥，2012）[183-184]。周振华（1990）将产业结构优化定义为产业结构合理化和高度化两个方面[185]；干春晖等（2011）也认为一个地区的产业结构调整可从产业结构合理化和高度化两个维度度量[186]，这两个维度代表了产业结构调整和转型升级的两个方向。下文将主要基于干春晖等（2011）[186]和黄亮雄（2012）[176]对产业结构调整的高级化和合理化分析方法，计算产业结构合理化指数和产业结构高度化指数，以此测度产业结构调整状况。

（1）产业结构合理化。

根据"配第—克拉克定理"，产业的发展会经历一个从第一产业向第二、三产业动态转移的过程，而实际上这种动态转移不仅仅是劳动力在三次产业间的流动，也是产业的资源利用效率和产业之间协调度的提升，产业结构合理化正是对这种协调度、均衡度的测度。相关研究主要从四个角度对产业结构合理化进行评价，主要有资源配置说、结构协调说、动态均衡说和结构功能说，下文将借鉴韩永辉（2017）[187]的测度方法，从资源配置的角度出发，以要素投入与产出的耦合度来测度产业结构合理化，构建产业结构合理化指标[256]为：

$$R = 1 \Big/ \sum_{i=1}^{n} (Y_i/Y) \left| \left(\frac{Y_i}{L_i}\right) \Big/ \left(\frac{Y}{L}\right) - 1 \right| \qquad (3.1)$$

其中，Y_i 为第 i 产业的地区生产总值，L_i 为第 i 产业的从业人员数量，这两者能分别反映产业的产出和投入情况。计算得到的 R 的值越小，说明产业的投入产出结构偏离较大，资源配置效率不高，产业结构越不合理；反之，产业结构就越合理。

整理《中国统计年鉴》《中国人口和就业统计年鉴》以及各省份统计年鉴的相关数据，根据式（3.1）计算了中国 2003~2017 年 30 个省份的产业结构合理化指数，测算结果见附录 1 中附表 1.1。

从测算出来的产业结构合理化指数来看，2003~2017 年全国 30 个省份的产业合理化水平都稳步提高，其中东部经济发达省份产业结构合理化水平明显高于其他地区，位于全国前列，如上海、北京、天津的产业结构合理化指数值到 2017 年已达到 0.9 以上，广东、江苏、浙江等省份也达到了 0.8 以上。而部分中西部省份产业结构合理化水平一直较低，如山西、云南、贵州、宁夏等。

从 2003~2017 年产业结构合理化指数的变化率来看，云南、甘肃、广西、河南、安徽、四川、贵州等中西部省份产业结构合理化水平提高的趋势非常明显，总变化率达到 200% 以上，属于快速升级区域；山西、黑龙江、江西、湖南、重庆、陕西、宁夏等 7 个省份产业结构升级年均增长率位于 100%~200%，属于中速升级区域；北京、天津、河北、内蒙古、辽宁、吉林、上海、江苏、浙江、福建、山东、湖北、广东、海南、新疆等省份产业结构升级年均增长率位于低于100%,属于低速结构升级区域。

(2)产业结构高度化。

刘伟等(2008)认为产业结构的转型升级是产业从低向高级别发展的过程[188],在这个过程中产业的生产层次会沿着价值链提升,生产过程中生产效率提高,因此高生产率和高技术复杂度的产业的比重也会增加(黄亮雄,2015)[189]。基于此,本书借鉴黄亮雄(2015)的方法构造产业结构高度化指标如下:

$$H_{it} = \sum_{j=1}^{J} S_{ijt} \times F_{ijt} \tag{3.2}$$

其中,i、t 和 j 分别表示地区、时间和行业;本书主要测度三次产业的结构调整,因此行业总数 $j = 3$;S_{ijt} 为 t 时间 i 地区产业 j 的权重系数,等于产业 j 在地区总产值的占比;F_{ijt} 为 t 时间 i 地区产业 j 的劳动生产率。借鉴袁航、朱承亮(2018)[190]的方法用产业的增加值除以从业人员数得到,并用均值化方法对其进行无量纲化处理。按照以上产业结构高度化的测度方法,高生产率和高技术复杂度高产业在经济中占比越高,产业结构高度化指数 H 就越大。

同样地,整理《中国统计年鉴》《中国人口和就业统计年鉴》以及各省份统计年鉴的相关数据,根据式(3.2)分别计算了中国 2003~2017 年 30 个省份的产业结构高度化指数,具体的测算结果见附录 1 中附表 1.2。

从产业结构高度化的整体情况来看,2003~2017 年大部分省份的产业高度化水平稳步提高,部分东北地区和中西部省份产业结构高度化指数出现衰退趋势,如山西、内蒙古、辽宁、黑龙江、云南、甘肃。东部经济发达省份产业结构高度化水平明显高于其他地区,如 2017 年上海、北京、浙江的产业结构高度化的值位于全国前三。

从 2003~2017 年产业结构高度化指数的变化率来看,北京、上海、江西、湖南、广西等东部和中部省份产业结构高度化水平提高的趋势非常明显,总变化率达到 10% 以上,属于快速升级区域;河北、江苏、浙江、福建、河南、海南、重庆、四川、陕西、宁夏等省份产业结构高度化的年均增长率位于 5%~10%,属于中速升级区域;天津、山东、湖北、广东、贵州、青海、新疆等省份产业结构高度化的年均增长率位于 0~5%,属于低速的结构升级区域;山西、内蒙古、辽宁、黑龙江、云南、甘肃等省份则属于衰退区域。

3.3.3 产业结构调整现状

（1）全国层面产业结构调整。

根据式（3.1）、式（3.2）分别计算中国2003~2018年的产业结构的合理化和高度化指数，如图3.8所示。从图3.8中可以看出，2001~2018年，中国产业结构合理化和高度化在总体上都呈现上升趋势，产业较健康发展。相对而言，产业结构的合理化调整明显，从2001年的0.07上升到2018年的0.19，三次产业间的协调程度不断提升，经济的整体运行效率也会得以提高。而产业结构的高度化水平变化不是非常明显，产业结构合理化指数的值基本在2~2.6之间波动，但也在缓慢提高，从2001年的2.15增加到了2018年的2.58。这个测度结果与前文中对中国三次产业变动的分析也是比较相符的，从中也能看出中国整体产业发展层次的不断推进。

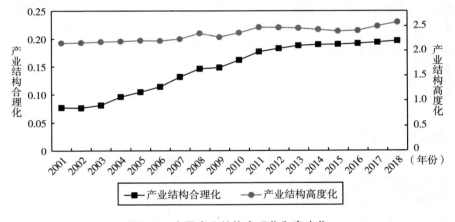

图3.8 中国产业结构合理化和高度化

（2）省级层面产业结构调整。

为了分析中国各个地区产业结构的发展，对30个省份2003~2017年的产业结构合理化和产业结构高度化进行测度，计算结果如附录A.1所示。利用ArcGIS软件对测算结果进行可视化的空间分析，得到各个省份的2003年到2017年平均的产业结构合理化和高度化的空间分布情况，基于此进行具体分析。

从产业结构合理化来看，北京、上海、天津、广东、江苏、浙江等东部发达地区的产业结构合理化水平最高，而部分中西部省份，如内蒙古、贵州、云南、广西等的产业结构合理化水平较低，中国省级的产业结构优化程度大体呈现出东中西部从高到低的依次分布，这与前文中我国第二、三产业比重的空间分布比较相似。从产业结构高度化来看，北京、天津、江苏、广东、山东等东部省份以及内蒙古、青海、陕西等西部省份的平均产业结构高度化指数较高，产业结构高度化的省际空间分布与产业结构合理化还是存在一定差别。海南的平均产业结构高度化指数最小，但它的产业合理化水平并不低，同时产业结构高度化较高的几个西部省份的产业结构合理化水平较低，说明产业结构合理化与高度化调整并不是一致的。而总的来说，几个东部发达省份的产业结构优化程度普遍较高。

3.3.4 产业投资结构现状

改革开放后，中国投资的部门结构从原本向生产资料倾斜转到向生活资料生产部门倾斜上来，随着社会主义市场经济体制的建立和资本市场、融资渠道的不断拓展，呈现出国家财政投资、金融机构贷款、市场主体自筹投资和利用国外资本等多种投资渠道并存的格局，但工业份额整体有下降趋势。中国工业行业在投资领域的计划调节速度也逐渐弱化，投资结构的调节转变为计划与市场的双重调节，即根据市场需求的状况确定投资的目标和投资的规模。

2018 年，中国全部工业增加值 305160 亿元，同比上年增长 5.9%。规模以上工业增加值增长 6.2%，其中，采矿业增长 2.3%，制造业增长 6.5%，电力、热力、燃气及水生产和供应业增长 9.9%。全年规模以上工业企业实现利润 66351 亿元，比上年增长 10.3%，其中，采矿业实现利润 5246 亿元，比上年增长 40.1%；制造业实现利润 56964 亿元，增长 8.7%；电力、热力、燃气及水的生产和供应业实现利润 4141 亿元，增长 4.3%。可见，中国工业开始进入一种成本优势逐渐消失、产出和利润增速降低、产业转型升级、价值链逐渐攀升的新常态。

从图 3.9 的变化趋势可以看到，中国制造业在面临低端制造要应对东南亚和发展中经济体的低成本竞争，高端制造需要抵御发达国家的冲击的双重压力下，制造业的投资结构在浮动中基本上保持平稳状态，采矿业有稳步缓慢上升的趋势，电力、热力、燃气和水生产和供应业则有浮动中稳步下降的趋势，但在 2013 年以后又有回升趋势。

表 3.7 列出了 2000 年之后中国工业三大类行业的投资规模及所占比重，我们可以看到，在工业行业不断的发展中，各行业的投资规模均不断扩大，投资量逐年递增，但行业结构的变动趋势却不尽相同。

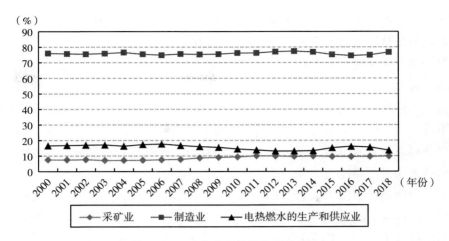

图 3.9　工业行业投资结构变化趋势

资料来源：《中国工业统计年鉴（2001－2019）》。

表 3.7 工业三大行业投资规模及结构

年份	采矿业		制造业		电热燃水的生产和供应业	
	投资量（亿元）	结构（%）	投资量（亿元）	结构（%）	投资量（亿元）	结构（%）
2000	9198.01	7.47	93545.56	75.95	20419.81	16.58
2001	9979.51	7.48	100972.67	75.68	22461.78	16.84
2002	11030.46	7.58	109739.07	75.43	24708.43	16.98
2003	11716.29	7.06	125803.12	75.82	28395.59	17.11
2004	13180.33	7.14	141197.55	76.50	30195.20	16.36
2005	15479.09	7.22	161763.37	75.40	37293.80	17.38
2006	18933.82	7.51	188606.78	74.81	44582.48	17.68
2007	22948.78	7.75	223632.19	75.56	49393.13	16.69
2008	28820.62	8.68	250115.62	75.29	53286.57	16.04
2009	36814.66	9.01	308211.42	75.43	63565.54	15.56
2010	43924.07	9.31	359390.98	76.21	68283.86	14.48
2011	50400.34	9.99	384561.54	76.19	69765.94	13.82
2012	58654.26	9.89	456631.09	77.02	77560.72	13.08
2013	62243.21	9.59	501895.61	77.33	84933.17	13.09
2014	75170.83	9.88	590195.67	76.83	110769.59	13.29
2015	81259.67	9.58	638001.52	75.20	129157.34	15.22
2016	84672.57	9.48	664797.58	74.43	143752.12	16.09
2017	88736.86	9.54	696707.87	74.89	144902.14	15.58
2018	97166.86	9.76	762895.11	76.65	135193.70	13.58

资料来源：对《中国工业经济统计年鉴（2000－2019）》数据的整理。

采矿业的投资总额逐年递增，至 2018 年已有 97166.86 亿元，但采矿业的投资结构却多不稳定，在 2003 年经历了一次下滑波动，2003 年之后保持稳定的递增，至 2011 年达到最大值 9.99%，其后历经小幅的下滑后，2018 年的采矿业的投资结构恢复到 9.76%，整体来看，采矿业的投资比重在小幅波动中逐年增加。这在一定程度上反映出中国采矿业正处于成长阶段，这与中国工业的快速发展所导致的矿产需求较大有关，但也不可避免地存在一系列问题，如矿产市场机制缺乏、矿产资源过度和无序的开发所带来的资源环境问题等。

制造业是中国工业行业的中坚力量，制造业的投资总量也在逐年递增，2018 年已经达到 762895.11 亿元，近年来，面对国际市场和国内成本递增的双重压力，竞争优势降低，制造业的发展进入转型阶段，但投资比重自 2000 年以后始终在 75% 左右的范围内小幅度的波动，至 2018 年制造业的投资比重为 76.65%。

电力、热力、燃气和水的生产和供应业的投资总额始终处于增长状态，但 2010 年之后的增长速度有所放缓，2018 年达到 135193.70 亿元，但电力、热力、燃气和水的生产和供应业的投资结构在 2006 年之前基本上保持增长状态，2006 年达到最大比例 17.68%，之后一路下降，至 2012 年已低至 13.08%，之后有一定程度的回升，但至 2018 年也仅达到 13.58%。

对比三大行业的投资额和所占比重，可以发现制造业投资额的增长速度相对最快，但制造业的投资比重的整体趋势相对最稳。

由此表明，随着能源消费结构的逐年调整和国家对环境污染治理的逐渐重视，工业行业结构也在发生一定的变化，电力、热力、燃气和水生产和供应业的投资比重下降趋势，制造业结构也是稳中有降，上游采矿业比重则有上升趋势。传统行业逐步通过产品结构优化方式实现转型升级。在传统行业比重逐步下降的同时，其结构调整也在不断深化，生产份额和产品结构不断谋求优化配置，生产份额更多向附加值高的产业链环节调整，产品结构也在向质量更优、技术含量更高的方向调整。

3.4 能源消费结构与产业结构协调状况

3.4.1 能源消费结构与产业投资结构的相关性分析

中国"多煤、少油、缺气"的资源特征决定了生产过程以煤为主的能源消费结构。随着国家宏观调控机制的逐步完善，有望渐渐通过有针对性地调整工业企业的能源消费结构实现了能源节约的效果，进而产生倒逼机制，促进工业产业的投资结构的升级。

表3.8罗列了工业生产中四类能源的消耗结构和三类行业的投资结构的相关性系数。通过各能源消费结构和行业投资结构的相关性系数，可以看到，采矿业的投资结构与油品的消耗结构有高度的负相关性，与电力消耗结构有较大的正相关性，但与煤品和天然气的消耗结构的相关性较弱。这从一定程度上反映出能源的消耗对作为上游产业的采矿业的发展的依赖，故油品和电力消耗结构的变动能在较大程度上引起采矿业投资结构的调整。但中国采矿业还处于初级发展阶段，资金、技术和资源环境的限制使得采矿业的发展状况尚不稳定，天然气的开采难度大，对相关技术的成熟度要求较高，煤炭的开采则因政府环保规制力度的加大受到限制，因而采矿业的投资结构与煤品和天然气的消耗结构的相关性并不明显。

表3.8　　　　　　　工业能源消费结构与行业投资结构的相关系数

投资结构	煤品消耗结构	油品消耗结构	天然气消耗结构	电力消耗结构
采矿业投资结构	0.0923	− 0.8197	0.3333	0.7539
制造业投资结构	0.2579	− 0.5352	0.1866	0.3292
生产和供应业投资结构	− 0.1713	0.7719	− 0.3077	− 0.6564

资料来源：根据《中国能源统计年鉴（2001 – 2019）》与《中国工业统计年鉴（2001 – 2019）》的相关数据计算而来。

制造业的投资结构与油品消耗结构二者之间呈现中度的负相关性，与煤品、天然气和电力的消耗结构则有一定的正相关性，但相关性较弱。一直以来，凭借丰富的资源和廉价的劳动力成本，中国是制造业大国的同时也是耗能大国，多数制造业行业耗能高、污染大，能源消费结构的优化虽对制造业投资结构有一定的影响，但效果并不理想。

电力、热力、燃气和水的生产和供应业的投资结构与油品的消耗结构有较大的正相关性，与电力的消耗结构有中度的负相关性，而与煤品和天然气的消耗结构的负相关性较弱。

经过计算，产业种类齐全、发展水平较高的东部地区的各行业投资结构与各能源消费结构的相关性较大，相关系数均在0.6以上；资源丰富的中部和西北地区的各行业投资结构与各能源消费结构的相关性也相对较大，相关系数多在0.5以上；而工业发展基础相对薄弱的西南地区和面临资源枯竭、设备落后等问题的东北地区的相关系数多在 0.5 以下, 相关性较弱。

由上述分析可以看到, 产业投资结构与各类能源的消耗结构间存在各不相同的相关性, 且部分相关性并不明显。这可能是因为中国近年来对能源消费结构和环保规制的宏观调控力度不断加大, 但相关机制不健全和执行力度的欠缺使得宏观调控的效果并不稳定, 反而因粗放型产业的转入和产业逆淘汰加速了化石能源耗竭。因此, 应加快相关市场机制和监管体系的建立和健全, 促进能源消费结构的优化和相关技术的发展, 对工业行业内部的优化转型和均衡发展有重要意义。

3.4.2 能源消费结构与产业结构协调发展水平测度方法

（1）能源消费结构与产业结构协调度测算模型。

学界常采用耦合协调度来衡量协调优化的程度（张红凤等, 2022）[191], 本书同样采用这一指标来计算我国能源消费结构与产业结构的耦合协调度。耦合协调度描述的是两个系统之间相互耦合以及协调发展的状况, 涉及耦合度 C 值、协调度 D 值和协调综合评价指数 T 值。

第一步, 为消除两个系统指标单位差异, 将数据进行标准化处理, 如式（3.3）。其中, Sx_i 和 SX_i^* 分别表示数据标准化处理前后的能源消费结构值和产业结构值, Sx_{max} 和 Sx_{min} 分别表示数据的最大值和最小值。

$$SX_i^* = \frac{Sx_i - Sx_{min}}{Sx_{max} - Sx_{min}} \tag{3.3}$$

式（3.3）中, 当 $X = E$ 时, 则 SE 表示能源消费结构; 当 $X = I$ 时, 则 SI 表示产业结构。若将能源消费结构和产业结构看作两个系统, 可通过构建两者的指标体系测算两者的协调性, 若用 i 表示地区, t 表示时间, k 为调节系数且 $k \geq 2$, 则在式（3.3）的计算基础上, 进一步做如下几个步骤的测算。

第二步, 计算系统耦合度 C_{it} 值, 如式（3.4）。SE_{it} 和 SI_{it} 分别表示能源消费结构和产业结构的综合指标值。

$$C_{it} = \left\{ \frac{SE_{it} \times SI_{it}}{[(SE_{it} + SI_{it})/2]^2} \right\}^k \tag{3.4}$$

其中, $SE_{it} = NE_{it}/E_{it}$, $SI_{it} = ILE_{it}/I_{it}$, NE_{it} 和 E_{it} 分别表示第 t 年第 i 个地区的新能源和总能源的消费量, ILE_{it} 和 I_{it} 分别表示第 t 年第 i 个地区的低能耗产业和总产业的增加值或总产值。

显然, 式（3.4）计算的耦合协调度可能出现两者发展程度都很低但实际协调程度却很高的情况。为排除这种情况，不妨综合考虑各区域产业结构与能源消费结构的综合发展水平和协调水平，构建协调发展度指标。为此进行第三个步骤的处理。

第三步，计算两个系统的协调综合评价指数 TT_{it} 值，如式（3.5）。

$$TT_{it} = c \times SI(x_{it}) + d \times SI(y_{it}) \tag{3.5}$$

其中，c 和 d 分别表示产业结构系统和能源消费结构系统对经济发展的整体作用大小。

第四步，计算耦合协调度 D_{it} 值，如式（3.6）。参照相关文献杜传忠（2013）将协调发展度设定为：

$$D_{it} = \sqrt{C_{it} TT_{it}} \tag{3.6}$$

其中，C_{it} 代表耦合度，TT_{it} 代表我国能源消费结构与产业结构的协调综合评价指数。

至此，整合式（3.4）、式（3.5）和式（3.6）得到协调发展度公式如下：

$$D_{it} = \frac{(SE_{it} \times SI_{it})^{k/2} (c \times SE_{it} + d \times SI_{it})^{1/2}}{[(SE_{it} + SI_{it})/2]^k} \tag{3.7}$$

在此不妨令调节系数 k = 2，c 和 d 均赋值为 0.5，由此计算可得到中国 30 个省份 2010～2019 年的协调发展度。如表 3.9、表 3.10 所示。本书参考学界公认的协调度十分法将我国能源消费结构与产业结构的耦合协调度划分为十个层级（张红凤、杨方腾、井钦磊，2022）[191]，进一步将能源结构与产业结构协调类型归为三类——协调发展、临界协调和失调发展。二者的耦合协调类型划分标准如表 3.11 所示。

表 3.9　　　　　　　　　2006～2019 年中国能源消费结构
与产业结构耦合协调度计算结果

年份	耦合度 C	协调系数 TT	耦合协调度 D	类型
2006	—	0.05	—	
2007	0.39	0.12	0.22	中度失调
2008	0.91	0.16	0.39	轻度失调
2009	—	0.06	—	
2010	1.00	0.17	0.42	濒临失调
2011	0.87	0.21	0.42	
2012	0.99	0.31	0.55	勉强协调
2013	0.97	0.42	0.63	初级协调

年份	耦合度 C	协调系数 TT	耦合协调度 D	类型
2014	0.99	0.57	0.75	中级协调
2015	1.00	0.60	0.78	—
2016	1.00	0.76	0.87	良好协调
2017	1.00	0.87	0.93	优质协调
2018	1.00	0.96	0.98	—
2019	1.00	0.99	1.00	—

资料来源：根据国家统计局、EPS 数据库数据整理计算所得。

表 3.10　　　2010～2019 年各省份能源结构与产业结构协调发展度

省份	协调发展度 D									
	2010 年	2011 年	2012 年	2013 年	2014 年	2015 年	2016 年	2017 年	2018 年	2019 年
北京	0.525	0.539	0.543	0.551	0.555	0.558	0.560	0.557	0.573	0.585
天津	0.449	0.459	0.469	0.483	0.491	0.496	0.496	0.405	0.465	0.476
河北	0.324	0.325	0.333	0.337	0.334	0.331	0.322	0.323	0.389	0.402
山西	0.251	0.262	0.258	0.265	0.274	0.281	0.288	0.296	0.300	0.306
内蒙古	0.262	0.274	0.283	0.298	0.305	0.313	0.316	0.324	0.341	0.352
辽宁	0.383	0.389	0.396	0.398	0.375	0.377	0.344	0.363	0.362	0.354
吉林	0.301	0.313	0.323	0.335	0.336	0.344	0.343	0.354	0.388	0.398
黑龙江	0.309	0.321	0.330	0.347	0.360	0.371	0.386	0.445	0.427	0.442
上海	0.506	0.519	0.515	0.523	0.531	0.536	0.538	0.541	0.571	0.558
江苏	0.460	0.465	0.476	0.470	0.471	0.468	0.447	0.458	0.481	0.498
浙江	0.483	0.484	0.487	0.487	0.484	0.486	0.467	0.480	0.464	0.476
安徽	0.358	0.364	0.367	0.379	0.386	0.390	0.387	0.302	0.321	0.332
福建	0.328	0.334	0.341	0.350	0.360	0.362	0.351	0.359	0.410	0.419
江西	0.259	0.265	0.267	0.281	0.287	0.291	0.291	0.300	0.321	0.332
山东	0.354	0.355	0.360	0.352	0.339	0.332	0.305	0.328	0.320	0.328
河南	0.315	0.318	0.323	0.325	0.319	0.319	0.396	0.312	0.361	0.366
湖北	0.315	0.323	0.324	0.334	0.332	0.338	0.328	0.339	0.380	0.402
湖南	0.309	0.312	0.311	0.316	0.319	0.317	0.307	0.317	0.374	0.379
广东	0.410	0.410	0.412	0.405	0.400	0.490	0.461	0.466	0.478	0.499
广西	0.269	0.279	0.283	0.294	0.200	0.298	0.283	0.295	0.330	0.340
海南	0.163	0.169	0.167	0.176	0.183	0.187	0.195	0.199	0.199	0.204
重庆	0.322	0.328	0.330	0.344	0.356	0.363	0.370	0.381	0.391	0.403
四川	0.339	0.343	0.329	0.345	0.344	0.340	0.325	0.337	0.389	0.394

省份	协调发展度 D									
	2010 年	2011 年	2012 年	2013 年	2014 年	2015 年	2016 年	2017 年	2018 年	2019 年
贵州	0.231	0.238	0.240	0.243	0.245	0.243	0.206	0.244	0.284	0.293
云南	0.251	0.256	0.259	0.266	0.267	0.273	0.255	0.275	0.298	0.304
陕西	0.237	0.248	0.254	0.267	0.272	0.276	0.276	0.285	0.328	0.333
甘肃	0.256	0.261	0.264	0.268	0.276	0.281	0.280	0.290	0.308	0.314
青海	0.177	0.182	0.182	0.189	0.198	0.201	0.209	0.213	0.203	0.212
宁夏	0.191	0.199	0.199	0.208	0.220	0.223	0.232	0.239	0.234	0.242
新疆	0.155	0.181	0.193	0.202	0.219	0.219	0.221	0.228	0.235	0.234

资料来源：根据国家统计局、EPS 数据库数据整理计算所得。

表 3.11　　　　　　　能源结构与产业结构耦合协调类型划分

协调发展阶段	耦合协调度（D）	耦合协调类型
协调发展	0.90～1.00	优质协调发展
	0.80～0.89	良好协调发展
	0.70～0.79	中级协调发展
	0.60～0.69	初级协调发展
	0.50～0.59	勉强协调发展
临界协调	0.40～0.49	濒临失调衰退
	0.30～0.39	轻度失调衰退
	0.20～0.29	中度失调衰退
失调发展	0.10～0.19	严重失调衰退
	0～0.09	极度失调衰退

（2）能源消费结构与产业结构协调度测算。

下文能源结构是指一次能源消费结构，虽然煤炭是中国能源结构中的主要能源，但当下的能源发展趋势是新能源代替传统能源，因此，本书用一次能源消费总量中新能源占比来代表能源消费结构。新能源主要指水电、风电、核电等一次电力，其中以水电等一次电力为主，因此各省份的新能源消费量数据采用各地能源消费总量乘以一次电力消费占比估算得到，而一次能源消费总量由煤油气及新能源的消费量进行统一换算加总得到。能源消费结构指标 SE 越大，说明新能源使用比重越大，能源消费结构越清洁。

本书中产业结构不同于通常的三次产业比重结构，是用于能源结构对应的各省份五大高耗能产业产值相加与该省份制造业产值的比重作为产业结构的指标具体变量。全国总体层面和各省份层面的测度如表 3.9 和表 3.10 所示。

3.4.3 能源结构与产业结构协调发展现状及问题

为更全面了解中国能源结构和产业结构协调发展的现状，找到其存在的问题，下文将从全国总体上、时间上和空间上分别展开分析。

（1）全国总体协调现状。

根据式（3.4）、式（3.5）和式（3.7）分别计算出全国总体上能源结构与产业结构历年的耦合度 C、协调系数 TT 和耦合协调度 D，如表 3.11 所示。从耦合度的角度来看，C 值越接近于 0 说明我国能源消费结构与产业结构之间的相关程度越低，C 值越接近于 1 则说明我国能源消费结构与产业结构之间的关联程度越高。如表 3.9 所示，2007 年我国能源消费结构与产业结构的耦合度 C 值为 0.39，说明该年二者之间的耦合层次较低，从 2008 年开始，除 2011 年之外，耦合度 C 值均达到了 0.9 以上，说明我国能源消费结构与产业结构之间存在高度相关。

从耦合协调度的角度来看，2007 年和 2008 年为失调型，2010 ~ 2012 年为过渡型，从 2013 年之后开始转变为协调型。自 2006 年以来，我国能源消费结构与产业结构的耦合协调度在不断增大，这说明二者之间的协调优化程度在逐年提高。2007 年耦合协调度仅有 0.22，处于中度失调的状态，而 2010 年就达到 0.42，进入过渡型，并且在 2012 年实现勉强协调，到 2017 年已经大于 0.9，进入优质协调的新阶段。

（2）时间维度上两者协调情况。

根据表 3.9 计算出来，中国能源结构和产业结构耦合协调有所提升，处于初级协调阶段。全国及各地区信息服务业和制造业耦合协调度变化趋势较为接近，均呈小幅波动上升趋势。就全国范围而言，能源结构与产业结构系统在 2010 ~ 2019 年耦合协调程度保持较为平稳的状态，耦合协调度的全国平均水平基本保持在 0.33 左右；2010 ~ 2019 年，全国能源结构和产业结构的耦合协调水平从勉强协调发展步入了初级协调发展的步伐。对于四大区域而言，2010 ~ 2019 年东部地区的能源结构和产业结构的耦合协调度从 0.35 上升到 0.41，有较大幅度的提升，跨越了协调阶段，进入了初级协调阶段。东北地区二者的耦合协调度从 0.29 上升到 0.34，略有提升，但仍维持在勉强协调的阶段。中国中部地区能源结构和产业结构的耦合协调度从 0.33 上升到 0.38，有小幅提升，仍处于勉强协调阶段，但处于跨阶段的边缘。西部地区能源结构和产业结构的耦合协调度从 0.18 上升到 0.23，增长了 27%，虽然其耦合协调度水平远低于全国平均水平，但其耦合协调度增长幅度为四大区域之首，成功实现了从濒临失调阶段跨越到勉强协调阶段。中国能源结构和产业结构耦合协调发展具有阶段分布状况。

总体而言，根据中国能源和制造业耦合协调度水平，可以分为三个阶段。第一阶段 2010~2013 年，全国能源结构和产业结构耦合协调发展水平呈上升趋势，在此期间，两系统的耦合协调度水平跨越了阶段，从过渡阶段初步进入了协调阶段。对各区域而言，这一时间段内的能源结构和制造业耦合协调度也表现出同样的上升趋势，但东北地区和西部地区在 2012 年略有下降。第二阶段 2013~2017 年，中国能源结构和产业结构耦合协调度基本表现出下降趋势，只是各地区表现的下降幅度有差异，中部地区的下降幅度较大，东北地区的下降幅度相对较小。第三阶段 2017~2019 年，全国能源结构和产业结构耦合协调度呈缓慢上升趋势，东部地区和东北地区有微小幅度的下降，而中部地区和西部地区信息服务业和制造业耦合协调度略有上升，西部地区上升幅度相对大一些。总体来看，全国能源结构和产业结构的协调发展阶段在勉强协调阶段和初级协调阶段之间徘徊。全国及各区域的能源结构和产业结构耦合协调度水平较高，说明能源结构和产型结构，耦合作用较强。

（3）空间维度上两者协调情况。

第一，四大经济地区协调现状。我国四大经济地区能源消费结构与产业结构的协调优化程度整体上都在不断提高，而且都已经达到了优质协调。其中，东部地区、西部地区和东北地区的协调状态是按照"失调型—过渡型—协调型"的过程发展的，而中部地区在发展前期有失调型、过渡型和协调型交替出现的情形。

一是东部地区。从耦合度来看，2006 年东部地区耦合度 C 值为 0.7，除 2011 年为 0.83 之外，2009 年以后耦合度均超过了 0.9，这说明东部地区的能源消费结构与产业结构具有高度的相关性。从耦合协调度来看，东部地区 2006 年和 2009~2011 年为失调型，2012~2014 年处于过渡阶段，2015 年之后进入协调阶段。其中，2006 年东部地区能源消费结构与产业结构的耦合协调度 D 值仅为 0.07，二者极度失调，2009 年东部地区的协调状态有所好转，转为中度失调，2010 年转为轻度失调，这种轻度失调的状态持续了 2 年；2012 年耦合协调度升至 0.43，进入过渡阶段，又在 2013 年转为勉强协调，并在此状态下维持了 2 年；从 2015 年开始耦合协调度大于 0.6，由过渡型转变为协调型，2015 年为初级协调，持续了 2 年后转为良好协调，在 2018 年耦合协调度达到 0.94，东部地区能源消费结构与产业结构的协调类型转变为优质协调，截至 2019 年仍然保持为优质协调（见表 3.12）。

表 3.12　　　　　2006～2019 年我国东部地区能源消费结构
与产业结构耦合协调度计算结果

年份	耦合度 C	协调系数 T	耦合协调度 D	类型
2006	0.70	0.01	0.07	极度失调
2007	—	0.04	—	—
2008	—	0.03	—	—
2009	0.97	0.05	0.23	中度失调
2010	0.90	0.16	0.38	轻度失调
2011	0.83	0.17	0.37	
2012	0.96	0.20	0.43	濒临失调
2013	0.95	0.33	0.56	勉强协调
2014	0.99	0.35	0.59	
2015	0.99	0.48	0.69	初级协调
2016	0.99	0.47	0.68	
2017	0.99	0.78	0.88	良好协调
2018	0.99	0.89	0.94	优质协调
2019	1.00	1.00	1.00	

资料来源：国家统计局、EPS 数据库数据整理所得。

二是中部地区。从耦合度来看，中部地区除 2013 年 C 值为 0.86 外，从 2007 年开始每年的耦合度都达到了 0.9 以上的水平，说明中部地区能源消费结构与产业结构之间的关联程度很高。从耦合协调度来看，中部地区 2007 年为失调型，2008～2012 年处于过渡阶段，2013～2019 年为协调阶段。其中，2007 年中部地区能源消费结构与产业结构的耦合协调度为0.32，处于轻度失调状态；2008 年、2010 年和 2012 年为勉强协调，2009年和 2011 年为濒临失调；2013 年中部地区能源消费结构与产业结构的耦合协调度达到 0.61，中部地区开始进入协调状态，中级协调和良好协调均持续 2 年后在 2018 年升至 0.99 转为优质协调，2019 年仍然为优质协调状态（见表 3.13）。

表 3.13

表 3.13　　　　　2006～2019 年我国中部地区能源消费结构
与产业结构耦合协调度计算结果

年份	耦合度 C	协调系数 T	耦合协调度 D	类型
2006	—	—	—	—
2007	0.97	0.10	0.32	轻度失调
2008	1.00	0.26	0.51	勉强协调
2009	1.00	0.24	0.49	濒临失调
2010	1.00	0.31	0.56	勉强协调
2011	0.92	0.23	0.46	濒临失调
2012	1.00	0.35	0.59	勉强协调
2013	0.86	0.43	0.61	初级协调
2014	0.96	0.52	0.71	中级协调
2015	0.98	0.54	0.73	
2016	0.99	0.71	0.84	良好协调
2017	0.98	0.77	0.86	
2018	1.00	0.99	0.99	优质协调
2019	1.00	0.99	1.00	

资料来源：国家统计局、EPS 数据库数据整理所得。

　　三是西部地区。从耦合度来看，除 2007 年、2010 年为 0.66，2011 年
为 0.43 以及 2012 年为 0.76 以外，西部地区的耦合度 C 值基本都高于
0.9，说明中部地区能源消费结构与产业结构二者之间的关联性较高。从
耦合协调度来看，西部地区 2007～2011 年为失调型，2012 年处于过渡阶
段，2013～2019 年为协调型。其中，2007 年、2010 年和 2011 年为轻度失
调，2008 年为中度失调；2012 年为濒临失调，西部地区在该年份处于过
渡阶段；从 2013 年开始，西部地区能源消费结构与产业结构耦合协调度
达到 0.66，转为初级协调，2014 年耦合协调度上升至 0.80，转为良好协
调，持续 2 年后在 2016 年耦合协调度达到 0.90，进入优质协调阶段，截
至 2019 年西部地区仍然为优质协调（见表 3.14）。

表 3.14　　　　　2006～2019 年我国西部地区能源消费结构
与产业结构耦合协调度计算结果

年份	耦合度 C	协调系数 T	耦合协调度 D	类型
2006	—	—	—	—
2007	0.66	0.14	0.31	轻度失调
2008	0.96	0.06	0.25	中度失调

年份	耦合度 C	协调系数 T	耦合协调度 D	类型
2009	—	0.03	—	—
2010	0.66	0.15	0.31	轻度失调
2011	0.43	0.21	0.30	
2012	0.76	0.31	0.48	濒临失调
2013	0.89	0.49	0.66	初级协调
2014	0.97	0.67	0.80	良好协调
2015	1.00	0.73	0.86	
2016	1.00	0.81	0.90	优质协调
2017	1.00	0.95	0.97	优质协调
2018	1.00	0.98	0.99	
2019	1.00	0.99	1.00	

资料来源：国家统计局、EPS 数据库数据整理所得。

四是东北地区。从耦合度来看，2007 年和 2008 年在略高于 0.6 的水平上，2009 年为 0.89，从 2010 年开始，耦合度 C 值均接近于 1，这说明东北地区能源消费结构与产业结构之间存在高度关联性。从耦合协调度来看，2007～2011 年处于失调阶段，2012～2014 年处于过渡阶段，2015～2019 年为协调型。其中，2007 年和 2008 年分别为严重失调和中度失调，2009 年转为轻度失调，并在轻度失调的状态下持续了 3 年；2012 年耦合协调度为 0.41，开始进入过渡状态，并在 2013 年提高到 0.55，转为勉强协调；2015 年耦合协调度升至 0.61，进入协调状态，2016 年转为中级协调，在中级协调的状态下维持 2 年后达到 0.96 的水平，转为优质协调，截至 2019 年，东北地区能源消费结构与产业结构仍处于优质协调的水平（见表 3.15）。

表 3.15　　　　　　2006～2019 年我国东北地区能源消费结构
与产业结构耦合协调度计算结果

年份	耦合度 C	协调系数 T	耦合协调度 D	类型
2006	—	—	—	—
2007	0.68	0.03	0.15	严重失调
2008	0.62	0.12	0.27	中度失调
2009	0.89	0.10	0.30	轻度失调
2010	0.99	0.13	0.36	

年份	耦合度 C	协调系数 T	耦合协调度 D	类型
2011	1.00	0.12	0.35	
2012	0.99	0.17	0.41	濒临失调
2013	1.00	0.31	0.55	勉强协调
2014	0.98	0.27	0.51	
2015	1.00	0.37	0.61	初级协调
2016	1.00	0.50	0.71	中级协调
2017	1.00	0.62	0.79	
2018	1.00	0.92	0.96	优质协调
2019	1.00	0.94	0.97	

资料来源：国家统计局、EPS 数据库数据整理所得。

第二，各省份协调情况。中国各区域能源结构和产业结构耦合协调度存在明显差异。中国各区域能源结构和产业结构耦合协调度水平可以分为三个梯队。东部地区是第一梯队，该地区能源结构和产业结构耦合协调度水平相对较高，其耦合协调度在 2019 年达到 0.47。第二梯队包括东北地区和中部地区，两地区的能源结构和产业结构耦合协调度水平相近，中部地区略高，2019 年东北地区和中部地区能源结构和产业结构的耦合协调度分别为 0.36 和 0.38，该梯队的两业耦合协调度接近全国平均水平。第三梯队为西部地区，其能源结构和产业结构耦合协调度水平最低，其 2019 年耦合协调度为 0.23，远低于全国平均水平。总体来看，能源结构和产业结构耦合协调发展水平在各地区间差距较大。能源结构和产业结构耦合协调度的省际差距总体下降。

从 2010 年和 2019 年中国能源结构和产业结构各耦合协调阶段包含省份数量情况不难看出，除西藏和港澳台地区以外的 30 个省份的能源结构和产业结构耦合协调阶段包括了濒临失调阶段、勉强协调阶段、初级协调阶段、中级协调阶段和良好协调阶段，且大多数省份处于勉强协调和初级协调阶段，极少数省份处于中级协调和良好协调阶段。从趋势来看，濒临失调和勉强协调阶段的省份 2010～2019 年有所下降，而达到初级协调水平的省份数量有所增加。具体来看，2010 年，内蒙古、海南、贵州、甘肃、青海、宁夏和新疆 7 个省份能源结构和产业结构耦合协调处于濒临失调的状态，其中 6 个省份位于西部地区，1 个位于东部地区。天津、辽宁、吉林、黑龙江、山西、安徽、江西、湖北、湖南、广西、重庆、四川、云南和陕西共 14 个省份的能源结构和产业结构耦合协调处于勉强协调阶段。

北京、河北、上海、福建、山东和河南共 6 个省份的能源结构和产业结构处于初级协调阶段，江苏和浙江 2 个省份的能源结构和产业结构协调发展处于中级协调阶段。广东的能源结构和产业结构协调发展处于良好协调阶段。到 2019 年，山西、青海和宁夏 3 个省份的能源结构和产业结构耦合协调状态处于濒临失调阶段，其中，山西是出现回调，青海和宁夏则是维持状态。海南、吉林、黑龙江、江西、内蒙古、广西、重庆、贵州、云南、甘肃和新疆共 11 个省份能源结构和产业结构耦合协调处于勉强协调阶段，其中，海南、内蒙古、贵州、甘肃和新疆 4 省份为协调阶段进步，其与省份均维持所处阶段。北京、天津、河北、上海、福建、辽宁、安徽、河南、湖北、湖南、四川和陕西共 12 省份达到初级协调，其中，天津、辽宁、安徽、湖北、湖南、四川和陕西 7 省份表现为阶段上升，其他省份维持。山东进一步达到中级协调阶段，浙江维持在中级协调，江苏跨阶段达到良好协调，广东维持在良好协调状态。综合来看，各省份的能源结构和产业结构耦合协调阶段分布跨度大，东北地区和西部地区的省份多处于濒临失调和勉强协调阶段，个别省份达到初级协调，而东部和中部地区的省份基本处于初级协调、中级协调和良好协调阶段，个别省份未达到。2010～2019 年，各省份的能源结构和产业结构耦合协调阶段基本处于上升阶段，省份分布整体变化情况较大。

第4章 能源消费结构与产业结构协调优化理论机制研究

4.1 基本概念与相关理论

4.1.1 基本概念

（1）能源的定义及分类。

能源是国民经济的重要物质基础，根据《中华人民共和国节约能源法》，能源被定义为煤炭、石油、天然气、生物质能和热力、电力以及其他直接或者通过加工、转换而取得的有用能量的各种资源。能源的种类繁多，根据不同的划分方式，可以将能源分为不同的类型。按照能源的产生划分，可分为一次能源和二次能源。常见的煤炭、石油、天然气等就是一次能源，它们是自然界中天然存在的能源资源，一次能源又可以划分为可再生能源与非可再生能源，其大多是不可再生的；而二次能源则由一次能源加工转化而来，如煤气、石油制品以及电力等。而从环境保护的角度，还可以将能源分为清洁能源和非清洁能源，其中清洁能源主要包括核能、水电、风电、太阳能等，也包括部分低污染的化石能源，如天然气、洁净煤、洁净油等。按照使用类型划分，能源可分为常规能源和新型能源两类。常规能源在利用技术上成熟，而且使用比较普遍；新近利用或者正在着手开发的能源叫作新型能源，是相对常规能源而言的。如图4.1所示。

（2）能源消费结构。

能源消费结构是指各类能源消耗量在能源消耗总量中所占的比例。本书中的能源消费结构主要是指一次能源的结构。受制于自身的资源禀赋特点，长期以来中国一次能源结构以煤炭为主，而当前能源发展趋势是大力发展新能源，能源消费结构的优化主要体现在煤炭占比的降低以及新能源

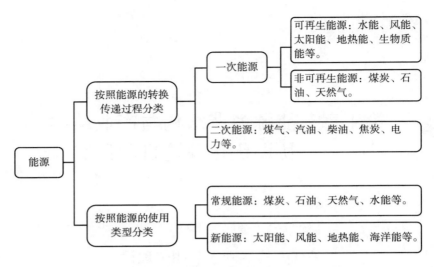

图 4.1　两种常见能源分类示意

等清洁能源占比的上升，能源结构要逐渐向清洁低碳化转变。地区的能源消费结构会受到能源资源禀赋、经济发展水平、能源的相对价格、技术条件、环境规制等许多因素的影响，而一个地区产业结构的发展水平也是决定当地能源消费结构的重要因素，要想实现对固有的能源消费结构的优化，产业结构的相应调整是重要前提。研究能源消费结构涉及两个重要概念——产业能耗结构和能源消费强度。

第一，产业能源消费结构。产业能耗结构是指产业对各种能源的消费量占产业能源消费总量的比重，简称产业能耗结构。我国的能源种类较多，在实际计量分析时单位统一折合为标准煤，产业能耗结构反映了产业对能源需求的相对关系（于珍，2010）。r 表示产业能源消耗结构，e_i 和 $\sum_i^n e_i$ 分别表示产业对某种能源的消费量和产业能源消费总量。

$$r = \frac{e_i}{\sum_i^n e_i} \times 100\% \qquad (4.1)$$

研究能源消费结构，可以掌握能源的消耗状况，查明能源的消耗品种、数量和流向，为合理安排开采、投资和计划，以及分配和利用能源提供科学依据（邹璇、王盼，2019）[192]。同时，根据消耗结构分析耗能情况和结构变化情况可以挖掘节能潜力和预测未来的消耗结构。不同国家的能源生产结构和消耗结构各不相同，能源禀赋与生产利用技术、人们对环境的要求、能源贸易等因素的影响，都会影响能源消费结构。

第二，能源消费强度。能源消费强度指的是能源消耗与产出之比，是比较不同国家和地区之间能源综合利用效率最常用的指标之一，可以用于衡量不同经济体能源的综合利用效率，也可以用于比较不同经济体的经济发展对能源的依赖程度。常用的计算方法有两种：一种是单位国内生产总值能耗，另一种是单位产值能耗，由于产值随市场价格变化波动较大，因而能源强度一般均为单位 GDP 能耗。EI、EC 分别表示能源强度和能源消费量。

$$EI = \frac{EC}{GDP} \tag{4.2}$$

（3）能源供给结构。

研究能源消费结构受制于能源供给结构。能源供给结构指的是能源供给侧各个方面构成，以及它们相互之间的关系。包括能源供给动力结构、能源产业结构、能源供给主体结构、能源产品结构、能源价格结构、能源供给区域结构等。能源供给结构优化的目标是提高能源供给能力与效率、控制碳排放、减少污染、保障能源供应安全等，主要包括六个方面：一是能源供给动力由要素投入转向全要素生产率增长；二是能源产业结构由传统能源产业转向新能源产业；三是能源的生产与供应由"两低一高"（即低技术、低效率、高污染）转向"两高一低"（即高技术、高效率、低污染）；四是能源产品由高污染、高排放转向低污染、低排放；五是能源价格由计划价格转向市场价格；六是能源区域供给结构由不均衡转向均衡（李佐军，2017）。如图 4.2 所示。

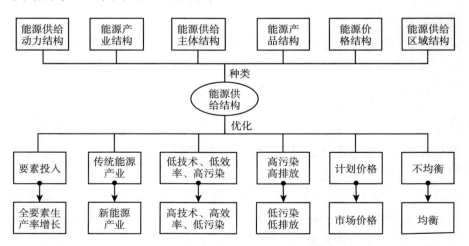

图 4.2　能源供给结构及其对能源消费的影响

（4）产业结构。

产业结构是指一国或地区的各产业构成及各产业间的比例关系和相互关联，反映了产业间的资源要素配置状况、各产业在经济中所占比重以及产业间的相互作用方式。产业结构的变动与社会经济发展密切相关，随着经济的发展产业发展水平也会由低向高逐渐变化，产业间的相互联系也会不断变化。而产业结构调整主要是指各个经济部门和产业的比重以及生产要素分配的变化，在这个过程中各个产业部门的比例结构以及技术结构都会发生改变。

产业结构主要包括产业生产结构、产业投资结构和产业能源消费结构。产业能源消费结构也可以归入能源消费结构，因此其在上文能源消费结构中已有定义。经济发展离不开能源消耗，随着人类社会的不断发展，资源环境问题渐渐被提上日程。1972年，罗马俱乐部发表了《增长的极限》，严重质疑了西方工业化国家高消耗、高污染的增长模式的可持续性。能源消耗不可避免地会产生污染物的排放影响环境质量，要平衡生产与环境就需要促进产业生产结构优化、产业投资结构的优化和产业能耗结构的优化。

第一，产业生产结构，是指一国或地区在一定时期内的各产业产值构成及各产业产值之间的比例关系，表征产业之间相互关联的主要指标。

第二，产业投资结构，是指一个国家或地区在一定时期内的产业投资总量中，各类产业的构成及其数量比例关系，是经源头上考察产业结构变化的重要指标。

根据国民经济发展水平和国内外市场的变化，及时调整产业投资结构，促使产业生产结构优化，取得最佳经济效益的重要手段（贾蕾玉，2017）。

（5）高能耗行业。

从能源消费结构角度研究产业结构必然涉及高耗能行业。工业通常也被划分为高能耗行业和低能耗行业，根据我国2017年国民经济行业分类，工业包括采矿业、制造业和电力、热力、燃气及水生产和供应业三大类，共计41个行业小类。其中，根据能耗的高低，我们通常将工业行业划分为高能耗行业和中低能耗行业，在2020年国家发改委办公厅《关于明确阶段性降低用电成本政策落实相关事项的函》中进一步明确了高能耗行业的范围（见表4.1）。

表 4.1　　　高能耗行业和中低能耗行业及其所含细分行业类别

工业类型	所含细分行业
高能耗行业	石油、煤炭及其他燃料加工业、化学原料和化学制品制造业、非金属矿物制品业、黑色金属冶炼和压延加工业、有色金属冶炼和压延加工业、电力、热力生产和供应业
中低能耗行业	煤炭开采和洗选业、石油和天然气开采业、黑色金属矿采选业、有色金属矿采选业、非金属矿采选业、开采专业及辅助性活动、其他采矿业、农副食品加工业、食品制造业、酒（饮料）精制茶）制造业、烟草制造业、纺织业、纺织服装与服饰业、皮革（毛皮、羽毛）及其制品和制鞋业、木材加工和木（竹、藤、棕、草）制品业、家具制造业、造纸和纸制品业、印刷和记录媒介复制业、文教（工美、体育和娱乐）用品制造业、医药制造业、化学纤维制造业、橡胶和塑料制品业、金属制品业、通用设备制造业、专用设备制造业、汽车制造业、铁路（船舶、航空航天）和其他运输设备制造业、电气机械和器材制造业、计算机（通信）和其他电子设备制造业、仪器仪表制造业、其他制造业、废弃资源综合利用业、金属制品、机械和设备修理业、燃气生产和供应业、水的生产和供应业

（6）生态环境。

生态环境是资源的提供者，也是废弃物的接受者，为经济社会提供生产和消费的资源，也不得不接受社会活动的生产和消费产生的废弃物，同时也为人类提供优美的自然风光，带来美的享受。生态环境改善是能源消费结构优化和产业结构的优化的重要内容之一，能源消费结构和产业结构协调优化更离不开生态环境约束。

4.1.2　相关理论基础

（1）协调与协调发展理论。

协调与协调发展理论即解释和解决协调与协调发展问题的思想、理论和方法的总称。"协调"是指在尊重客观规律，把握系统相互关系原理的基础上，为实现系统演进的总体目标，通过建立有效的运行机制，综合运用各种手段、方法和力量（熊德平，2009），依靠科学的组织和管理，使系统间的相互关系达成理想状态的过程。协调问题的研究源远流长，但协调问题的复杂性，使得协调与协调发展理论需要多学科理论与方法的支持，下面从经济理论和系统科学理论两个方面进行简要阐述。

第一，经济理论中的协调与协调发展。自经济学产生以来，"发展"就成为经济学的一个重要主题，经济学理论逐渐发展为经济发展理论，同时也在不断朝"协调与协调发展理论"方向发展。然而，在可持续发展观之前，协调与协调发展并没有纳入经济发展理论。传统的协调与协调发展理论不具有积极、主动、自觉协调发展。该理论中协调与协调发展是模糊、零散的，连协调与协调发展的概念都没有提出。在经济发展理论的早期阶段，协调与协调发展思想主要是以哲学形成出现。如中国古代"天人合一"的哲学思想，虽没有明确的"可持续发展"理念和"协调发展"的概念，但都在一定程度上蕴含了协调理念，并以此为基础构建了自身的经济发展理论。经济发展理论的古典阶段，协调的概念开始具体化，理论体系也开始形成，1758年重农学派代表人物弗朗斯瓦（Fquesnay）在《经济表》中提出了"以商品生产商品"的均衡模型，表达了协调的思想，为经济协调与协调发展理论做出了探索。现代的协调与协调发展理论是人类对"人与自然"关系及发展模式反思和不满的产物。其思想渊源于农业，并随工业文明的兴起而形成。古典经济学以来，经济学对资源、人口以及外部性等问题的加以了关注和研究，1972年梅多斯（Meadows）代表罗马居落部发表的《增长的极限》（*The Limits to Growth*），对传统的发展模式的怀疑，实际上也是这一理念的反映。但作为被人类普遍接受的理论，其科学概念的形成，一般认为统一于1987年布伦希尔德（G. H. Brundlan）代表联合国世界环境与发展委员会（WECD）在《我们共同的未来》（*Our Common Future*）中对"可持续发展"（sustainable development）所做出的定义。

第二，系统科学理论中的协调与协调发展。系统科学理论为研究复杂的自然或社会现象提供了有效的方法论支持。系统科学理论中的协调与协调发展理论更多的是侧重于协调方法论。一般系统论认为，系统是由若干要素以一定结构形式联结构成的具有某种功能的有机整体，系统中各要素不是孤立地存在着，每个要素在系统中都处于一定的位置上，起着特定的作用，要素之间相互关联，使系统成为不可分割的整体（贝塔朗菲，1968）。控制论则认为协调是一个控制的过程，根据信息和控制的关系，可以分为："前馈式协调""后馈式协调"以及将二者相互结合以克服各自缺点的"前馈—反馈式协调"。系统的开放是促进系统由原始向现代不断进化、不断产生新功能的决定性力量，系统控制的目标是使系统要素间实现协同，进而产生出新的更高的系统结构和功能。

（2）产业结构调整理论。

随着经济社会的发展，产业结构也在不断发生变动和调整，许多学者对此进行了研究。英国经济学家威廉·配第发现不同行业的收入水平不同且劳动力会从低收入产业转向高收入产业，英国经济学家克拉克在此基础上进一步发现了劳动力在三次产业间的顺次转移规律，这就是"配第—克拉克定理"。库兹涅茨认为产业结构调整是指各个经济部门和产业的比重以及生产要素分配的变化，在产业结构演变的过程中各个经济部门和产业的比重以及生产要素分配会不断变化，并提出了"库兹涅茨法则"。德国经济学家霍夫曼通过设定霍夫曼比例，以轻重工业的相对变化来反映地区工业化的发展水平。刘易斯的"二元结构理论"则认为劳动力会不断从传统部门流向工业部门，并且最终从二元变为一元结构。一些理论从不平衡发展战略的角度分析产业结构调整，如罗斯托强调了主导产业对产业结构演进的推动作用。此外，一些日本学者对产业结构的调整提出了相关理论，如赤松要的"雁行形态理论"主要从国际贸易角度阐释了产业发展一般历经的三个阶段，体现出产业结构不断向高层次演进。

根据以上产业结构调整的相关理论，可以发现许多学者认为产业的发展一般会经历一个从第一产业向第二、三产业动态转移的过程，而实际上这种转移不仅仅是劳动力在三次产业间的流动和不同产业比例的变化，也是产业的资源利用效率和产业之间协调度的提升，产业结构合理化正是对这种协调度、均衡度的测度。同时，在这个产业调整的过程中产业不断向高层次演进，不管是主导产业的转换还是产业的雁形演进，生产技术和产业形式都不断更新换代，产业的生产效率也不断增加，这方面可以用产业结构高度化对其进行刻画和评价。总的来说，对产业结构调整的考察不仅仅要考虑比例结构变化，也不能忽略生产率的改变，同时产业结构的演进往往与不同的经济发展阶段相适应。

中国产业结构调整经历了几个不同的阶段，不同阶段对能源的需求量也各不相同。一般将产业结构的变动分为四个阶段：第一阶段是指从以农业、手工业为主的产业结构向以轻纺工业为主的产业结构发展，此时经济发展对能源的需求呈缓慢增长的态势，能源对经济增长的作用尚不明显；第二阶段是指以轻纺工业为主的产业结构向以重工业为主的产业结构发展，此时产业结构的调整使得能源的需求量大幅度增长，对能源的依赖程度也急速增大，能源成为制约经济发展的重要因素；第三阶段是从以能源原材料工业为主的产业结构向以制造业为主的产业结构发展的阶段，此时，产业发展对能源的需求逐渐趋于稳定；第四阶段又被称为"技术集约化"阶段，此时，科学技术成为生产要素中最重要的部分，能源利用效率提升明显，经济发展对能源的需求呈下降的趋势，并在最终保持在一个相对稳定的水平。所以根据产业结构的调整变化规律，三次产业的发展过程是由以第一产业为主转变为以第二产业为主再转变为以第三产业为主；在第二产业内部是以轻工业为主转变为以重工业为主再转变为以高技术高附加值的产业为主。第二产业中的工业对能源的依赖性比其他产业更大，而重工业对能源的需求又比轻工业和高技术产业要大，因此在经济发展的初级阶段，经济增长和能源消费量会同时不断上升，但是随着产业结构的不断调整优化，能源消费量会在达到一定水平后保持稳定，从而实现协调优化状况，而不会一直处于增长状态。

在产业结构演进调整的过程中，由于不同产业的技术特点不同，其生产效率以及生产所需投入的要素组合比例存在差异明显，因此，产业结构调整会引起生产要素资源配置的变化。作为重要的投入要素，能源的消费总量和结构相应会产生明显变化。不同的产业对能源的需求和依赖程度不同，所需的能源种类也存在差异。

（3）能源经济理论。

能源也称能源资源，是社会生产和生活不可或缺的物质基础，也是经济持续增长的重要支柱，同时能源作为重要的生产要素，也会制约经济的发展。许多能源尤其是化石能源，是稀缺的、不可再生的，如何对能源资源的进行优化配置、高效利用成为重要的研究内容。早在 1865 年，英国经济学家杰文斯就分析了能源与经济发展的联系，他认为随着经济增长和人口的增多，对煤炭的需求量上升，低开采成本的煤炭资源被逐渐消耗，煤炭的成本会逐渐提高。随后，霍特林提出了著名的"霍特林定律"，即当不考虑生产成本时，资源价格以相等于市场利率的增长率连续上升。20世纪 70 年代的石油危机让人们认识到能源的稀缺性以及对经济发展的巨大影响，越来越多的学者开始对能源的资源配置等问题进行广泛研究，并形成了能源经济学这一学科。能源经济学认为能源的开发利用应该与国民经济发展相适应，实现能源消费与经济增长的效益最大化。

能源经济学的研究可大致分为几大方面：各类能源的开发利用和高效配给、能源间的替代互补、能源与经济发展的相互关系、能源开发利用的外部影响、可再生能源的大规模开发利用、低碳经济及节能减排的研究。能源与经济息息相关，经济的发展离不开能源消费，而能源需求的增长和技术的进步也由经济发展推动。能源是重要的生产要素和生活消费品，在一定发展阶段，如果没有技术上的革命性突破，经济的发展与能源需求往往是成正比的，经济增长速度越快，对能源的需求量也就越大。同时，地区经济发展程度的提升会带来对能源消费质量的更高要求，能源利用的效率和环保要求会越来越得到重视，经济活动中相应的能源消费品种也会发生改变。另外，地区经济的发展和技术的进步也为能源的开发利用提供了条件。能源技术的提高能够减少能源损耗，发掘新的能源。能源不仅支撑着经济的发展，在开发利用能源的过程中也会产生一定的外部性。对化石能源的开采和利用往往伴随着严重的环境污染，许多学者对能源、环境、经济这三大系统的协调发展进行了研究，形成了"环境—能源—经济"的3E研究范式。而中国要实现经济的高质量发展，就必须解决中国能源经济目前面临的环境污染、供给安全、经济效益以及驱动发展这四大现实困境（农春仕，2019）[193]，思考在能源的稀缺和环境约束的条件下实现可持续发展。

梳理能源经济的相关理论可以发现，能源的合理利用是经济社会的一个重要课题，在研究能源消费的相关问题时，不仅要考虑能源资源禀赋本身，也要结合当地的经济发展水平、产业发展、技术水平以及环境污染等因素进行分析，不同的社会环境和发展阶段对能源消费的需求是不同的。本书研究的是中国的能源结构问题，从现实情况来说，中国的能源结构主要由自身的能源资源禀赋特点所决定，并且在未来一段时间仍将保持以煤炭为主的能源消费结构，但随着经济水平的发展和新技术的推广应用，清洁能源日益取代传统能源，能源消费结构将逐渐摆脱传统煤炭能源的束缚。而本书将从产业结构调整角度研究能源消费结构的优化问题，就是在高质量发展的要求下，探索通过制定产业调整政策改善能源结构，实现"环境—能源—经济"三个方面的协调发展。

4.2 能源消费结构与产业结构协调优化机理

4.2.1 能源消费结构对产业结构单向协调优化机理

能源消费结构可以通过传统能源低碳化和新能源规模化进行优化，因此本书将能源消费结构调整对产业结构优化的促进作用分为传统能源减碳结构优化效应、新能源增量结构优化效应和传统能源减碳与新能源增量结构耦合效应三个方面。如图4.3所示。

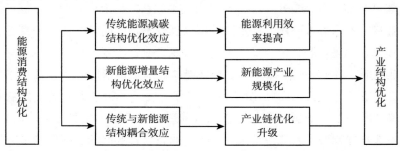

图4.3　能源消费结构优化对产业结构优化的单向优化

（1）传统能源减碳结构优化效应。

传统能源的低碳化发展能够促进能源消费结构的优化，而要实现传统能源的"低碳开采、高效利用、低碳排放"，绿色低碳技术的进步与创新起到至关重要的作用，主要表现为能源利用效率的提高。温馨（2021）认为技术创新能够促进煤炭等传统能源的清洁化利用，并且带来能源利用效率的提升，进而抑制能源消费增长。赵亿欣等（2021）提出能源结构优化转型针对传统能源而言，要采取以技术创新为核心的发展模式，提高能源的多层次利用效率和综合利用效率。在我国终端用能的部门中，工业占比最大，技术进步会使得工业行业对传统能源的利用效率提高，即单位产出能耗降低，工业行业对传统能源的消费量会随之减少，高能耗行业的占比下降，从而产业结构得以改善。

（2）新能源增量结构优化效应。

新能源增量对产业结构优化的作用主要体现在新能源的规模化。近年来，新能源在能源消费结构中的比重逐渐上升，在减排温室气、调整能源产业和推进战略新兴产业发展上发挥了重要作用（王学军等，2021）。而李平等（2021）采用数据包络分析的方法，得出技术进步相对于技术效率的提高更有助于新能源全要素生产率的增加。随着工业化进程的推进，在高效率、低碳化、清洁化目标的要求下，新能源的需求市场快速扩张，产业发展对高新技术的需求随之增加，而新技术的开发和广泛运用替代传统的生产方式不仅能够使得传统的高能耗行业进行优化改造，而且对高新技术产业的发展起到正向激励的作用。

（3）传统能源减碳与新能源增量的结构耦合效应。

能源消费结构的优化能够促进工业企业产业链的优化升级，可以从横向拓展和纵向延伸两个方面来解释。首先，从横向上来看，新能源比重的增加有助于新能源产业的规模化发展。王学军等（2021）认为新能源在能源结构中比重的提高将对能源产业的调整、温室气体的减排和战略新兴产业的发展发挥重要作用。索瑞霞等（2022）认为大多数新能源上市企业处于规模报酬递增阶段，尚未进入整体盈利阶段，不仅规模不足，而且产业集中度低，市场核心竞争力还未形成，因此要扩大新能源产业生产规模。当前，我国的经济增速放缓，在低碳化的背景下，能源结构将从以传统能源为主转为以新能源为主，能源消费结构的优化也将使得工业产业布局发生新变化。随着技术水平的不断提高，高能耗产业有能力从低端加工实现高端制造，从高耗能、低效率实现低耗能、高效率转型，而且产业间、行业内的知识外溢将有助于中低能耗产业规模的扩大，实现规模效应。其次，从纵向上来看，能源消费结构的优化能够促使工业产品向产业链中上游发展。长期以来，高能耗产业在我国的发展依赖于能源的投入，不仅技术效率低，而且产品始终处于产业链中下游。王学军等（2021）认为能源作为经济发展的动力之一，与生产要素匹配形式的不同会使社会分工水平发生变动，从而推动传统产业链向新型产业链演变。能源供给主体结构优化的目标是"高技术、高效率、低污染"，能源产品结构优化的目标是"低污染、低排放"，在这多重目标的引领下，工业产业尤其是高能耗产业将增加技术创新投入、吸纳高技术水平的劳动力，加快由劳动力密集型和资本密集型向技术密集型的转化。经过多年的发展，高能耗产业积累了雄厚的资金、丰富的经营经验和较高的资本水平，在技术进步的推动下，一方面企业会采用新工艺、新技术，开发新产品或提高现有产品质量，实现产品结构的优化升级；另一方面企业会提高产品附加值，推动工业产品向产业链中高端延伸。

4.2.2　产业结构对能源消费结构单向协调优化机理

能源是人类社会赖以生存和发展的重要物质基础。能源的开发利用促进了产业结构调整，同时，快速的经济发展加剧了对资源消耗的压力。如果产业结构调整建立在能源消耗低、环境污染少的基础上时，产业将持续稳定、资源将合理开发并最终优化生态环境；如果产业结构调整建立在能源消耗偏高，破坏环境的基础上，产业的高速发展会导致对能源资源的过度消耗，并伴随着对能源过度开采，最终制约产业的进一步发展，进入产业发展和资源开发的恶性循环。因此，从理论上看，产业结构调整对能源消耗具有正负效应。

长期以来，中国的能源供给以煤炭为主，对可再生能源的开发利用程度很低，随着能源消费总量的不断增长，能源的利用效率有所提高，但优质能源供应仍然相对不足。产业结构的优化升级对能源产业结构、能源供给主体结构和能源产品结构等会产生积极的促进作用，主要包括两个方面：产业优化结构效应和能耗结构空间效应。如图 4.4 所示。

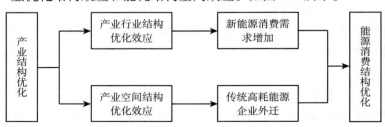

图 4.4　产业结构对能源消费结构的单向优化

（1）产业行业结构优化效应。

王学军等（2021）认为产业结构优化会通过提高经济发展水平影响到能源消费结构的规模经济。"十四五"规划和2035年远景目标纲要明确提出，我国要推进能源革命，建设清洁低碳、安全高效的能源体系，提高能源供给保障能力，并加快发展非化石能源。此外，我国产业结构优化要实现以高新技术产业为先导、服务业全面发展，并坚持清洁发展。这将使得我国能源成本不断上升，更是增加了高耗能行业生产发展的能源成本，倒逼企业使用新型能源来替代传统能源，导致对新能源的消费需求增加。传统能源企业将迫于生存采用先进的技术提高能源利用效率或者由传统能源转向新能源，同时新能源企业在政策的扶持和市场需求增加的情况下将进一步扩大规模，能源产业结构得以改善。

（2）产业空间结构优化效应。

郭劲光等（2021）通过建立杜宾模型发现我国能源消费具有显著的空间效应，而且技术进步、能源结构、产业结构等因素也对能源消费具有空间溢出效应。近年来，为实现"碳达峰"和"碳中和"目标，我国制定了严格的行政性节能减排约束机制，对能源和环境的约束趋紧。在低碳化的背景下，除自身的优化调整外，我国的高耗能企业也可以选择转移至能源政策相对宽松的周边地区，留下高技术、高效率、低污染、低排放的产业。此外，我国对新能源企业实行税收减免和补贴政策，扩大了市场对新能源的需求，同时也能够吸引高技术人才和其他地区的资本流入，从而实现产业空间结构的优化调整。

4.2.3 能源消费结构与产业结构双向协调优化机理

在不可再生能源的有限性和生态环境的约束下，能源消费主体和产业发展主体充分利用市场机制调节、政府宏观调控和环境规制诱导等手段，促进能源消费结构和产业结构双向协调优化，两者双向协调优化主要源自如下两个方面的协调互动。

一方面，政府调控、市场调节和规制诱导相结合从四个方面影响产业投资结构，进而影响产业生产结构。一是政府通过调控能源消耗结构、能源价格、能源技术，影响能源市场供求关系。不同产业行业对能源的需求弹性有较大的差异，一旦能源市场供求关系发生变化就会触发市场自发调节机制，通过技术效应、价格效应，对不同类型的产业行业投资带来差异化影响，进而影响产业生产结构。二是政府通过环境政策增强环境治理和环境规制诱导，引导产业主体发展节能环保型绿色产业，降低污染物排放，影响环保市场，从而促进环境治理投资和绿色产业的发展，进而通过技术效应和空间效应影响产业生产结构。三是政府通过调控金融市场，对不同能源行业和产业行业的资本供求引导，调整不同行业的资本回报率（价格），触发市场利润对行业投资的自发调节机制，通过价格效应影响不同能源行业和不同工业行业的投资水平，进而影响能源供给结构和产业结构。四是政府通过调控劳动力市场的人才报酬和劳动力工资，引导新能源产业和低能耗产业中技术人才的培养、引进和利用，进而影响产业结构。

另一方面，政府通过宏观政策、市场机制和规制诱导，引导企业主动调整产品结构、更新生产技术、调整组织结构和市场供求关系，促进企业改进要素投入方式，改变企业生产规模、组织结构，从而促进产业增长方式由高能耗、高物耗（原材料消耗）的粗放型向低能耗、高技术的集约型转变，进而促进产业的能源消费结构调整（见图4.5）。

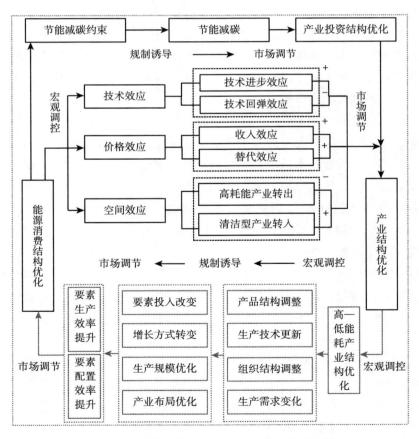

图4.5 能源消费结构与产业结构协调优化机理

4.3 能源消费结构与产业结构协调双向优化促进机理

4.3.1 市场机制驱动能源消费结构和产业结构双向协调优化机理

（1）市场净收益最大化驱动（市场驱动力）。

产业发展源于各类生产要素的有机组合，生产函数是要素有机组合的载体，对生产具有决定性作用，不同的生产函数对应着不同技术下的产业类型。要素由劳动、资本、土地、能源等构成，直接作用于生产函数带来产出。

既然作为要素有机组合载体的生产函数对产出具有决定性作用，那么分析能源消费结构对产业结构的影响就离不开一定技术的生产函数形式。考虑技术中性，由于中国当前仍属于发展中国家，技术对资本和劳动力的作用具有零阶齐次性。因此，本书以希克斯中性生产函数 $Y = Af(K, L)$ 作为要素有机组合载体，同时考虑到新能源与传统能源存在替代关系，传统能源对环境的负向冲击，人们追求环境污染最小化。则以 C－D 形式生产函数为基础的产出形式为：

$$Y_{i,t} = A_{i,t}(L_{i,t})^{\alpha_{i,t}}(K_{i,t})^{\beta_{i,t}}(M_{i,t})^{\delta_{i,t}}(E_{i,t})^{\gamma_{i,t}}(\bar{E}_{i,t})^{\bar{\gamma}_{i,t}} \qquad (4.3)$$

其中，$i = (l, h)$ 分别表示低耗能产业和高耗能产业，$Y_{i,t}$ 表示 i 行业的产出，$A_{i,t}$ 表示 i 行业技术进步，$K_{i,t}$ 表示 i 行业固定资本投入，$L_{i,t}$ 表示 i 行业劳动力投入量，$M_{i,t}$ 表示 i 行业原材料的投入量，$E_{i,t}$ 和 $\bar{E}_{i,t}$ 分别表示第 i 行业新能源和传统能源的消费量，生产的能源消费量 $E = E_{i,t} + \bar{E}_{i,t}$。式（4.3）右边变量右上角冥指数 $\alpha_{i,t}$、$\beta_{i,t}$、$\delta_{i,t}$、$\gamma_{i,t}$、$\bar{\gamma}_{i,t}$ 分别表示 i 行业劳动力、固定资本、原材料、新能源和传统能源投入的产出份额，$\alpha_{i,t} + \beta_{i,t} + \delta_{i,t} + \gamma_{i,t} + \bar{\gamma}_{i,t} = 1$。生产过程同时排放着污染物，且由于当前两类产业的新能源对产值的贡献比例都小于传统能源对产值的共享比例，即有 $\gamma_{i,t} < \bar{\gamma}_{i,t}$，污染物排放量（O）与能源和原材料的投入量正相关，与技术水平负相关，可假设为：

$$O_{i,t} = (E_{i,t})^{\varphi_{i,t}}(\bar{E}_{i,t})^{\bar{\varphi}_{i,t}}(M_{i,t})^{\theta_{i,t}}(A_{i,t})^{-\rho_{i,t}} \qquad (4.4)$$

其中，$0 < \varphi$、$\bar{\varphi}$、$\theta < 1$ 且 $\varphi < \bar{\varphi}$（因为污染排放主要来自传统能源），分别是新能源、传统能源、原材料的污染排放弹性；$\rho > 0$，为技术的污染治理弹性。假定能源和原材料的生产弹性大于污染排放弹性，即 $\gamma > \varphi$、$\bar{\gamma} > \bar{\varphi}$ 和 $\delta > \theta$。

上述第 i 行业的生产总成本为：

$$TC_{i,t} = A_{i,t}P_A + K_{i,t}P_K + L_{i,t}P_L + M_{i,t}P_M + E_{i,t}P_E + \bar{E}_{i,t}P_{\bar{E}} + O_{i,t}P_O \quad (4.5)$$

其中，P_A、P_L、P_K、P_M、P_E、$P_{\bar{E}}$ 和 P_O 分别为技术价格、劳动力价格（工资）、资本借贷价格、原材料价格、新能源价格、传统能源价格和污染治理单位成本，假定各种价格给定。为了求解方便，假定产出的价格为 1，那么净收益（NR）最大化可表示为：

$$MAX\{NR_{i,t} = A_{i,t}(L_{i,t})^{\alpha_{i,t}}(K_{i,t})^{\beta_{i,t}}(M_{i,t})^{\delta_{i,t}}(E_{i,t})^{\gamma_{i,t}}(\bar{E}_{i,t})^{\bar{\gamma}_{i,t}} - $$
$$[A_{i,t}P_A + K_{i,t}P_K + L_{i,t}P_L + M_{i,t}P_M + E_{i,t}P_E + \bar{E}_{i,t}P_{\bar{E}} + O_{i,t}P_O]\}$$
$$(4.6)$$

（2）市场机制驱动下能源消费结构和产业结构的最优配置。

根据式（4.6），在技术水平 A 不变的情况下，各要素对净收益求一阶导数，并化简可得到：

$$Y_{i,t} = \frac{K_{i,t}P_K}{\beta_{i,t}} \quad (4.7)$$

$$Y_{i,t} = \frac{L_{i,t}P_L}{\alpha_{i,t}} \quad (4.8)$$

$$\frac{\gamma_{i,t}}{\bar{\gamma}_{i,t}} = \frac{P_E E_{i,t} + \varphi_{i,t}O_{i,t}P_O}{P_{\bar{E}}\bar{E}_{i,t} + \bar{\varphi}_{i,t}O_{i,t}P_O} \quad (4.9)$$

$$\frac{\gamma_{i,t}}{\beta_{i,t}}L_{i,t}P_L = P_E E_{i,t} + \varphi_{i,t}O_{i,t}P_O \quad (4.10)$$

根据式（4.8）、式（4.9）和式（4.10）得到最优产出与新能源和传统能源投入量之间关系的表达式：

$$Y_{i,t} = \frac{L_{i,t}P_L}{\alpha_{i,t}} = \frac{\beta_{i,t}}{\alpha_{i,t}}\frac{\varphi_{i,t}\bar{E}_{i,t}P_{\bar{E}} - \bar{\varphi}_{i,t}E_{i,t}P_E}{\bar{\gamma}_{i,t}\varphi_{i,t} - \gamma_{i,t}\bar{\varphi}_{i,t}} \quad (4.11)$$

利用式（4.11），得到低能耗与高能耗产业的产值比，即产值结构，也就是产业结构为：

$$\frac{Y_{l,t}}{Y_{h,t}} = \frac{\alpha_{h,t}\beta_{l,t}}{\alpha_{l,t}\beta_{h,t}}\frac{\bar{\gamma}_{h,t}\varphi_{h,t} - \gamma_{h,t}\bar{\varphi}_{h,t}}{\bar{\gamma}_{l,t}\varphi_{l,t} - \gamma_{l,t}\bar{\varphi}_{l,t}}\frac{\varphi_{l,t} - \bar{\varphi}_{l,t}(E_{l,t}P_E / \bar{E}_{l,t}P_{\bar{E}})}{\varphi_{h,t} - \bar{\varphi}_{h,t}(E_{h,t}P_E / \bar{E}_{h,t}P_{\bar{E}})}\frac{\bar{E}_{l,t}}{\bar{E}_{h,t}}$$
$$(4.12)$$

如令：$SE_{l,t} = E_{l,t} / \bar{E}_{l,t}$，为低能耗产业对新能源与传统能源的消耗比例，即低能耗产业内部能源消费结构；$SE_{h,t} = E_{h,t} / \bar{E}_{h,t}$，为高能耗产业对新能源与传统能源的消耗比例，即高能耗产业内部能源消费结构。传统能源的消费总量为低能耗产业和高能耗产业分别消费传统能源之和，即 $\bar{E}_t = \bar{E}_{l,t} + \bar{E}_{l,t}$。如果低能耗产业与高能耗产业对传统能源的消费结构

（比例）为 $S\bar{E}_{l,h,t}=\dfrac{\bar{E}_{l,t}}{\bar{E}_{h,t}}$，低能耗与高能耗产业的产值结构（比例）为

$SY_{l,h,t}=\dfrac{Y_{l,t}}{Y_{h,t}}$，从而得到：

$$SY_{l,h,t}=\frac{\alpha_{h,t}\beta_{l,t}}{\alpha_{l,t}\beta_{h,t}}\frac{\bar{\gamma}_{h,t}\varphi_{h,t}-\gamma_{h,t}\bar{\varphi}_{h,t}}{\bar{\gamma}_{l,t}\varphi_{l,t}-\gamma_{l,t}\bar{\varphi}_{l,t}}\frac{\varphi_{l,t}-\bar{\varphi}_{l,t}(P_E/P_{\bar{E}})SE_{l,t}}{\varphi_{h,t}-\bar{\varphi}_{h,t}(P_E/P_{\bar{E}})SE_{h,t}}S\bar{E}_{l,h,t} \quad (4.13)$$

式（4.13）表明了高低能耗产业分别达到最优产出时的产业结构与能源消费结构内在协调机理。该机理表明：产业结构与能源结构的协调性与新能源和传统能源的相对价格（$P_E/P_{\bar{E}}$）相关，各类要素的产出份额和污染的排放份额相关。

（3）市场机制驱动下能源消费结构和产业结构协调演化路径。

根据式（4.13）得到：

$$SY_{l,h,t}=\frac{\alpha_{h,t}\beta_{l,t}}{\alpha_{l,t}\beta_{h,t}}\frac{\bar{\gamma}_{h,t}\varphi_{h,t}/\bar{\varphi}_{h,t}-\gamma_{h,t}/\bar{\gamma}_{h,t}}{\bar{\gamma}_{l,t}\varphi_{l,t}/\bar{\varphi}_{l,t}-\gamma_{l,t}/\bar{\gamma}_{l,t}}\frac{\varphi_{l,t}/\bar{\varphi}_{l,t}-(P_E/P_{\bar{E}})SE_{l,t}}{\varphi_{h,t}/\bar{\varphi}_{h,t}-(P_E/P_{\bar{E}})SE_{h,t}}S\bar{E}_{l,h,t}$$

$$(4.14)$$

式（4.14）表明：低—高能耗产业的产值结构（$SY_{l,h,t}$）与两类产业之间的传统能源消费比例或结构（$S\bar{E}_{l,h,t}$）正相关，从而得到如下结论：传统能源被高能耗产业使用的越少（即低能耗产业使用得越多），高能耗产业的比值就越低（即低能耗产业的比值就越高）。于是得到演化路径 1。

演化路径 1：随着时间的推移，产业结构会持续升级、新能源开发利用不断推进，从而高耗能产业的传统化石能源使用比例（$S\bar{E}_{h,t}$）会逐步下降，而低能耗产业的碳基能耗能源消费比例（$S\bar{E}_{l,t}$）也会下降，但低能耗产业的降幅和降速都慢于高能耗产业，即 $\dfrac{d(\bar{E}_{l,t})}{d(t)}<\dfrac{d(\bar{E}_{h,t})}{d(t)}$，使得低耗能产业与高耗能产业对传统化石能源的消费比例 $S\bar{E}_{l,h,t}$ 增加。从而，根据式（4.14）得出的结论一，得到产业结构和能源消费结构的局部协调优化路径是：随着时间的推移，低—高能耗产业内部传统能源消费比例（$S\bar{E}_{l,h,t}$）增加，低—高能耗产业的产值比例（$SY_{l,h,t}$）相应地增加。

同时，根据式（4.14），如果 $SE_{h,t}=\dfrac{\varphi_{h,t}}{\bar{\varphi}_{h,t}}\dfrac{P_{\bar{E}}}{P_E}$，则 $SE_{l,t}=\dfrac{\varphi_{l,t}}{\bar{\varphi}_{l,t}}\dfrac{P_{\bar{E}}}{P_E}$，即低能耗产业中的新能源与传统能源的比值（结构）跟低能耗产业与高能耗产业的比值（产业结构）不相关。此外，高低能耗产业的产值结构（$SY_{l,h,t}$）与高能耗产业内部新—旧能源消费比例或结构（$SE_{h,t}$）、与低能

耗产业内部新—旧能源消费比例或结构（$SE_{l,t}$）具有丰富演进关系。但是，具体关系有待进一步确定。

（1）如果 $\varphi_{h,t}/\bar{\varphi}_{h,t} > \gamma_{h,t}/\bar{\gamma}_{h,t}$ 且 $\varphi_{l,t}/\bar{\varphi}_{l,t} > \gamma_{l,t}/\bar{\gamma}_{l,t}$，或者 $\varphi_{h,t}/\bar{\varphi}_{h,t} < \gamma_{h,t}/\bar{\gamma}_{h,t}$ 且 $\varphi_{l,t}/\bar{\varphi}_{l,t} < \gamma_{l,t}/\bar{\gamma}_{l,t}$ 时，要保证 $SY_{l,h,t}$ 存在，必须 $1 > SE_{l,t} > Max\left\{\dfrac{\varphi_{l,t}}{\bar{\varphi}_{l,t}}, \dfrac{\varphi_{h,t}}{\bar{\varphi}_{h,t}}\right\}\dfrac{P_{\bar{E}}}{P_E}$ 或 $0 < SE_{l,t} < Min\left\{\dfrac{\varphi_{l,t}}{\bar{\varphi}_{l,t}}, \dfrac{\varphi_{h,t}}{\bar{\varphi}_{h,t}}\right\}\dfrac{P_{\bar{E}}}{P_E}$。因为污染排放主要来自传统能源，$\varphi < \bar{\varphi}$，且高能耗产业的传统能源与新能源产出的污染物量比例高于低能耗产业传统能源与新能源产出的污染物比例，从而有 $\varphi_{h,t}/\bar{\varphi}_{h,t} < \varphi_{l,t}/\bar{\varphi}_{l,t} < 1$（即 $\bar{\varphi}_{h,t}/\bar{\varphi}_{l,t} > \varphi_{h,t}/\varphi_{l,t} > 1$），从而存在的条件变为，$1 > SE_{l,t} > \dfrac{\varphi_{l,t}}{\bar{\varphi}_{l,t}}\dfrac{P_{\bar{E}}}{P_E}$ 或 $0 < SE_{l,t} < \dfrac{\varphi_{h,t}}{\bar{\varphi}_{h,t}}\dfrac{P_{\bar{E}}}{P_E}$。同时，还有 $\varphi_{l,t}/\bar{\varphi}_{h,t} < 1$；又由于当前两类产业的新能源对产值的贡献比例都小于传统能源对产值的贡献比例 $\gamma_{i,t} < \bar{\gamma}_{i,t}$，从而 $\bar{\gamma}_{l,t}/\gamma_{h,t} > 1$，但新能源的价格略高于传统能源的价格，即 $P_E/P_{\bar{E}} > 1$。为此，有两种情况：

第一，对产值结构求低能耗产业内部能源结构的导数得到：

$$\frac{\partial SY_{l,h,t}}{\partial SE_{l,t}} = -\frac{\alpha_{h,t}\beta_{l,t}\bar{\gamma}_{h,t}}{\alpha_{l,t}\beta_{h,t}\bar{\gamma}_{l,t}}\frac{\varphi_{h,t}/\bar{\varphi}_{h,t} - \gamma_{h,t}/\bar{\gamma}_{h,t}}{\varphi_{l,t}/\bar{\varphi}_{l,t} - \gamma_{l,t}/\bar{\gamma}_{l,t}}\frac{(P_E/P_{\bar{E}})}{\varphi_{h,t}/\bar{\varphi}_{h,t} - (P_E/P_{\bar{E}})SE_{h,t}}S\bar{E}_{l,h,t}$$

(4.15)

于是存在如下两种情况：

一是如果 $0 < SE_{h,t} < \dfrac{\varphi_{h,t}}{\bar{\varphi}_{h,t}}\dfrac{P_{\bar{E}}}{P_E}$，则 $\dfrac{\partial SY_{l,h,t}}{\partial SE_{l,t}} < 0$，即低能耗产业中的新能源与传统能源的比值（结构）跟低能耗产业与高能耗产业的比值（产业结构）负相关。从而得到演化路径2。

演化路径2：在产业结构调整和新能源开发利用的初期，由于高能产业消费新能源带来的污染物排放份额比高能耗产业消费传统能源带来的污染物排放份额低即 $\varphi_{h,t} < \bar{\varphi}_{h,t}$，同时，传统能源的价格低于新能源的价格，即 $P_{\bar{E}} < P_E$，从而，$0 < SE_{l,t} < \dfrac{\varphi_{h,t}}{\bar{\varphi}_{h,t}}\dfrac{P_{\bar{E}}}{P_E}$（趋于一个很小的数值），低能耗产业的新能源消费比例（$SE_{l,t}$）越高，低—高能耗产业的产值比例（$SY_{l,h,t}$）相应地下降。

二是如果 $1 > SE_{h,t} > \dfrac{\varphi_{h,t}}{\bar{\varphi}_{h,t}}\dfrac{P_{\bar{E}}}{P_E}$，则 $\dfrac{\partial SY_{l,h,t}}{\partial SE_{l,t}} > 0$，即低能耗产业中的新能源与传统能源的比值（结构）跟低能耗产业与高能耗产业的比值（产业结构）正相关。从而得到演化路径3。

演化路径3：随着产业结构调整和新能源开发利用的推进，过了初期，尤其是新能源开发利用技术完全成熟了以后，以至于新能源的价格不高于传统能源的价格，即 $P_{\bar{E}} \geqslant P_E$ 时，则高能产业消费新能源带来的污染物排放份额会随之下降，以至于未来会出现高能产业消费新能源带来的污染物排放份额不高于高能耗产业消费传统能源带来的污染物排放份额的现象，即 $\varphi_{h,t} \geqslant \bar{\varphi}_{h,t}$，从而，$1 > SE_{l,t} > \dfrac{\varphi_{h,t}}{\bar{\varphi}_{h,t}} \dfrac{P_{\bar{E}}}{P_E}$（趋于一个接近于 1 的数值），低能耗产业的新能源消费比例（$SE_{l,t}$）越高，低—高能耗产业的产值比例（$SY_{l,h,t}$）相应地增加。

第二，对产值结构求高能耗产业内部能源结构的导数得到：

$$\frac{\partial SY_{l,h,t}}{\partial SE_{h,t}} = \frac{\alpha_{h,t}\,\beta_{l,t}\,\bar{\gamma}_{h,t}}{\alpha_{l,t}\,\beta_{h,t}\,\bar{\gamma}_{l,t}} \frac{\varphi_{h,t}/\bar{\varphi}_{h,t} - \gamma_{h,t}/\bar{\gamma}_{h,t}}{\varphi_{l,t}/\bar{\varphi}_{l,t} - \gamma_{l,t}/\bar{\gamma}_{l,t}}$$
$$\frac{\varphi_{l,t}/\bar{\varphi}_{l,t} - (P_E/P_{\bar{E}})SE_{l,t}}{[\varphi_{h,t}/\bar{\varphi}_{h,t} - (P_E/P_{\bar{E}})SE_{h,t}]^2}(P_E/P_{\bar{E}})S\bar{E}_{l,h,t} \qquad (4.16)$$

同样地，存在如下两种情况：

一是如果 $0 < SE_{l,t} < \dfrac{\varphi_{l,t}}{\bar{\varphi}_{l,t}} \dfrac{P_{\bar{E}}}{P_E}$，则 $\dfrac{\partial SY_{l,h,t}}{\partial SE_{h,t}} > 0$，即高能耗产业中的新能源与传统能源的比值（结构）跟低能耗产业与高能耗产业的比值（产业结构）正相关。从而得到演化路径4。

演化路径4：在产业结构调整和新能源开发利用的初期，由于高能产业消费新能源带来的污染物排放份额比高能耗产业消费传统能源带来的污染物排放份额低即 $\varphi_{h,t} < \bar{\varphi}_{h,t}$，同时，传统能源的价格低于新能源的价格，即 $P_{\bar{E}} < P_E$，从而，$0 < SE_{l,t} < \dfrac{\varphi_{h,t}}{\bar{\varphi}_{h,t}} \dfrac{P_{\bar{E}}}{P_E}$（趋于一个很小的数值），高能耗产业的新能源消费比例（$SE_{h,t}$）越高，低—高能耗产业的产值比例（$SY_{l,h,t}$）相应地增加。这一演化过程其实与演化路径2一致。

二是如果 $1 > SE_{l,t} > \dfrac{\varphi_{l,t}}{\bar{\varphi}_{l,t}} \dfrac{P_{\bar{E}}}{P_E}$，则 $\dfrac{\partial SY_{l,h,t}}{\partial SE_{h,t}} < 0$，即高能耗产业中的新能源与传统能源的比值（结构）跟低能耗产业与高能耗产业的比值（产业结构）负相关。从而得到演化路径5。

演化路径5：随着产业结构调整和新能源开发利用的推进，过了初期，尤其是新能源开发利用技术完全成熟了以后，以至于新能源的价格不高于传统能源的价格，即 $P_{\bar{E}} \geqslant P_E$ 时，则高能产业消费新能源带来的污染物排放份额会随之下降，以至于未来会出现高能产业消费新能源带来的污染物排放份额不高于高能耗产业消费传统能源带来的污染物排放份额的现象，即 $\varphi_{h,t} \geqslant \bar{\varphi}_{h,t}$，从而，$1 > SE_{l,t} > \dfrac{\varphi_{h,t}}{\bar{\varphi}_{h,t}} \dfrac{P_{\bar{E}}}{P_E}$（趋于一个接近于 1 的数值），高能耗产业的新能源消费比例（$SE_{l,t}$）越高，低—高能耗产业的产值比例（$SY_{l,h,t}$）相应地下降。这一演化过程其实与演化路径 3 一致。

（2）随着新能源开发利用的成熟，未来高能耗产业与低能耗产业对于新能源与传统能源的消费比例会有趋于一致的时候，此时 $SE_{l,t} = SE_{h,t} = SE_t$，则根据式（4.14）得到：

$$SY_{l,h,t} = \frac{\alpha_{h,t}}{\alpha_{l,t}} \frac{\beta_{l,t}}{\beta_{h,t}} \frac{\bar{\gamma}_{h,t}}{\bar{\gamma}_{l,t}} \frac{\varphi_{h,t}/\bar{\varphi}_{h,t} - \gamma_{h,t}/\bar{\gamma}_{h,t}}{\varphi_{l,t}/\bar{\varphi}_{l,t} - \gamma_{l,t}/\bar{\gamma}_{l,t}} \frac{\varphi_{l,t}/\bar{\varphi}_{l,t} - (P_E/P_{\bar{E}})SE_t}{\varphi_{h,t}/\bar{\varphi}_{h,t} - (P_E/P_{\bar{E}})SE_t} S\bar{E}_{l,h,t}$$

(4.17)

由于生产过程中低耗能产业消费传统能源产生的废弃物比高耗能产业消费传统能源产生的废弃物比例低，$\bar{\varphi}_{l,t} < \bar{\varphi}_{h,t}$ 且高低能耗产业消费新能源产生的废弃物与高耗能产业消费新能源生产的废弃物基本一致，因此，存在 $\varphi_{h,t}/\bar{\varphi}_{h,t} < \varphi_{l,t}/\bar{\varphi}_{l,t}$，从而，得到 $\dfrac{\partial SY_{l,h,t}}{\partial SE_t} > 0$，于是得到演化路径 6。

演化路径 6：随着新能源开发利用的成熟，未来高能耗产业与低能耗产业对于新能源与传统能源的消费比例会有趋于一致的时候，产业中的新能源与传统能源的比值（结构）跟低能耗产业与高能耗产业的比值（产业结构）正相关。也就是说，提高新能源的利用比例能提升低能耗产业的产出份额。

4.3.2　环境规制诱导能源消费结构和产业结构双向协调优化机理

未来较长时间里，中国经济会持续快速发展，城镇化进程加速推进，工业品需求量必将保持持续增长，也必将使得能源更为紧缺、环境污染更为严重。为此，通过环境规制诱导促使产业向节能低碳绿色方向转型与发展，既能有效缓解能源和环境压力，又能加快产业结构转型升级，是促进能源结构和产业结构协调优化的重要突破口。因此，政府有必要利用环境规制诱导促使能源消费结构和产业结构协调优化。其具体机理分析如下。

环境规制诱导产业绿色低碳转型与发展，其带来的影响包括对国家福利、对生产者、对消费者等多个方面。下文主要分析环境规制是如何诱导新能源密集型产业发展、抑制传统能源密集型产业发展，进而推动能源消费结构与产业结构协调优化的。环境规制诱导对新能源密集型产业发展的鼓励主要体现在供给侧和需求侧两个方面。

（1）供给侧：环境规制诱导能源消费结构与产业结构双向协调优化的机理。

在供给侧，环境规制对能源消费结构与产业结构协调优化的影响主要通过诱导新能源密集型产业发展实现。具体表现在以下三个方面：一是诱导技术。通过规制诱导资金专项支持企业开发利用新能源密集型产业及其生产设备和生产技术。二是诱导管理。诱导各级政府明列规制清单，确定新能源密集型产业的发展范畴、分类管理方式以及不同技术阶段产品的管理模式、新能源产业企业准入标准。三是诱导信贷。诱导银行体系制定鼓励政策，通过信用方式对新能源密集型产业加以鼓励，拓宽其融资渠道，促进新能源密集型产品消费信贷多元化。

环境规制诱导新能源密集产业发展能减小能源供需缺口、实现产业结构和能源结构同步转型升级。但是新能源密集型产业作为高新技术产业，它的发展会引发生产者利润最大化需求和社会福利最大化需求之间的矛盾。从社会福利最大化来考虑，长期来看，新能源密集型产业发展将会促进能源技术的革新，降低石油等非清洁资源的消耗，提高太阳能、风能等清洁能源的比例，即促进能源消费结构优化，减少空气污染，带来的环境效益对于全社会是有利的。但是这种效益短期并不能为生产者所有。从生产者利润最大化考虑，传统产业的生产技术已经比较成熟，而新能源密集型产业的技术水平尚处在初级起步阶段。生产者要将既有传统能源密集型生产设备改装为新能源密集型生产设备，必须投入大量资金参与技术研发。但是，技术的发明很难被技术创新者独占，很容易被其他生产者所模仿，因此，生产者能够获得的收益受限。国家福利要求发展新能源密集型产业，但是产业部门生产企业采用新能源设备的初期，其利润很难得到保障。所以政府必须通过环境规制诱导市场发展新能源密集产业，这样才能统一社会福利最大化和生产者利润最大化的要求。通过环境规制追加技术和资金补贴，诱导生产者进行新能源设备更新和节能减排技术创新，保障生产者的利润获得，促进新能源设备在供给市场得到普及，最终促进产业结构优化。从而，达到环境规制诱导能源消费结构与产业结构双向协调优化的目的。具体而言，环境规制诱导能源消费结构与产业结构协调优化机制可用图 4.6 表示的供求均衡点的变动展开分析。

图 4.6 上半部分，P_N 是新能源密集型产业的产品价格水平，P_O 是传统能源密集型产业的产品价格水平；Q_N 是新能源密集型产业的产量，Q_O 是传统能源密集型产业的产量。横坐标表示新能源密集型产业的相对产

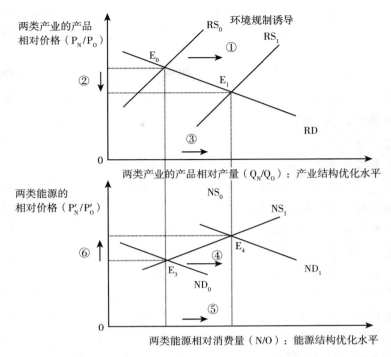

图 4.6　环境规制诱导能源消费结构与产业结构协调优化机制（供给侧）

量，即新能源密集型产业与传统能源密集型产业的产量之比——产业结构
优化水平；纵坐标表示新能源密集型产业的产品相对价格，即新能源密集
型产业的产品与传统能源密集型产业的产品之间的价格之比——产业结构
优化相对成本。在相对需求不变的情况下，RS_0 是环境规制诱导前（即新
能源密集型产业发展政策实施前）的相对供给曲线，是产业企业在相应的
相对价格水平下愿意提供产品的相对数量。当新能源密集型产业的产品相
对价格上升时，厂商会选择将传统能源密集型生产设备更换为新能源密集
型生产设备，以便使用更多的新能源替代传统能源来生产市场需要的产
品，以获得更高的利润，新能源密集型产业的产品相对产量增大，因此，
相对供给曲线向右上方倾斜。E_0 是环境规制诱导前（即新能源密集型产
业发展政策实施前）的相对供需均衡点。当采用环境规制诱导方式——资
金支持和技术鼓励等措施，诱导企业采用新能源动力设备来支持新能源密
集型产业发展时，企业的技术水平会得到提升，生产成本也会降低，因
此，在相同的相对价格水平下，生产者愿意使用更多的新能源去生产更多
的产品，新能源密集型产业的产品相对产量增大。所以相对供给曲线会向
右平移得到 RS_1，均衡点也由 E_0 变为 E_1。相对供需均衡点的变化反映了

环境规制诱导使得市场均衡时的新能源生产的产品相对价格降低，相对产量增加，从而从供给侧说明了新能源密集型产业发展能促产业结构协调优化。

图 4.6 下半部分，P'_N 是新能源的价格，P'_O 是传统能源的价格；N 是新能源产销量，O 是传统能源的产销量，这里假定了能源产量等于能源销量。环境规制诱导前（即新能源密集型产业发展政策实施前），两类能源密集型产业生产均衡的相对产量（Q_N/Q_O），即新能源密集型产业与传统能源密集型产业的产量比值（也就是产业结构），在 E_0 点达到均衡，对应的两类能源密集型产业均衡的相对消费量（N/O），即产业中新能源密集型产业能耗量与传统能源密集型产业能耗量的均衡消费量比值，在 E_3 点达到均衡。随着环境规制诱导对新能源密集型产业的鼓励，两类能源密集型产业的相对供给曲线会向右平移得到 RS_1，均衡点由 E_0 点变为 E_1 的同时，产业中两类能源均衡相对消费量（N/O）增加，相对需求曲线由 ND_0 由扩张到 ND_1，均衡点相应地由 E_3 点变为 E_4，从而两类能源消费结构也相应地得到优化。这就充分说明了，环境规制诱导在鼓励新能源密集型产业发展的能同时，推动产业结构优化和能源消费结构同步优化，进而促使两者的结构双向协调优化。供给侧环境规制诱导促使能源消费结构与产业结构协调优化的路径是①→②→③→④→⑤→⑥，如图 4.6 所示。

（2）需求侧：环境规制诱导能源消费结构与产业结构协调优化的机理。

在需求侧，环境规制诱导新能源密集型产业发展，进而促进能源消费结构与产业结构协调优化，其影响主要体现在公共领域和私人领域两个方面。消费者对新能源密集型产业的产品消费主要受到产品性能和价格两个方面的影响。产品性能的决定因素是产品的质量和补充能源（如新能源汽车充电）的便捷程度，随着生产技术提高和补充能源配套设施（如充电桩等）的完善，产品性能将会得到提高。至于价格因素，目前，相对于同等性能的传统能源密集型产品而言，使用新能源密集型产品售价普遍偏高（如同性能的新能源汽车比传统能源汽车售价贵），原因是新能源密集型产业的生产设备、零部件研发成本较高，定价过高严重抑制了新能密集型产品的销售。政府通过环境规制诱导方式直接参与购买，并且对价格进行调整，补贴新能源密集型生产企业或者直接对购买新能源密集型消费品者下发补贴，使新能源密集型产品比传统能源密集型产品更具吸引力，可以鼓励消费者的购买，增加新能源密集型产品的消费需求。具体而言，需求侧规制诱导能源消费结构与产业结构协调优化机制用图 4.7 供求均衡点的变动展开分析。

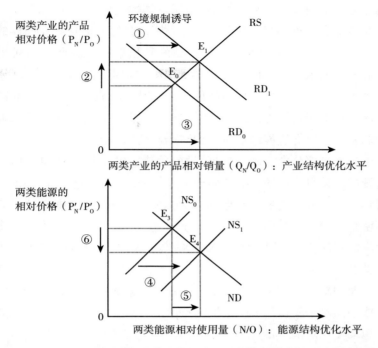

图 4.7　环境规制诱导能源消费结构与产业结构协调优化机制（需求侧）

图 4.7 是需求侧环境规制诱导对能源消费结构与产业结构协调优化影响的示意图。图 4.7 上半部分，在相对需求不变的情况下，RS_0 是环境规制诱导前的相对供给曲线，是产业企业在相应的相对价格水平下愿意生产的相对产品数量。当新能源密集型产品的相对价格上升时，厂商会选择生产更多的新能源密集型产品以获得更高的利润，新能源密集型产品的相对产量增大，因此相对供给曲线向右上方倾斜。E_0 是环境规制诱导前的相对供需均衡点。当政府采取环境规制诱导方式对新能源密集型生产企业的资金和技术支持来鼓励其使用更多新能源，其技术水平会得到提升，生产成本也会降低，因此在相同的相对价格水平下，生产者愿意使用更多的新能源去生产更多的新能源密集型产品，新能源密集型产品相对产量增大。所以相对供给曲线会向右平移得到 RS_1，均衡点也由 E_0 变为 E_1。相对供需均衡点的变化反映了新能源产业政策促使新能源密集型产品相对价格降低和相对产量增加。

在相对供给不变的情况下，RD_0 是环境规制诱导前的相对需求曲线，是市场上全体消费者愿意购买新能源密集型产品的相对数量与其相对价格之间的关系，E_0 是环境规制诱导前的相对供需均衡点。当政府采取环境规制诱导方式，通过资金补助鼓励新能源密集型产品的生产和购买，不断完善配套新能源密集型产品的配套服务设施，会促使消费者在同样的相对价格水平下愿意购买新能源密集型产品的数量增加，从而其相对销量增大，因此相对需求曲线会向右平移得到 RD_1。均衡点也由 E_0 变为 E_1，说明环境规制诱导使得市场达到新的供求均衡时，新能源密集型产品的相对价格变高，相对销量增加。从而从需求角度说明了环境规制诱导新能源密集型产业发展，能促进能源消费结构与产业结构协调优化。

图 4.7 下半部分中，P'_N 是新能源的价格，P'_O 是传统能源的价格；N 是新能源的产销量，O 是传统能的产销量。需求侧环境规制诱导前，两类能源密集型产业均衡的相对产量（Q_N/Q_O），即是新能源密集型产业与传统能源密集型产业的产量比值，也就是产业结构，在 E_0 点达到均衡，对应的两类能源均衡相对消费量（N/O），即产业中新能源密集型与传统能源密集型的产品均衡消费量在 E_3 点达到均衡。随着政府采取环境规制诱导方式对使用新能源密集型产品消费的鼓励，两类能源密集型产业的相对需求曲线会向右平移得到 RD_1，均衡点由 E_0 点变为 E_1 的同时，产业中的两类能源均衡相对消费量（N/O）增加，两类能源相对供给曲线由 NS_0 由扩张到 NS_1，均衡点相应地由 E_3 点变为 E_4，从而两类能源消费结构也相应地得到优化。这就充分说明了，需求侧环境规制诱导促使能源消费结构与产业结构协调优化的路径是①→②→③→④→⑤→⑥，如图 4.7 所示。

（3）环境规制诱导从供需两侧促进能源消费结构与产业结构协调优化。

短期来看，必须采用环境规制诱导新能源密集型产品生产和消费，这样可以降低企业的生产成本，保障其基本利润，有助于鼓励消费新能源密集型产品，快速提高新能源密集型产品的市场份额，同时优化产业结构和能源消费结构。环境友好型新能源密集型企业在实现关键核心技术突破、产生规模效应以及新能源替代传统能源之前，其正常运营离不开国家的补贴，消费者的购买也只能建立在降低原产品价格的基础上，因此，必须环境规制诱导。在市场上，新能源密集型产品会挤占传统能源密集型产品的份额，同时新能源也会挤占传统能源的份额，因此，传统能源密集型产业企业利润和新能源密集型产业企业利润都将下降，新能源密集型产业企业和新能源开发利用企业所新创造的利润都暂时不足以填补下降的利润，所以产业行业和能源行业的总利润短期可能都是加速下降的。因此，短期的环境规制诱导能够促进新能源密集型产业企业和生产新能源的能源企业发展，这种发展是由环境规制诱导的，产业和能源行业整体尚未从中获益，还难以大幅度促进能源消费结构与产业结构协调优化。

长期来看，在环境规制诱导下，新能源密集型产业企业实现技术突破、新旧能源的替代，产生了规模效益。新能源密集型产业企业及其产品购买者都不再依靠环境规制诱导的补贴，而是取决于新能源密集型产品的性能和产品市场定价。新能源密集型产业企业创造的利润超过传统能源密集型产业企业创造的利润，此时整个产业实现就了产业结构转型升级，能源行业也因此而实现结构优化。因此，早期环境规制诱导能够促进新能源密集型生产行业和新能源供给的能源行业发展，能从整体上推动能源消费结构与产业结构协调优化。

具体而言，供需两侧环境规制诱导能源消费结构与产业结构协调优化机制，可综合上图4.6和图4.7得到图4.8表示的供求均衡点的变动轨迹说明。具体分析不再赘述。其逻辑过程充分说明了环境规制诱导能从供需两侧促使的能源消费结构与产业结构协调优化，其路径是①＋②→③→④→⑤＋⑥→⑦→⑧，其中③表示的两类产业的产品相对价格（PN/PO）和⑧表示的两类能源的相对价格（P'_N/P'_O）变动方向可能上升也可能下降（由供需两侧规制诱导强度的相对力度决定），但两者变动的幅度都不会太大。如图4.8所示。

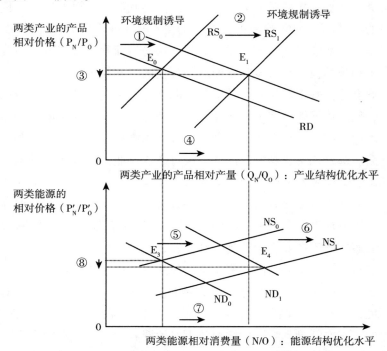

图4.8　环境规制诱导能源消费结构与产业结构双向协调优化机制（供需两侧）

4.3.3 宏观调控推动能源消费结构和产业结构双向协调优化机理

随着城镇化进程加速推进、工业品需求量的持续增长，生产面临的能源和环境约束必将日趋严重。政府有必要采取宏观调控方式制定新能源产业发展的系列宏观政策推动能源消费结构和产业结构协调优化。其具体机理体现在政府新能源产业政策改进生产者利润最大化和消费者效用最大化驱动力上。

一方面，对生产者而言，实施宏观调控政策促进新能源密集型企业的发展，进而推动能源消费结构与产业结构协调优化，其直接影响主要体现在供给侧的支持上，具体表现为提供了技术支持和资金补贴，也就是说，新能源产业政策实行后，生产者获得了优于政策实施前的技术和资本投入，有助于促进新能源密集型产业企业开发利用新能源，并加快技术更新和促进产业规模化。在本节主要分析技术和资本投入差异带来的产业净收益变化。将产业分为新能源密集型产业和传统能源密集型产业两个部分。政府通过产业政策鼓励新能源密集型产业企业的技术和设备更新，因此产业中的新能源密集型产品生产商获得了优于政策实施前的技术和资金投入，会进一步提高新能源密集型产品生产商的利润。可以断定，新能源产业政策的实施对于新能源密集型产品的生产商和新能源供应商都是有利的。但是对于继续生产传统能源密集型产品的厂商和传统能源供应商，它们的资本和技术投入在政策实施前后是不变的。并且由于新能源密集型产品生产商会抢占其市场份额，带动新能源供应商抢占传统能源供应商的市场份额，使得传统能源密集型产品生产商和传统能源供应商的市场会受到冲击。因此，新能源产业政策不利于传统能源密集型产品生产商和传统能源供应商。综合来看，新能源产业政策对产业行业和能源行业的整体影响还不能确定，需要权衡这两个方面的效果。

另一方面，对消费者而言，新能源政策对能源消费结构与产业结构协调优化的影响体现在需求侧消费者的鼓励。实施新能源产业补贴政策之后，新能源密集型产业企业得到了补贴资金，一定程度上抵消了其高生产成本，消费者实际购买新能源密集型产品的价格低于原价格。并且因为新能源密集型产品使用能够促进新能源利用，会显著降低废气排放，有利于改善环境，消费者的效用也会因废气排放量的下降发生变化。也就是说，从政策的需求侧鼓励来看，新能源政策对消费者的影响表现为新能源密集型产品的购买价格降低和废气排放量的下降带来的环境舒适度增加，从而提高新能源密集型产品的需求，促进新能源的利用。

（1）宏观调控政策实施前后新旧能源密集型产品结构的变化情况。

假设对产业的生产者而言，技术（A）、资本（K）和劳动力（L）都是必要的要素投入。生产函数为同样的 Cobb—Douglas 函数。其中，生产新能源密集型产品的企业能够得到政府的资本投入（K_G）和技术鼓励（A_G），而生产传统汽车的产业只能利用原有的资本和技术。

第一，实施宏观调控政策之前全产业的利润。

生产函数为：

$$Y = AK^\alpha L^\beta \tag{4.18}$$

利润函数为：

$$\pi = PY - rK - wL = PAK^\alpha L^\beta - rK - wL \tag{4.19}$$

第二，实施宏观调控政策之后新能源密集型产业和传统能源密集型产业的利润。

一是新能源密集型产业的生产函数：

$$Y_N = A_1 K_1^{\ \alpha} L_1^{\ \beta} \tag{4.20}$$

其中，$A_1 = A_1^0 + A_G$，$K_1 = K_1^0 + K_G$

新能源密集型产业的利润函数：

$$\pi_N = P_N Y_N - rK_1 - wL_1 = P_N (A_1^0 + A_G)(K_1^0 + K_G)^\alpha L_1^{\ \beta} - rK_1^0 - wL_1 \tag{4.21}$$

二是传统能源密集型产业的生产函数：

$$Y_O = A_2 K_2^{\ \alpha} L_2^{\ \beta} \tag{4.22}$$

这是包含了投入的生产技术、生产资本和劳动力的科布—道格拉斯函数。其中，$A_2 = A_2^0$，$K_2 = K_2^0$。

传统能源密集型产业的利润函数：

$$\pi_O = PY_O - rK_2 - wL_2 = PA_2^0 K_2^{0\alpha} L_2^{\ \beta} - rK_2^0 - wL_2 \tag{4.23}$$

产业的总产量为：

$$Y' = Y_N + Y_O = A_1 K_1^{\ \alpha} L_1^{\ \beta} + A_2 K_2^{\ \alpha} L_2^{\ \beta}$$
$$= (A_1^0 + A_G)(K_1^0 + K_G)^\alpha L_1^{\ \beta} + A_2^0 K_2^{0\alpha} L_2^{\ \beta} \tag{4.24}$$

产业的总利润为：

$$\pi' = \pi_N + \pi_O$$
$$= P_N (A_1^0 + A_G)(K_1^0 + K_G)^\alpha L_1^{\ \beta} - rK_1^0 - wL_1 + PA_2^0 K_2^{0\alpha} L_2^{\ \beta} - rK_2^0 - wL_2 \tag{4.25}$$

假定除了政策给予新能源密集型产品生产企业的资本支持和技术补贴外，其他要素投入在宏观调控政策实施前后保持不变。即：

$$A = A_1^0 + A_2^0, \quad K = K_1^0 + K_2^0, \quad L = L_1 + L_2$$

所以产业的总利润为：

$$\pi' = P_N (A_1^0 + A_G)(K_1^0 + K_G)^\alpha L_1^\beta + P A_2^0 K_2^{0\alpha} L_2^\beta - r(K_1^0 + K_2^0) - wL$$

$$= P_N (A_1^0 + A_G)(K_1^0 + K_G)^\alpha L_1^\beta + P(A - A_1^0)(K - K_1^0)^\alpha (L - L_1)^\beta$$

$$- rK - wL \tag{4.26}$$

第三，比较宏观调控政策实施前后全产业的生产利润变化情况。

$$\pi' - \pi = P_N A_1 K_1^\alpha L_1^\beta + P A_2^0 K_2^{0\alpha} L_2^\beta - P A K^\alpha L^\beta$$

$$= P_N (A_1^0 + A_G)(K_1^0 + K_G)^\alpha L_1^\beta + P A_2^0 K_2^{0\alpha} L_2^\beta - P (A_1^0 + A_2^0)$$

$$(K_1^0 + K_2^0)^\alpha (L_1 + L_2)^\beta \tag{4.27}$$

宏观调控政策实施前后产业利润的差异，主要与新能源密集型产品的定价 P_N、产业生产新能源密集型产品和传统能源密集型产品的企业比例以及政策补贴的力度 A_G、K_G 有关。从短期来看，政府对新能源密集型产品的生产商补贴力度较大，对于生产商来说获得了更多的资金及技术支持的同时没有增加生产成本，但是与此同时，新能源密集型产品的定价是低于传统能源密集型产品的，因此，产业的利润大小要考虑二者之间的相互抵消。政府的目标是通过前期的大量技术支持和财政补贴帮助新能源密集型产品的发展走上产业化的道路，从利润最大化的角度使得生产者自觉选择生产新能源密集型产品来获取更多的利润。从而优化了新能源密集型产业结构。新能源密集型产品的生产与传统能源密集型产品的差别在于以新能源替代传统能源，除此之外还需要新能源密集型产品使用的配套设施（设备）来确保新能源密集型产品的日常使用，比如新能源汽车充电桩利于新能源汽车行驶更远的距离。近年中国的产业发展迅速，已经成为了世界"加工厂"，特别是新能源密集型产品（比如新能源汽车）生产逐渐得到了世界的认可。新能源密集型产品的生产可以在传统能源密集型产品的基础上进行改造，从产业链的某些零部件来替换，使得生产者便于以更低的投入成本达到更高的利润，这进一步优化了新能源密集型产业结构。

（2）宏观调控政策实施前后新旧能源产品消费结构的变动情况。

假设能源密集型产品全部被消费者购买。国家对购买新能源密集型产品给予资金补助，对于购买传统能源密集型产品的消费者不给予补贴。消费者的效用取决于消费全部消费品总额和城市废气的排放，是全部消费总额的正相关函数，城市废气排放量的负相关函数。新能源密集型产品消费额越高，新能源消费占能源总消费的比例越高，废气排放量越少，因此消费者的效应与新能源密集型产品消费量正相关，也就是与新能源消费额占能源消费总额的比例正相关。

第一，宏观调控政策实施前全产业的产品消费情况。

消费总额为：

$$C = PY = PAK^{\alpha}L^{\beta} \qquad\qquad (4.28)$$

此时产品使用过程中的废气排放为：

$$EM = \frac{\rho_o Y}{A} \qquad\qquad (4.29)$$

ρ 是常数，产品使用过程的废气排放量随产品产量递增，随产业技术投入的递减。并且假定，新能源政策实施之前企业生产的都是传统能源密集型产品。

由于消费者效用函数取决于产品消费量和产品使用过程中废气排放量，为此设定如下效应函数：

$$U = \varepsilon C + \frac{\theta}{EM} = \varepsilon PAK^{\alpha}L^{\beta} + \frac{A\theta}{\rho AK^{\alpha}L^{\beta}} = \varepsilon PAK^{\alpha}L^{\beta} + \frac{\theta}{\rho K^{\alpha}L^{\beta}} \qquad (4.30)$$

第二，宏观调控政策实施后全产品的消费量。

新能源密集型产品的消费量为：

$$C_N = P_N Y_N = P_N A_1 K_1{}^{\alpha}L_1{}^{\beta} \qquad\qquad (4.31)$$

传统能源密集型产品的消费量为：

$$C_O = P_O Y_O = PA_2 K_2{}^{\alpha}L_2{}^{\beta} \qquad\qquad (4.32)$$

全部产品的消费总量为：

$$C' = C_N + C_O = P_N A_1 K_1{}^{\alpha}L_1{}^{\beta} + PA_2 K_2{}^{\alpha}L_2{}^{\beta} \qquad (4.33)$$

新能源密集型产品的废气排放量为：

$$EM_N = \frac{\rho_N Y_N}{A_1} \qquad\qquad (4.34)$$

传统能源密集型产品的废气排放量为：

$$EM_O = \frac{\rho_o Y_O}{A_2} \qquad\qquad (4.35)$$

同上一节的假定：$A = A_1^0 + A_2^0$，$K = K_1^0 + K_2^0$，$L = L_1 + L_2$
废气排放总量：

$$
\begin{aligned}
EM' = EM_N + EM_O &= \frac{\rho_N Y_N}{A_1} + \frac{\rho_o Y_O}{A_2} = \frac{\rho_N A_1 K_1{}^{\alpha}L_1{}^{\beta}}{A_1^0 + A_G} + \frac{\rho_o A_2 K_2{}^{\alpha}L_2{}^{\beta}}{A_2^0} \\
&= \frac{\rho_N (A_1^0 + A_G)(K_1^0 + K_G)^{\alpha}L_1{}^{\beta}}{A_1^0 + A_G} + \frac{\rho_o A_2^0 K_2^{0\alpha}L_2{}^{\beta}}{A_2^0}
\end{aligned} \qquad (4.36)
$$

消费者效用函数为：

$$
\begin{aligned}
U' = \varepsilon C' + \frac{\theta}{EM'} &= \varepsilon\,(P_N A_1 K_1{}^{\alpha}L_1{}^{\beta} + P_O A_2 K_2{}^{\alpha}L_2{}^{\beta}) \\
&\quad + \theta\left[\frac{\rho_N\,(A_1^0 + A_G)\,(K_1^0 + K_G)^{\alpha}L_1{}^{\beta}}{A_1^0 + A_G} + \frac{\rho_o A_2^0 K_2^{0\alpha}L_2{}^{\beta}}{A_2^0}\right]^{-1}
\end{aligned} \qquad (4.37)
$$

第三，比较新宏观调控政策实施前后全产业的产品消费者效用变化情况。

$$U' - U = \varepsilon (P_N A_1 K_1{}^\alpha L_1{}^\beta + P_O A_2 K_2{}^\alpha L_2{}^\beta)$$
$$+ \theta \left[\frac{\rho_N (A_1^0 + A_G)(K_1^0 + K_G)^\alpha L_1{}^\beta}{A_1^0 + A_G} + \frac{\rho_O A_2^0 K_2^{0\alpha} L_2{}^\beta}{A_2^0} \right]^{-1} - \varepsilon P A K^\alpha L^\beta - \frac{\theta}{\rho K^\alpha L^\beta}$$

$$(4.38)$$

消费者效用由产品消费量和产品消费过程中废气排放量决定。产业的消费总额越高，消费者能获得更高的效用；产品消费过程中的废气排放量越小，消费者的效用越高。新能源密集型产品政策实施前后的消费总额变化是由新能源密集型产品和传统能源密集型产品在产业中的占比决定的（即产业结构决定的），新能源密集型产品的价格低于传统能源密集型产品，同时其低廉的价格也会使得更多消费者能够消费得起，所以购买数量也会增加。同时，新能源密集型产品使用的是新能源，其废气排放量会明显低于传统能源密集型产品的废气排放量。因此，只要消费者对新能源密集型产品的消费数量足够大，新能源宏观调控政策实施后消费者的效用会有明显的提升，促进新能源密集型产品的需求，进一步优化新能源密集型产业结构，并促进新能源的开发利用，优化新能源行业结构。

4.4　本章结论

基于上述研究，本章可得出如下主要结论。

第一，能源消费结构与产业结构之间存在着内在协调关系。一方面，可以通过传统能源减碳结构优化效应、新能源增量结构优化效应以及传统能源减碳和新能源增量结构耦合效应，实现能源消费结构对产业结构单向协调优化；另一方面，可以通过产业行业结构优化效应、产业空间结构优化效应，实现产业结构对能源消费结构单向协调优化，同时，还可以通过市场机制调节、环境规制诱导和政府宏观调控等手段，促进能源消费结构和产业结构双向协调优化。

第二，市场机制调节、环境规制诱导和政府宏观调控能促进能源消费结构与产业结构双向协调优化。一方面，在纯市场机制驱动下，存在能源消费结构和产业结构的最优协调配置状况，且理论上可以通过六条差异化路径促进能源消费结构和产业结构双向协调优化；另一方面，通过环境规制诱导促使产业向节能低碳的绿色方向转型，既能有效缓解能源和环境压力，又能加快产业结构转型升级，是促进能源结构和产业结构双向协调优化的重要突破口。同时，政府采取宏观调控方式，制定新能源密集型产业发展的系列宏观政策，通过新能源密集型发展政策改进生产者利润最大化和消费者效用最大化驱动力，进而推动能源消费结构和产业结构双向协调优化。

第三，通过政府宏观调控和环境规制诱导加快新能源密集型产业遵循市场机制发展，能加速能源消费结构与产业结构双向协调优化。一是长期来看，鼓励新能源密集型产业发展的宏观政策和环境规制诱导对生产者的利润和消费者的效用能带来正向的影响。二是新能源密集型产业发展的关键在于完善上游储能设备（如新能源汽车动力电池）的生产、下游续能设施（如新能源汽车充电桩）的建设以及降低非化石能源发电成本。因此，宏观政策的发力点在于：推动动力电池的生产与回收以及续能设施与新能源密集型产品的配套，同时，促进风能、太阳能、生物能等遍在式能源转换为电能的降本增效。三是短期内传统产业的利润提高可能会受到新能源密集型产品补贴过高的限制，但是随着新能源密集型产品的技术和新能源开发利用技术的瓶颈的突破，新能源密集型产品的发展会成为促进产业结构优化和能源消费结构优化双突破的最佳契机。因此，新能源宏观调控政策和环境规制诱导能加快新能源密集型产业发展，促使能源消费结构和产业结构加速双向优化。

第5章 能源消费结构对产业投资结构的协调促进机制研究

绿色发展是当今产业结构调整的重要方向之一，优化能源消费结构的根本目标是为了实现绿色发展。绿色发展依靠绿色产业，绿色产业发展需要绿色能源需求倒逼绿色产业投资，这离不开市场机制对资源的有效配置及宏观调控和规制诱导对市场失灵的纠偏。在市场机制主导下，高耗能产业的资本密集型特征以及环保投资力度的欠缺，导致宏观调控和环境规制的节能效果对产业投资结构的约束不明显，以至于高耗能产业份额偏高。为此，需要探索能源消费结构对产业投资结构的协调促进机制。

5.1 能源消费结构对产业投资结构的协调促进机制

5.1.1 能源消费结构与投资结构间的协调促进机制

经济生产活动中，我们消耗各种能源生产出各种所需的物品，不可避免地产生一定的污染物，污染物的排放会对我们赖以生存的自然环境造成污染和破坏，进而影响生活和生产活动。能源环境的早期研究认为，在经济增长与环境达到一定的稳态时，经济效益应该也会达到一定的阈值。在当下能源环境约束日趋严格的大背景下，污染物排放和治理及有限的能源都会对经济发展有一定的影响，为了维系正常生产活动并缓解资源环境的压力，人们以一定的资金投入用于维持生产活动、处理污染物并治理环境。中国的发展和体制状况使得社会发展受宏观调控的影响较大，因此，我们从能源市场、环保市场、金融市场和劳动力市场四方面讨论能源消费结构对产业投资结构的影响机制（见图5.1）。

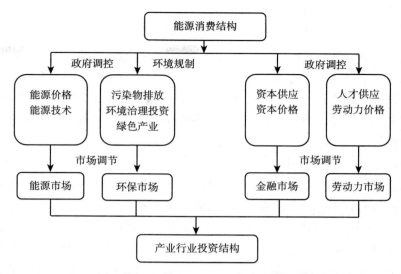

图 5.1　能源结构对投资结构的协调促进机理流程

首先,从能源市场来看,中国特殊的资源禀赋条件使得中国的能源消费结构严重失衡,形成了以煤为主的能源消费结构,对工业的可持续发展造成了一定的障碍,也严重地破坏了经济增长和资源环境间的均衡,对人们的生活和健康也造成了诸多不良影响。政府对能源的宏观调控,一方面从能源的生产和消耗上有一定的"限量"作用,从而迫使工业企业在某种能源的供给和需求难以均衡的情况下,不得不调整能源消费结构;另一方面,能源市场的价格机制的建立和健全,一定的"定价"作用使得企业出于经济效益考虑,选择生产效率高、经济成本小、环境污染少的能源种类。另外,国家对能源市场的调控和扶持,能在一定程度上促进能源技术的创新提高,提高生产过程中的能源利用效率,促进清洁能源的开发和普及,同时降低能源燃烧过程中因为利用率低而造成的浪费和污染排放。因此,合理运用政府调控手段,加快能源市场的相关体系和机制的建立健全,能够促进能源价格机制的完善和能源技术的创新,推动能源消费结构的优化。同时,在建立起来的能源市场上,充分遵循价格对市场的调节作用,倒逼工业行业转变发展方式,优化工业行业的投资结构。

其次,从环保市场来看,中国的工业尚处于发展阶段,过去以牺牲环境为代价的粗放式的发展模式,使得中国的环境问题日益突出,近年来中国环保意识逐渐加强,但环保市场发展不足,难以满足人们的需求。一方面,采取环境规制手段,从污染源着手,抑制污染物的排放,进而降低产生污染物的化石能源的消耗,以此加大对工业企业的污染物排放的监管力度，优化能源消费结构，进而淘汰部分高污染、效率低的产业，促进工业投资结构的优化；另一方面，引导环保产业发展，加大环保投资力度，降低污染程度，从一定程度上维持经济和资源环境的平衡，促进工业投资结构的优化以及企业的可持续性发展；另外，鼓励扶持相关绿色产业的发展，完善环保产业的上下游产业链，对促进产业结构的转型发展。同时，在宏观调控和环境规制下建立起来的环保市场上，充分遵循价格对市场的调节作用，促进绿色环保产业发展，从而优化产业行业的投资结构。

再次，从金融市场来看，工业产业的发展、能源技术的创新、清洁能源的开采、环保行业的发展等都离不开资金的支持，而银行多服务于发展成熟且风险较小的企业，对于尚处于起步阶段的行业的发展，金融市场有不可或缺的作用。因而，政府通过宏观调控，确保环保产业发展得到足够的资本供应及资本供给价格相对稳定，以此促进金融市场的发展、价格机制和相关体系的完善，确保新生企业的融资渠道。同时，通过宏观调控完善金融市场，并充分遵循价格对市场的调节作用，调动金融资本积极投入到新能源开发利用和绿色环保产业发展，以此促进投资结构的优化。

最后，从劳动力市场来看，人才的供应和劳动力雇佣成本的高低，在一定程度上影响着企业的技术创新和规模化、机械化的进一步深化，进而促进企业内部的转型升级，推动优势产业的发展和劣势产业的快速淘汰，对优化产业投资结构也有重要的意义。

综上所述，通过宏观调控、规制诱导和市场调节等手段，促进能源市场、环保市场、金融市场和劳动力市场的进一步发展和完善，能够推动工业企业内部的转型升级，促进工业投资结构的进一步调整和优化。故本节在投入资本、劳动力的基础上，加入能源投入，并将工业污染物排放和污染治理纳入投入产出分析，分析在能源的消耗和投资的支出下实现行业的利润最大化。进而，在既定资源的消耗和投资的支出下实现收益最大化和效用最大化。

5.1.2　模型的构建

（1）生产领域分析。

假设生产是在一定生产技术 A 下，由劳动力 L、两类不同的资本（K_j、$K_{\bar{j}}$）和两类不同能源（E_i、$E_{\bar{i}}$）的有机组合共同完成。这里我们以柯布—道格拉斯生产函数 $Q = AL^\alpha K^\beta$ 为基础展开分析，于是在投入技术（A）、劳动力（L）、资本（K_j、$K_{\bar{j}}$）和能源（E_i、$E_{\bar{i}}$）下的生产函数可表示为：

$$Q = A^\delta L^\alpha K_j^\beta K_{\bar{j}}^{\vartheta} E_i^\rho E_{\bar{i}}^\varphi \tag{5.1}$$

其中，E_i 是第 i 类能源的消耗量，$E_{\bar{i}}$ 是第 i 类以外的能源的消耗量，E 为能源消耗总量，第 i 类能源的消耗结构为 SE_i，若消耗的能源种类有煤（c）、油（o）、天然气（g）、电力（e）四种，令其中之一为第 i 类能源，则另一类能源 $\bar{i}$ 就是其他三者之和，则可得如下等式：

$$\begin{cases} E = E_i + E_{\bar{i}} \\ SE_i = \dfrac{E_i}{E} \end{cases} \tag{5.2}$$

其中，$i = c$，o，g，e，且 $i + \bar{i} = c$，o，g，e。

若 K_j 是投资于第 j 类行业的资本，$K_{\bar{j}}$ 是投资于第 j 类以外行业的资本，K 是生产中消耗的总资本，j 类行业的投资结构为 KP_j，若投资的行业有采矿业（o）、制造业（m）、电力、热力、燃气、水的生产和供应业（s）三种，令其中之一为第 j 类行业的生产资本，则另一类资本 $\bar{j}$ 就是其他两类行业的资本之和，如此可得如下等式：

$$\begin{cases} K = K_j + K_{\bar{j}} \\ KP_j = \dfrac{K_{\bar{j}}}{K} \end{cases} \tag{5.3}$$

其中，$j = o$，m，s，且 $j + \bar{j} = o$，m，s。

若单位劳动力价格为 w，两类生产性资本的价格依次为 r_j、$r_{\bar{j}}$，两类能源的价格依次为 P_{Ei}、$P_{E\bar{i}}$，技术的价格为 P_A，那么总生产成本由劳动力成本、生产性资本成本、生产性能源成本和技术成本构成：

$$TC = wL + r_j K_j + r_{\bar{j}} K_{\bar{j}} + P_{Ei} E_i + P_{E\bar{i}} E_{\bar{i}} + AP_A \tag{5.4}$$

由生产函数和成本函数，即式（5.1）和式（5.4）可得，收益最大化函数为：

$$MAX\pi = PA^\delta L^\alpha K_j^\beta K_{\bar{j}}^{\vartheta} E_i^\rho E_{\bar{i}}^{\varphi} - (wL + r_j K_j + r_{\bar{j}} K_{\bar{j}} + P_{Ei} E_i + P_{E\bar{i}} E_{\bar{i}} + AP_A) \tag{5.5}$$

对收益最大化函数式（5.5）求解，一阶条件下可得到如下关系式：

$$\begin{cases} \dfrac{K_j}{K_{\bar{j}}} = \dfrac{\beta r_{\bar{j}}}{\vartheta r_j} \\ \dfrac{E_i}{E_{\bar{i}}} = \dfrac{\rho P_{E\bar{i}}}{\varphi P_{Ei}} \end{cases} \tag{5.6}$$

由式（5.6）可以看到，两类资本的投入量与各自的资本价格成反比，与各自的生产弹性系数成正比；两类能源的消耗量也与各自的能源价格成反比，与各自的生产弹性系数成正比。

由式（5.6），可得投资结构的表达式如下：

$$KP_j = \frac{K_j}{K_j + K_{\bar{j}}} = \frac{\beta r_{\bar{j}}}{\vartheta r_j + \beta r_{\bar{j}}} \tag{5.7}$$

式（5.7）表明，第 j 类资本的投资结构（KP_j）与第 j 类资本的投资量（K_j）成正比，与其资本价格（r_j）成反比，与第 $\bar{j}$ 类资本的投资量（$K_{\bar{j}}$）成反比，与其资本价格（$r_{\bar{j}}$）成正比。

此外，收益最大化函数式（5.5）的一阶条件还可以得到如下关系式：

$$\begin{cases} A = \dfrac{\delta w}{\alpha P_A} L \\[2mm] K_j = \dfrac{\beta w}{\alpha r_j} L \\[2mm] K_{\bar{j}} = \dfrac{\vartheta w}{\alpha r_{\bar{j}}} L \\[2mm] E_i = \dfrac{\rho w}{\alpha P_{Ei}} L \\[2mm] E_{\bar{i}} = \dfrac{\varphi w}{\alpha P_{E\bar{i}}} L \end{cases} \tag{5.8}$$

式（5.8）表明，若 L 为充分就业条件下的劳动力投入量，由此可以得到，在充分就业条件下的技术、资本和能源与各自的要素价格成反比，与劳动力价格成正比，此外还与各要素的弹性系数有关。

由此，联立式（5.7）与式（5.8）可得如下关系式：

$$KP_j = \frac{K_j}{K_j + K_{\bar{j}}} = \frac{\beta \rho w r_j L}{\alpha \rho \vartheta A P_A r_j + \alpha \beta r_j P_{Ei} E_i} \tag{5.9}$$

可见，整个生产系统中的最优投资结构，与投入的要素价格（w、r_j、P_{Ei}、$P_{E\bar{i}}$、P_A）、劳动投入（L）、技术要素（A）、能源消耗（E_i）存在内在关系。

（2）消费领域分析。

日常生活中，人们通过消费产品、能源和身处一定质量的环境中获得相应的效用。人们消耗产品和能源，会获得一定的满足感，而环境的污染会降低人们生活环境的质量，进而降低满足度。基于环境给人们带来的满足感，我们将环境作为一种消耗品投入，对环境的消耗表现为污染物的排放，因此人们会在现有收入下，谋求自身消费产品、能源和环境的效用最大化。

仍然以柯布—道格拉斯函数表示效用函数，则有效用最大化函数如下：

$$Max \ U = (C_M)^{\sigma} (C_E)^{\theta} (PS)^{\varepsilon} \tag{5.10}$$

其中，σ，$\theta > 0$；$\varepsilon < 0$。

且有等式：

$$C_M P_M + C_E P_E + PS \cdot P_{PS} = wL + rK \tag{5.11}$$

式（5.10）和式（5.11）表明，人们在现有收入下，消费工业产品、能源和环境。其中，C_M、C_E 分别表示工业产品消费量和生活能源的消耗量，PS 表示环境的消耗量即环境污染物的排放量，用 P_M、P_E 表示产品和生活能源的价格，P_{PS} 表示排放单位环境污染物的治理成本。

式（5.10）的一阶条件，可以得到效用最大化下最优的产品消费量和污染物排放量的关系为：

$$C_M = \frac{\sigma PS \cdot P_{PS}}{\varepsilon P_M} \tag{5.12}$$

即效用最大化时的最优产品消费量，与产品价格（P_M）、环境的消耗量（PS）、污染治理的单位成本（P_{PS}）以及各要素的弹性系数（σ、ε）有关。由于环境的消耗会带来负效用，因而产品的消耗量与环境的消耗量和环境治理成本成负相关关系，产品价格也与产品的消耗量成负相关关系。

将式（5.12）代入式（5.10）中可得：

$$C_M = \frac{(\alpha + \beta)\varphi PS \cdot P_{PS}}{P_M(\varphi PS \cdot P_{PS} + \epsilon\vartheta C_M P_M/\varphi)} \frac{w}{\alpha} L \tag{5.13}$$

即效用最大化时的最优产品消费量，与工业产品的消费量和价格（C_M、P_M）、环境的消耗量（PS）、污染治理的单位成本（P_{PS}）以及工资和劳动力投入量（w、L）有关。

（3）均衡分析。

假设在封闭系统中，在市场完全出清的条件下，也就是当收益和效用达到均衡状态时，供给和需求也随即均衡，此时产出量与消费量达到均衡状态，即 $Q = C_M$。

将充分就业条件下的各要素式（5.8）代入生产函数式（5.1）中可以得到充分就业条件下的利润最大化下的生产函数如下：

$$Q = L^{\alpha + \beta + \vartheta + \rho + \varphi + \delta} \left(\frac{w}{\alpha}\right)^{\beta + \vartheta + \rho + \varphi + \delta} \left(\frac{\beta}{r_j}\right)^{\beta} \left(\frac{\vartheta}{r_j}\right)^{\vartheta} \left(\frac{\rho}{P_{Ei}}\right)^{\rho} \left(\frac{\varphi}{P_{E\bar{i}}}\right)^{\varphi} \left(\frac{\delta}{P_A}\right)^{\delta}$$

$$\tag{5.14}$$

由此可得，充分就业条件下的利润最大化时的产出量与劳动力价格（w）、资本价格（r_j、r_j^-）、能源价格（P_{Ei}、$P_{E\bar{i}}$）、技术成本（P_A）及各要素的弹性系数有关。

由式（5.13）与式（5.14）相等，化简后可得到最优的充分就业条件下的劳动力投入量：

$$L^{*} = \left[\frac{(\alpha+\beta)\varphi PS \cdot P_{PS}}{P_M(\varphi PS \cdot P_{PS} + \epsilon\vartheta C_M P_M/\varphi)} \left(\frac{\alpha}{w}\right)^{\beta+\vartheta+\rho+\varphi-1} \left(\frac{SE_i}{A}\right)^{\delta} \left(\frac{\rho}{P_{Ei}} + \frac{\varphi}{P_{Ei}}\right)^{\delta} \right.$$
$$\left. \left(\frac{r_j}{\beta}\right)^{\beta} \left(\frac{r_j^-}{\vartheta}\right)^{\vartheta} \left(\frac{P_{Ei}}{\rho}\right)^{\rho+\delta} \left(\frac{P_{Ei}}{\varphi}\right)^{\varphi} \right]^{\frac{1}{\alpha+\beta+\rho+\varphi+\vartheta-1}} \tag{5.15}$$

式（5.15）代入式（5.9）得到均衡时最优劳动力数量下的最优投资结构如下：

$$KP_j = \frac{\beta\left[\frac{(\alpha+\beta)\varphi PS \cdot P_{PS}}{P_M(\varphi PS \cdot P_{PS} + \epsilon\vartheta C_M P_M/\varphi)} \left(\frac{w}{\alpha}\right)^{\alpha} \left(\frac{SE_i}{A}\right)^{\delta} \left(\frac{\rho}{P_{Ei}} + \frac{\varphi}{P_{Ei}}\right)^{\delta} \left(\frac{r_j}{\beta}\right)^{\beta} \left(\frac{r_j^-}{\vartheta}\right)^{\vartheta} \left(\frac{P_{Ei}}{\rho}\right)^{\rho+\delta} \left(\frac{P_{Ei}}{\varphi}\right)^{\varphi} \right]^{\frac{1}{\alpha+\beta+\rho+\varphi+\vartheta-1}}}{\alpha(\vartheta r_j + \beta r_j^-)K_j}$$
$$\tag{5.16}$$

其中，$i = c, o, g, e$；$j = o, m, s$。式（5.16）表明，均衡状态下的 j 行业的投资结构，与 j 行业以外的行业的投资量、i 能源的消耗结构（SE_i）、投入的要素价格（r_j、r_j^-、w、P_{Ei}、P_{Ei}）、工业产品的消费量和价格（C_M、P_M）、生产技术（A）及环境污染物的排放量（PS）和单位污染治理成本（P_{PS}）有关。

也就是说，在生产与消费均衡的情况下，某类行业的投资结构与该行业的能源消费结构成正比，与环境污染物的排放量和治理成本成正比，与技术水平成反比，与能源价格成反比，与劳动力价格成正比，但与资本价格的正反向比则由 $\dfrac{\beta}{\alpha+\beta+\rho+\varphi+\vartheta-1}$ 大于还是小于 1 确定，若 $\dfrac{\beta}{\alpha+\beta+\rho+\varphi+\vartheta-1} > 1$ 则成正比，若 $\dfrac{\beta}{\alpha+\beta+\rho+\varphi+\vartheta-1} < 1$ 则成反比。若将工业产品的消费量和价格的乘积看作工业企业的营业收入，某类行业的投资结构与该行业的营业收入成正比。

5.1.3　理论结论

由上述理论分析，我们可以得出以下结论。

（1）第 j 类行业的投资结构与第 i 类能源的消耗结构正相关关系，但考虑到弹性系数的不同，不同区域的不同资源条件下的相关性会有不同。

（2）由于行业的发展会造成环境的消耗，故而随着能源和环境消耗程度的增大，环境污染治理成本增多，第 j 类行业的投资结构与环境消耗成正比。

（3）劳动力和能源的价格的提升，会增大生产成本，降低利润，进而降低企业的投资结构；资本回报率的提升会增大行业的投资比重；技术进步则会提高生产效率，降低生产成本，进而在一定情况下降低投资结构。

因此，从能源的角度出发，可从加强对高耗能高污染产业的规制诱导，促进技术进步，提高能源利用效率，降低新能源的消耗成本，也可从能源限量定价方面加强政府调控力度，进而降低煤炭消耗比重，提高可再生清洁能源的消耗比重，即通过调整能源消费结构和技术进步促进投资结构的优化。

从环保的角度出发，可加强对工业企业的监管力度，严管工业污染物的排放，加大环境治理投入，促进技术创新，提高治污效率，倒逼高耗能的工业企业转变发展方式，即通过对工业污染物的排放的控制和环境治理投入调整投资结构。

从价格机制的角度出发，可加快各类市场的相关体系和价格机制的建立和健全，通过资本和劳动力价格的市场化来促进工业企业的转型发展和产业投资结构的优化。

5.2 能源消费结构对产业投资结构的协调促进实证分析

5.2.1 计量模型的设定

根据理论分析，均衡状态下投资结构，与能源消费结构、投入的要素价格、生产技术及环境污染物的排放量和单位污染治理成本有关。由于实践中各污染物排放量无法加总，故实证中将环境污染物分为工业废水、废气、固体废弃物三类排放量。而由于产业投资和资本回报率变量的存在，工业产品的消费量和价格的乘积可看作工业企业的营业收入，考虑到变量之间的相似之处及可能出现的相关性，实证中去除工业产品的消费量和价格变量。由于目前并没有关于单位污染治理成本的衡量指标，故实证中采用环境污染治理总成本作为间接指标替代衡量。

则可得：$KP_j = f(SE_i, K_j, A, P_E, PS_w, PS_g, PS_s, EI, w, r)$。其中，$i = c$，$o$，$g$，$e$；$j = o$，$m$，$s$。通过对被解释变量与各解释变量之间的散点图可知，变量间均呈线性关系。另外，由于能源消费结构间此消彼长的关系，实证中将四类工业产业的投资能源消费结构置于同一模型中。为确保变量的平稳性，对其两边变量取对数处理得如下计量检验模型：

$$\log(KP_j) = \beta_0 \log(K_j) + \sum \beta_i \log(SE_i) + \sum \beta_j \log(PS_j) + \beta_2 \log(EI)$$
$$+ \beta_3 \log(P_E) + \beta_4 \log(A) + \beta_5 \log(w) + \beta_6 \log(r) + \mu$$

$$(5.17)$$

其中，SE_i（$i = c$，o，g，e）表示煤品、油品、天然气和电力的消耗结构和消耗量，为了防止四个结构之间的严重多重共线性，回归时任取其中三类能源消费结构依次做回归；KP_j 和 K_j（$j = o$，m，s）分别表示工业三大类中采矿业、制造业和电力、热力、燃气及水生产和供应业的投资结构和投资额；PS_j（j = w，g，s）分别表示工业废水、废气、固体废弃物的排放量；EI 表示污染治理成本；w、r 即劳动和资本的价格。

5.2.2　变量选择与数据说明

产业投资结构：由于投资最终会以企业资产的形式存在，故选取采矿业、制造业和电力、热力、燃气及水生产和供应业各自的资产总额（K_j）与工业总资产额的比值来表示工业采矿业（KP_o）、制造业（KP_m）及生产和供应业（KP_s）的投资结构。数据来源于 1997 ~ 2019 年的《中国工业经济统计年鉴》，由于《中国工业统计年鉴》中 1999 年和 2000 年的部分数据缺省份，1999 年和 2000 年的工业固定资产投资的数据是通过对应年份的《中国统计年鉴》中对工业总资产和流动资产总额求差而得。为剔除价格因素的影响，所有数据通过固定资产投资价格指数统一折算为以 1998 年为基期。

能源消费结构：衡量指标有工业煤品（SE_c）、油品（SE_o）、天然气（SE_g）和电力（SE_e）的消耗结构，通过对煤（E_c）、油（E_o）、天然气（E_g）和电力（E_e）的消耗量做相应的系数折算统一折算成万吨标准煤后，加总得到工业能源消耗总量，再一一相比得到各能源的消耗结构。其中，工业煤、油、天然气和电力的消耗量的数据来源于《中国能源统计年鉴》（1999 – 2018）中对地区工业能源消耗的统计数据。部分省份，如河北、安徽、湖南、海南、云南、宁夏存在有某一年的数据变动幅度相当大，为避免分析时造成误差，对其进行修正插入，采用的方法是对各年的增长率求平均值 n，则修正插入年份的消费量 = 下一年的消费量/（1 + n）。

能源价格（P_E）：以燃料动力类购进价格指数衡量能源的价格，并统一成以 1998 年为基期。

技术水平（A）：参考数据包络法，利用 Deap 软件在投入资本、劳动力和能源的基础上计算出全要素生产率。

价格要素：劳动力工资（w）选取城镇单位就业人员的年平均工资来衡量，通过对工业各行业的年平均工资进行再平均计算而得（邹璇、贾蕾玉，2016）[145]。数据来源于《中国劳动统计年鉴》（1999 – 2018），并通过消费价格指数统一折算为以 1998 年为基期，以剔除价格因素。资本回报率（r），本书用工业利润总额与工业资产投资额之比衡量。

污染物排放：采用工业废水（PS_w）、废气（PS_g）、固体废弃物（PS_s）衡量污染物的排放情况，以历年工业污染治理投资衡量污染治理投入（EI）。工业废水排放总量，2003 年之前的数据来源于《中国环境年鉴》（1999 – 2003）中对各地区废水产生及处理情况的统计，2003 年及之后的数据来源于《中国环境统计年鉴》（2004 – 2015）中对于水环境的统计。工业废气排放总量，2003 年之前的数据来源于《中国环境年鉴》（1999 – 2003）中对各地区废气产生及处理情况的统计，2003 年及之后的数据来源于《中国环境统计年鉴》（2004 – 2018）中对于大气环境的统计。工业固体废弃物排放总量，2003 年之前的数据来源于《中国环境年鉴》（1999 – 2003）中对各地区固体废弃物产生及处理情况的统计，2003 年及之后的数据来源于《中国环境统计年鉴》（2004 – 2018）中对于固体废物的统计。由于 2010 年环保部对统计指标划分的新规定，2011 年、2012 年和 2013 年的环境统计年鉴的指标有所变化，只有一般工业固体废弃物倾倒丢弃量这个指标的数据，但通过之前全国工业固体废弃物排放总量的统计数据和一般工业固体废弃物倾倒丢弃量的统计数的对比中看出，两个指标的数据一致，故此视为同一指标的数据。但 2011 ~ 2013 年数据的单位与之前有所不同，是万吨，2011 年以前的单位是吨，为方便使用，一致转换为万吨单位。工业环保投资数据来源于《中国统计年鉴》（1999 – 2018）中对于环境污染治理投资的统计数据，2007 年的数据来源于《中国环境统计年报（2007）》。

表 5.1 中列出了各变量求对数后的描述性特征，包括变量个数、最大值、最小值、均值、标准差等特征。

表 5.1 数据描述性特征

变量	个数（个）	最小值	最大值	均值	Std. Dev.
$\log(KP_o)$	527	− 2.3217	4.1304	1.8428	1.2236
$\log(KP_m)$	527	3.3258	4.5252	4.2439	0.2099
$\log(KP_s)$	527	0.5194	3.9350	2.8083	0.4389
$\log(SE_c)$	527	2.4165	4.5110	3.9153	0.3554
$\log(SE_o)$	527	0.2705	3.9234	2.4329	0.8540
$\log(SE_g)$	527	− 5.8855	4.1293	0.9783	1.7414
$\log(SE_e)$	527	0.6063	4.0261	3.1206	0.3578
$\log(K_o)$	527	9.5540	20.4379	15.1989	1.6199

变量	个数（个）	最小值	最大值	均值	Std. Dev.
$\log(K_m)$	527	13.9038	22.4986	17.6000	1.4736
$\log(K_s)$	527	12.0437	20.8256	16.1644	1.2970
$\log(A)$	527	3.3526	9.6552	5.5148	0.7735
$\log(P_E)$	527	4.5226	6.5134	5.1076	0.3982
$\log(EI)$	527	6.6896	16.1157	11.4127	1.3486
$\log(PS_w)$	527	8.1470	14.7183	10.9289	1.1728
$\log(PS_g)$	527	5.7900	13.4505	9.0917	1.1633
$\log(PS_s)$	527	-9.2103	8.8605	1.4529	3.4233
$\log(w)$	527	-0.5933	2.3350	0.7131	0.5995
$\log(r)$	527	-5.8747	3.1035	1.3538	1.0295

由于西藏地区的数据缺失较多，故本书选取 1998～2018 年中国除西藏之外的 30 个省份的工业面板数据进行分析，每个面板的数据共 527 个，数据口径统一为规模以上工业企业。所有数据均通过相应的价格指数统一折算成 1998 年不变价，以剔除价格因素。

5.2.3 产业投资结构优化的实证分析

（1）模型检验。

首先，为防止可能出现"伪回归"的现象，首先对数据的平稳性进行分析，通过 ADF 检验结果可知，对所有变量进行一阶差分后，所有变量一阶平稳。

其次，对变量进行方差膨胀因子 VIF 检验。由于每次回归都把四大类工业能源（煤炭、石油、天然气和一次电力）的消费结构 SE_i 的三类同时纳入了实证解释变量，似乎会存在严重共线性，同时，由于工业"三废"（废水、废气、固体废弃物污染物）的排放量 PS_j 与污染治理成本 EI 也同时纳入的实证解释变量，同样也可能存在"污染 – 治理"之间的严重共线性。为此对前后两组系列变量之间做 VIF 检验，检验结果显示，各变量的 VIF 值均小于 10，且前一组的 VIP 均值为 6.27、后一组的均值为 8.28，所以前后两组变量中的各个变量之间不存在严重多重共线性。其不存在严重共线性的原因在于：前者每次实证仅纳入三类能源消费结构（没有全部纳入），后者可能是污染治理并不是按照污染物量多少投入治理成本的。

再次，对变量进行协整性检验。考虑到变量个数和可操作性，本书采用建立在 Engle – Granger 两步法检验基础上的 Kao 协整检验法对序列进行协整性检验。Kao 检验的结果显示，模型的 ADF 统计量均显著（在 5% 的置信水平之下），即 Kao 检验认为变量之间都是协整的。故此认为，模型的变量之间都是协整的。

最后，我们通过对模型进行 Hausman 检验，以确定模型的形式是随机效应模型还是固定效应模型。结果显示，模型的 P 值均小于 0.05，故应建立固定效应模型。

在通过平稳性、VIF、协整性检验及 Hausman 检验之后，可以进一步展开回归分析，验证相应的作用机制。

（2）能源消费结构对产业投资结构的效应分析。

对模型设定下以 $\log(KP_j)$ 为被解释变量的相关变量进行回归得到的结果如表 5.2 和表 5.3 所示。为了方便统一分析，表 5.3 最后三列给出的 $\log(\overline{KP_s})$、$\log(\overline{KP_o})$、$\log(\overline{KP_m})$ 回归结果是前 $\log(KP_o)$、$\log(KP_o)$、$\log(KP_m)$ 各自四种回归系数、t 统计量、R^2 拟合优度的加权平均值。限于篇幅，文中不再分别给出分地区的各自四类回归结果。下文将以加权平均了的回归系数（表 5.3 最后三列）展开分析。

表 5.2　　　　　　　　　　产业投资结构优化的实证结果

变量	$\log(KP_o)$				$\log(KP_m)$			
$\log(K_j)$	0.695 *** (40.40)	0.735 *** (40.50)	0.700 *** (40.32)	0.688 *** (39.52)	0.148 *** (7.96)	0.141 *** (7.37)	0.139 *** (7.29)	0.136 *** (7.18)
$\log(SE_c)$	0.191 *** (3.432)	0.201 *** (3.531)	0.205 *** (3.552)		0.0192 (0.559)	0.0183 (0.519)	0.0182 (0.5049)	
$\log(SE_o)$	0.013 (0.435)	0.010 (0.315)		0.011 (0.415)	0.021 (1.48)	0.022 (1.49)		0.021 (1.48)
$\log(SE_g)$			− 0.033 *** (− 3.961)	− 0.034 *** (− 3.95)			− 0.0012 (− 0.28)	− 0.0014 (− 0.30)
$\log(SE_e)$		0.014 (0.360)	0.015 (0.370)	0.013 (0.340)	− 0.055 *** (− 2.58)	− 0.054 *** (− 2.56)		− 0.058 *** (− 2.61)
$\log(P_E)$	− 0.031 (− 0.57)	− 0.032 (− 0.58)	− 0.029 (− 0.53)	− 0.028 (− 0.51)	− 0.090 *** (− 2.91)	− 0.091 *** (− 2.96)	− 0.0920 *** (− 2.97)	− 0.092 *** (− 2.98)
$\log(A)$	0.018 (1.09)	0.019 (1.11)	0.021 (1.12)	0.022 (1.13)	− 0.0190 * (− 1.90)	− 0.0191 * (− 1.92)	− 0.0185 * (− 1.91)	− 0.018 * (− 1.91)
$\log(EI)$	− 0.035 ** (− 2.44)	− 0.037 ** (− 2.53)	− 0.036 ** (− 2.52)	− 0.038 ** (− 2.54)	− 0.0018 (− 0.23)	− 0.0017 (− 0.22)	− 0.0019 (− 0.23)	− 0.0016 (− 0.22)

变量	$\log(KP_o)$				$\log(KP_m)$			
$\log(PS_w)$	-0.035 (-0.97)	-0.036 (-0.98)	-0.033 (-0.97)	-0.038 (-0.99)	0.045** (2.51)	0.041** (2.11)	0.043** (2.13)	0.046** (2.26)
$\log(PS_g)$	-0.22*** (-5.92)	-0.23*** (-6.02)	-0.21*** (-6.00)	-0.25*** (-6.11)	0.056** (2.50)	0.055** (2.49)	0.054** (2.46)	0.058** (2.56)
$\log(PS_s)$	0.017** (3.37)	0.018** (3.38)	0.016** (3.37)	0.019** (3.39)	0.0049* (1.69)	0.0050* (1.71)	0.0047* (1.63)	0.0042* (1.57)
$\log(w)$	-0.42*** (-7.78)	-0.43*** (-7.79)	-0.42*** (-7.78)	-0.46*** (-7.874)	-0.142*** (-4.19)	-0.143*** (-4.19)	-0.132*** (-4.18)	-0.131*** (-4.18)
$\log(r)$	0.068*** (6.61)	0.070*** (6.64)	0.071*** (6.63)	0.073*** (6.66)	0.0057 (1.01)	0.0060 (1.03)	0.0058 (0.93)	0.0054 (0.92)
R^2	0.967	0.963	0.976	0.954	0.818	0.829	0.815	0.831
Obs	527	527	527	527	527	527	527	527

注：*** 表示在1%的水平上显著，** 表示在5%的水平上显著，* 表示在10%的水平上显著。

表5.3　　　　　　　　　产业投资结构优化的实证结果

变量	$\log(KP_s)$				变量	$\log(\overline{KP_o})$	$\log(\overline{KP_m})$	$\log(\overline{KP_s})$
$\log(K_j)$	0.658*** (32.32)	0.681*** (32.53)	0.601*** (31.13)	0.602*** (31.57)	$\overline{\log(K_j)}$	0.701*** (40.10)	0.140*** (7.37)	0.609*** (31.57)
$\log(SE_c)$	0.227*** (3.65)	0.228*** (3.66)	0.2184*** (3.68)		$\overline{\log(SE_c)}$	0.200*** (3.45)	0.018 (0.50)	0.218*** (3.68)
$\log(SE_o)$	0.031 (1.36)	0.032 (1.37)		0.0326 (1.3713)	$\overline{\log(SE_o)}$	0.010 (0.41)	0.021 (1.49)	0.033 (1.37)
$\log(SE_g)$			-0.019** (-2.48)	-0.018** (-2.46)	$\overline{\log(SE_g)}$	-0.033*** (-3.95)	-0.001 (-0.30)	-0.019** (-2.48)
$\log(SE_e)$		0.018 (0.48)	0.017 (0.46)	0.0168 (0.45)	$\overline{\log(SE_e)}$	0.014 (0.36)	-0.056*** (-2.58)	0.017 (0.47)
$\log(P_E)$	-0.026 (-0.52)	-0.028 (-0.54)	-0.027 (-0.52)	-0.026 (-0.52)	$\overline{\log(P_E)}$	-0.03 (-0.53)	-0.09*** (-2.98)	-0.027 (-0.51)
$\log(A)$	0.018 (1.03)	0.019 (1.03)	0.016 (1.011)	0.015 (1.01)	$\overline{\log(A)}$	0.020 (1.12)	-0.019* (-1.91)	0.017 (1.02)
$\log(EI)$	-0.0088 (-0.65)	-0.0090 (-0.68)	-0.0085 (-0.66)	-0.0083 (-0.66)	$\overline{\log(EI)}$	-0.037** (-2.52)	-0.002 (-0.22)	-0.009 (-0.66)
$\log(PS_w)$	-0.094*** (-2.86)	-0.096*** (-2.89)	-0.095*** (-2.88)	-0.094*** (-2.86)	$\overline{\log(PS_w)}$	-0.035 (-0.98)	0.041** (2.10)	-0.096*** (-2.88)

变量	log(KP_s)				变量	log($\overline{KP_o}$)	log($\overline{KP_m}$)	log($\overline{KP_s}$)
log(PS_g)	-0.284 *** (-8.26)	-0.285 *** (-8.27)	-0.282 *** (-8.17)	-0.280 *** (-8.11)	$\overline{\log(PS_g)}$	-0.227 *** (-6.01)	0.055 ** (2.50)	-0.284 *** (-8.15)
log(PS_s)	0.025 *** (5.34)	0.027 *** (5.36)	0.024 *** (5.32)	0.023 *** (5.31)	$\overline{\log(PS_s)}$	0.018 ** (3.38)	0.005 * (1.63)	0.025 *** (5.32)
log(w)	-0.357 *** (-6.97)	-0.359 *** (-6.99)	-0.357 *** (-6.98)	-0.355 *** (-6.95)	$\overline{\log(w)}$	-0.425 *** (-7.78)	-0.132 *** (-4.18)	-0.359 *** (-6.98)
log(r)	0.081 *** (8.28)	0.083 *** (8.29)	0.0801 *** (8.27)	0.0800 *** (8.27)	$\overline{\log(r)}$	0.071 *** (6.64)	0.006 (0.94)	0.082 *** (8.28)
R^2	0.886	0.891	0.889	0.885	$\overline{R^2}$	0.965	0.833	0.888
Obs	527	527	527	527	$\overline{Obs}$	527	527	527

注: *** 表示在1%的水平上显著，** 表示在5%的水平上显著，* 表示在10%的水平上显著。

工业煤品、油品、电力的消耗结构与采矿业投资结构成正相关关系，且仅煤品消耗结构有显著效应；工业天然气消耗结构对采矿业投资结构有显著的负效应。西方国家于20世纪50～70年代中期，随着大量廉价石油涌入市场及技术革命的发生，纷纷弃煤用油，形成了以油、气为主的能源消费结构，然而，中国由于能源禀赋原因，能源消费结构一直以煤为主，煤炭消耗为主的结构主反映出中国的工业生产对煤炭的高依赖现状，煤炭消耗结构的增大会显著提升采矿业的投资比重，因此煤品消耗结构的优化对采矿业投资结构的调整有显著影响，煤品消耗结构降低1%，会使得采矿业的投资结构降低0.2%。油品消耗结构对采矿业投资结构的正效应不显著，每增加1%，会使得采矿业投资结构增加0.01%，主要是因为中国石油资源缺乏，油品来源多依赖进口，虽然油品消耗量不断增加，但受世界油价、进口油品质量、提炼技术和替代能源使用的影响油品消耗比重浮动较大。天然气消耗结构的每增加1%，会使得采矿业投资结构降低0.03%，与中国天然气资源的有限性有关，尤其是开采和运输条件的限制使得天然气价格居高不下，其高成本使得天然气的普及举步维艰，1980～2014年，中国天然气消耗比重仅从3.1%上升到5.7%，工业行业的天然气消耗比重也仅达到8%左右，故天然气消耗比重对采矿业投资结构有显著负效应。电力消耗结构对采矿业投资结构的影响不显著，每增加1%，会使得采矿业投资结构增加0.01%，从一定程度上反映出中国电力系统市场化不足以及发电结构的不足（考虑到目前火力发电比重依旧居高不下），故仍需优化发电结构，降低火力发电比重。

工业天然气、电力的消耗结构对制造业投资结构有负效应，且仅电力消耗结构的效应显著，工业煤品、油品的消耗结构对制造业投资结构有不显著的正效应。高耗能行业多数为制造业，相较之下，制造业生产动力依旧以煤为主，对电力需求量大，且目前中国电力多以火力发电为主。天然气的稀缺和开采运输条件的限制造成的高成本使得天然气在制造业行业的应用范围难以扩大，故天然气消耗结构每增加1%，会使得制造业的投资机构降低0.001%。随着中国工业化和机械生产的不断深化，工业生产对电力的需求愈演愈烈，电力消耗结构每增加1%，制造业的投资结构会显著的减少0.06%，从一定程度上反映出中国电力系统尚未市场化，制造业耗电量大，电价的居高不下使得制造业生产成本提高，利润降低，故而会抑制制造业的发展。煤品和油品的消耗结构效应不显著，其消耗结构每减少1%，制造业的投资结构分别减少0.01%和0.02%，可能与中国以煤为主、石油供应乏力的现状有关，以煤为主的能耗结构短期内难以有所改变，加上近年来中国受油价、油质和炼油技术的影响，油品消耗比重浮动较大，因而煤品和油品的消耗结构的变化对促进工业行业投资结构的优化效应不显著。

工业煤品、油品、电力的消耗结构对电力、热力、燃气和水的生产和供应业的投资结构有正效应，且仅煤品消耗结构的效应显著；工业天然气消耗结构对电力、热力、燃气和水的生产和供应业的投资结构有显著的负效应。这进一步反映出中国以煤独大的能耗结构，尤其是对电力、热力、燃气和水的生产和供应业的正效应最显著。在中国能耗结构主力依旧为煤炭、多元化能源体系尚未建成的情况下，煤炭消耗比重的降低会严重抑制生产和供应业的发展，煤品消耗结构每降低1%，电力、热力、燃气和水的生产和供应业的投资结构会减少0.22%。而天然气受制于环境、技术等因素，也难以替代煤炭成为生产和供应业的后续动力，成本短期内难以下降，因此天然气消耗比重每提高1%，反而会使电力、热力、燃气和水的生产和供应业的投资结构下降0.02%。每1%的油、电消耗比重的增加，分别引起0.03%和0.02%的生产和供应业的投资结构的增加，可见油品、电力的消耗结构的提升，虽然在一定程度上会提高电力、热力、燃气和水的生产和供应业的投资结构，但基于产业特征，效果微乎其微。

（3）环境污染治理对产业投资结构的效应分析。

表5.2的结果显示，工业废水、废气的排放量对采矿业的投资结构有负效应，且工业废水的效应是不显著的；工业固体废弃物的排放量对采矿

业的投资结构有显著的正效应；工业环保投资对采矿业的投资结构有显著的负效应。中国工业处于转型发展的阶段，过度依赖资源的状况正逐渐得到改善，但目前的回收利用技术和效率水平还不高，过于注重生产而忽视环境保护的作用，在造成环境质量的降低的同时，也会降低资本利用效率，不利于工业的持续发展。中国对工业废水和固体废弃物排放的规制主要在于规范废水和废旧电器电子产品的处理活动，以达到污染物的减量化、无害化和资源化，这种措施对于减少固体废弃物的排放量有明显作用，但对于工业废水的排放的抑制力度还有待提高，故工业废水的效应微弱，工业废水的排放量每增加1%，采矿业的投资结构降低0.04%，工业固体废弃物的排放量每增加1%，采矿业的投资结构会增加0.02%。而中国在工业废气污染治理上缺乏长期有效的措施和技术力量，又或者采取的措施和投入的技术装备还没有发挥出明显的成效，对于废气的治理采取的措施，主要是在雾霾高发期，采取"企业停产、汽车停驶"的切断污染源的方法，这虽能在一定程度上缓解污染状况，但并没有从根本上改变中国能源利用效率低、浪费排放多的现状，反而在一定程度上限制了工业的发展，因此，工业废气排放量每增加1%，采矿业的投资结构会降低0.23%。另外，环保投资每增加1%，采矿业的投资结构会减少0.04%，表明环保意识逐渐加深，使得环保投资不断增多，对工业行业的污染治理，会降低采矿业的投资结构，促进环境质量的提升。因此，对环境污染物的排放的严格监控和环保投资力度的加大，会使得对污染严重的上游产业的投资倾向降低，进而优化行业投资结构。

制造业的投资结构、工业废水、废气和固体废弃物的排放量均有显著的正相关关系，其中，工业废水、废气与制造业的投资结构的相关性较显著，固体废弃物次之；工业环保投资与制造业的投资结构有不显著的负相关关系。工业废水的排放量每降低1%，制造业的投资结构会降低0.04%，工业废气的排放量每降低1%，制造业的投资结构会降低0.06%，工业固体废弃物的排放量每降低1%，制造业的投资结构会降低0.01%。也就是说，制造业行业的投资结构越大，工业废水、废气和固体废弃物的排放量越多，但工业环保投资的变化并不明显。这从一定程度上表明，中国粗放式的工业经济发展方式尚未完全转变，以牺牲环境为代价的境况并没有得到改善，依旧是生产规模越大，生产得越多，排放得越多，污染得越多。中国制造业尚处快速发展阶段，传统产业逐步向高新技术产业看齐并迅速发展，产业内部新动能的发展显示出卓越的活力，技术进步和智能制造渐渐成为引领工业经济发展的动能转化的优势力量，正是需要大量资金投入和支撑的发展阶段。工业企业中制造业的投资比重越大，制造业的生产规模越大，相对而言工业环保投资不增反降，产生的工业污染物的排放量也会越多，故而工业污染排放物与制造业的投资结构有正相关性，但环保投资的效果并没有体现出来，环保投资每增加1%，制造业的投资结构仅降低0.002%。因此，严格监控制造业企业的工业废水、废气和固体废弃物的排放量能够显著抑制高污染高耗能产业的发展和投资力度，而环保投资对制造业整体的作用并不理想，但可能能够促进制造业内部的产业结构的优化。

工业废水、废气的排放量对电力、热力、燃气和水的生产和供应业的投资结构有显著的负效应，工业固体废弃物的排放量则对生产和供应业投资结构有显著正效应，而工业环保投资对电力、热力、燃气和水的生产和供应业的投资结构有不显著的负效应。工业废水的排放量每降低1%，生产和供应业的投资结构会降低0.1%，工业废气的排放量每降低1%，生产和供应业的投资结构会降低0.28%，工业固体废弃物的排放量每降低1%，生产和供应业的投资结构会降低0.03%，环保投资每增加1%，生产和供应业的投资结构会降低0.01%。电力和热力的生产和供应业是中国六大高耗能产业之一，虽然近年来中国的风电、水电和核电的装机量增长迅速，但相关技术水平和稳定性尚未完全解决，且基于中国生产和人口基数巨大，清洁电力的装机发电量尚难以满足需求，生产和供应业的能耗动力依旧以煤为主，而近年来雾霾频发，空气质量低下的主要原因正是燃煤过多，工业废气的排放量居高不下。故工业废水和废气的排放量与生产和供应业的负相关性表明，随着近年来中国"雾霾"程度的加重，环保规制力度的不断加大，尤其是对高耗能、高排放的工业企业的更严格的监管，使得相关企业的发展受限，电力、热力、燃气和水的生产和供应业的投资比重有下降趋势。同时，燃煤会产生大量的固体废弃物的排放，因而固体废弃物的排放量对生产和供应业的投资结构有显著的正相关性。也间接表明，清洁电力的装机和发电量的不断增多，对改善高耗能的电力、热力、燃气和水的生产和供应业的能耗结构、贯彻国家"节能减排"的方针政策，有积极的促进作用。因此，加强对高排放、高污染的行业的工业废水、废气和固体废弃物的排放的监管力度对促进电力、热力、燃气和水的生产和供应业的投资结构的调整和行业内部的转型升级有积极作用。

（4）其他要素对产业投资结构的效应分析。

产业行业的投资量对采矿业、制造业和电力、热力、燃气和水的生产和供应业的投资结构有显著的正效应，行业的投资量增加1.0%，采矿业的投资结构上升 0.7%，制造业的投资结构上升 0.14%，生产和供应业的投资结构上升 0.61%，表明资本流向对工业行业投资结构有显著的影响。

能源价格对采矿业和电力、热力、燃气和水的生产和供应业的投资结构有不显著的负效应，对制造业的投资结构有显著的正效应，能源价格上升 1%，采矿业的投资结构下降 0.03%，制造业的投资结构下降 0.09%，生产和供应业的投资结构下降 0.03%。能源价格的不完全的显著性，表明中国能源市场的市场化程度还有诸多不足，使得能源价格对能源消费结构的影响乃至对产业投资结构的调控力度跟不上产业的发展。

技术对采矿业和电力、热力、燃气和水的生产和供应业的投资结构有不显著的正效应，对制造业的投资结构有显著的负效应，技术每提升 1%，采矿业的投资结构增加 0.02%，制造业的投资结构下降 0.02%，生产和供应业的投资结构下降 0.02%。技术对采矿业和电力、热力、燃气和水的生产和供应业的投资结构的正效应不显著表明两个产业的技术效率不足，技术效率的提高能够促进采矿业和生产和供应业的发展，但由于行业的发展、人才和装备受限，技术进步尚不能满足行业发展的需求；技术对制造业投资结构的效应则表明，制造业生产效率的提升，会进一步促进制造业的转型升级，并在一定程度上降低制造业的投资结构。

劳动力价格对采矿业、制造业和电力、热力、燃气和水的生产和供应业的投资结构的效应均显著为负，其中对采矿业的投资结构的效应最显著，电力、热力、燃气和水的生产和供应业次之，制造业最弱，劳动力价格每提升 1%，采矿业的投资结构下降 0.42%，制造业的投资结构下降 0.13%，生产和供应业的投资结构下降 0.36%。劳动力价格与工业三大行业负相关性是因为劳动力价格的提升，会使得企业的生产成本增大，企业利润减少，盈利空间的缩小会影响企业的发展空间，进而使得企业的投资规模减小，降低行业投资比重。另外，也反映出中国工业机械化程度不高、效率低下的现状，劳动力价格的提升，以及工业企业中技术型人才比例的提升，会有助于企业规模化和机械化的进一步深化。

资本价格对工业三大行业的效应则均为正，但对制造业的投资结构的效应不显著，资本价格每提升 1%，采矿业的投资结构增加 0.07%，制造业的投资结构增加 0.001%，生产和供应业的投资结构增加 0.08%。资本价格的正效应表明，企业的投资规模会随资本回报率的提升而扩大。因此，劳动市场的完善有助于促进工业行业的机械化和规模化，高收益和资本市场的完善也会促进投资结构的优化。

综上所述，能源消费结构、能源价格和技术进步均会在不同程度上促进工业行业投资结构的优化。因此，可以从生产环境着手，促进工业生产和能源利用的相关技术的研发和应用，提高能源利用效率；也可从价格方面，加强政府调控力度，促进市场限量定价，多方面着手减低煤、油的消耗比重，提高天然气和水电、核电等新型电能的消耗比重，达到优化能源消费结构，进而促进工业行业的投资结构的优化的目的。

考察期间，中国的经济增长以牺牲环境为代价的发展模式并没有得到明显的改善，依旧是生产得越多，污染得越多。但加强对工业污染物排放的规制，限制并降低工业污染物的排放量，加大工业污染治理的投资力度，有助于促进工业行业投资结构的优化，进而促进工业产业结构的优化升级和长远发展。

另外，劳动市场和资本市场的进一步完善，有助于促进工业行业的机械化和规模化，扩大企业的发展空间，进而促进行业投资结构的优化升级。

5.3 能源消费结构对产业投资结构协调促进作用的区域差异

5.3.1 区域划分说明

由我们的分析，中国能源消费结构的优化和污染排放的治理，以及能源市场、劳动市场和资本市场的相关机制的完善，会一定程度上使工业企业的投资结构有所改变。但中国目前的技术体系和环保体系还不完善，还没有完全发挥出应有的作用。由于各区域的资源条件和发展水平的不均衡，各区域的优化机制也会有所差异。

而由于各地的资源禀赋和发展现状差异较大，尤其是 2004 年中国提出西部大开发战略后，将广西和内蒙古两个民族自治区划分到西部范围内，邻近东部沿海地区且面临资源枯竭和产业转型的辽宁、吉林和哈尔滨的发展条件也不再与过去所属区域相符，过去所沿袭的东部、中部和西部的划分方法已不合时宜，因此，本书中我们将重新分为东部地区、中部地区、东北地区、西北地区和西南地区五个区域进行分析。

其中，东部地区包含北京、天津、河北、山东、江苏、上海、浙江、福建、广东和海南等十个省份；中部地区包括山西、河南、湖北、湖南、江西和安徽等六个省份；东北地区包括辽宁、吉林和黑龙江三个省份；西北地区包含陕西、甘肃、青海、宁夏、新疆和内蒙古等六个省份和自治区；西南地区含有重庆、四川、广西、贵州和云南等五个省份和自治区（邹璇、贾蕾玉，2016）[145]。

5.3.2　模型检验

ADF 检验发现，对所有变量进行一阶差分后，所有变量一阶平稳。根据 Kao 检验结果，发现模型的 ADF 统计量在 5% 的置信水平之下均显著，即 Kao 检验认为变量之间都是协整的。故此认为，两个模型的变量之间都是协整的。通过对模型的 Hausman 检验，结果显示，区域模型下不支持随机效应模型，故均应建立固定效应模型。

在通过平稳性、协整性及 Hausman 检验之后，通过对模型设定下的相应变量进行回归，验证相应的作用机制。

依据构建的实证模型，对五个区域的面板数据分别进行回归，得到如表 5.4 ~ 表 5.6 的结果，其中依次列出了，东部、中部、东北、西北和西南这五个区域的各变量对采矿业，制造业，电力、热力、燃气和水的生产和供应业的投资结构的实证结果。

表 5.4　　　　　　　　采矿业投资结构的影响因素的实证结果

变量	$\log(\overline{KP_o})$				
	东部	中部	西南	西北	东北
$\overline{\log(K_o)}$	0.827 *** (29.45)	0.659 *** (9.78)	0.739 (15.52)	0.533 *** (18.97)	0.213 *** (3.12)
$\overline{\log(SE_c)}$	0.165 (1.3321)	0.967 (1.56)	0.307 (0.70)	0.251 * (1.92)	−0.079 (−0.15)
$\overline{\log(SE_o)}$	−0.0013 (−0.019)	0.092 (0.63)	0.104 ** (2.156)	0.020 (0.65)	−0.187 (−0.65)
$\overline{\log(SE_g)}$	−0.082 *** (−4.03)	−0.035 * (−1.70)	−0.032 (−0.88)	0.0005 (0.038)	−0.088 (−1.22)
$\overline{\log(SE_e)}$	0.106 (1.07)	0.215 ** (2.02)	−0.190 (−0.84)	−0.172 ** (−2.12)	−0.160 (−0.74)
$\overline{\log(P_E)}$	−0.118 (−1.21)	0.061 (0.31)	−0.357 * (−1.84)	0.165 * (1.83)	0.510 *** (2.77)
$\overline{\log(A)}$	0.019 (0.76)	−0.129 * (−1.67)	0.065 (1.44)	−0.050 (−1.30)	−0.145 *** (−3.65)
$\overline{\log(EI)}$	−0.007 (−0.29)	−0.014 (−0.38)	0.033 (1.10)	−0.061 ** (−2.09)	0.018 (0.75)

变量	$\log(\overline{KP_o})$				
	东部	中部	西南	西北	东北
$\overline{\log(PS_w)}$	-0.169 ** (-2.53)	0.493 *** (4.03)	-0.036 (-0.66)	0.192 *** (2.67)	0.055 (0.51)
$\overline{\log(PS_g)}$	-0.261 *** (-3.75)	-0.171 (-1.38)	-0.028 (-0.47)	-0.258 *** (-3.27)	0.005 (0.058)
$\overline{\log(PS_s)}$	0.008 (0.87)	0.0016 (0.12)	0.049 *** (3.31)	0.011 (0.79)	-0.013 * (-1.71)
$\overline{\log(w)}$	-0.572 *** (-5.27)	-0.442 ** (-2.39)	-0.616 *** (-5.65)	-0.085 (-0.61)	-0.275 * (-2.12)
$\overline{\log(r)}$	0.103 *** (3.10)	0.083 ** (2.35)	0.068 *** (2.87)	0.039 *** (2.91)	0.002 (0.13)
$\overline{R^2}$	0.9898	0.9786	0.9742	0.9757	0.9893

注: *** 表示在 1% 的水平上显著, ** 表示在 5% 的水平上显著, * 表示在 10% 的水平上显著。

表 5.5　　　　　　　　制造业投资结构的影响因素的实证结果

变量	$\log(\overline{KP_m})$				
	东部	中部	西南	西北	东北
$\overline{\log(K_m)}$	0.0448 (1.330)	0.3164 *** (7.756)	0.1549 *** (3.882)	-0.0304 (-0.586)	0.1057 *** (3.538)
$\overline{\log(SE_c)}$	0.0261 (0.479)	0.2836 (0.835)	-0.0435 (-0.233)	-0.3159 *** (-2.774)	0.1698 (0.784)
$\overline{\log(SE_o)}$	0.0107 (0.362)	0.1650 ** (2.105)	-0.0259 (-1.201)	0.0140 (0.430)	0.1481 (1.289)
$\overline{\log(SE_g)}$	0.0246 *** (2.709)	-0.0049 (-0.426)	0.0705 *** (4.218)	-0.0212 ** (-1.938)	-0.0055 (-0.183)
$\overline{\log(SE_e)}$	0.0092 (0.210)	0.0419 (0.712)	-0.0550 (-0.561)	-0.1803 *** (-2.727)	0.0958 (1.093)
$\overline{\log(P_E)}$	-0.1088 ** (-2.547)	0.3436 *** (3.201)	-0.0528 (-0.631)	-0.0526 (-0.715)	0.1096 (1.319)
$\overline{\log(A)}$	-0.0214 ** (-1.979)	-0.0850 ** (-2.025)	-0.0299 (-1.487)	0.0273 (0.876)	0.0266 (1.476)
$\overline{\log(EI)}$	0.0119 (1.147)	-0.0171 (-0.858)	-0.0151 (-1.131)	0.0274 (1.100)	-0.0102 (-0.990)
$\overline{\log(PS_w)}$	0.1425 *** (4.509)	0.1855 *** (2.670)	0.0192 (0.829)	-0.0328 (-0.578)	-0.0291 (-0.644)

变量	$\log(\overline{KP_m})$				
	东部	中部	西南	西北	东北
$\overline{\log(PS_g)}$	0. 1149 *** (3. 520)	− 0. 0461 (− 0. 675)	0. 0123 (0. 467)	0. 1568 ** (2. 298)	− 0. 0203 (− 0. 523)
$\overline{\log(PS_s)}$	0. 0146 *** (3. 742)	− 0. 0063 (− 0. 834)	− 0. 0086 (− 1. 209)	− 0. 0069 (− 0. 635)	0. 0016 (0. 483)
$\overline{\log(w)}$	− 0. 0936 * (− 1. 814)	− 0. 4084 *** (− 4. 208)	− 0. 1553 *** (− 2. 866)	− 0. 2214 ** (− 1. 987)	− 0. 1116 * (− 1. 975)
$\overline{\log(r)}$	− 0. 0087 (− 0. 569)	0. 0582 *** (3. 119)	0. 0076 (0. 696)	− 0. 0109 (− 0. 919)	− 0. 0162 ** (− 2. 112)
$\overline{R^2}$	0. 8040	0. 8776	0. 9048	0. 8503	0. 9818

注: *** 表示在 1% 的水平上显著, ** 表示在 5% 的水平上显著, * 表示在 10% 的水平上显著。

表 5. 6   生产和供应业投资结构的影响因素的实证结果

变量	$\log(\overline{KP_s})$				
	东部	中部	西南	西北	东北
$\overline{\log(K_s)}$	0. 6610 *** (25. 814)	0. 6935 *** (21. 549)	0. 4854 *** (7. 099)	0. 2619 *** (5. 431)	0. 4768 *** (3. 206)
$\overline{\log(SE_c)}$	0. 2307 ** (2. 506)	1. 5038 *** (3. 076)	− 0. 2295 (− 0. 603)	0. 2938 ** (2. 258)	2. 2758 ** (2. 562)
$\overline{\log(SE_o)}$	0. 0877 * (1. 737)	0. 1541 (1. 358)	0. 0668 (1. 561)	0. 0375 (0. 947)	0. 9677 * (1. 966)
$\overline{\log(SE_g)}$	− 0. 0636 *** (− 4. 265)	− 0. 0264 (− 1. 609)	− 0. 1448 *** (− 4. 252)	0. 0327 ** (2. 464)	0. 0257 (0. 191)
$\overline{\log(SE_e)}$	0. 0910 (1. 216)	0. 2332 *** (2. 773)	− 0. 3063 (− 1. 551)	0. 0864 (1. 018)	0. 6306 * (1. 671)
$\overline{\log(P_E)}$	− 0. 0381 (− 0. 515)	− 0. 3206 ** (− 1. 996)	− 0. 7976 *** (− 5. 188)	0. 2600 *** (2. 855)	0. 6812 * (1. 829)
$\overline{\log(A)}$	0. 0019 (0. 100)	− 0. 0587 (− 0. 963)	0. 0649 * (1. 623)	0. 0310 (0. 810)	− 0. 1750 ** (− 2. 327)
$\overline{\log(EI)}$	0. 0184 (1. 028)	0. 0050 (0. 175)	0. 0702 *** (2. 658)	− 0. 0700 ** (− 2. 390)	0. 0062 (0. 136)
$\overline{\log(PS_w)}$	− 0. 3070 *** (− 5. 975)	0. 2388 ** (2. 372)	0. 0227 (0. 482)	− 0. 1636 ** (− 2. 355)	− 0. 0953 (− 0. 466)
$\overline{\log(PS_g)}$	− 0. 2410 *** (− 4. 586)	− 0. 2564 *** (− 2. 644)	− 0. 0216 (− 0. 401)	− 0. 1579 ** (− 1. 993)	− 0. 5219 *** (− 3. 394)

变量	$\log(\overline{KP_s})$				
	东部	中部	西南	西北	东北
$\overline{\log(PS_s)}$	0.0053 (0.774)	0.0167 (1.536)	0.0538 *** (4.087)	0.0220 * (1.652)	− 0.0230 (− 1.607)
$\overline{\log(w)}$	− 0.4935 *** (− 6.076)	− 0.2852 * (− 1.954)	− 0.2204 * (− 1.862)	− 0.2202 (− 1.612)	− 0.0889 (− 0.295)
$\overline{\log(r)}$	0.1113 *** (4.454)	0.1302 *** (5.028)	0.0825 *** (4.123)	0.0429 *** (3.194)	− 0.0034 (− 0.100)
$\overline{R^2}$	0.9512	0.9327	0.8900	0.8900	0.7805

注：*** 表示在1%的水平上显著，** 表示在5%的水平上显著，* 表示在10%的水平上显著。

5.3.3 区域能源消费结构对投资结构的效应分析

首先，就表 5.4 中关于各能源消费结构对于采矿业投资结构的实证结果进行分析。

除东北地区外，各地区的煤品消耗结构对采矿业的投资结构的效应均为正，且仅西北地区的效应是显著的，其中煤品的消耗结构每降低 1%，东部、中部、西南和西北的采矿业投资结构依次降低 0.17%、0.97%、0.31% 和 0.25%，东北的采矿业投资结构增加 0.08%。也就是说煤炭消耗比重越大，采矿业的投资结构越大，但这个趋势仅在西北地区是明显的，这与中国以煤为主的能源生产和消耗现状有关，煤炭消耗需求越大，采矿业的发展空间也越大，投资比重也会随之上升，因而煤炭消耗结构与采矿业投资结构呈现正相关关系。近年来，随着国家西部大开发战略的逐步深入，西北地区的经济发展水平逐渐提升，本土发展和承接而来的企业数量越来越多，对能源的需求也越来越大，而西北地区本身就是各种矿物质资源集聚的地带，因而，煤品消耗结构对采矿业投资结构的正效应显著。其余的能源消费结构则因各区域的资源条件和产业结构的不同，对采矿业的投资结构呈现不尽相同的效应。

除东部和东北地区外，各地区的油品消耗结构对采矿业投资结构的效应均为正，且仅西南地区的效应显著，油品消耗结构每降低 1%，东部、东北的采矿业投资结构分别增加 0.001%、0.19%，中部、西南、西北的采矿业投资结构依次降低 0.09%、0.1%、0.03%。中国油田主要分布于东部沿海、西北陕甘宁和东北地区一带，且东北地区曾一度为中国油品供应的主动力地区，然而近年来东部沿海和东北地区产油量逐渐降低，而西部恶劣的资源环境条件加大了开采难度，使得后续油品的供应动力不足，储备资源还未能实现战略性接替，故而东部和东北地区的油品消耗结构呈现负效应，西南一带位于资源中心，因此油品消耗结构呈现显著的正效应。

除西北地区外，各地区的天然气消耗结构对采矿业投资结构的效应均为负，其中东部和中部的效应显著，天然气消耗结构每增加1%，东部、中部、西南、东北的采矿业投资结构减少0.008%、0.04%、0.03%、0.09%，西北的采矿业投资结构增加0.001%。中国天然气的生产和供应线主要分布于西北、西南和东部地区一带，由于资源储备条件和开采成本问题，天然气在价格上相比其他种类的能源，竞争力还是较差，相较之下终端生产用户会选择相对廉价的能源，天然气消耗比重依旧尚小，且由于天然气的开采难度大，目前的技术条件和设备难以大量开采和储存天然气，进而限制采矿业的进一步发展，故而多数地区的天然气的消耗结构与采矿业的投资结构呈现负效应，随着"西气东输"策略的逐步发展，天然气在东部和中部地区的应用范围逐步扩展，因而效应显著。

东部和中部地区的电力消耗结构对采矿业投资结构的效应为正，但仅中部地区的效应显著，西南、西北和东北地区的效应为负，且仅西北地区的效应是显著的。电力消耗结构每增加1%，东部、中部的采矿业投资结构分别增加0.11%、0.22%，西南、西北、东北的采矿业投资结构依次减少0.19%、0.17%、0.16%。东部地区经济发展先进，产业种类齐全，生产力强，耗能耗电多，因而电力消耗比重对采矿业的投资结构的影响为正；西北地区地处偏北，发展相对落后，但太阳能和风能等自然条件丰厚，清洁能源发展便利，故而清洁电力的开发优势较大，对火力发电的依赖性相对较小，电力消耗比重呈现显著的负效应；中部地区由于资源带集中，产业结构单一，经济发展相对落后，但却为中国煤炭供应的主产地，对火力发电的依赖性较大，故而呈现显著的正效应。

其次，就表5.5中关于各能源消费结构对于制造业投资结构的实证结果进行分析。

东部、中部和东北地区的煤品消耗结构对制造业的投资结构的效应为正，西北和西南地区的效应为负，且仅西北地区的效应显著。煤品消耗结构每降低1%，东部、中部、东北的制造业投资结构依次降低0.03%、0.28%、0.17%，西南、西北的制造业投资结构分别增加0.04%、0.32%。可以看出，在中国制造业的主要集聚的东部、中部和东北地区，煤品消耗结构与制造业投资结构有正相关关系，由于主要的高耗能产业均为制造业，并且生产动能来源于煤炭，虽然近年来多数地区的工业煤炭消耗结构有下降趋势，但制造业的能耗结构的变化并不明显，因而二者间的相关性并不明显。而作为后起之秀的西北和西南地区，工业基础薄弱，在国家政策的扶持下，相关产业发展迅速，技术性产业发展迅速，因而耗煤结构与制造业投资结构呈现负相关性，西北地区尤甚。

除西南地区为负效应外，各地区的油品消耗结构对制造业投资结构的效应均为正，但仅中部地区的正向效应显著。油品消耗结构每降低1%，东部、中部、西北、东北的制造业投资结构依次降低0.01%、0.17%、0.01%、0.15%，西南的制造业投资结构增加0.03%。西南地区的油品消耗结构的负效应反映出，西南地区的农业产值大、制造业不足的产业现状，尤其是近年来制造业处于转型升级的发展阶段，多数地区制造业的投资结构均有缩水的趋势，但西南地区的油、气资源丰富，因而在制造业投资结构在波动中逐步减少的同时，油品消耗结构反有上升趋势，表明制造业正往本土优势资源方向发展。其他地区的制造业投资结构与耗油比重的相关性在一定程度上反映出地方的制造业内部的产业发展情况，中部地区的制造业对油品需求较大，东部和东北地区则较小，同时也与中部地区的油资源相对较少有关。

东部和西南地区的天然气消耗结构对制造业投资结构的影响显著为正，西北地区的效应显著的负，中部和东北地区的效应为负，但不显著；天然气消耗结构每增加1%，东部、西南、东北的制造业投资结构依次增加0.03%、0.07%、0.006%，中部、西北的制造业投资结构分别减少0.005%、0.02%。在天然气资源集聚的东部和西南地区，中国现有的制造业多以资源密集型和劳动密集型产业为主，作为中国改革开放的前沿和毗邻地区，东部和西南地区的发展基础较好，技术和人才的引进相对容易，天然气在这里的应用普及条件相对优越，因而，与东部和西南地区的发展条件息息相关，天然气消耗结构与制造业投资结构的正相关性显著。而西北地区的天然气资源优厚，但制造业发展不足，且有下滑趋势，因而呈现显著的负效应。中部和东北地区的天然气资源不足，在制造业中的应用范围较小，故而与制造业投资结构的相关性较小。

除西南和西北地区的效应为负外，其余各地的电力消耗结构均与制造业投资结构有不显著的正效应，且仅西北地区的效应显著。电力消耗结构每增加1%，东部、中部、东北的制造业投资结构依次增加0.009%、0.04%、0.09%，西南、西北的制造业投资结构分别减少0.06%、0.18%。由电力消耗结构的效应可以看出，随着中国制造业进入转型阶段，以及国家对煤炭消耗的控制，制造业对电力的需求与日俱增，但目前中国发电输电系统存在诸多问题，如变电器和线路老化等，使得电力供不应求，电价高涨，因而制造业集聚的地区的耗电结构与产业投资结构成正相关关系，但西北地区地势广阔，自然资源丰富，新型电力发展条件优越，因而在制造业结构下调的同时，对电力的需求不降反增。

最后，就表 5.6 中关于各能源消费结构对于电力、热力、燃气和水的生产和供应业的投资结构的实证结果进行分析。

除西南地区外，各地区的煤品消耗结构对电力、热力、燃气和水的生产和供应业的投资结构均有显著的正效应。煤品消耗结构每降低 1%，西南的生产与供应业投资结构增加 0.23%，东部、中部、西北、东北的生产与供应业投资结构依次降低 0.23%、1.5%、0.29%、2.27%。多数地区的电力和热力的生产和供应业的主要生产动力来源于煤的消耗，中部地区的煤的消耗尤甚，近来由于煤炭的消耗受管制，高耗能高污染的电力和热力的生产和供应业的发展也受到限制，因而，煤品消耗结构的正相关性显著。而西南地区地处偏南，环境优美，温度适宜，工业发展不足，电力和热力的需求可能远低于其他地区，因而煤炭消耗结构对电力、热力、燃气和水的生产和供应业的投资结构的效应有别于其他地区。

东部和东北地区的油品消耗结构对电力、热力、燃气和水的生产和供应业的投资结构有显著的正效应，其余地区的正效应均不显著。油品消耗结构每降低 1%，东部、中部、西南、西北、东北的生产与供应业投资结构依次降低 0.09%、0.15%、0.07%、0.04%，生产与供应业投资结构降低 0.97%。随着煤品消耗结构的逐渐降低，油品在生产和供应业中的应用慢慢深化，但由于中国油品供应多依赖于进口，因而在开放程度相对较高的东部和东北地区，油品消耗结构有显著的正效应，其余地区则受油价、成本、技术等条件的制约，效应并不显著。

东部、中部和西南地区的天然气消耗结构对电力、热力、燃气和水的生产和供应业的投资结构的效应为负，且仅中部地区的负效应不显著，而西北和东北地区的天然气消耗结构对电力、热力、燃气和水的生产和供应业的投资结构的效应为正，且仅西北地区的效应显著。天然气消耗结构每增加 1%，东部、中部、西南的生产与供应业投资结构依次降低 0.06%、0.03%、0.15%，西北、东北的生产与供应业投资结构分别增加 0.03%、0.03%。中国天然气资源虽然相对丰厚，但开采难度大，天然气的使用成本相对较高，因而在工业中的应用并不普遍。天然气的消耗结构的提升虽有利于环保目标的实现，但会压缩企业利润空间，限制企业的发展，东部和西南地区虽然天然气资源丰厚，但生产和供应业的需求也非比寻常，因而，二者有显著的负效应，中部地区则因天然气资源储备不足且装备落后，效应不显著，而西北地区不但资源丰厚，且在政策扶持下各种技术、装备逐步更新，因而有显著的正相关性。

除西南地区外，各地区的电力消耗结构对电力、热力、燃气和水的生产和供应业的投资结构的效应均为正，且仅中部和东北地区的效应显著，其余均不显著。电力消耗结构每增加1%，东部、中部、西北、东北的生产与供应业投资结构增加0.09%、0.23%、0.09%、0.63%，西南的生产与供应业投资结构减少0.31%。由于中国工业正处于快速发展阶段，对电力的需求与日俱增，电力、热力、燃气和水的生产和供应业的发展空间还很大，东部地区产业结构相对均衡，西南地区工业发展相对薄弱，因而两地区的电力消耗结构的效应不显著。而中部地区近年来逐步承接来自东部沿海地区的工业产业，东北地区的老工业基地也在转型中逐步恢复火力，电力消耗结构逐步攀升，对电力、热力、燃气和水的生产和供应业的需求渐渐增大，因而电力的消耗结构有显著的正效应。

5.3.4 区域环境污染治理对投资结构的效应分析

首先，就表5.4中关于环境污染治理对于采矿业的投资结构的实证结果进行分析。采矿业的发展会对周围环境带来很大的负面影响，包括矿坑塌陷导致地面沉降、生物多样性的破坏，采矿过程中产生的酸性废水的排放对地下水的污染，以及因此带来的水土流失等问题，同时采矿业产生的化学物质会污染周围的大片区域，例如，煤矿采挖过程中会产生约20多种有毒化学物质，并经由排放水的渠道扩大污染范围。

东部、中部和西北地区的环保投资对采矿业的投资结构的效应为负，且仅西北地区的效应显著，西南和东北地区的环保投资的效应为正，且均不显著；环保投资每增加1%，东部、中部、西北的采矿业投资结构依次降低0.01%、0.01%、0.06%，西南、东北的采矿业投资结构分别增加0.03%、0.02%。中国采矿业还处于初始阶段，受国家宏观调控的影响相对较大，尤其是在中国环保规制体系逐步健全的背景下，采矿业的发展在巨大的市场需求的驱动下，也同时受到环保规制的限制，因而东部、中部和西北地区的环保投资对采矿业投资结构有负效应，尤其是矿产资源丰厚的西北地区，采矿业发展潜力巨大，产生的污染物多，为实现达标排放，需要的环境治理投资也就越多，故效应最显著。而西南地区工业发展基础薄弱，东北地区工业设备落后，因而环保投资对产业投资结构的效应均不明显。

东部和西南地区的工业废水的排放量对采矿业的投资结构的效应为负，且仅东部地区的效应显著，其余地区工业废水的排放量的效应为正，且中部和西北地区的效应显著。工业废水的排放量每减少1%，东部、西南的采矿业投资结构分别增加0.17%、0.04%，中部、西北、东北的采矿业投资结构依次降低0.49%、0.19%、0.06%。东部和西南地区的矿产资源相对较少，采矿业发展条件相对薄弱，工业废水排放量的增多，在一定程度上表明采矿业的废水处理系统尚未完全达标，在严格的监管体系下，采矿业的发展会受到限制，因而投资结构会有所降低，尤其在环保机制较健全的东部地区，负效应更显著。而在经济发展水平相对落后的中部和西北地区，相关机构和机制不健全，执行力不足，使得地方注重发展胜过环保，因而工业废水的排放量对采矿业投资结构有显著的正相关性。

除东北地区外，各区域的工业废气的排放量对采矿业的投资结构的效应均为负，且仅东部和西北地区的效应显著。工业废气的排放量每减少1%，东部、中部、西南、西北的采矿业投资结构依次增加0.26%、0.17%、0.03%、0.26%，东北的采矿业投资结构减少0.01%。除工业设备落后、老工业集聚、发展动力不足的东北地区外，各地的工业废气的排放量对采矿业投资结构的负效应表明，随着中国绿色发展理念的逐步深化和露天煤矿的挖掘造成的污染不断加重，采矿业虽然市场发展前景良好，但仍需大量的技术和设备的支持，在相关后续力量难以满足采矿业的健康发展之前，仍需各地区增加环境治理投资以应对采矿业发展造成的环境质量下降。

除东北地区的工业固体废弃物的排放量对采矿业的投资结构有显著的负效应外，各地区的工业固体废弃物的排放量的效应均为正，且仅西南地区的效应显著。工业固体废弃物的排放量每减少1%，东部、中部、西南、西北的采矿业投资结构依次减少0.01%，东北的采矿业投资结构增加0.01%。由于采矿业的发展，不可避免的会产生大量的固体废弃物的排放，因而多数地区的固体废弃物的排放量对采矿业的投资结构有正相关性，这在原本工业发展薄弱、废弃物排放量相对较少的西南地区尤为显著。而在工业设备相对老化的东北地区，相关技术和监管体系尚不完善，采矿业的进一步发展条件欠缺，其他产业的发展会在一定程度上挤掉采矿业的发展空间，并造成一定的环境污染，因而东北地区的工业固体废弃物的排放与采矿业的投资结构有负相关关系。

其次，就表5.5中关于环境污染治理对于制造业的投资结构的实证结果进行分析。

环保投资的效应均不显著，除东部和西北地区为正效应外，其余地区均为负效应。环保投资每增加 1%，东部的制造业投资结构增加 0.01%，中部的制造业投资结构降低 0.02%，西南的制造业投资结构降低 0.02%，西北的制造业投资结构增加 0.03%，东北的制造业投资结构降低 0.01%。环保投资的效应均不显著，从一定程度上表明，在中国制造业增加值逐年攀升的同时，环保投资的增长却跟不上制造业发展的速度，因而效应均不显著。

西北和东北地区的工业废水的排放量对制造业的投资结构的效应为负，且仅均不显著，其余地区工业废水的排放量的效应为正，且东部和中部地区的效应显著。工业废水的排放量每降低 1%，东部、中部、西南的制造业投资结构依次降低 0.14%、0.19%、0.02%，西北、东北的制造业投资结构分别增加 0.03%、0.03%。东北地区虽依托地理位置曾一度为中国最先进的工业基地，但由于资源逐渐匮乏、资本不足和技术落后等原因，近年来其经济也处于倒退阶段，西北地区则因地理环境的劣势和历史因素经济发展始终相对落后，生产效率不足，工业废水的排放量却不见降低，故而西北和东北地区的工业废水的排放量对制造业的投资结构的影响呈现负效应。东部地区的工业废水的效应与该地区集中了中国大部分的制造业有关，随着相关技术的应用和环保力度的加强，新型设备的应用在提高生产效率、减少再投资比重的同时，工业废水的排放量也在逐年减少，中部地区则由于过度依赖资源，进入转型阶段的经济处于低迷状态，工业生产严重缩水，加上环保规制力度的增强，工业废水的排放量逐年降低，因此，东部和中部的工业废水的排放有显著的正效应。

除中部和东北地区外，各区域的工业废气的排放量对制造业的投资结构的效应均为正，且仅东部和西北的效应显著。工业废气的排放量每减少 1%，东部、西南、西北的制造业投资结构依次降低 0.12%、0.01%、0.16%，中部、东北的制造业投资结构分别增加 0.05%、0.02%。由于近年来中部和东北地区的制造业增长速度缓慢，甚至存在个别负增长的情况，生产效率低下使得工业废气的排放量不减反增，因而中部和东北的工业废水的排放量对制造业的投资结构有不显著的负效应。东部的制造业发展水平高于内陆地区，西北的制造业的发展也处于快速增长阶段，而相应的环保投资却难以与产生的污染之间达到一定的平衡，因而在东部和西北地区制造业如火如荼地进行的同时，工业废气的排放量也在显著的提升。

除东部和东北地区的工业固体废弃物的排放量对制造业的投资结构有正效应外，各地区的效应均为负，且仅东部地区的效应显著。工业固体废弃物的排放量每减少1%，东部的制造业投资结构减少0.02%，中部、西南、西北、东北的制造业投资结构依次增加0.006%、0.009%、0.007%、0.002%。随着中国环保体系的不断健全，近年来多数地区的工业废弃物的排放量均有下降趋势，但制造业在转型中的产业结构却在一定的浮动中保持在特定范围内，因而多数地区的工业固体废弃物的排放对制造业投资结构的效应并不显著。东部地区则因发展的需求以及资源和人力的限制，部分资源密集型和劳动密集型产业向内陆地区转移，制造业结构有些微的下降趋势，因而工业固体废弃物的排放量与制造业的投资结构有显著的正效应。

最后，就表5.6中关于环境污染治理对于电力、热力、燃气和水的生产和供应业的投资结构的实证结果进行分析。

除西北的环保投资对电力、热力、燃气和水的生产和供应业的投资结构有显著的负效应外，其余地区的效应均为正，且仅西南地区有显著的正效应。环保投资每增加1%，东部、中部、西南、东北的生产与供应业投资结构依次增加0.02%、0.005%、0.07%、0.006%，西北的生产与供应业投资结构降低0.07%。中国粗放式的发展模式决定了工业生产规模与工业污染物的排放量之间的正相关关系，在污染监管日益严格的情况下，环保投资也应随污染物排放的增多而增多，尤其是对耗煤量巨大的电力和热力的生产和供应业的发展的监管和治理，虽然在一定程度上会限制产业的发展，但同时也能促进产业内部的技术和结构的优化升级，但近年来中国环保投资占工业生产总值的比重不增反降，因而多数地区的工业环保投资与电力、热力、燃气和水的生产和供应业的投资结构成正相关关系，这一点在西南地区的体现更为明显。西北地区由于种种原因，近年来逐渐迈入快速发展阶段，因而在环保投资比重有所降低的同时，生产和供应业的投资结构反而有所提升，因而二者之间有不显著的负向相关关系。

中部和西南地区的工业废水的排放量对电力、热力、燃气和水的生产和供应业的投资结构有正效应，且仅中部地区的效应显著，东部、西北和东北地区的工业废水的排放量有负效应，且仅东部和西北地区的效应是显著的。工业废水的排放量每减少1%，东部、西北、东北的生产与供应业投资结构依次增加0.31%、0.16%、0.09%，中部、西南的生产与供应业投资结构分别降低0.24%、0.02%。可能与地方资源条件有关，能源资源丰富的中部和西南地区的电力、热力、燃气和水的生产和供应业的资源条件优于他处，加上近年来相关技术的不断提升，使得生产和供应业的投资比重有回升趋势，同时工业废水的排放量也开始增加，因而中部和西南地区的工业废水的排放量与产业投资结构有正相关关系，监管相对不足的中部地区的相关性尤为显著。而在环保体系相对健全的东部地区和水资源稀缺的西北地区，工业废水的排放量与产业投资结构呈显著的负相关关系。

各地区的工业废气的排放量对电力、热力、燃气和水的生产和供应业的投资结构的效应均为负，且仅西南地区的负效应不显著。工业废气的排放量每减少1%，东部、中部、西南、西北、东北的生产与供应业投资结构依次增加0.24%、0.26%、0.02%、0.16%、0.52%。由于环保投资水平低下，环保行业相关技术的不成熟和未成体系的产业链，仅靠雾霾高发期关停高耗能、高排放的企业难以从根本上解决问题，使得工业废气的治理未见成效，反而在一定程度上抑制了生产和供应业的发展，因而多数地区的工业废气的排放量与电力、热力、燃气和水的生产和供应业的投资结构成显著的负相关关系，而西南地区的相关产业的发展基础薄弱，因而效应不甚显著。

除东北地区外，各地区的工业固体废弃物的排放量对电力、热力、燃气和水的生产和供应业的投资结构有正效应，且仅西南和西北地区的正效应是显著的。工业固体废弃物的排放量每减少1%，东部、中部、西南、西北的生产与供应业投资结构分别减少0.005%、0.02%、0.05%、0.02%，东北的生产与供应业投资结构增加0.02%。电力、热力、燃气和水的生产和供应业是高耗能、高排放的行业，其进一步的发展必然伴随着工业污染物的排放的增加。产业门类齐全的东部沿海地区工业生产规模最大，对能源的消耗程度高于其他地区，故生产规模的扩大必然会伴随着能源消耗量和原材料使用量的增大，进而与产生的固体废弃物的排放量成正相关关系，而可能与环境规制有关，导致二者间的正相关性不强。东北地区不显著的负效应，也进一步反映出东北老工业基地的发展动力不足使得生产利用效率较低，投入产出不平衡。

5.3.5　其他要素对区域产业投资结构的效应分析

首先，就表5.4～表5.6中关于能源价格对各区域的各投资结构的实证结果进行分析。

东部和西南地区的能源价格对采矿业的投资结构的效应为负，且仅西南地区的效应显著，其余地区的能源价格与采矿业的投资结构的效应均为正，且西北和东北地区的效应显著。能源价格每提高1%，东部、西南的采矿业投资结构分别降低0.12%、0.36%，中部、西北、东北的采矿业投资结构依次增加0.06%、0.17%、0.51%。就东部和西南地区而言，作为改革开放的前沿地区，开放程度较大，市场机制相对健全，且环保意识相对较深刻，能源价格的提升，对抑制传统能源的消耗，进而抑制上游产业的发展有积极的作用，东部地区本身矿产资源稀缺，故能源价格与采矿业投资结构的相关性不显著，在自然资源丰厚西南地区，采矿业的发展与能源价格息息相关。而在市场开放度和市场发展水平相对较低、价格机制不健全、矿产资源丰厚的中部、东北和西北地区，能源价格的提升反而容易引发企业的争逐，加大采矿业的投资力度。

中部和东北地区的能源价格对制造业的投资结构的效应为正，且仅中部地区的效应显著，其余地区的能源价格与制造业的投资结构的效应均为负，且东部地区的效应显著。能源价格每提高1%，东部、西南、西北的制造业投资结构依次降低0.09%、0.07%、0.04%，中部、东北的制造业投资结构分别增加0.15%、0.97%。中部和东北地区的制造业正处于恢复上升阶段，传统工业居多，对能源的依赖和需求均比较大，因而能源价格的提升会增加企业的生产成本，使企业的生产性投资增多，进而提高制造业的投资结构，尤其是中部多集聚了一些资源密集型产业，能源价格对产业投资的影响更显著。西南和西北地区则因制造业发展相对落后，呈现不显著的负效应，而东部地区价格机制相对健全，产业投资对要素价格较敏感，因而呈现显著的负效应。

西北和东北地区的能源价格对电力、热力、燃气和水的生产和供应业的投资结构的效应均显著为正，其余地区的能源价格的效应均为负，且中部和西南的效应是显著的。能源价格每提高1%，东部、中部、西南的生产和供应业投资结构依次降低0.04%、0.32%、0.79%，西北、东北的生产和供应业投资结构分别增加0.26%、0.68%。西北和东北地区因为所处地域的气候和自然环境的特殊，对电力和热力的依赖和需求较大。能源价格提升会使得电力、热力、燃气和水的生产和供应业的生产成本提高，这就引致企业不得不加大投资力度，因而能源价格有显著的正效应。其余地区则易受能源价格和成本的制约，随之调整投资结构，因而东部地区的价格效应不显著，但中部和西南地区的资源密集型产业居多，故效应更显著。

其次，就技术进步对区域投资结构的实证结果进行分析。东部和西南地区的技术进步对采矿业的投资结构的效应为正，且均不显著，其余地区的技术进步与采矿业的投资结构的效应均为负，且中部和东北地区的效应显著。技术水平每提高1%，东部、西南的采矿业投资结构分别增加0.02%、0.07%，中部、西北、东北的采矿业投资结构依次降低0.13%、0.05%、

0.15%。东部和西南地区的开放程度大，发展空间大，对人才和外商的吸引力较大，技术的研发和引进条件优越，因而技术进步能够迅速应用到生产过程中，促进企业生产和利用效率的提升，对促进传统产业的转型升级有积极的影响，扩大产业的经营规模，进而促进上游产业的发展有积极的作用，东部和西南地区本身矿产资源欠缺，因此技术进步与采矿业投资结构的相关性不显著。而在工业发展水平相对较低、矿产资源丰厚的中部、东北和西北地区，技术进步的提升，在提升能源利用效率，降低企业能源消耗强度的同时，也能在一定程度上优化能源的消耗结构，降低传统能源的消耗比重，促进清洁能源的替代和普及，进而降低采矿业的投资力度。

西北和东北地区的技术进步对制造业的投资结构的效应为正，且均不显著，其余地区的技术进步与制造业的投资结构的效应均为负，且东部和中部地区的效应显著。技术水平每提高1%，东部、中部、西南的制造业投资结构依次降低0.02%、0.09%、0.03%，西北、东北的制造业投资结构分别增加0.03%、0.03%。西北地区的制造业在政策扶持下正如火如荼的发展，东北地区的老工业基地也在转型中渐渐复苏，这种发展背景下的技术进步能够进一步促进制造业的发展，进而提升企业的投资力度，因而西北和东北地区的技术进步与制造业投资结构有正相关关系，但效应不显著，反映出目前的技术进步还难以满足当地产业发展的需求。东部地区自改革开放后一直是中国工业基地的集聚区，在此基础上，中部地区也承接了一部分转移而来的资源密集型和劳动力密集型的产业，这种发展背景下的技术进步能够在进一步实现企业的规模化和机械化的同时，降低企业生产成本，提升企业生产效率，进而降低企业再投资力度，因而技术进步与制造业的投资结构呈显著的负相关关系。

中部和东北地区的技术进步对电力、热力、燃气和水的生产和供应业的投资结构的效应为负，且仅东北地区的效应显著，其余地区的技术进步的效应均为正，且仅西南地区的效应是显著的。技术水平每提高1%，东部、西南、西北的生产和供应业投资结构依次增加0.002%、0.07%、0.03%，中部的生产和供应业投资结构减少0.06%，东北的生产和供应业投资结构减少0.18%。中部和东北地区的电力、热力、燃气和水的生产和供应业的能耗结构依旧以煤为主，技术进步有利于相关产业提高能源利用效率和生产效率，降低能源消耗强度，减少能源投入成本，进而降低产业的投资结构，这使得技术进步在正处于老工业转型的东北地区的效应更显著。而在发展水平相对较高的地区，对电力、热力、燃气和水的消耗相对较大，相关的技术进步有利于电力、热力、燃气和水的生产和供应行业企业提高能源利用效率，降低生产成本，企业利润空间加大，可发展空间也会更大，产业投资力度加大，因而技术进步与投资结构呈正相关关系。

再次，就劳动力价格对区域投资结构的实证结果进行分析。各区域的劳动力价格对采矿业的投资结构的效应均为负，且仅西北地区的效应不显著，对制造业的投资结构的效应均显著为负，对电力、热力、燃气和水的生产和供应业的投资结构的效应均为负，且仅西北和东北地区的效应不显著。劳动力价格每提高1%，东部、中部、西南、西北、东北的采矿业投资结构依次降低0.57%、0.44%、0.62%、0.09%、0.27%。东部、中部、西南、西北、东北的制造业投资结构依次降低0.09%、0.41%、0.16%、0.22%、0.11%。东部、中部、西南、西北、东北的生产和供应业投资结构依次降低0.49%、0.28%、0.22%、0.22%、0.09%。

由此表明，劳动力价格的提升，会使得企业的利润减少，进而压缩企业的投资规模，降低行业投资比重，同时也反映出中国工业企业在生产过程中机械化程度不高、效率低下的现状。但在西北和东北地区，劳动力的价格效应并不完全显著，这与该地区的经济发展现状和市场发展水平有关。西北地区的工业企业多以资源密集型和劳动密集型产业为主，技术密集型产业欠缺，东北地区虽一度为工业领头基地，但资源匮乏、设备更新不足等问题的出现阻碍了工业发展的持续性，因而工业的发展速度比较缓慢，而相关技术水平的提升在很大程度上都要依赖技术密集型产业，但西北和东北地区的技术型产业严重落后，缺乏相应资金和技术型人才的强力支撑，工业各行业的企业难以很好地完成领先技术的引进、消化、吸收和自主创新的整个过程，采矿业的生产体系尚处于起步阶段，制造业也基本上处于仿制和代加工的阶段，电力、热力、燃气和水的生产和供应业也在能源消费结构优化升级的大背景下发展动力不足，各行业均尚未形成自主创新的发展方式，再加上市场化不足等问题，使得劳动力的价格效应并不显著。但整体来看，劳动力价格的提升，以及工业企业中技术型人才比例的提升，能够在一定程度上促进企业规模化生产和机械化的进一步完善。因此，劳动市场的完善有助于促进工业行业的机械化和规模化。

最后，就行业投资量和资本价格对区域投资结构的实证结果进行分析。除西北地区外，各区域的行业投资量对三大行业的投资结构的效应均为正，且多为显著效应。各区域的资本价格对采矿业的投资结构的效应均为正，且仅东北地区的效应不显著；除中部和西南地区的资本价格对制造业的投资结构的效应为正外，东部、东北和西北地区的资本价格对制造业的投资结构的效应均为负，且仅中部和东北地区的效应显著；除东北地区的资本价格的效应为不显著的负效应外，各区域的资本价格对电力、热力、燃气和水的生产和供应业的投资结构的效应均显著为正。

行业投资量每提高1%，东部、中部、西南、西北、东北的采矿业投资结构依次增加0.83%、0.66%、0.74%、0.55%、0.21%；东部、中部、西南、西北、东北的制造业投资结构依次增加0.04%、0.32%、0.16%、-0.03%、0.12%；东部、中部、西南、西北、东北的生产和供应业投资结构依次增加0.66%、0.69%、0.49%、0.26%、0.48%。资本价格每提高1%，东部、中部、西南、西北、东北的采矿业投资结构依次增加0.1%、0.08%、0.07%、0.04%、0.002%。东部的制造业投资结构降低0.009%，中部的制造业投资结构增加0.06%，西南的制造业投资结构增加0.008%，西北的制造业投资结构降低0.01%，东北的制造业投资结构降低0.02%。东部的生产和供应业投资结构增加0.11%，中部的生产和供应业投资结构增加0.13%，西南的生产和供应业投资结构增加0.08%，西北的生产和供应业投资结构增加0.04%，东北的生产和供应业投资结构减少0.003%。

由此表明，企业的投资规模会随资本回报率的提升而扩大。中国采矿业本就处于起步阶段，采矿业要实现科学、持续性的发展，各项技术、设备、人才均存在欠缺，而东北地区在资源匮乏、资金链不足的发展背景下，资本回报率的提升缓慢，因而资本价格与采矿业投资结构的效应不显著。而东北和西北地区的资本市场发展不足，资金流通速度缓慢，但制造业的发展政策条件的优惠，使得东北和西北地区的本土的优势资源充分发挥，资源密集型产业逐渐诞生，加上由沿海地区退回内陆发展的劳动密集型产业，制造业渐渐恢复活力，因而二者呈现负相关关系。因此，价格机制和资本市场的完善也会促进投资结构的优化。

5.4　本章结论

（1）能源消费结构方面，与中国的资源分布状况和各区域的能源消费结构有关，中国工业能源消费结构对工业行业的投资结构的效应存在区域差异。

中部地区的煤品和电力的消耗结构对行业投资结构的影响最大，西南地区的油品和天然气的消耗结构对行业投资结构的影响最大，东部地区的天然气的消耗结构对行业投资结构的影响最大，东北地区则是煤品的消耗结构对行业投资结构的影响最大。由此可见，要通过能源消费结构的优化对不同地区的行业投资结构进行调控，需根据不同地区的优势能源针对性地进行。

（2）能源价格方面，由于各地资源优势、能耗结构、价格机制的完善程度和市场开放程度的不同，能源价格对行业投资结构的效应不尽相同。

东部地区的能源价格与制造业的投资结构的效应显著为负；西南地区的能源价格对采矿业和电力、热力、燃气和水的生产和供应业的投资结构的效应显著为负；中部地区的能源价格对制造业的投资结构的效应显著为正，对电力、热力、燃气和水的生产和供应业的投资结构的效应均为负；西北和东北地区的能源价格对采矿业和电力、热力、燃气和水的生产和供应业的投资结构具有显著的正向效应。

（3）环保方面，由于各地区资源禀赋条件及经济发展条件的不同带来的工业生产规模、生产性质和生产过程的差异，使得各地区环境污染程度不同，对环境保护的重视程度不同，进而产生投资结构的差异化。

在对采矿业的投资结构的效应方面，东部的工业废水、废气的排放量的效应显著为负；中部工业废水的排放量的效应显著为正；西北的工业废气、环保投资的效应显著为负，工业废水的排放量的效应显著为正；东北的工业固体废弃物的排放量有显著的负效应；西南的工业固体废弃物的排放量的效应显著为正。在对制造业的投资结构的效应中，东部的工业废水、废气和固体废弃物的排放量有显著的正效应；中部的工业废水的排放量效应显著为正；西北的工业废气的排放量的效应显著为正。在对生产和供应业的投资结构的效应中，东部工业废水、废气的排放量有显著的负效应；西北的工业废水、废气的排放量对环保投资负效应显著，固体废弃物的排放量有显著的正效应；中部的工业废水的排放量有显著正效应，工业废气的排放量的效应显著为负；西南的工业固体废弃物的排放量有显著的正效应。因此，我们也可以从优化能源消费结构出发，促进环境污染物排放情况的改善，进而调整产业结构，并实现投资结构的优化。

（4）技术进步方面，与各地的产业发展现状有关，技术进步对产业投资结构的效应各有不同。

东部地区的技术进步与制造业的投资结构的效应显著为负；中部地区的技术进步对采矿业和制造业的投资结构的效应显著为负；东北地区的技术进步对采矿业和电力、热力、燃气和水的生产和供应业的投资结构具有显著的负效应；西南地区的技术进步与电力、热力、燃气和水的生产和供应业的投资结构的效应显著为正。

（5）要素价格方面，资本和劳动的价格和行业投资量对产业投资结构的效应，也存在一定的地区差异。

除西北地区外，各区域的行业投资量对三大行业的投资结构的效应均为正，且多为显著效应。除东北地区的资本价格的效应不显著外，各区域的资本价格对采矿业及电力、热力、燃气和水的生产和供应业的投资结构具有显著的正向效应；中部的资本价格对制造业的投资结构的效应显著为正，东北地区的资本价格对制造业的投资结构的效应显著为负。劳动力价格对各类行业的投资结构的效应均为负，有部分地区的效应不显著。

由此可见，要通过能源消费结构、能源价格、环保规制、技术进步和资本、劳动价格、行业投资量等要素的优化对不同地区的行业投资结构进行调控，需根据不同地区的优势能源针对性地进行。

第6章 能源消费结构对制造业生产结构的协调促进机制研究

化石能源的不可再生性和高碳属性迫使世界主要国家推进能源转型，也成为中国工业可持续发展不可忽略重要因素。长期以来，工业能源消耗的80%以上来源于制造业。根据《中国能源统计年鉴2020》，中国制造业能源消费量早就居于世界首位，2019年总量高达281281万吨标准煤，约占工业总体能源消费的83.1%。其中，五大高耗能制造业①的能源消费量占制造业能源消费总量的比重高达77.2%，占化石燃料比重高达93.4%。显然，化石能源等不可再生能源不仅会变得越来越稀少和昂贵，而且会产生大规模的二氧化碳排放。这使得中国制造业发展将面对严重的能源缺口、资源环境和国际竞争压力。习近平主席在2020年9月第75届联合国大会上，从中国的能源供求现状和大国责任出发，向世界庄严承诺2030年"碳达峰"、2060年"碳中和"的目标。这预示着"十四五"时期以至未来相当长一段时期，开展能源消费结构优化是国家治理、社会治理的重要内容。目前，中国经济发展已经进入了新时代高质量发展阶段，不足追求高速增长，此时，制造业的发展质量直接决定了整个经济发展的质量和效益（孟望生，2019）[23]。因此，中国必须提高能源、资源利用效率，以创新驱动能源结构清洁化，以能源结构调整促进制造业结构转型升级，推进制造业能源消费结构优化无疑是重中之重。

改革开放以来，迅速发展的制造业为国家经济增长做出了巨大贡献，发挥了中流砥柱的作用。2019年中国制造业从业人数已达10471.3万人，成为除农业以外吸引劳动力最多的部门；同年，其产值达到26.5万亿元，约占国民生产总值的30%。然而，中国制造业"高能耗"特点随其快速

---

① 根据国家对六大高耗能行业的界定：非金属矿物制品业、化学原料及化学制品制造业、黑色金属冶炼及压延加工业、有色金属冶炼及压延加工业、石油加工炼焦及核燃料加工业、电力热力的生产和供应业，前五者属于制造业。

发展而能源需求不断提升。根据《中国能源统计年鉴2020》，2010～2019年其能源消耗总量分别为180596万吨标准煤和281281万吨标准煤，分别占工业整体能源消费的82.4%和83.1%，巨大的能源需求增加了中国能源供给压力。2019年中国能源消费量已突破4860000万吨标准煤。由于路径依赖，未来会向更高消费量攀升。然而，我们预测中国能源生产总量难以冲破400000万吨标准煤，供给增长无法匹配快速增长的消费需求，虽然2010～2015年能源生产逐年增加，但在2015年峰值之后开始下降，能源缺口继续扩大，根据《中国能源统计年鉴2020》，2010～2019年中国存在着50000万吨标准煤以上的能源供需缺口，并在2019年缺口直逼100000万吨标准煤，未来有可能突破100000万吨标准煤。

能源缺口持续扩大的主因是高耗能制造业行业能源强度过高、扩张过快。《2010年国民经济和社会发展统计报告》对六大高耗能行业的界定为：非金属矿物制品业、化学原料及化学制品制造业、黑色金属冶炼及压延加工业、有色金属冶炼及压延加工业、石油加工炼焦及核燃料加工业、电力热力的生产和供应业。前五者属于制造业，五大高耗能行业能源消费量占制造业能源消费很高比例，并且增势迅猛。2011～2020年《中国能源统计年鉴》数据显示，2010～2019年前五大高耗能制造业分别能耗增长了约116%、87.2%、77.2%、22%、10.4%。2010年五大高耗能制造业的能源消费总量占到制造业能源消费总量的76.9%，2019年占比为77.2%。然而，它们提供的产能和就业却不尽人意。2019年，中国规模以上工业企业中高耗能产业有87539个，仅占全国规模以上工业企业的23.12%，五大高耗能产业工业销售产值总计357073.2亿元，仅占全国规模以上工业销售产值总额的30%。同时，五大高耗能制造行业也是化石能源消费最多的行业。2019年，五大高耗能制造业行业的能源强度均为制造业总体的两倍以上，高耗能行业投入了巨大的能源，却仅仅贡献了30%的制造业产值和23.12%的企业就业单位，生产效率明显过低。

中国制造业能源消费结构和制造业行业结构之间明显存在不足。一是能源消费结构不太合理，清洁能源占比太小。根据《中国能源统计年鉴2020》，2019年中国煤炭消费量占能源消费总量的59%，而石油和天然气仅占18.9%和7.6%；同期五大高耗能行业消耗了制造业整体约77.21%的能源，其中化石能源在制造业中的占比达93.42%，煤炭、石油比重均大于90%。二是制造业产业结构不合理，制造业中高耗能行业占比过高。2019年中国五大高能耗行业在制造业各行业工业总产值的排名中均为前十，而且黑色金属冶炼及压延加工业居于首位。高能耗、低技术、低附加值的产业是中国制造业的主体。然而，五大高耗能行业占制造业的能耗比重如此之高（2019年为77.2%），但其总产值占制造业总体的比重却始终在30%左右浮动，大部分的能源浪费在了高耗能行业。三是制造业结构与能源消费结构不协调。由于发展之初受技术、资金、人才稀缺的限制，被迫大力发展对资金、技术要求较低的高耗能产业，形成了以高能耗、低技术、高污染为特征的制造业产业结构。新时期虽然积极谋求其结构调整，根据2011年和2020年《中国工业统计年鉴》，2010年全国五大高耗能产业资产总计达31008.95亿元，占全国规模以上制造业销售产值总额的26.53%，到2019年产值增至96764.1亿元，比重降到20.60%。但两者结构仍然不协调。

然而，能源消费结构优化对制造业结构升级有何影响？其能否成为促进制造业结构升级的有效手段？理论机理与影响效应如何？在不同地区、不同时段有何差异？为此，下文将探索能源消费结构优化对制造业结构升级的影响效应，并厘清其时空异质性，以期为因地适宜地制定能源政策、促进制造业由大做强提供理论与决策参考。

6.1 能源消费结构对制造业生产结构的协调促进机制分析

能源既是消费品也是投入要素，能源消费几乎贯穿于经济运行的每个环节。本书认为，在政府宏观调控、规制诱导及市场调节下，能源消费结构主要通过激励效应、结构效应、技术效应、空间效应4条路径影响制造业结构（见图6.1）。通过以上4条路径，能源消费结构将推动高耗能产

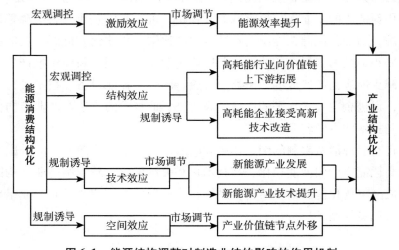

图6.1 能源结构调整对制造业结的影响的作用机制

业与清洁型产业份额相对变化，诱使技术、劳动和资本等要素发生转移。生产要素的转移最终导致低能耗、低污染、高技术产业规模的扩大和落后产业的萎缩，最终实现了制造业结构的升级。

6.1.1　能源消费结构影响制造业结构的激励效应

政府部门可以通过能源定价、能源配额、税收和补贴等宏观调控手段改变能源消费结构，影响包含减少化石能源的消费和增加清洁能源比重两个方面。

一方面，在限制化石能源消费方面，政府出台针对化石能源的税收政策、实行化石能源配额制度，可以从价格和数量两个层面影响制造业企业尤其是高耗能企业的能源消费，能源税提高了企业能源要素的成本，配额制度则直接限制了企业的化石能源消费量，制造业企业的能源消费结构中，化石能源的占比由此将显著减少。原本依赖于巨额能源投入、以数量增长代替质量提高的制造业企业将难以延续粗放型的生产方式，化石能源消费的限制和行业竞争压力倒逼企业提高能源效率。

短期内中国制造业发展不能完全放弃高耗能行业，资源型行业向技术型产业的转型需要一个过程，高耗能行业贡献了1/3左右的制造业产值，吸纳了数目可观的就业人口，骤然淘汰这些企业将会打击到国民经济。为了保护就业和经济稳定，同时为制造业结构转型升级提供过渡和基础，短期内能源消费结构调整的举措将会集中在提高能源效率上，减少化石能源的使用，最终促使制造业由高能耗结构向低能耗结构转变。

另一方面，在化石能源使用受限的同时，政府出台新能源补贴政策，对使用新能源的企业实行税收减免和补贴，可以激励企业用新能源替代化石能源，增加新能源在能源消费结构中的比重。相比化石能源，新能源具有污染小、技术含量高的特点，制造业企业在广泛利用新能源投产后，将大幅减少能源消耗造成的污染物的排放，同时对耗能设备、技术进行更新换代，促进企业技术水平的提高。高污染、低技术的制造业产业将向低污染、高技术的方向转型。

化石能源消费限制的倒逼作用和政府部门对清洁能源消费的鼓励共同激励高耗能产业的低能耗化、高技术化和去污染化，新型制造业结构的逐渐形成又将优化能源消费结构，最终在能源消费结构调整和制造业结构升级间实现良性循环。

6.1.2 能源消费结构影响制造业结构的结构效应

在过去相当长的时间内，中国制造业的高速增长主要依靠市场上低廉的能源要素驱动，以至于大部分制造业的生产还停留在低技术、低附加值的低端环节。能源消费结构的清洁化调整会倒逼制造业结构沿产业价值链重新布局。

（1）价值链横向优化。降低化石能源消费比重将倒逼制造业产业价值链横向拓展。从高耗能产业内部的各个企业之间的相互作用而言，能源消费结构的清洁化调整，对高耗能制造业企业构成生存压力，迫使其直接引入先进技术和借鉴成熟发展模式，以节约发展成本和试错成本，争取成本优势，谋求自身在横向价值链中保持竞争力。各企业之间的博弈将促使高耗能产业降低单位产出能耗，提高能源效率，促使制造业结构由高耗能向低能耗转变。

在改革开放初期，由于技术水平的限制，长期以来中国制造业依靠资源特别是能源的大量投入就可实现产值的迅速增长，缺乏产业革新的动力，制造业结构长期处于低端组装和加工制造环节。然而，现阶段中国经济增速放缓、高耗能产业不适应可持续发展的要求，制造业寻求新的增长动力和转型升级，政府限制化石能源消费以后，制造业产业尤其是高耗能企业迫于生存压力，将从价值链的中间部分向两端拓展，寻求资金和技术能力的提升，进入设计、研发、营销和品牌维护等高附加值环节，这一制造业转型方式被田双（2020）称为制造业的功能升级[194]，在技术上表现为从低端加工向高端制造攀升，在生产内容上表现为由低附加值的产品向服务业扩散。中国高耗能制造业具有雄厚的资金积累和设施、经营基础，有能力通过构建自己的产业链或并购成熟知名品牌制造业的途径实现产业链位置跃升。

（2）价值链纵向延伸。在纵向上，传统产业自身也会在能源结构清洁化的驱动下主动实现高级化，包括低能耗、高技术、高附加值和低污染。传统高耗能产业在多年的发展历程中在资金、人力、经营经验等方面积累了深厚的底蕴，正在贡献着30%的制造业产值和23%的就业，短时间内不会全部退出市场或规模急剧缩小。经过多年积累，中国制造业有足够实力在垂直专业化分工中承接上游产业转移，充分利用后发优势，学习模仿发达国家已有的发展模式，直接引入先进企业的技术设备，以节约发展成本和试错成本。在能源消费结构调整的倒逼作用下，高耗能企业会对传统产业进行技术改造，谋求从价值链的中间部分向两端拓展，一方面，加快其优势产业向设计研发、高技术水平、高附加值环节延伸，采用新知识、新技术、新工艺、新的经营方式，以政策优惠吸引具有品牌区分度、科技研发能力和国际竞争力的企业入驻，从而促使制造业结构优化；另一方面，提升产品质量和创新产品种类，促进产品差异化，生产出高技术含量和高附加值的产品，增加市场竞争力。

6.1.3 能源消费结构影响制造业结构的技术效应

（1）创新补偿效应。能源消费结构对制造业结构的影响存在明显的创新补偿效应。能源结构的清洁化调整会促使企业用新能源替代化石能源，增加对新能源的需求，从而带动新能源技术的研发和引进，根据波特（Porter）与范德林德（Vender Linde）等学者的"创新补偿"理论，中长期来看，技术创新能弥补能源转型成本。新能源技术的研发与引进有利于发展新能源产业，其包含了原料供应、零部件制造、整机组装制造、能源利用转换和产品销售等环节，各个环节又衍生出其他能耗低的制造业，这有利于促进制造业结构升级。

技术创新是制造业结构升级的重要影响因素。能源消费结构的清洁化调整会促进新生产方式的运用和新技术的产生，主要包含生产技术创新和高新技术产业发展两个方面。首先，技术创新表现为制造业能源效率的提高。认为科技创新是能源效率提高的决定性因素（齐志新，2006[195]；成金华，2010[196]）。制造业作为工业能源最主要的消费者，化石能源在能源消费结构中的比重下降会导致制造业企业的能源需求难以满足，从而倒逼制造业企业转变粗放型的能源利用理念，研发、引入和使用节能技术，以降低单位产出能耗。企业为此会增大技术投资比例，更新更加清洁节能的生产设备，主动升级产业生产技术或提升产品技术含量，并最终提高产业生产技术水平，减少污染和能源消费量。其次，技术创新表现为新能源技术的广泛使用。能源结构的清洁化调整会促使企业用新能源替代化石能源，增加对新能源的需求，从而带动新能源技术的研发和引进。政府政策对于使用新能源的制造业企业的倾斜、新能源技术带来的生产率乃至行业赢利水平的提高，以及制造业产业对高技术人才、高素质劳动力和投资需求的增加，将推动行业内要素回报率上升，诱使技术、劳动和资本要素进入（朴美兰，2014）[197]。生产要素转移最终导致低能耗、高技术、低污染产业规模的扩大和落后产业的萎缩，实现了制造业结构的转型。此外，新能源的研发本就属于高新技术行业的工作内容，发展新能源就是发展高新技术产业。新能源产业链包含了原料供应、零部件制造、整机组装制造、能源利用转换和产品销售等环节，各个环节又衍生出其他能耗低的制造业，其中零部件和整机组装制造环节需要高精尖的技术投入，能源利用转换和负责销售的企业出于产业链的上游，附加值高并且能够容纳更多的就业。因此，新能源产业可以起到替代高耗能行业的作用，逐渐成为制造业发展的新支柱。

（2）技术回弹效应。能源消费结构对产业结构的影响存在着技术回弹效应。能源消费结构向绿色低碳转型能促进高耗能产业技术进步，而技术进步可以提高能源利用效率，进而降低了单位产出的能耗强度，从而节约能源的消费量，但技术进步也会促进高耗能制造业产量的快速增长，从而对化石能源产生新的需求，部分地抵消了所节约的能源，甚至存在技术"回火效应"（李强，2014）[198]。这提高了能源要素的投资回报率，减小对高耗能产业的生存压力，不利于制造业结构升级。

6.1.4 能源消费结构的空间效应

（1）高耗能产业转移。能源消费结构的调整对不同的产业影响程度有所差异。高耗能企业以利润最大化作为自身经营目标，对化石能源多征税、实行化石能源配额制度、环境规制等使得高耗能产业承担高昂的"环境遵循成本"，当地区生产利润低于其他地区时，出于规避"环境遵循成本"的需要，高耗能产业会进行"切片"外移，即以排污、能耗规定相对宽松的周边国家或地区为目标，通过 FDI 或外包的形式转移高耗能、低技术、高污染的制造业。而留下高能效、高技术、低污染、清洁型制造业，从而增加生产利润，为制造业结构升级奠定基础（许长新、詹平原，2012）[199]，以此获得了"绿色"发展的比较优势，并吸引大量物质资本和人力资本等生产要素向该产业流动（李贤珠，2010）[200]。

（2）清洁型产业转移。能源消费结构的调整力度在不同地区也有所差异。地方政府为了提高本地区能源消费结构中新能源的比重，通常会出台一些具体的新能源补贴政策，以及对使用新能源的企业实行税收减免和补贴，这会扩大市场对新能源的需求，吸引其他地区的新能源产业、使用新能源的制造业企业和专业人才流入，从而促使制造业结构升级。新能源补贴和税收减免力度越大的地区，则越能够吸引邻近地区的新能源产业和专业人才逐渐转移。随着时间的推移，在"规模经济"与"范围经济"的共同推动下，制造业结构逐渐改变，导致低能耗、低污染、高技术的产业在本地区集聚，形成规模效应进一步吸引外地产业的流入，而原有高能耗、低技术、高污染的传统产业大量转移，规模效应的减弱促使其继续流失。最终推动本地制造业结构逐渐改变。

6.2 能源消费结构对制造业生产结构协调促进机制实证分析

6.2.1 典型化事实：制造业结构的演变特征

本章探究能源消费结构调整对制造业结构升级的影响，厘清中国制造业结构演变是本章开展实证研究的基础。为探究 2010 ~ 2019 年中国制造业结构的演变特征，本章采用非参数的 Kernel 密度估计，基于高斯核函数探究其分布位置、态势、延展性、极化趋势等。选取 2010 年、2014 年及 2019 年为观测点，得到各观测点的分布状态（见图 6.2）。

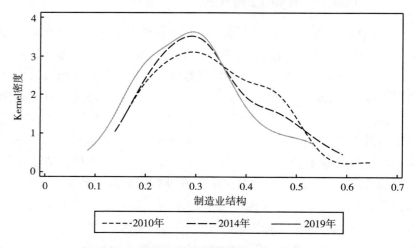

图 6.2　中国制造业结构的 Kernel 密度估计结果

图 6.2 中制造业结构采用的是能源密集型产业产值占制造业总产值的比重，因此其数值越小，代表能源密集型产业产值占比越低，制造业结构越高。基于此，可以得出以下信息：一是从分布位置来看，2014 年、2019 年中国制造业结构分布曲线中心发生了两次明显的左移。这说明观测期内，在全国层面上能源密集型产业产值占比呈降低的趋势，制造业结构升级的成效明显，制造业结构有所升高。二是从分布形态来看，2014 年、2019 年中国制造业结构的分布曲线右侧宽度具有明显的收缩趋势，且主峰高度持续升高。这说明中国制造业结构的空间绝对差距具有一定程度的减小，能源密集型产业产值占比在 30% 左右水平上的省份有所增加，省际

之间的制造业结构具有收敛的趋势。三是从分布的延展性来看，2010 年中国制造业结构的分布曲线具有较明显的右拖尾现象，到 2019 年右拖尾现象已趋于消失。这说明在观测期内，能源密集型产业产值占比较大的省份积极进行了结构调整，其制造业结构已有明显升级。四是从极化趋势来看，2010 年中国制造业分布曲线呈现较明显的"双峰"分布，主峰高度在 0.3 左右，侧峰高度为 0.4 ~ 0.5。这说明此时中国制造业结构具有一定的"梯度效应"，呈现微弱的两极分化趋势。2014 年主峰升高而侧峰下降，2019 年呈现较强的"单峰"分布，这说明中国制造业结构的空间分布的两极分化趋势进一步减弱。综合来看，2010 ~ 2019 年中国制造业结构具有明显的升级趋势，在此基础上探究能源消费结构优化对其升级的影响具有重要的现实意义。

6.2.2 制造业结构的空间相关性

为检验省域制造业结构的全局空间相关性，基于地理距离矩阵（W_{6-1}），本章测度了的 Moran's I 指数（Moran，1950）[206]，检验结果如表 6.1 所示。

表 6.1　　　　　　　制造业结构高级化指数的全局 Moran's I 值

年份	Moran's I	z 值	年份	Moran's I	z 值
2010	0.218 ***	2.668	2015	0.241 ***	2.868
2011	0.231 ***	2.779	2016	0.260 ***	3.076
2012	0.243 ***	2.909	2017	0.248 ***	2.967
2013	0.216 ***	2.614	2018	0.262 ***	3.123
2014	0.225 ***	2.716	2019	0.237 ***	2.840

注：***、**、* 分别表示在 1%、5% 和 10% 的水平上显著。

从表 6.2 可以看出，2010 ~ 2019 年中国省域制造业结构的 Moran's I 均为正值，数值介于 0.218 与 0.262 之间，均值为 0.238，且所有年份均通过了 1% 水平下的显著性检验。这说明中国制造业结构具有显著的空间正相关性，制造业结构较高的省份与制造业结构较高的省份相邻，制造业结构较低的省份与制造业结构较低的省份相邻。现实情况也支持这一结论，东部地区具有国家政策倾斜、生产要素集聚、易吸引外资等优势，制造业结构较高，已开始谋求以制造为中心向以服务为中心转变；此外，东部地区环境规制强度较高，能源消费结构优化较早推动了高耗能产业向外转移，因此上海、江苏、浙江、福建等地区已逐渐形成了制造业结构的高—高集聚态势。而西部地区发展基础较弱，经济增长对能源要素的依赖较大，其能源消耗量长期居全国前列，制造业结构中高耗能产业占比较高，因此，青海、宁夏、甘肃、新疆、内蒙古等地易形成制造业结构的低—低集聚态势。总体而言，在进行能源消费结构优化对制造业结构升级的实证分析时，不能简单地假定各地区是相互独立的，需将空间因素考虑在内。

表 6.2 数据的描述性统计

变量	样本量（个）	均值	标准差	最小值	最大值
ln*TIS*	300	1.218	0.362	0.434	2.552
ln*ECS*	300	1.91	0.26	1.390	2.561
ln*FDI*	300	2.626	1.724	−1.875	5.768
ln*TRS*	300	−3.102	1.341	−6.640	−0.492
ln*TEC*	300	4.283	0.618	2.265	5.109
ln*PAT*	300	1.294	1.077	−1.612	3.500
ln*PE*	300	4.647	0.060	4.494	4.879
ln*CS*	300	−0.465	0.325	−1.640	−0.040

6.2.3 计量模型设计

根据前文所述，能源消费结构优化通过激励效应、结构效应、技术效应和空间效应四种促进制造业结构升级。为对此进行实证分析，本章建立如下基准模型：

$$\ln tis_{i,t} = c + \alpha \ln ecs_{i,t} + \sum_{k=1}^{n} \theta_k X_{k,i,t} + \alpha_i + \mu_i + \varepsilon_{i,t} \tag{6.1}$$

其中，i 和 t 表示地区与年份；c 为常数项；$\ln tis$ 代表制造业高级化指数；$\ln ecs$ 代表能源消费结构指数；n 为控制变量个数；$X_{k,i,t}$ 表示第 i 个地区第 t 年第 k 个控制变量；θ_k 为该控制变量回归系数；α_i，μ_i，ε_{it} 分别表示个体固定效应、时间固定效应、随机误差项。

（1）指标选取与数据来源。

本章以 2010～2019 年中国 30 个省（区市）为研究对象，西藏及港澳台地区因数据缺失未包含。被解释变量为制造业高级化指数，核心解释变量为能源消费结构高级化指数，控制变量包括外商直接投资、对外贸易水平、人力资本、技术进步、能源价格、产权结构，具体变量选取如下。

第一，制造业高级化指数（*TIS*）。如何有效测度产业升级是研究产业升级问题的一个难点（周茂，2018）[201]。现有文献根据不同侧面的研究需要提出了不同角度的制造业结构升级的测度方法。例如，綦良群等

（2011）[202]使用高加工度产业产值占区域装备制造业产值比重来测度制造业结构升级；阳立高等（2018）[203]采用行业工业总产值和制造业工业总产值之比来衡量制造业结构变动情况；傅元海（2014）等依据高端技术产业发展状况判断制造业结构升级的状况，用高端技术产业占制造业的份额量化产业结构升级具体情形[204]。为适应能源转型的要求，制造业未来的改革方向之一是由高耗能向低耗能转变，借鉴上述学者的研究，采用能源密集型产业①产值占制造业总产值比重来衡量。为方便分析，对此取倒数处理，该指数的升高说明中国制造业结构向低能耗、高技术、低污染的方向转型。

第二，能源消费结构指数。能源消费结构指数（ECS）。学界大多从不同种类能源消费占总能源消费比重来度量能源消费结构。例如，孙浦阳等（2002）[205]利用化石能源消费、替代能源消费和可再生能源消费各自在总能源消费上的变动比例来说明能源消费结构的变动。陶长琪（2018）[48]基于化石能源占能源消费总量比重的角度研究能源结构。借鉴上述学者的研究，为了说明能源结构清洁化的调整程度，本章使用工业化石能源（包括煤炭、原油、天然气等）终端消费量占能源消费总量比重来衡量。为方便分析，对此取对倒处理，该指数的升高说明能源消费结构清洁化程度越高。

第三，控制变量。一是外商直接投资（FDI）：采用分行业工业外商直接投资衡量。二是对外贸易水平（TRS）：使用工业制成品进出口总额来衡量。三是人力资本（PAT）：本章基于教育投入角度，把人力资本看作教育投资的结果（柯善咨、赵曜，2014）[99]，使用教育经费来衡量。四是技术进步（TEC）：使用内资企业的年度 R&D 经费投入来衡量。五是能源价格（PE）：使用燃料、动力类工业生产者购进价格衡量（刘苏社，2009）[94]。六是产权结构（CS）：本章使用国有工业企业资产占规模以上工业企业资产的比例来衡量，以表示行政因素对制造业升级的影响。

被解释变量和解释变量均进行了对数化处理，以降低异方差的影响。本章所选取的原始数据均来自 2010～2019 年的《中国统计年鉴》《中国工业经济统计年鉴》《中国能源统计年鉴》以及万德数据库和国泰安数据库。

（2）空间计量模型。

从理论上来说，万物都有关联，彼此邻近者关联更紧密。从现实情况

---

① 能源密集型产业包括有色金属冶炼和压延加工业、黑色金属冶炼和压延加工业、非金属矿物制品业、石油与煤炭及其他燃料加工业、化学原料和化学制品制造业。

来说，上文阐释了能源消费结构可能推动产业转移，进而对制造业结构产生影响的空间效应。因此，在研究制造业升级时，应将空间因素考虑在内，而假定各地区相互独立不能考察地区间的相互作用对制造业结构的影响。基于此，为全面而深入地探讨能源消费结构优化对制造业结构升级的影响效应，在式（6.1）的基础上，本章设定如下空间计量模型：

$$\ln tis_{i,t} = c + \alpha \ln ecs_{i,t} + \sum_{k=1}^{n} \theta_k X_{k,i,t} + \rho \sum_{i=1}^{n} w_{ij} \ln tis_{i,t} + \varphi w_{ij} \ln ecs_{i,t}$$

$$+ \sum_{i=1,k=1}^{n} w_{ij} \gamma_k X_{k,i,t} + \alpha_i + \mu_i + \varepsilon_{i,t} \qquad (6.2)$$

$$\varepsilon_{i,t} = \tau \sum_{i=1}^{n} w_{ij} \varepsilon_{i,t} + v_{i,t}$$

当 $\tau = 0$、$\varphi = 0$ 且 $\gamma_k = 0$ 时，式（6.2）为"空间滞后模型"（SLM），ρ 是空间滞后系数，表示相邻或相近地区制造业结构升级而对本地区的影响。

当 $\rho = 0$、$\varphi = 0$ 且 $\gamma_k = 0$ 时，式（6.2）为"空间误差模型"（SEM），τ 是空间误差系数，表示不包含在 $X_{k,i,t}$ 中但对制造业结构有影响的遗漏变量或者不可观测的随机冲击的空间效应。

当 $\tau = 0$ 时，式（6.2）为"空间杜宾模型"（SDM），ρ 是空间滞后系数，φ 是制造业结构与空间权重矩阵的空间交互效应的回归系数，γ_k 是控制变量与空间权重矩阵的空间交互效应的回归系数。

w_{ij} 为省份 i 和省份 j 之间的空间权重值，本章使用的空间权重矩阵包括地理距离矩阵（W_{6-1}）、邻接距离矩阵（W_{6-2}）；其余变量含义与式（6.1）相同。具体选择 SLM 模型、SEM 模型还是 SDM 模型进行分析，需要根据具体的检验来确定。

6.2.4　实证结果分析：能源消费结构对制造业结构影响机制检验

（1）回归结果分析。

下文利用 Hausman 检验决定选用固定效应还是随机效应模型，Hausman 结果拒绝随机效应模型原假设，因此选择固定效应模型。方差膨胀因子（VIF）小于 10，因此可忽略多重共线性问题。本章同时进行了普通面板回归、空间计量模型回归，回归结果如表 6.3 所示。四种模型中，各变量的回归参数的影响方向全部一致，但是它们的显著性水平有一定差别，这表明回归结果具有一定的稳健性。在最终选择哪种空间计量模型进行分析上，本章采用 *Wald* 检验与 *LR* 检验进行选择，两种检验方式显著拒绝原假设，表明 SDM 模型不能简化为 SLM 模型或 SEM 模型。此外，SDM 模型的 R^2 与 $log-L$ 均大于 SLM 模型、SEM 模型，说明 SDM 模型的解释力度更强。因此，下文最终选取空间杜宾模型（SDM）进行回归。

表 6.3　　　　　　能源消费结构调整对制造业结构影响的回归结果

变量	普通面板模型		空间杜宾模型（SDM）		空间滞后模型（SLM）		空间误差模型（SEM）	
	系数	t 值	系数	z 值	系数	z 值	系数	z 值
lnECS	0.145 **	−2.26	0.192 ***	3.22	0.145 ***	2.47	0.142 **	2.42
lnFDI	0.074 ***	−6.31	0.079 ***	7.33	0.076 ***	7.01	0.076 ***	7.06
lnTRS	−0.149 ***	−7.39	−0.142 ***	−7.45	−0.145 ***	−7.85	−0.141 ***	−7.43
lnTEC	−0.601 ***	−6.32	−0.611 ***	−6.58	−0.603 ***	−6.93	−0.601 ***	−7.02
lnPAT	0.120 ***	−4.99	0.095 **	3.74	0.113 ***	5.12	0.113 ***	5.21
lnPE	0.168	−1.33	0.152	1.18	0.171 ***	2.47	0.160	1.43
lnCS	0.027	−0.53	0.060	1.28	0.027	0.59	0.029	0.64
_Cons	2.783 ***	3.60						
W × lnECS			−0.026	−0.13				
W × lnFDI			0.059 **	2.03				
W × lnTRS			0.170 ***	3.11				
W × lnTEC			−0.197	−0.89				
W × lnPAT			−0.098 *	−1.75				
W × lnPE			−0.126	−0.43				
W × lnCS			0.094	0.72				
ρ			−0.078	−0.81	−0.160 **	−1.97	−0.149	−1.59
检验方法		系数	P 值					
Wald_spatial_lag		20.28 ***	0.005					
LR_spatial_lag		34.61 ***	0.000					
Wald_spatial_error		22.10 ***	0.002					
LR_spatial_error		34.60 ***	0.000					
时间固定	Y		Y		Y		Y	
个体固定	Y		Y		Y		Y	
R^2	0.154		0.416		0.299		0.318	
$log-L$			408.036		398.099		397.325	
obs	300		300		300		300	

注：*** 表示在 1% 的水平上显著，** 表示在 5% 的水平上显著，* 表示在 10% 的水平上显著。

第一，能源消费结构（lnECS）。能源消费结构对制造业结构的回归系数为正，且通过了1%水平下的显著性检验。说明实证结果证实了上文中所阐释的能源消费结构对制造业结构升级的激励效应、结构效应、技术效应和空间效应，在总体层面上体现为对制造业结构升级的促进作用，表明现阶段能源消费结构的优化是促进中国制造业结构升级的有效手段，这是本书对相关研究的有益补充。在保证保持经济稳定增长的前提下，虽然通过能源消费总量、强度控制倒逼制造业结构调整，需要经历一个相对长期的过程（刘冰、孙华臣，2015）[130]。但是随着能源转型的迫切需要和新能源发展战略的深化，政府部门以能源配额、税收和补贴等手段限制化石能源和鼓励新能源使用，导致投资激励、价值链拓展、技术创新和新能源替代等的叠加效应、乘数效应将内化于能源消费结构调整过程，最终会有效促进制造业结构升级。

第二，空间滞后系数 ρ 为负数，但未通过显著性检验。这说明省域间制造业结构存在一定程度的负向溢出效应。如前文所述，能源消费结构调整力度对不同产业、在不同地区均有差异，这将促使高耗能制造业与清洁型制造业的产业转移，因此若某省份高耗能制造业外移，将对邻近省份制造业结构产生负向影响，这是空间负向溢出效应的来源。同时，在地方政府竞标赛制下，政府为了实现更高的增长目标或者财政收入而干预产业布局，不同行政区之间会通过差异化产业政策深化地区分工（马草原，2021）[207]。因此地区间制造业发展也具有一定程度的正向溢出效应，制造业发展水平较低的地区会受到高水平地区的辐射和带动，部分地抵消了负向溢出效应的影响，最终导致负向溢出效应总体上比较微弱。

第三，控制变量的回归结果分析。一是外商直接投资（lnFDI）的回归系数为正，且通过了1%水平下的显著性检验，说明其对制造业结构升级具有促进作用，原因在于，高耗能制造业基本属于资本密集型产业①，FDI为中国落后的资本密集型制造业注入了十分丰富的资金，能够刺激并带动当地储蓄转化为投资，大大缓解了高耗能制造业转型发展资金不足的难题（邹璇、王盼，2019）[192]；同时，根据边际产业转移理论，发达国家的"边际产业"对中国来说是具有技术优势的高端产业，FDI与中国制造业企业的竞争及其技术外溢，有利于实现制造业结构升级（柯善咨，

---

① 资本密集型制造业：酒与饮料及精制茶制造业、烟草制品业、造纸和纸制品业、石油加工和炼焦及核燃料加工业、化学原料和化学制品制造业、化学纤维制造业、黑色金属冶炼和压延加工业、有色金属冶炼和压延加工业、通用设备制造业。

2014)[99]。二是对外贸易水平（lnTRS）的回归系数为负，且通过了1%水平下的显著性检验，说明多年来中国多地依靠的"大进大出"的加工贸易模式抑制了制造业结构的升级（邹璇、王盼，2019）[192]，这证实了孔伟杰（2012）[208]的观点。说明中国制造业的出口贸易单纯依靠数量的扩张难以提升企业产品价值链从而促进转型升级，反而可能被"锁定"在低产品附加值的加工制造环节，沦为全球价值链分布最低端的"制造机器"。三是技术进步（lnTEC）的回归系数为负，且通过了1%水平下的显著性检验，说明内资企业的年度R&D经费投入对制造业结构升级具有抑制作用，这与阳立高等（2018）[209]的实证结论相印证。这说明随着技术的不断进步，技术变得相对廉价，高耗能制造业中发生了技术对劳动和资本的替换，提高了能源利用效率和能源要素投资回报率，削弱了产业结构升级的动力，反而促进了高耗能制造业的进一步发展，从而不利于制造业结构升级。四是人力资本（lnPAT）的回归系数为正，且通过了5%水平下的显著性检验，说明人力资本水平的提升对制造业升级具有促进作用（邹璇、王盼，2019）[192]。随着制造业数字化、网络化、智能化的改造，制造业发展对劳动力的需求由重视"数量"向重视"质量"的转变，人力资本的提升能够为制造业供给充足的高质量劳动力，从而为制造业结构升级提供智力支持。五是能源价格（lnPE）的回归系数为正，但未通过显著性检验，说明能源价格的提高在一定程度上促进了制造业结构升级，但影响作用相对较弱。可能的原因在于，能源价格的上升直接增加了高耗能制造业的生产成本，这将迫使其进行价值链拓展或技术改造等，这对制造业结构升级具有促进作用；但是制造业作为中国经济增长的支柱产业，能源价格过高短期内会对其产生较大影响，不利于就业与社会稳定，因此能源价格会受到宏观调控的影响，这削弱了能源价格对制造业结构升级的促进作用。六是产权结构（lnCS）的回归系数为正，但未通过显著性检验，说明行政因素对制造业结构升级的影响还比较有限。可能的原因在于，中国幅员辽阔，地区间制造业发展基础和水平不尽相同，导致政府部门在发展战略选择上也有所差异，因此在全国层面上可能出现行政因素对制造业结构升级的促进作用与抑制作用相互抵消的情况，在后文区域异质性分析中将对此进行检验。

（2）稳健性检验。

为确保回归结果的有效性，本章借鉴周京奎（2019）[210]、邓远建[211]等替换变量法、替换空间权重矩阵法，对上文回归结果进行稳健性检验。一是替换变量法。将被解释变量由能源密集型产业产值占制造业总产值的比重的倒数（*TIS*），替换为能源密集型产业产值的倒数（*TISS*），并取对数处理（ln*TISS*），该指数的升高意味着制造业结构的升级。将核心解释变量由工业化石能源终端消费量占能源消耗总量的比重的倒数（*ECS*），替换为化石能源消费总量的倒数（*ECSS*），并取对数处理（ln*ECSS*），该指数的升高意味着能源消费结构的优化。二是替换空间权重矩阵法。将地理距离矩阵（W_{6-1}）替换为地理邻近矩阵（W_{6-2}）。稳健性检验的回归结果如表6.4所示。限于篇幅，本章省略了 SDM 模型结果中空间权重矩阵与控制变量交互项的回归结果。

表6.4 稳健性检验实证结果

变量	普通面板模型			空间杜宾模型（SDM）						
	(6-1) ln*TIS*	(6-2) ln*TISS*	(6-3) ln*TISS*	(6-4) ln*TIS* (W_{6-2})	(6-5) ln*TIS* (W_{6-1})	(6-6) ln*TISS* (W_{6-1})	(6-7) ln*TISS* (W_{6-1})	(6-8) ln*TIS* (W_{6-2})	(6-9) ln*TISS* (W_{6-2})	(6-10) ln*TISS* (W_{6-2})
ln*ECS*		0.066*** (3.52)		0.161*** (2.61)		0.145 (1.04)			0.140 (0.99)	
ln*ECSS*	0.137** (2.23)		0.488*** (1.96)		0.144*** (3.84)		0.456*** (5.30)	0.173*** (4.89)		0.463*** (5.70)
_Cons	3.273*** (3.85)	3.075 (1.56)	-3.008 (-0.85)							
ρ				-0.067 (-0.82)	-0.167* (-1.71)	-0.295*** (-2.57)	-0.264*** (-2.33)	-0.188*** (-2.20)	-0.269*** (-3.05)	-0.262*** (-2.99)
控制变量	Y	Y	Y	Y	Y	Y	Y	Y	Y	Y
个体固定	Y	Y	Y	Y	Y	Y	Y	Y	Y	Y
时间固定	Y	Y	Y	Y	Y	Y	Y	Y	Y	Y
R^2	0.511	0.498	0.839	0.147	0.162	0.115	0.562	0.218	0.138	0.482
$log-L$				415.9	411.5	151.9	162.8	428.2	163.2	177.3
Obs	300	300	300	300	300	300	300	300	300	300

注：*** 表示在1%的水平上显著，** 表示在5%的水平上显著，* 表示在10%的水平上显著，括号中为 t 值或 z 值。

表6.4 中，模型（6-1）~（6-3）为普通面板模型下，分别为替换核心解释变量、替换被解释变量、同时替换二者的回归结果。模型（6-4）为 SDM 模型下，仅将地理距离矩阵（W_{6-1}）替换为地理邻接矩阵（W_{6-2}）的回归结果。模型（6-5）~（6-7）为在 SDM 模型下，基于地理距离矩阵（W_{6-1}），分别替换核心解释变量、替换被解释变量、同时替

换二者的回归结果。模型（6-8）~（6-10）为在 SDM 模型下，基于地理邻接矩阵（W_{6-2}），分别替换核心解释变量、替换被解释变量、同时替换二者的回归结果。从中可以看出，能源消费结构的回归系数始终为正数，在大部分模型中均通过了 1% 水平下的显著性检验；空间滞后系数 ρ 为也为负数，在 1% 水平下大部分模型通过了的显著性检验，与前文实证结果的回归结果高度一致。总体来说，能源消费结构优化对制造业结构升级的促进作用具有良好的稳健性。

（3）内生性分析。

上文分析中，能源消费结构优化对于制造业结构升级具有显著的促进作用，但制造业结构和能源消费结构之间可能存在逆向因果关系，这将导致模型具有内生性。为此，下文运用工具变量法消除模型中可能存在的内生性。一个合适的工具变量不仅要与内生变量相关，还必须满足外生性条件（苏丹妮、盛斌、邵朝对，2018）[212]。文中选取滞后一期的能源消费结构指数 l. lnECS 作为工具变量。*Kleibergen - Paap rk LM* 和 *Kleibergen - Paap Wald rk F* 检验拒绝了工具变量识别不足和弱识别的原假设，说明选择的工具变量与潜在的内生变量之间相关性较强，选取的工具变量较为合理，因此模型（6-1）的回归结果是可取的。同时，本章以 l. lnECS 为核心解释变量，分别基于地理距离矩阵（W_{6-1}）和地理邻接矩阵（W_{6-2}）进行 SDM 模型回归，结果如模型（6-2）~（6-3）所示。由表 6.5 中的各模型的结果可知，在考虑了可能存在的内生性问题之后，能源消费结构优化仍对制造业结构升级具有显著的促进作用。因此，目前中国的能源消费结构确实能够成为促进制造业结构升级的有效手段，本章的核心结论较为稳健。

表 6.5　　　　　　　　　　　内生性分析回归结果

变量	普通面板模型		空间杜宾模型（SDM）			
			W_{6-1}		W_{6-2}	
	（6-11）		（6-12）		（6-13）	
	系数	t 值	系数	z 值	系数	z 值
lnECS	0.142 *	1.64	0.104 *	1.75	0.105 *	1.69
lnFDI	0.068 ***	4.52	0.065 ***	6.15	0.066 ***	6.55
lnTRS	-0.119 *	-1.78	-0.151 ***	-7.68	-0.155 **	-8.36
lnTEC	-0.240 *	-1.90	-0.644 ***	-6.96	-0.542 *	-5.80
lnPAT	0.115 **	2.00	0.093 ***	3.66	0.092 **	3.19

变量	普通面板模型		空间杜宾模型（SDM）			
			W_{6-1}		W_{6-2}	
	（6-11）		（6-12）		（6-13）	
	系数	t 值	系数	z 值	系数	z 值
$\ln PE$	-0.118	-1.38	-0.248 *	-1.80	-0.243 *	-1.72
$\ln CS$	-0.039	-0.37	0.045	0.97	0.034	0.75
_Cons	1.822 ***	3.56				
ρ		-0.036	-0.360	-0.089	-1.000	
$rk\ LM$	245.168 ***					
$Wald\ rk\ F$	2586.687 ***					
时间固定	Y		Y		Y	
个体固定	Y		Y		Y	
R^2	0.361		0.362		0.156	
$log-L$			199.930		189.930	
Obs	270		270		270	

注：*** 表示在1%的水平上显著，** 表示在5%的水平上显著，* 表示在10%的水平上显著。

6.3 能源消费结构优化对制造业生产结构协调促进的时空异质性分析

中国幅员辽阔，地区间不仅在制造业结构上存在显著差异，而且在吸引外商投资、对外贸易、技术进步和产权结构等方面上也有着明显区别，这可能会导致能源消费结构优化对不同地区制造业结构升级存在不同的影响效应。随着制造业结构升级，对能源要素的依赖逐渐减小，能源消费结构对其的影响效应也会存在差异。因此，有必要进一步展开能源消费结构优化对制造业结构升级的时空异质性的考察。

6.3.1 能源消费结构优化对制造业结构升级的空间异质性

考虑区域异质性，对东部沿海地区和中西部内陆地区进行分析①。

---

① 北京、福建、广东、海南、河北、江苏、辽宁、山东、上海、天津、浙江等11地属于东部地区，其他19地属于中西部地区。

表 6.6 同时展示了普通面板回归模型、基于地理距离矩阵（W_{6-1}）SDM 模型的回归结果，本章将以 SDM 模型的回归结果展开分析。

表 6.6 空间异质性检验的回归结果

变量	东部				中西部			
	普通面板模型		SDM 模型（W_{6-1}）		普通面板模型		SDM 模型（W_{6-1}）	
	系数	t 值	系数	z 值	系数	t 值	系数	z 值
lnECS	0.022	0.22	0.064	0.74	0.105 *	1.80	0.150 ***	2.99
lnFDI	0.007	0.27	0.020	1.02	0.039 ***	3.54	0.038 ***	4.06
lnTRS	− 0.602 ***	− 21.52	− 0.548 ***	− 20.72	− 0.074 ***	− 4.03	− 0.064 ***	− 4.04
lnTEC	− 0.803 ***	− 4.96	− 0.500 ***	− 3.93	− 0.448 ***	− 5.17	− 0.209 **	− 2.50
lnPAT	0.063 **	2.34	0.048 **	2.33	0.076 ***	3.15	0.047 *	1.81
lnPE	0.206	1.15	0.199	1.57	0.201 *	1.79	0.152	1.43
lnCS	0.128 ***	2.51	0.142 ***	3.61	− 0.180 ***	− 3.02	− 0.244 ***	− 4.14
_$Cons$	2.586 **	2.19			1.294 *	1.92		
ρ			− 0.340 ***	− 3.06			− 0.283 **	− 2.24
时间固定	Y		Y		Y		Y	
个体固定	Y		Y		Y		Y	
R^2	0.287		0.458		0.505		0.570	
$log-L$			236.031				319.990	
Obs	110		110		190		190	

注：*** 表示在 1% 的水平上显著，** 表示在 5% 的水平上显著，* 表示在 10% 的水平上显著。

（1）能源消费结构（lnECS）。能源消费结构的回归系数在东部、中西部地区均为正数，但仅在中西部地区通过了 1% 水平下的显著性检验。这说明中西部地的能源消费结构优化对区制造业结构有更强的正向影响，对东部地区作用较弱。可能的原因在于，一方面，东部地区制造业具有"先发优势"，因受到高耗能制造业带来的环境污染等问题，也最早开始推进制造业结构调整，谋求将产业链以制造为中心向以服务为中心转变，导致东部地区制造业结构中高耗能产业占比已明显下降，因此能源消费结构优化对制造业结构升级的投资乘数效应的发挥空间不大。另一方面，随着创新驱动发展战略的推进，东部地区逐渐从要素、投资驱动转变为创新驱动发展，特别是新能源等技术水平的提高，有效发挥了新能源对化石能源的替代性，这减少了东部地区对化石能源的依赖。对于中西部地区来说，其高耗能制造业占比仍相对较高，对能源要素的依赖较大，因此对能源消费结构调整更加敏感，其所产生的激励效应、结构效应、技术效应、空间效应及其相互叠加对制造业结构升级的促进作用更加明显。

（2）东部、中西部地区的空间滞后系数 ρ 均是负数，且在 1%、5% 的显著性水平下通过检验。说明在地区内部，制造业结构的负向溢出效应要高于全国总体层面，原因在于地区内部各省份之间地理位置邻近、资源禀赋相似、文化背景相同，发展程度较高地区的高耗能制造业倾向于"就近转移"到排污、能耗规定相对宽松的地区，就近转移加剧了迁入地的产业结构污染程度（屈小娥，2021）[213]；但地区内部彼此间制造业发展水平差异相对较小，因此制造业发展水平较低的地区受到的辐射和带动作用相对有限，这造成了地区间制造业发展的负向溢出效应居于主导地位。进一步从空间滞后系数 ρ 的大小来看，东部地区 ρ 的绝对值更大，说明其负向溢出效应更强。原因在于东部地区内部省份的制造业结构相对较高，同时彼此间的要素竞争更加激烈，北京、天津、上海、江苏等优势地区具有较强的"虹吸效应"，导致拥有低污染、低排放、高技术的制造业企业向上述地区集聚，而辽宁、河北等地易成为落后产能的迁入地。有研究表明，在北京等地区绿色发展水平提高的同时，辽宁、河北等地的绿色发展水平出现明显下降（沈坤荣，2017）[214]。

（3）控制变量的回归结果分析。一是外商直接投资（$\ln FDI$）的回归系数在东部、中西部地区均为正数，但仅在中西部地区通过了 1% 水平下的显著性检验。这说明外商直接投资对中西部地区制造业升级的促进作用更强。原因在于，东部地区储备了比较充足的资本，而中西部地区尤其是西部地区的资本积累不充足，加之近年来东部地区租金成本的持续上升，FDI 在东部地区投资已经不占优势，企业逐步往中国中、西部迁移，这有助于改善中西部地区制造业结构。二是对外贸易水平（$\ln TRS$）的回归系数在东部、中西部都为负数，均通过了 1% 水平下的显著性检验，这与全国层面的回归结果相一致。就影响效应程度而言，东部地区出口贸易规模更大，因此其受到的"低端锁定"效应更强。三是在东部、中西部地区的技术进步（$\ln TEC$）回归系数都是负值，在 1% 的显著性水平下通过检验，这也与全国层面的回归结果相一致。就影响程度而言，东部地区受到的抑制作用更强，原因在于东部地区内资企业的年度 R&D 经费投入规模更大，技术对劳动和资本的替换更深入。四是人力资本（$\ln PAT$）的回归系数在东部、中西部地区均为正数，分别通过了 5%、10% 水平下的显著性检验，这与全国层面的回归结果相一致。五是能源价格（$\ln PAT$）的回归系数在东部、中西部地区均为正数，均未通过显著性检验，这也与全国层面的回归结构相一致。六是产权结构（lnCS）的回归系数在东部为正数，在中西部地区为负数，均通过了1%水平下的显著性检验。这说明行政因素对东部地区制造业升级具有显著的促进作用，而对中西部地区具有抑制作用。原因在于，主观因素上，经济相对不发达地区地方政府追求经济增长的激励也会相对更强，依靠能源等要素投入换取经济增长的发展理念更牢固。客观因素上，中西部地区煤炭、石油等化石能源储量丰富，使其在一定程度上受到"资源诅咒"的影响，因此对高耗能产业有较强的"路径依赖"。

6.3.2 能源消费结构优化对制造业结构升级的时间异质性

考虑时间异质性，分为 2010~2014 年、2015~2019 年两个时期展开分析。表 6.7 同时展示了普通面板回归模型、基于地理距离矩阵（W_{6-1}）SDM 模型的回归结果，本章仍将以 SDM 模型的回归结果展开分析。

表 6.7　　　　　　　　　　　时间异质性检验的回归结果

变量	2010~2014 年				2015~2019 年			
	普通面板模型		SDM 模型（W_{6-1}）		普通面板模型		SDM 模型（W_{6-1}）	
	系数	t 值	系数	z 值	系数	t 值	系数	z 值
lnECS	0.161	1.36	0.203 **	2.02	0.092	1.02	0.150 **	2.12
lnFDI	−0.002	−0.11	0.008	0.50	0.037 **	2.12	0.025 **	1.75
lnTRS	−0.089 ***	−2.58	−0.087 ***	−2.85	−0.007	−0.26	−0.011	−0.49
lnTEC	−0.038	−0.22	−0.038	−0.27	−0.614 ***	−3.91	−0.610 ***	−4.87
lnPAT	−0.002	−0.02	−0.049	−0.84	0.074 **	2.14	0.047	1.49
lnPE	0.248 *	1.61	0.135	0.95	0.031	0.26	0.014	0.14
lnCS	0.054	0.67	0.055	0.80	0.117 *	1.70	0.149 ***	2.77
_Cons	−0.482	−0.42			3.358 ***	3.74		
ρ			−0.113	−0.770			−0.492 ***	−3.80
时间固定	Y		Y		Y		Y	
个体固定	Y		Y		Y		Y	
R^2	0.312		0.400		0.381		0.545	
log−L			253.445				294.362	
Obs	150		150		150		150	

注：*** 表示在 1% 的水平上显著，** 表示在 5% 的水平上显著，* 表示在 10% 的水平上显著。

（1）能源消费结构（lnECS）。能源消费结构的回归系数在前后两个时期都为正数，均通过了 5% 水平下的显著性检验，这与全时段检验结构相一致。从影响程度上来说，前一时期能源消费结构优化对制造业结构升级的促进作用更明显。原因在于，相比于 2015～2019 年，2010～2014 年制造业结构普遍较低，高耗能制造业占比相对较高，能源消费结构的优化所产生的投资乘数效应更强，这有助于减少高耗能制造业产业份额，诱使技术、劳动和资本等要素向清洁型产业发生转移。此外，在前一时期能源消费结构的优化所产生的结构效应更强，制造业结构较低时，"后发优势"较明显，通过直接引进先进技术和借鉴成熟生产模式即可实现价值链的横向优化和纵向延伸，即边际效应较高。随着时间的推移，制造业结构的升级的瓶颈约束增多，越来越依靠于自主创新能力，因此结构效应的促进作用有所减弱。综合来看，由于在 2010～2014 年能源消费结构优化的投资乘数效应和结构效应等更强，因此对制造业结构升级的促进作用更明显。

（2）空间滞后系数 ρ 在前后两个时期均为负数，在后一时期通过了 1% 水平下的显著性检验，这说明在 2015～2019 年制造业结构的空间负向溢出效应更强。其原因是，一方面，随着时间的推移，地区间比较优势使得要素成本差异逐渐扩大，促使沿海发达地区的高耗能制造业向邻近次一级的发达地区转移，"洼地效应"更加明显（孙晓华，郭旭，王昀，2018）[215]。另一方面，随着交通、信息等基础设施的完善，制造业结构更高的地区产生了更强的"虹吸效应"，吸引周边地区人才、资本等要素集聚，这有利于进一步促进其制造业结构升级。由于以上两种效应的存在，导致制造业结构的空间负向溢出效应在后一时期更强。

（3）控制变量的回归结果。一是外商直接投资（lnFDI）的回归系数在前后两个时期都为正数，仅在后一时期通过了 5% 水平下的显著性检验，这说明在后一时期对制造业结构升级的促进作用更强。可能的原因在于，外商直接投资对制造业结构具有"污染避难所"与"技术外溢"的双重影响，2015～2019 年中国对引进外资的要求更加严格，导致"技术外溢"等正向效应完全居于主导地位。二是对外贸易水平（lnTRS）的回归系数在前后两个时期都为负数，但只有前一时期通过了 1% 显著性水平检验，这说明在后一时期对制造业结构升级的抑制作用有所减弱。原因在于，随着中国制造业价值链的横向优化与纵向延伸，制造业出口贸易额的增加逐渐转向依靠更高附加价值的产品，缓解了"低端锁定"效应。三是技术进步（lnTEC）的回归系数在前后两个时期都为负数，仅在后一时期通过了 1% 水平下的显著性检验，这说明在后一时期对制造业结构升级的抑制作用更强。原因在于，随着技术水平的提高，其产生的回弹效应更大，增加了高耗能制造业的份额，不利于制造业结构升级。四是人力资本（$\ln PAT$）的回归系数在前一时期为负数，在后一时期为正数，均未通过显著性检验。这也意味着相比于前一时期，在后一时期人力资本对制造业结构升级的促进作用有所增强。五是能源价格（$\ln PE$）的回归系数在前后两个时期均为正数，均未通过显著性检验，这也与全时段的回归结构相一致。六是产权结构（$\ln CS$）的回归系数在前后两个时期均为正数，但仅在后一时期通过了 1% 水平下的显著性检验，说明在此阶段对制造业结构升级的促进作用更强。可能根源是，2015～2019 年的环境规制强度显著增强，能源总量和强度"双控"制度纵深推进，且两个指标纳入各地经济社会发展综合评价和绩效考核的约束性指标，这增强了行政因素对制造业结构升级的促进作用。

6.4　本章结论

能源消费结构优化不仅是应对人类社会"自然资本"绝对约束的现实选择，也是实现"碳达峰""碳中和"目标的必由之路，探究其对制造业结构升级的影响效应具有重要的理论与现实意义。本章从激励效应、结构效应、技术效应和空间效应四个方面，阐释了能源消费结构优化对制造业结构升级的理论机理，并进行实证检验。研究结果表明：

（1）2010～2019 年，中国制造业结构具有明显的升级趋势，省际之间制造业结构绝对差距有所缩小，高耗能产业占比较高的省份趋于减少，在空间上呈现显著的空间正自相关。在全国层面上，能源消费结构对制造业结构具有显著的正向促进作用，采用替换变量法、替换空间权重矩阵法进行了稳健性检验，采用工具变量法进行了内生性分析之后，该正向促进作用依然稳健存在，这是本书对相关研究的有益补充，说明能源消费结构优化可以成为促进制造业结构升级的有效手段，有利于实现制造业能源转型、产业升级和减排降耗的目标。地区间制造业结构同时受到负向与正向溢出效应双重影响，但两者体现出相互抵消的状态，仅呈现微弱的负向溢出效应。控制变量中，外商直接投资、人力资本水平对制造业结构升级具有促进作用，而对外贸易水平、技术进步对其具有抑制作用，能源价格和产权结构的影响不显著。

（2）在区域层面上，能源消费结构优化对制造业结构升级在东部、中西部均有显著促进作用，且对中西部地区的促进作用更强。地区间制造业结构的负向溢出效应居于主导地位，且该效应东部地区更强。控制变量中，对外贸易水平和技术水平依然是制造业结构升级抑制因素，且对东部地区的抑制作用更强；外商直接投资仅对中西部地区制造业结构升级具有促进作用；而人力资本对东部、中西部地区的制造业结构优化都有促进作用；产权结构在区域层面上的显著性明显提高，在东部地区起到促进作用，而在中西部地区则起到抑制作用。

（3）在时段层面上，由于在2010～2014年能源消费结构优化的投资乘数效应和结构效应等的效果更明显，导致在此阶段其对制造业结构升级的促进作用更强。受"洼地效应"与"虹吸效应"的共同推动，地区间高耗能产业和资本、人才等要素相向流动，导致2015～2019年制造业空间负向溢出效应更强。控制变量中，外商直接投资、产权结构、技术水平对制造业结构升级的影响效应在2015～2019年更加有力，但前两者体现为促进作用的增强，而后者体现为抑制作用的提高；对外贸易水平对制造业升级的抑制作用在2015～2019年有所减弱。

第7章　产业结构对能源消费结构的协调促进机制研究

能源消费结构与产业结构密切相关，一方面，不同种类的能源消费以及能源消费的行业分布取决于构成经济总体中各个产业的集约程度和产业结构特征，不同的产业结构发展水平决定了不同的能源消费结构；另一方面，能源资源的分布也会对区域产业结构产生影响，不合理的能源消费结构会制约产业结构升级。通过改变产业的能源消费，降低经济中高耗能、高污染行业的比重，提高能源利用效率，才能更好地改进固有的能源消费结构。随着中国经济步入新常态，能源消费的质量和效率问题日益突出，经济要想实现可持续和高质量发展，优化不合理和低效的能源消费结构是必然选择。本章深入挖掘产业结构对能源消费结构的协调促进机制，并结合第 3 章中分析的中国当前的产业结构调整和能源消费结构现状，为第 9 章测算协调优化状态下理想的能源消费结构和产业结构、第 10 章设计能源消费结构和产业结构协调优化推进机制及第 11 章探索能源消费结构与产业结构协调优化路径提供理论基础，对于提高经济运行效率、实现能源消费结构向绿色低碳方向转型升级具有重要的现实意义。

7.1　产业结构对能源消费结构协调促进机制

下文将从产业行业结构变化、产业空间结构变化以及产业行业—空间结构联动效应探究产业结构对能源消费结构的作用机制，其基本路径如图 7.1 所示。

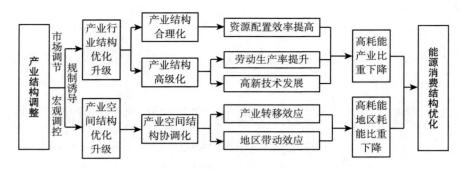

图 7.1　工业结构对能源消费结构的协调促进机制

7.1.1　产业行业结构调整对能源消费结构协调优化的促进机制

产业结构升级的一个重要内涵就是各个产业比例结构的优化，而各个行业比重的改变将影响产业整体的能源消费结构。研究显示，三次产业的结构与能源消费结构相互关联、相互影响（王为东、杨健，2018）[146]，尤其是第二产业比重与能源消费消费结构联系紧密（刘满平，2006）[169]，工业产业的发展对能源消费结构有明显影响（周江、李颖佳，2011）[129]。

行业结构调整的结构效应是指行业间的比例调整以及行业内部结构的改变，会使能源消费结构发现相应改变。一方面，各个产业的生产发展离不开能源消费，但不同类型的行业的主要消费能源种类、能源强度都会存在差异。就不同种类能源的消费来说，煤炭、石油等化石能源的消费主要集中在煤炭石油开采、石化加工、电力供应等行业。不同行业的能源消费强度存在差异，如技术密集型产业的能源利用效率会高于资源密集型的能源利用效率，服务业的能源强度明显低于重化工业的能源强度。因此产业中行业比例的调整会对能源结构的改善带来促进效果，如降低经济对重化行业的依赖有利于减少能源需求，发展高技术新兴产业、新能源产业等将有利于减少化石能源消费、增加新能源的使用。当能源消耗清洁且高效的产业比重提高，经济整体的能耗结构也会随之优化。另一方面，从产业结构的演变进程来看，各个行业内部的产业链升级、生产层次提升、产品附加值增加，产业内的生产结构、生产环节得到提升，生产耗能会大大降低，生产中需要投入的能源品类也更加清洁高效，产业的能源消费结构也随之得到改善。

从相关理论可以看出，能源消费结构与行业结构的发展是互相影响的，能源资源禀赋以及能源消费会影响当地的产业发展和产业结构，同时产业结构的优化会反过来促进能源消费结构的优化。不同的行业结构发展水平会对应不同的能源消费状况，分析行业结构调整对能源消费结构的影响也需要从行业结构调整与能源消费结构的内涵出发进行综合考虑。下文在归纳梳理相关研究的基础上，尝试从4个方面来分析行业结构调整对能源消费结构的作用：资源配置优化效应、技术创新效应、劳动生产率提升以及规模效应。

（1）资源配置优化效应。

从能源消费水平的现状来看，能源消耗大的产业集中在少数重化工业，提高这些行业的能源利用率和加快重点耗能行业的技术更新，能够降低高耗能行业的能源消耗。干春晖（2011）认为工业结构合理化发展可以促进能源配置效率的提高，降低化石能源的消耗，促进能源消费结构优化[186]。在某地区工业结构偏向于高污染高能耗的重化工业时，工业结构优化的意义在于协调工业行业内部各工业部门的经济发展状况和其占工业行业的整体比重，在工业行业内部达到均衡状态，达到能源消费向新能源转变，实现可持续发展的最终目标。由此可知，工业结构的合理化有助于更好地协调不同工业部门之间的资源配置效率，使得各工业部门在合理利用地区或企业提供的资源支持时，侧重于低污染低能耗产业，使高技术含量、高附加值产业得到有效发展。资源配置效率的提高使得各个生产要素之间相互协调配合，甚至调动了闲置生产要素的使用，生产效率也因此大幅度提高，产品质量和产品数量得以保障，高污染高耗能工业行业比重的下降会会直接降低化石能源的使用，提高新能源在能源消费结构中的比例，实现能源消费结构的升级。

（2）技术创新效应。

技术创新是社会发展的根本动力，对能源的开采与利用同样影响深远。有研究认为技术进步能提高能源利用效率，降低能源消费（Brian，2010）[216]；也有观点认为技术水平的提高最终会导致能源消费增加（Brookes，1992）[217]；此外技术进步对能源需求的影响有显著地区差异（滕玉华、刘长进，2010）[28]。产业结构升级往往伴随着产业生产效率的提高和技术水平的提升，这也会进而影响能源消费。

产业结构调整的技术创新效应主要是指在产业结构升级过程中生产技术的进步与生产方式的改进，能够促进能源消费结构的优化。从技术创新方面来看，产业结构优化升级过程中伴随着大量的技术创新，企业创新能力的提升将激发新能源开发、能源优化配置、节能等技术的进步，新技术的使用将节约大量能源，也有利于实现新能源对传统化石能源的替代。从各个产业生产过程的提升来看，产业新生产方式的引进或产品技术含量的提高会带来生产效率的提升，有利于降低单位产出的原材料投入和能耗；同时在产业提升过程中企业技术投资占比增加，生产设备更新换代，生产过程更加节能环保，产业的能源消费结构也会更加清洁。

工业结构高级化会使得工业企业对技术创新的需求增大，导致先进技术生产部门的数量增多，先进生产部门能够在现有经济条件下加工和创新生产设备和工艺，使得工业经济系统具有稳定的创新能力，相比于之前的生产过程，技术创新和高新技术的发展能够确保工业企业能够在相同产量条件下降低能耗，实现能源利用效率的提高。

从总体上来讲，技术创新新效应对能源消费结构的影响机制如下：一方面，在能源的使用过程中，技术创新大幅度降低高耗能产业的能源利用和优化低耗能产业的能源消耗，因此促进能源消费结构的升级。另一方面，在生产和制造领域，技术创新能够促进企业研究和开发先进的低耗能机械设备，从而减少生产、加工、运输过程中的能源损耗，特别是减少对传统能源的消耗，致使一部分高耗能工业退出或转型升级。

从现实中来看，技术创新效应可能会引起回弹效应①。由于回弹效应的存在，技术创新对能源消费结构作用的正方向和反方向抵消情况尚不明确，技术创新增加和减少的能源消费量大小具有不确定性，导致难以判断其对能源消费结构的作用方向。

（3）劳动生产率提升效应。

从劳动生产率的角度来看，工业各行业大多属于劳动密集型产业，相比于高新技术产业，其运用的工人数量更多，工人的知识水平和技术水平有限。因此在生产的过程中，由于设备操作不当或知识技能掌握不充足等原因，导致能源消耗水平高，能源浪费现象严重。工业企业对工人进行一定的技术培训和操作指导，会导致工业结构逐渐高级化，工人劳动生产效率提高，可以使工人在相同能耗条件下提高产量或者在相同产量水平降低生产时间，从而降低非必要能耗，一定程度上提高能源的利用率。

从工业劳动力就业角度，工业结构的高级化会影响人才供应水平的高低和劳动力雇佣成本的大小，高级人才供应和劳动力雇佣会在一定程度上影响企业的技术创新水平的提高和规模化、机械化水平的进一步发展和深化。此外，高级人才具有一定的社会地位和社会人脉，会给工业企业带来很多的人脉资源，这些无形资源也会在一定程度上影响企业的发展和转

---

① 回弹效应是指技术进步提高能源效率而节约了能源投入，但同时技术进步带来的单位能源消耗成本下降、经济的快速增长引致了对能源的新的需求。

型，劳动密集型的工业企业得到技术和经济的支持，会向资源密集型和资本密集型工业企业转型，促进企业价值链升级，生产技术和生产效率的提高，进而从一定程度上能够为促进企业内部的经济运作和结构转型升级做出贡献，推动低耗能工业产业发展和高耗能工业产业的快速淘汰，对优化能源消费结构也有重要的意义。

（4）规模经济效应。

产业结构的优化是经济发展的重要动力（于斌斌，2015）[218]，而经济增长往往伴随着大量的能源消费。不同种类的能源与经济增长的关联度不同，水电、核电、风电与经济增长关联度相对较强，煤炭、石油等与经济增长关联度较弱（付艳，2014）[219]；长期中经济的发展会促进新能源行业的快速发展（郭四代等，2012）[220]，因此，经济的发展会使能源消费结构发生相应变化。考虑到这种影响，产业结构可能通过对经济的提升作用，促进能源消费的规模扩张和偏好改变，间接影响能源消费结构。

产业结构调整的规模效应是指产业结构升级会通过促进经济增长来间接影响能源消费结构。也就是说产业结构升级提高了资源的配置效率，而社会经济效率的提升将促进经济的快速增长，从而间接影响能源消费结构。一方面，经济发展水平的上升以及居民收入的增长，使居民对环境的要求更高，更加注重能源消费的清洁度，能源消费偏好也相应发生改变，清洁低碳的新能源将更受欢迎。同时，政府也会出台相应的环境规制以及产业政策来满足民众对环保的需求，引导和规范企业生产过程的节能和低碳化。因此，能源消费结构会向更清洁低碳的方向转变。另一方面，经济的繁荣会激发巨大的能源消费需求，而当新能源还未发展成熟，更低廉、更易得且能够充足供应的传统能源将会被大量消费，可能在一定时期内传统能源消费的增长幅度大于新能源消费的增幅，导致短期内能源消费结构的恶化。

7.1.2 产业空间结构调整对能源消费结构协调优化的促进机制

产业结构调整对能源消费结构的空间效应是指某个地区的产业结构调整可能会通过空间溢出或地区竞争等机制间接影响周边地区的能源消费结构。产业结构调整的过程中，某个地区落后的产业向先进产业转移的同时，也会发生产业在地区间的转移，此外产业结构过程中的资本、知识等要素的溢出，都会使地区产业结构存在一定的空间关联。此外，也有学者证明了中国产业结构调整过程中会存在区际横向竞争（黄亮雄等，2015）[189]，这些都说明产业结构具有一定的空间效应，周边地区产业结构的调整会通过影响当地的产业发展间接地影响当地的能源消费结构。一方面，伴随着一个地区产业结构的优化升级以及高新技术产业的发展，落后的产业会逐渐转移到周边不发达地区，从而带动周边地区的产业调整与升级。同时先进的生产技术也会溢出到周边地区，促进周边地区的产业结构调整和技术进步，从而间接作用于周边地区的能源消费结构。另一方面，产业结构升级也会产生一定的空间竞争效应，而这种竞争效应也会通过产业、技术等途径影响到周边地区对能源的消费和使用。各个地区政府为了拉动当地经济的增长，促进当地产业发展和产业结构升级，会通过政策优惠、税收补贴、人才引进等各种方式吸引资本、技术、人才等要素流入，与其他地区产生竞争。此外，还有能源自身的空间关联效应因此，产业结构调整的空间效应对能源消费结构的影响需要综合考虑以上三个方面的因素。

（1）产业转移效应。

随着工业结构的不断升级，工业行业会发生两次重大的产业变迁。一次是工业行业内部各工业部门之间的产业转移和带动效应，即高污染高能耗行业淘汰，低污染低能耗行业在竞争中保留，这种变化会导致工业行业内部各工业部门区域协调化。工业结构协调化使得整个工业产生较高聚合质量。较高聚合质量的关键在于各个工业部门之间由于产业之间的相互带动作用，形成工业部门共同的凝聚力，产生工业部门示范效应和带动效应。当工业企业的带动效应越来越明显时，工业全行业的结构将会向着合理化、高级化方向发展，促进工业结构的升级和技术创新能力，从而提高对新能源的研发和使用能力，促进能源消费结构的升级。

另一次重大的产业变迁是工业结构的空间效应。与此同时，伴随着工业内部的带动和转移效应，地区之间也存在转移效应。高能耗工业会从经济发达地区向经济发展地区和经济落后地区转移，促进发达地区与发展中地区的经济发展和产业转移，有利于发达地区改善产业结构，发展优势产业和资本技术密集型产业，节约了能源的消耗。而发展中地区和落后地区由于承接了发达地区的产业转移，能够促进其地区经济的发展，帮助其形成更完善的产业链和产业集群，在产业集群内部形成能源消费的统一标准，规范化管理能源消费，从而能够达到节约能源的无效消耗的效果。结合以上分析，工业结构升级会通过内部工业部门的升级和外部地区带动效应和地区转移效应，促进能源消费结构的升级。

（2）工业结构高级地区带动效应。

工业结构的升级除了上文所说表现在工业结构内部和工业外部向其他地区直接的迁移，还表现在工业结构高级地区的形成。工业结构内部转型到了一定阶段，轻重工业比例基本协调，资源密集型、资本密集型、劳动力密集型工业部门的分工逐渐明晰，形成一个庞大的工业系统。一个地区由于经济水平和工业发展水平的不断进步，积极引进先进生产技术，吸引外商直接投资等，都会使当地在工业系统的基础上形成自己的特色工业产业，职能明确且分工合理。随着生产能力的提高，生产效率提高，这些工业会扩展成一个地区工业系统，某个地区就会因为某一种或几种工业的发展形成特色的产业链、特色工业园区示范区等，发展成工业结构高级地区。

这种高级地区将会产生强大的外部经济效应，鼓励周边地区学习成功经验，形成具有地区特色的高级产业链。一些落后地区会主动承接来自该地区的产业转移，并提供廉价劳动力和充足的能源。该地区会不断带动周边创新能力低下和生产效率低下的地区发展。

高级地区除了利用各种要素生产过程中的收益率间接改变工业结构，还积极引入创新人才和高新技术，创造新的中间产品需求或终端产品需求，间接改变工业结构，减少中间生产过程的能源消费，对其他地区乃至整个工业部门的经济增长具有重要作用。

（3）能源消费本身空间关联效应。

当然区域能源消费本身也会存在空间关联，相邻省份的能源消费也会对当地的能源消费活动产生影响，也有学者研究发现中国区域能源效率存在空间溢出和扩散效应（周四军，2018）[221]，因此，有必要对中国能源消费结构在空间层面的作用机制进行分析。中国各个地方政府在决策层面的博弈互动，是能源消费结构的空间相关性的重要来源。在新时代高质量发展背景下，节能和环保等绿色指标被重点纳入了政府绩效考核，甚至各级政府对节能减排实行一票否决和问责。为了实现节能减排的目标，地方政府会采取各种政策措施使当地的能源消费结构得到改善，这个过程中可能会产生一定的示范和跟随效应，各地政府会跟进落实中央政策并效仿其他地区的有效策略。在省级空间层面来说，当某省采取积极举措改善当地能源消费结构，如淘汰高能耗的落后产业、发展新能源产业等，会使周边省份也随之跟进，相互之间学习、竞争，最终带动周边省市改善能源消费结构的努力。另外，随着对外开放水平的提高，各地在对外交流中获得资源、信息的同时，地区间能源消费的空间关联也得到加强。中国能源资源分布不均，能源消费会受到地区能源资源禀赋的影响，但同时能源作为市场化的生产要素也会发生跨区域流动，增强了能源消费的空间关联。比如某个地区新能源的发展不仅会使当地的新能源供给增加、消费增长，也会供应给周边地区，增加周边地区的新能源的消费。此外，经济增长、技术进步等的空间溢出都会增强能源消费结构的空间相关性。比如产业在向落后地区转移过程中会带来生产效率的提升和生产方式的改变，改善当地产业结构，使能源消费结构也从中获益。

7.1.3　行业结构—空间结构联动对能源消费结构协调优化的促进机制

产业结构在行业和空间方面的联动转型升级，会同时促使产业结构的合理化和高级化，与此同时能源消费结构本身也存在空间溢出效应。因此，产业结构的升级会促进能源消费结构的升级。如图7.2所示。

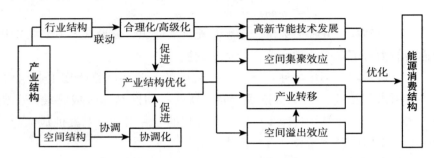

图7.2　产业行业结构—空间结构联动对能源消费结构—产业结构协调促进效应

在产业行业结构方面，产业结构升级主要产生以下几点影响：首先，产业结构内部资源整合和合理化利用，使得资源配置效率大幅度提高，生产优势进一步扩大，减少能源消耗和资源浪费；其次，产业行业内部比重变化导致高耗能产业和低耗能产业之间达到一种均衡状态，这种均衡状态能够促进产业行业整体的资源利用率大于个体加总，从而达到节约能耗的目标；最后，产业结构的转型升级意味着技术创新水平提高，制造先进的生产设备，减少生产过程中的耗能，加大新能源的利用，促进能源消费结构的升级。

在产业空间结构方面，产业结构升级具有产业转移和高级地区带动效应。产业结构升级从一定程度后上缓解地区产业发展水平不平衡的问题，发达地区将相对低级的产业产业转移到发展中地区，使得发达地区产业结构之间更加协调，生产更加高效，而产业结构低级的欠发达地区承接的产业相比原有产业更加高级，有利于产业结构低级地区结构的升级。这种地区带动效应很好地将资源进行整合，促进经济全国范围内的协调发展，在协调的基础上降低了工业耗能，能源消费结构改善。

行业—空间结构联动效应的发挥使得产业行业发展和产业空间整合得到更加高效的发展，在两种机制的联动作用，促进各省域地区之间资源配置、人才流动、技术创新，降低能源消耗。

综上所述，产业结构调整带来的行业结构效应、地区空间效应及结构—空间效应将影响能源消费结构，而总体上应该表现为产业结构升级会促进能源消费结构优化。产业结构调整对能源消费结构的协调促进机制如图 7.3 所示。

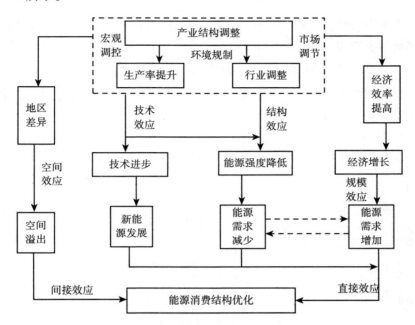

图 7.3　产业结构调整影响能源消费结构的协调促进机制

7.2　产业结构对能源消费结构影响的理论模型

根据柯布—道格拉斯生产函数 $Y = AK^{\alpha}L^{\beta}$，其中 α 和 β 分别代表资本弹性和劳动弹性，A 表示当年的技术水平。假定市场由企业的生产和家庭消费这两部门组成，对市场出清条件下两部门的均衡状态进行求解，分析产业结构与能源消费结构的联系。

（1）生产部门分析。

假设企业在一定的技术水平 A 下进行生产，并投入资本 K、劳动力 L、能源 E 等生产要素。其中能源分为 E_i 和 $E_{\bar{i}}$，生产的能源消费量 $E = E_i + E_{\bar{i}}$。产出可表示为：

$$Q = A^{\varepsilon}K^{\alpha}L^{\beta}E_i^{\delta}E_{\bar{i}}^{\gamma} \tag{7.1}$$

式（7.1）中，ε、α、β、δ、γ 分别表示技术、劳动力、资本、分品种能源的生产弹性。同时设技术价格、资本借贷价格、劳动力工资和不同种类能源价格分别为 P_A、P_K、P_L、P_{E_i}、$P_{E_{\bar{i}}}$，产出品的价格为 P，则可得到生产总成本为：

$$TC = AP_A + KP_K + LP_L + MP_M + E_i P_{E_i} + E_{\bar{i}} P_{E_{\bar{i}}} \tag{7.2}$$

由生产函数（7.1）和成本函数（7.2）可得收益函数，即收益最大化函数可表示为：

$$MAX\pi = PA^{\varepsilon} K^{\alpha} L^{\beta} E_i^{\delta} E_{\bar{i}}^{\gamma} - (AP_A + KP_K + LP_L + E_i P_{E_i} + E_{\bar{i}} P_{E_{\bar{i}}}) \tag{7.3}$$

将式（7.3）的一阶条件进行化简，得到企业利润最大化的各要素的投入关系式为：

$$
\begin{cases}
A = \dfrac{\varepsilon Q}{P_A} \\[2mm]
K = \dfrac{\alpha Q}{P_K} \\[2mm]
L = \dfrac{\beta Q}{P_L} \\[2mm]
E_i = \dfrac{\delta Q}{P_{E_i}} \\[2mm]
E_{\bar{i}} = \dfrac{\gamma Q}{P_{E_{\bar{i}}}}
\end{cases} \tag{7.4}
$$

由此可得到生产部门能源消费结构的表达式：

$$\frac{E_i}{E} = \frac{\delta P_{E_{\bar{i}}}}{\delta P_{E_{\bar{i}}} + \gamma P_{E_i}} \tag{7.5}$$

从式（7.5）可知：能源消费量与能源价格成反比，与生产弹性成正比，生产部门的能源消费结构与能源的相对价格和不同品种能源的生产弹性有关。

将式（7.4）的关系式代入式（7.1）中，化简可得利润最大化时的生产函数：

$$Q^* = L^{\beta} \left(\frac{\varepsilon}{P_A}\right)^{\varepsilon} \left(\frac{\alpha}{P_K}\right)^{\alpha} \left(\frac{\delta}{P_{E_i}}\right)^{\delta} \left(\frac{\gamma}{P_{E_{\bar{i}}}}\right)^{\gamma} \left(\frac{LP_L}{\beta}\right)^{\varepsilon + \alpha + \delta + \gamma} \tag{7.6}$$

将 Q^* 代入式（7.4）可得出利润最大化时的能源消费量：

$$\begin{cases} E_i^* = \left[\left(\dfrac{P_A}{\epsilon}\right)^{\epsilon} \left(\dfrac{P_K}{\alpha}\right)^{\alpha} \left(\dfrac{P_L}{\beta}\right)^{\beta} \left(\dfrac{P_M}{\theta}\right)^{\theta} \left(\dfrac{P_{E_{\bar{i}}}}{\gamma}\right)^{\gamma} \left(\dfrac{\delta}{P_{E_i}}\right)^{\epsilon+\alpha+\beta+\theta+\gamma-1} \right]^{\frac{1}{\epsilon+\alpha+\beta+\theta+\delta+\gamma-1}} \\[3mm] E_{\bar{i}}^* = \left[\left(\dfrac{P_A}{\epsilon}\right)^{\epsilon} \left(\dfrac{P_K}{\alpha}\right)^{\alpha} \left(\dfrac{P_L}{\beta}\right)^{\beta} \left(\dfrac{P_M}{\theta}\right)^{\theta} \left(\dfrac{P_{E_{\bar{i}}}}{\delta}\right)^{\delta} \left(\dfrac{\gamma}{P_{E_{\bar{i}}}}\right)^{\epsilon+\alpha+\beta+\theta+\delta-1} \right]^{\frac{1}{\epsilon+\alpha+\beta+\theta+\delta+\gamma-1}} \end{cases}$$

$$(7.7)$$

（2）消费部门分析。

劳动力参与企业生产获得收入，并在日常生活中消费各类产成品和生活能源，而消费部门需要考虑在一定的收入水平下实现效用最大化。用 P_{CY}、P_{CE_i}、$P_{CE_{\bar{i}}}$ 分别表示消费产品和不同生活能源的价格，其中 CY、CE 分别为产成品和生活能源消费量，关系式为 $CE = CE_i + CE_{\bar{i}}$。消费部门的效用最大化函数为：

$$MAXU = CY^{\partial} CE_i^{\rho} CE_{\bar{i}}^{\varphi} \qquad (7.8)$$

同时，有收入水平的限制条件，表达式为：

$$LP_L = CY P_{CY} + CE_i P_{CE_i} + CE_{\bar{i}} P_{CE_{\bar{i}}} \qquad (7.9)$$

根据式（7.8）和式（7.9）构造拉格朗日函数并求导，可得到在效用最大化情况下的产品消费与不同品种能源的生活消费的关系式：

$$\begin{cases} CE_i = \rho CY P_{CY} / \partial P_{CE_i} \\[2mm] CE_{\bar{i}} = \varphi CY P_{CY} / \partial P_{CE_{\bar{i}}} \end{cases} \qquad (7.10)$$

从式（7.10）可知：生活能源的消费也与能源价格成反比，与消费的产品和产品价格成正比。将以上关系式代入式（7.9）可得到在效用最大化情况下的最优产品消费量，可表达为：

$$CY = \frac{\partial LP_L}{(\partial + \rho + \varphi) P_{CY}} \qquad (7.11)$$

从式（7.11）可知生活消费的效用最大化时，对产成品的消费与产品价格成反比，与劳动力的数量和劳动力价格成正比。

（3）两部门均衡分析。

当市场达到均衡时，供需平衡，家庭消费产品的数量与企业的生产总量相等，有等式 $Q = CY$，将式（7.6）与式（7.9）相等，化简可得到在市场均衡时的生活能源的消费量为：

$$\begin{cases} CE_i^* = \dfrac{\rho P_{E_i} P_{CY}}{\partial \delta P_{CE_i}} \left[\left(\dfrac{P_A}{\epsilon}\right)^{\epsilon} \left(\dfrac{P_K}{\alpha}\right)^{\alpha} \left(\dfrac{P_L}{\beta}\right)^{\beta} \left(\dfrac{P_M}{\theta}\right)^{\theta} \left(\dfrac{P_{E_i}}{\gamma}\right)^{\gamma} \left(\dfrac{\delta}{P_{E_i}}\right)^{\epsilon+\alpha+\beta+\theta+\gamma-1} \right]^{\frac{1}{\epsilon+\alpha+\beta+\theta+\delta+\gamma-1}} \\[4mm] CE_{\bar{i}}^* = \dfrac{\varphi P_{E_i} P_{CY}}{\partial \gamma P_{CE_{\bar{i}}}} \left[\left(\dfrac{P_A}{\epsilon}\right)^{\epsilon} \left(\dfrac{P_K}{\alpha}\right)^{\alpha} \left(\dfrac{P_L}{\beta}\right)^{\beta} \left(\dfrac{P_M}{\theta}\right)^{\theta} \left(\dfrac{P_{E_{\bar{i}}}}{\delta}\right)^{\delta} \left(\dfrac{\gamma}{P_{E_{\bar{i}}}}\right)^{\epsilon+\alpha+\theta+\delta-1} \right]^{\frac{1}{\epsilon+\alpha+\beta+\theta+\delta+\gamma-1}} \end{cases}$$

$$(7.12)$$

能源消费结构可表示为某类能源在总能源消费中的占比，即：

$$SE_i = TE_i/TE = \frac{E_i + CE_i}{E_i + CE_i + E_{\bar{i}} + CE_{\bar{i}}} \qquad (7.13)$$

将 E_i^*、$E_{\bar{i}}^*$、CE_i^*、$CE_{\bar{i}}^*$ 代入式（7.13），化简可得：

$$SE_i = \left[1 + \frac{\partial \delta P_{CE_i}}{\partial \gamma P_{E_{\bar{i}}}} \frac{\varphi P_{E_i} P_{CY + \partial \gamma P_{E_{\bar{i}}}}}{\rho P_{E_i} P_{CY + \partial \delta P_{CE_i}}} \left(\frac{\gamma P_{E_i}}{\delta P_{E_{\bar{i}}}} \right)^{\frac{\epsilon + \alpha + \beta + \theta + \delta - 1}{\epsilon + \alpha + \beta + \theta + \gamma - 1}} \right]^{-1} \qquad (7.14)$$

由式（7.14）可知，经济体的能源消费结构与技术、资本、劳动力、能源的生产弹性系数有关，各种能源之间的相对价格也会影响能源消费结构。而在产业结构优化升级的过程中，资本、技术等生产要素的生产弹性会发生变化。

从产业结构调整的内涵可知，产业结构升级必然要求要素投入从劳动密集型向资本密集型、技术密集型依次转变，也就是生产要素中资本和技术占比逐步增加，可表达为资本和技术的弹性系数 α 和 ϵ 增大。因此可设产业结构调整过程中 IS 与两弹性系数 α、ϵ 是正相关关系，即：

$$\begin{cases} \partial \alpha / \partial IS > 0 \\ \partial \epsilon / \partial IS > 0 \end{cases} \qquad (7.15)$$

为分析能源消费结构与产业结构调整的关联，将 SE 对 IS 求导可得：

$$\partial SE/IS = \partial SE/\partial \alpha * \partial \alpha/\partial IS + \partial SE/\partial \epsilon * \partial \epsilon/\partial IS \qquad (7.16)$$

由式（7.16）可知：$\partial SE/\partial \alpha > 0$，$\partial SE/\partial \epsilon > 0$，则 $\partial SE/\partial IS > 0$，即能源消费结构与产业结构正相关。可得结论：产业结构升级可改善产业的要素配置，促进能源消费结构的改善。

本节在柯布—道格拉斯生产函数的基础上对生产和消费两个部门的能源消费进行分析推导，分析证明了产业结构升级对能源消费结构的正向促进效应。

7.3 工业层面产业结构对能源结构的协调促进机制检验

2020 年，习近平主席在第 75 届联合国大会上宣布中国确立 2030 年"碳达峰"、2060 年"碳中和"的目标。实现此目标调整工业结构是关键。近年来，由于中国工业化进程不断加快，工业化水平不断提高，工业发展对能源消费的需求日益增加，工业结构和能源消费结构的不合理引起一系列严重的资源环境问题。

工业发展是基石，对宏观经济发展起着决定性影响。2000～2019 年，工业增加值逐年上升，但工业增加值占第二产业增加值的比重呈下降趋势

（见图 7.4）。如果将工业行业整理合并成 27 个具体行业（见第 3 章中表
3.5），则 2010～2019 年 27 个工业行业的产值及其占工业总产值的比重出
现严重分化，饮料制造业、专用设备制造业、非金属采矿选业、医药制造
业、食品制造业 5 个行业的发展速度明显高于行业平均增速；另有纺织
业、造纸和纸制品业、有色金属冶炼加工业、电子设备制造业、电气和热
力生产供应业 5 个行业发展速度持续低于工业平均增速。

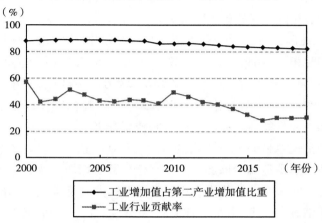

图 7.4　2000～2019 年工业增加值占第二产业增加值比重和工业行业贡献率
资料来源：根据《中国统计年鉴》基础数据计算所得。

　　虽然中国能源消费结构逐步向清洁能源提升，煤炭和石油的消费比重
减少，但是前者的增幅和后者的跌幅均不理想。《中国能源统计年鉴
2020》显示，2019 年中国的能源消费总量中，煤炭消费比重为 63.9%，
石油消费比重为 20.4%，天然气消费比重为 8.3%，一次电力及其他能源
比重为 7.4%。相比于 2003 年，2019 年煤炭消费占比减少 9.3%，石油消
费占比减少 0.5%，天然气消费占比增加 5.9%，新能源消费占比增加
3.9%。且随着能源消费的需求日益增加，非清洁能源的消费量也日益增
加，这给中国发展节能型工业行业发展带来了巨大压力。2004～2020 年
《中国能源统计年鉴》显示，化石能源的消费中，煤炭的消费量从 2003～
2014 年一直处于持续增长的状态，至 2014 年已达到 281854.30 万吨标准
煤，是 2003 年的两倍多，占能源消费总量的 70.0%，2015～2016 年呈现
出小幅度下降后，2017～2019 年消耗量又呈现出逐年增加的趋势。石油的
消费量在 2003～2019 年持续增加，截至 2019 年已经达到 88872.40 万吨标
准煤，比 2003 年的消费量增长了 124.67%。天然气的消耗量和石油消费量
基本保持一致，在 2003～2019 年持续上涨，截至 2019 年时已达到 36158.87
万吨标准煤，是 2003 年消费量的 8 倍左右。从 2003 年开始，新能源的消

费呈上升趋势，2011 年时略有波动，在 2019 年时已经达 45095.00 万吨标准煤，大约是 2003 年消耗量的 7 倍。新能源的消费与煤炭的消费类似，均呈现出波动状态。能源消费中化石能源消费一直稳居第一，新能源消费较少，因此，减少化石能源的消耗的目标仍然面临着巨大压力。

中国能源消费持续增加，历年《中国能源统计年鉴》显示，2010 ~ 2019 年年均增长了 3.4%，但能源消费在各个行业之间的增长速度存在较大差异。工业行业能源消费增长速度稳居首位，但是增速明显放缓，2010 ~ 2019 年工业能源消费总量分别为 264289.85 万吨标准煤、281990.31 万吨标准煤、293440.77 万吨标准煤、297076.92 万吨标准煤、297224.65 万吨标准煤、298344.14 万吨标准煤、298075.28 万吨标准煤、301523.71 万吨标准煤、290915.39 万吨标准煤和 302293.38 万吨标准煤，这也表明中国的工业结构在往低能耗、低污染的方向转型升级。在工业主要行业中，占据工业能源消耗总量的 50% 左右的有六大行业，这六大高耗能行业分别是燃料加工业、黑色金属冶炼加工业、有色金属冶炼加工业和电力、化学制造业、非金属矿采选业、热力生产和供应业，尤其是黑色金属冶炼加工业的工业能源消耗占比重最大，但是从 2010 ~ 2019 年所占比重逐年递减。所有工业行业能源消费占总消费的比重呈现下降的趋势，尤其是原先的能源密集型工业（见图 7.5）。

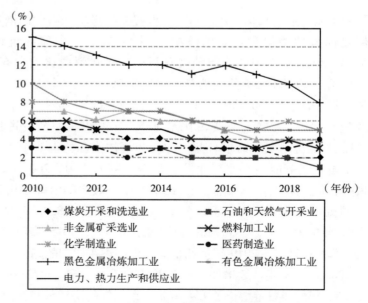

图 7.5 工业主要行业能源消费占总消费的比重

资料来源：根据历年《中国能源统计年鉴》基础数据计算所得。

基于此，新能源的消费在传统能源消费中占据越来越重要的地位，新能源的发展给各行业带来了机遇和挑战。为此，下文侧重于工业结构对能源消费结构的影响机制研究，同时研究了工业能源消费结构的现状，利用多因素分析法和空间计量的方法，查找除西藏外30个省份工业结构和能源消费结构的相关省级面板数据，对比工业不同行业的能源消费的差异，认为影响能源消费结构的因素除了工业结构之外，还有能源消耗强度、工业规模以上工业企业的数量、能源价格、外商投资等，并提出能源消费结构转型升级的不同政策建议，以期能够为节能减排、提高能源利用率、促进能源消费结构的转型升级做出贡献。

7.3.1　计量模型设计

根据上文的分析，本章考虑到工业结构、能源消耗、企业数量、外商投资等多重因素对能源消费结构的影响，构建多元线性回归方程如下：

$$estru_{it} = \beta_0 + \beta_1 X_{it} + \beta_2 contrl_{it} + \varepsilon_{it} \tag{7.17}$$

式（7.17）中，t 表示时间，i 表示各省（区、市）$estru_{it}$ 是被解释变量能源消费结构；X_{it} 为核心解释变量，包括两部分：分别为 i 地区第 t 年的工业结构合理化情况（TL_{it}）、i 地区第 t 年的工业结构高级化情况（$stru_{it}$）。$contrl_{it}$ 代表研究中的控制变量，包括能源消耗强度（e_{it}）、规模以上工业数量（$company_{it}$）、能源价格（EP_{it}）、外商直接投资（FDI_{it}）；ε_{it} 表示随机扰动项。

考虑空间溢出效应，并且将空间权重矩阵添加到原本的计量模型中，因此，空间杜宾模型（SDM）如式（7.18）所示：

$$estru_{it} = \beta_0 + \beta_1 estru_{it}W + \beta_2 X_{it} + \beta_3 X_{it}W + \beta_4 contrl_{it}$$
$$+ \beta_5 contrl_{it}W + \alpha_i + \mu_i + \varepsilon_{it} \tag{7.18}$$

式（7.18）中，W 代表空间权重矩阵，α_i 和 μ_i 分别代表时间和地区固定效应，W 具体表现为以下两个矩阵：W_1（邻接矩阵）①，W_2（地理距离权重矩阵）②。

7.3.2　指标选取与数据描述

（1）指标选取。

---

① 邻接矩阵的元素为将相邻省份质心点之间的距离记为1，不相邻省份质心点之间的距离记为0。

② 由地理距离权重矩阵和经济权重矩阵相乘得到，其中地理距离权重矩阵的元素采用各省份质心点间距离平方项的倒数表示，经济权重矩阵的元素为人均 GDP 之差的绝对值的倒数。

第一，被解释变量。被解释变量为能源消费结构（estru）。它是衡量化石能源和清洁能源消费占比的指标。本章根据新能源消费在能源消费总量中的占比综合衡量能源消费结构，新能源主要包括核能、风能和一次电力。由于一次电力数据占新能源的比重较大并且容易获得，故本章将一次电力数据代表新能源数据。其中，能源消费结构 estru 的单位为%。

第二，核心解释变量。核心解释变量为工业结构（IS）。在前文分析的基础上分别选择工业结构合理化指标泰尔指数 TL 和工业结构高级化指标工业结构层次系数 stru 作为衡量工业结构的指标。

一是工业结构合理化。根据不同的消费需求和能源条件，工业结构合理化能够促进能源在整个工业行业间的协调配置，保证能源的平衡和合理有效利用。工业结构合理化的本质是结构的聚合质量，高级聚合效应的关键为各工业部门内部通过相互合作关联从而产生处整体的能力和巨大的潜力。该种能力远超过每个工业部门能力和潜力的叠加。本文用泰尔指数 TL_{it} 作为衡量工业行业结构合理化的指标。参考干春晖（2011）测算产业结构合理化的方法，其计算公式为[186]：

$$TL_{it} = \sum_{i=1}^{n} \left(\frac{Y_{ti}}{Y} \right) \ln \left(\frac{Y_{ti}}{Lti} \bigg/ \frac{Y}{L} \right) \tag{7.19}$$

式（7.19）中，L 为工业就业人员，可以用各工业行业平均就业人数来测度 n 为工业行业数，Y 为工业产值，可以用工业销售产值来测算。泰尔指数为 0 时，是工业结构为最协调的状态；泰尔指数越大，表示工业结构越趋于不合理。

二是工业结构高级化。随着科学技术的发展和经济水平的进步，工业结构高级化能够促使个工业企业趋于高级。本文采用的衡量工业结构高级化的指标为工业结构层次系数$stru_{it}$。

具体到工业行业来说，本章将工业 27 个行业分为三类。借鉴戴魁早（2012）对工业结构高级化的衡量方法来衡量工业结构的高级化，具体公式为[227]：

$$stru_{it} = \frac{\sum_{i=21}^{i=27} Y_{ti}}{\sum_{i=6}^{i=12} Y_{ti} + \sum_{i=1}^{i=5} Y_{ti} + \sum_{i=13}^{i=20} Y_{ti}} \tag{7.20}$$

式（7.20）中，$Y1 = \sum_{i=6}^{i=12} Y_{ti}$ 代表第一类产业产值（对应工业行业 6~12），$Y2 = \sum_{i=1}^{i=5} Y_{ti} + \sum_{i=13}^{i=20} Y_{ti}$ 代表第二类产业产值（对应工业行业 1~5 和 13~20），$Y3 = \sum_{i=21}^{i=27} Y_{ti}$ 第三类产业产值（对应工业行业 21~27）。

stru 值越大表示工业结构越高级。根据第 3 章表 3.5 的编号将 27 个工业行业类型重新整理如表 7.1 所示。

表 7.1 工业行业类型

产业类型	行业
第一类工业产业（Y1）	6. 农副食品加工业，7. 食品制造业，8. 饮料制造业，9. 烟草制品业，10. 纺织业、11. 纺织服装、服饰业，12. 造纸和纸制品业
第二类工业产业（Y2）	1. 煤炭开采和洗选业，2. 石油和天然气开采业，3. 黑色金属矿采选业，4. 有色金属矿采选业，5. 非金属矿采选业，13. 燃料加工业，14. 化学制造业，15. 医药制造业，16. 化学纤维制造业，17. 非金属矿物制品业，18. 黑色金属冶炼加工业，19. 有色金属冶炼加工业，20. 金属制品业
第三类工业产业（Y3）	21. 通用设备制造业，22. 专用设备制造业，23. 运输设备制造业，24. 电气机械制造业，25. 电子设备制造业，26. 仪器仪表制造业，27. 电力、热力生产和供应业

第三，控制变量。控制变量包括以下四种。

一是能源消耗强度（e）。刘畅（2008）认为能源消费结构的变化与能源消耗强度的演变密切相关[150]。中国能源消费的总量较大但质量不高，煤炭消费总能源消费的比重过大，研究表明，随着新能源对煤炭的替代，能源消费结构明显下降。本章选取工业能源消耗比上工业增加值作为衡量能源消耗结构的指标。

二是规模以上工业企业数量（company）。规模以上工业企业在起步阶段，由于自身对于经济利益的追逐和政府缺乏相应的政策管制，企业大多通过生产过程中的高能耗高污染达到提高生产率的目的，维持工业企业运转。随着规模不断扩大，技术创新水平不断进步，引进先进的生产设备，同时在生产过程中更加注重对清洁能源的使用，政府也逐渐加强对大企业的管控，市场机制不断完善，能源利用率低、能耗大的企业会被逐步淘汰。

三是能源价格（EP）。能源价格的变化会使得工业企业在生产过程中利用某一种或某几种能源总量相应的增加或减少，能源消费结构也将受到这种变化的影响。本章采用地区燃料价格指数作为衡量能源价格的指标。提高传统能源的价格，会导致传统能源需求减少，而其替代性能源新能源的需求会增加，促进能源消费结构的升级。

四是外商直接投资（FDI）。要素流入对能源利用效率的改善作用主要取决于 FDI 所带来的技术和管理效应（史丹，2002）[228]。绝大多数研究者认为，FDI 可为外资流入地区实现一定的技术外溢效应，并且可以提高当地的就业水平，以此提高当地的科学技术发展水平，进而改善本地区的能源消费结构布局，外商投资的改善能源结构的主要原因是通过竞争效应促进投资地区的能源消费结构的优化升级，等促进能源消费结构的升级。本章采用外商直接投资额作为衡量外商直接投资的指标。

（2）数据描述。

由于西藏地区的数据缺失较多，故本章整理了除西藏外的 30 个地区的省级面板数据，时间跨度为 2010～2019 年一共 10 年的时间，每个面板的数据共 300 个。根据工业行业的分类标准，本章经过整理，采用表 2 工业行业的分类标准；在衡量工业结构时，工业产值和工业就业人数分别用工业销售总产值和工业个行业平均从业人数衡量[①]；基于对数据平稳性的考虑，本章将能源价格（EP）和外商直接投资（FDI）分别取对数为 lnEP 和 lnFDI。表 7.2 为解释变量和被解释变量的描述性统计结果。

表 7.2　　　　　　　　　　　数据描述性统计分析

分类	变量名称	符号	Mean	Std. Dev.	Maximum	Minimum
被解释变量	能源消费结构	ESTRU	0.16163	0.053214	0.77	0.08
核心解释变量	工业结构	TL	0.20897	0.164141	1.26	0.06
		STRU	0.52383	0.347182	1.61	0.09
控制变量	能源消耗强度	E	1.75563	1.288772	7.42	0.4
	规模以上工业企业数量	COMPANY	12549.8	13574.62	64364	335
	能源价格	lnEP	4.63675	0.091280	4.901183	4.371976
	外商直接投资	lnFDI	12.1951	1.612258	14.98278	7.600902

（3）计量方法。

实证需根据 30 个省份 2010～2019 年一共 10 年的面板数据选择合适的计量模型和计量方法。本章将采用 F 检验和 Hausman 检验来确定使用的模型形式。

第一，F 检验。

本章利用 F 检验判断计量模型中个体效应是否存在，即模型应该选择固定效应模型还是混合估计模型进行估计。F 检验的结果整理如表 7.3 所示。

---

① 工业销售产值和工业平均从业人数数据从历年《中国工业统计年鉴》获得；各地区的工业增加值、工业能源消费总量（万吨标准煤）来源于各地区统计年鉴；各省煤炭消费量和一次电力消费量来源于《中国能源统计年鉴》以及各省统计年鉴；其余变量数据来源于国家统计局。

表 7.3	F 检验结果整理
Cross – section	Sum squared resid
None	0. 709325
Fixed	0. 457664

选择计算公式为：

$$F = \frac{(SSE_r^{①} - SSE_f^{②})/(N-1)}{SSE_f/(NT-N-K)} \sim F(N-1, NT-N-K) \quad (7.21)$$

式（7.21）中，N 为截面数，本章选取的是 30 个省份的面板数据，即 N = 30；T 是时间序列数本章选取的是 2010 ~ 2019 年的数据，即 T = 10；K 为解释变量的个数，本章选取的解释变量有 6 个，即 K = 6。

根据式（7.21）计算出 F = 5.01，查表得 $F_{0.01}(29, 264) = 2.03$，$F_{0.05}(29, 264) = 1.64$，$F_{0.1}(29, 264) = 1.47$，故本章选取个体固定效应模型进行参数估计和检验。

第二，Hausman 检验。

F 检验之后，进行个体效应与解释变量的相关性分析。为了检验模型个体效应或时间效应与解释变量之间的相关性，本章通过 Hausman 来确定模型在固定效应形式和随机效应形式中的选择。经过 Hausman 检验发现模型的 P = 0，由于 P 值 < 0.01，表示其在 99% 的置信水平下拒绝原假设，选择固定效应模型。如表 7.4 所示。

表 7.4	计量方法选择检验结果	
检验方法	F 检验	Hausman 检验
检验内容	比较 POOL 模型和 FE 模型	比较 FE 模型和 RE 模型
检验结果	选择 FE 模型	选择 FE 模型

基于 F 检验与 Hausman 检验和考虑本章选取数据的适用性，本章使用固定效应模型。

7.3.3 实证检验与结果分析

（1）平稳性检验。

为防止伪回归问题，采用单位根检验。

---

① SSE_r 表示的含义是混合估计模型的残差平方和。
② SSE_f 为固定效应模型的残差平方和。

第一，LLC 检验和 Breitung 检验。在 Individual interceptand trend 条件下的检验，检验结果 P 值如表 7.5 第 2、3 列所示。

第二，IPS 检验、ADF – Fisher 检验、PP – Fisher 检验。用 IPS 检验法（Im – Pesaran – Shin）、ADF – Fisher 检验法、PP – Fisher 检验法，在 Individual interceptand trend 条件下的检验结果 P 值如表 7.5 第 4、5 和第 6 列所示。

表 7.5　　　　LLC、BreitungIPS、ADF – Fisher 和 PP – Fisher 检验结果

变量名称	LLC	Breitung	IPS	ADF	PP
estru	0.0000	0.9999	0.0703	0.1028	0.0000
TL	0.0000	0.9965	0.0000	0.0000	0.0000
stru	0.0000	1.0000	0.8902	0.3849	0.0000
e	0.0000	0.7669	0.1391	0.0444	0.0000
company	0.0000	0.9998	0.0000	0.0000	0.0000
ln*EP*	0.0000	0.0000	0.0001	0.0000	0.0000
ln*FDI*	0.0000	0.0180	0.0010	0.0000	0.0000

注：表中每个变量在 LLC 检验、BreitungIPS 检验、ADF 检验和 PP 检验中均存在 $P < 0.05$ 的情况。

表 7.5 中两种分类的检验中均证明序列不存在单位根，是平稳序列，由于在 Level 情况下进行检验，是零阶单整的，因此这些变量都可以直接进行回归，变量不存在一阶单整和二阶单整情形。因此不需要再对变量做协整检验。

（2）空间自相关检验。

为了检验能源消费结构的省域空间相关性，本章使用 W_{7-1}、W_{7-2} 两种空间权重矩阵下的莫兰指数进行检验，结果如表 7.6 所示。观察 P 值发现中国能源消费结构具有空间相关性，考虑到能源消费结构的空间溢出效应，将 W_{7-1}、W_{7-2} 加入模型。

表 7.6　　　　能源消费结构 estru 的全域 Moran's I 值

年份	W_{7-1}		W_{7-2}	
	I	p	I	p
2010	0.135	0.058	0.187	0.061
2011	0.129	0.073	0.203	0.067
2012	0.125	0.062	0.213	0.054

年份	W$_{7-1}$		W$_{7-2}$	
	I	p	I	p
2013	0.103	0.113	0.185	0.093
2014	0.114	0.095	0.194	0.102
2015	0.089	0.082	0.213	0.083
2016	0.067	0.091	0.219	0.059
2017	0.053	0.064	0.196	0.064
2018	0.042	0.053	0.225	0.057
2019	0.076	0.073	0.185	0.039

注：P 值为单边检验的 P 值。

（3）空间模型选择。

在进行空间计量分析时，应用最广泛使用的空间误差（SEM）、空间滞后（SAR）和空间杜宾（SDM）3 种模型展开实证研究。根据 LM 检验发现无法拒绝空间自相关及空间滞后效应的原假设，因此下文选择空间杜宾（SDM）展开实证分析。此外，由于 F 检验、Hausman 检验，以及现实经验判断选择固定效应形式，且在实际生活中都存在时间和空间的影响，本章选择空间杜宾模型，且模型在时间和空间上都是固定的。

（4）参数估计结果与分析。

在进行上述检验后，对模型进行加入变量的逐步回归分析，验证模型设定的可靠性。

本章选择的数据中，截面数为 30 个省份，年份数是 2010～2019 年 10 年的数据，为了使回归结果中，模型异方差和自相关对结果影响较小，在操作过程中选择 cross - section weights 选项对回归模型进行加权处理。操作结果表明，P 值越小，解释变量的显著性越好。P 值很大，则变量没意义。表 7.7 和表 7.8 分别显示了工业结构合理化及工业结构高级化对能源消费结构影响的结果。

表 7.7   工业结构合理化对能源消费结构影响的结果

变量	模型（7-1）	模型（7-2）	模型（7-3）	模型（7-4）	模型（7-5）
tl	0.011 (0.84)	0.023 ** (2.25)	0.023 ** (2.27)	0.039 *** (3.74)	0.041 *** (3.59)
e		0.012 *** (8.43)	0.012 *** (8.51)	0.014 *** (9.64)	0.012 *** (7.38)

变量	模型（7－1）	模型（7－2）	模型（7－3）	模型（7－4）	模型（7－5）
lnEP			−0.005 （−0.17）	−0.021 （−0.72）	−0.023 （−0.81）
company				1.63E−06 *** （11.00）	1.78E−06 *** （10.13）
lnFDI					−0.003 * （−1.69）
constant	0.159 *** （46.28）	0.136 *** （34.81）	0.161 （1.07）	0.205 *** （1.53）	0.258 * （1.89）
Observations	300	300	300	300	300
R−squared	0.359	0.479	0.481	0.609	0.617

注：*** 表示在1%的水平上显著，** 表示在5%的水平上显著，* 表示在10%的水平上显著。括号内为 t 值。

表7.8   **工业结构高级化对能源消费结构影响的结果**

变量	模型（7－6）	模型（7－7）	模型（7－8）	模型（7－9）	模型（7－10）
stru	0.042 *** （7.68）	0.063 *** （10.91）	0.063 *** （10.88）	0.048 *** （8.41）	0.052 *** （8.89）
e		0.018 *** （11.25）	0.018 *** （11.24）	0.018 *** （11.43）	0.021 *** （9.12）
lnEP			0.003 （0.10）	−0.010 （−0.38）	−0.015 （−0.57）
company				1.10E−06 *** （7.94）	1.30E−06 *** （8.48）
lnFDI					−0.006 *** （−2.91）
constant	0.140 *** （41.67）	0.097 *** （18.33）	0.083 （0.61）	0.137 （1.11）	0.228 * （1.82）
Observations	300	300	300	300	300
R−squared	0.474	0.592	0.593	0.677	0.692

注：*** 表示在1%的水平上显著，** 表示在5%的水平上显著，* 表示在10%的水平上显著。括号内为 t 值。

回归结果显示模型中核心解释变量的系数和显著性没有发生较大波动，且模型的拟合度 R^2 的值逐渐增大，模型设定较合理。基于最优的回归模型，进一步加入空间因素，采用空间杜宾模型，使用 W_{7-1} 矩阵和

W_{7-2} 矩阵进行回归，如表 7.9 所示。

表 7.9 空间杜宾模型回归结果

变量	模型 W_{7-1}	模型 W_{7-2}
TL	0.035 *** (2.19)	0.032 *** (2.16)
stru	0.047 * (8.58)	0.043 ** (8.41)
e	0.017 *** (9.69)	0.015 *** (9.42)
company	1.56E − 06 *** (9.24)	1.74E − 06 *** (8.57)
LnEP	− 0.018 (− 0.64)	− 0.021 (− 0.82)
lnFDI	− 0.005 *** (− 1.87)	− 0.008 ** (− 2.14)
β_1	0.342 *** (3.92)	0.215 *** (1.98)
R^2	0.292	0.437
Observations	300	300

注：*** 表示在 1% 的水平上显著，** 表示在 5% 的水平上显著，* 表示在 10% 的水平上显著。括号内为 t 值。

模型（7-5）、模型（7-10）和模型 W_{7-1}、模型 W_{7-2} 的估计结果很相似，说明模型估计结果稳健性较好。从被解释变量来看，省域间的能源消费结构存在正向空间溢出效应，即周边省份能源消费结构的改善对本省份的能源消费结构的优化具有促进作用。

从核心解释变量来看，工业结构合理化、高级化两个指标回归系数都是显著的，表明工业结构变迁对能源消费结构存在着一定的影响。在控制了能源消耗强度、规模以上工业企业数量、能源价格、外商直接投资这四个控制变量之后，工业结构合理化回归系数为 0.041425，表明工业结构合理化程度每提高 1 单位，能源消费结构估计量会增加 0.041425%，表明提高工业结构合理化水平能够导致能源消费水平的相应提高。工业结构对能源消费结构的影响显著为正，工业结构高级化指标每能加 1 单位就会导致能源消费结构增加 0.051833%，这表明在工业部门中，增加低能耗、高技术和高附加值的产业，能够有效推动能源消费结构的升级，并且获得经济效益的提高。从回归结果可以看出，工业结构高级化系数大于合理化系数，则工业结构高级化相比于合理化更能促进能源消费结构的升级。

从控制变量的角度，工业能源消耗强度对能源消费结构。具有正向作用，且作用显著性水平高。工业能源消耗强度变大会引起资源开采和利用难度增大的问题，导致能源配置效率低下。

工业规模以上工业企业数量系数显著为正，表明其对能源消费结构的升级具有显著的促进效果。工业结构对能源消费结构的调整具有的技术效应为：工业企业加强技术水平的研发和运用，由劳动密集型生产向资本密集型和技术密集型生产方式转变，从而促进能源消费结构向更加合理的方向不断发展。

回归结果显示，能源价格对能源消费结构的影响不显著为负，本文中能源价格的调整可以近似认为石油等化石燃料价格的调整，从需求与供给的角度看，能源价格的调整会促使化石能源的市场需求降低，其替代能源一次电力等其他新能源的市场需求增加，新能源消费水平增加，导致能源消费结构的升级。其不显著的原因可能是能源价格的调整要在市场允许的范围内，因此其波动水平不大，此外还有可能是新能源需求增大后价格水平上调，导致其反作用于需求水平，达到市场均衡状态，因此能源价格对整体的能源消费结构的影响不大。

外商直接投资对能源消费结构的影响显著为负，显示了外商直接投资的增加不利于中国能源消费结构转型升级。外商直接投资会导致先进生产技术的整合，某种意义上会提高工业企业对外商投资的依赖，降低技术进步和生产能力提高的信心，降低企业员工的生产率和生产积极性，使得企业在工业生产过程中不注意能源的利用率，并且在地区转移的过程中将固有生产习惯带到转入地区和周边省域，从而产生了巨大的能源浪费，造成化石能源消费的增加，最终不利于中国能源消费结构的优化升级。

（5）内生性检验与修正。

第一，内生性判断。本章对模型变量采用相关性检验，判断变量之间是否存在显著相关性，表7.10展示了相关性检验的结果。

表7.10 相关性检验结果

变量	estru	TL	stru	e	company	lnEP	lnFDI
estru	1.000	0.038	0.172	0.044	0.248	− 0.033	− 0.005
TL	0.038	1.000	− 0.052	0.004	− 0.165	0.050	− 0.039
etru	0.172	− 0.052	1.000	− 0.587	0.491	− 0.009	0.605
e	0.044	0.004	− 0.587	1.000	− 0.444	0.005	− 0.658

続表

变量	estru	TL	stru	e	company	lnEP	lnFDI
company	0.248	− 0.165	0.491	− 0.444	1.000	0.046	0.635
lnEP	− 0.033	0.050	− 0.009	0.005	0.046	1.000	0.039
lnFDI	− 0.005	− 0.039	0.605	− 0.658	0.635	0.039	1.000

由表 7.10 可知，变量之间没有显著的自相关，可以进行回归分析。首先得到一个残差序列，再将残差序列作为一个自变量加入到回归方程中，残差回归的结果如表 7.11 中模型（7 − 11）所示。

表 7.11　　　　　　　　残差回归和工具变量回归的结果

变量	残差回归模型（7 − 11）	工具变量回归模型（7 − 12）	工具变量回归模型（7 − 13）
TL	0.046 *** (4.83)	0.002 (0.10)	
stru	0.052 *** (9.33)		0.057 *** (9.56)
e	0.017 *** (10.55)	0.016 *** (8.50)	0.020 *** (11.03)
Company	1.46E − 06 *** (9.47)	2.73E − 07 *** (1.20)	4.35E − 07 ** (2.38)
LnEP	− 0.017 (− 0.66)	0.001 (0.04)	0.011 (0.40)
lnFDI	− 0.007 *** (− 3.74)	0.007 *** (3.34)	0.001 (0.65)
RESID01	0.238 *** (1.01E + 13)		
constant	0.238 *** (1.967)	0.033 (0.217)	0.019 (0.147)
R^2	0.612	0.512	0.629
Obs.	300	300	300

注：*** 表示在 1% 的水平上显著，** 表示在 5% 的水平上显著，* 表示在 10% 的水平上显著。括号内为 t 值。

模型（7 − 11）结果显示，残差序列的系数是在 99% 的置信水平显著不为零，存在内生性问题。结合经验分析，方程中可能出现的内生性问题为：规模以上工业企业数量的增加，可能导致企业间互相学习生产知识和技能，提高企业技术创新能力，促进能源消费结构的升级。与此同时，能源消费结构的升级将会促进低耗能的工业企业数量的增加，规模以上工业企业的数量和能源消费结构之间可能存在互为因果的关系。另外，假定工业企业的人力资本越多，则其推动技术创新的能力就越强，影响到新能源的推广和发展，促进能源消费结构的升级，因此人力资本这种遗漏变量也会引起内生性问题。

第二，内生性修正。本章选取滞后一期的规模以上工业企业数量作为工具变量，运用工具变量法对内生性问题进行修正。回归结果如表 7.11 中模型（7-12）和模型（7-13）所示。

内生性修正后，模型的回归系数的方向与修正之前大致相同，并且 R^2 的结果得到一定的修正，可以认为内生性修正是有效的。

（6）稳健性检验。

为了检验回归结果是否可靠，本章采用替换核心解释变量进行稳健性检验的方法。本章选取工业结构差异系数（KI）代替泰尔指数指标来衡量合理化进行回归分析，用工业劳动生产率（C）代替工业结构层次系数指标对工业结构高级化来进行分析。

第一，工业结构差异系数为：

$$KI_k^{①} = \sum_{j=1}^{n} \left| \frac{x_{kij}}{x_k} - \frac{\sum_k^* x_{k^*j}}{\sum_j \sum_k^* x_{k^*j}} \right| \tag{7.22}$$

第二，劳动生产率为：

$$C^{②} = \sum_{i=1}^{n} \frac{Y_i}{Y} LP_i \tag{7.23}$$

回归结果如表 7.12 和表 7.13 所示。

表 7.12　　　工业结构合理化对能源消费结构影响的稳健性检验回归结果

变量	模型（7-14）	模型（7-15）	模型（7-16）	模型（7-17）	模型（7-18）
KI	0.023 * (1.24)	0.045 ** (1.85)	0.052 *** (2.67)	0.064 *** (3.85)	0.071 *** (4.57)
e		0.015 *** (8.63)	0.016 *** (8.68)	0.015 *** (9.32)	0.015 *** (7.29)

---

① k 为某地区，k^* 为除去 k 地区之外的其他地区，n 为工业行业总数，j 代表各个工业行业。KI 值越大代表 k 地区的工业结构越不合理，即与全国总体水平差异较大。

② LP_i 为劳动生产率，$\frac{Y_i}{Y}$ 表示地区某个工业产业产值的占比。C 值越大，则工业结构高级化程度越高。

变量	模型 （7 - 14）	模型 （7 - 15）	模型 （7 - 16）	模型 （7 - 17）	模型 （7 - 18）
lnEP			- 0. 012 （ - 0. 36）	- 0. 043 （ - 1. 34）	- 0. 053 （ - 1. 95）
company				1. 23E - 06 *** （16. 37）	1. 05E - 06 *** （14. 24）
lnFDI					- 0. 005 * （ - 2. 56）
constant	0. 176 *** （50. 34）	0. 154 *** （41. 01）	0. 172 （1. 56）	0. 283 *** （1. 31）	0. 241 ** （2. 09）
Obs.	300	300	300	300	300
R - squared	0. 135	0. 247	0. 356	0. 423	0. 452

注： *** 表示在1%的水平上显著， ** 表示在5%的水平上显著， * 表示在10%的水平上显著。括号内为 t 值。

表 7. 13   工业结构高级化对能源消费结构影响的稳健性检验回归结果

变量	模型 （7 - 19）	模型 （7 - 20）	模型 （7 - 21）	模型 （7 - 22）	模型 （7 - 23）
C	0. 042 *** （7. 68）	0. 063 *** （10. 91）	0. 063 *** （10. 88）	0. 048 *** （8. 41）	0. 052 *** （8. 89）
e		0. 023 *** （16. 37）	0. 024 *** （16. 56）	0. 024 *** （16. 87）	0. 031 *** （8. 45）
lnEP			- 0. 007 （ - 0. 23）	- 0. 023 （ - 0. 75）	- 0. 036 （ - 1. 35）
company				1. 23E - 06 *** （8. 04）	1. 45E - 06 *** （9. 57）
lnFDI					- 0. 008 *** （ - 4. 01）
constant	0. 182 *** （49. 43）	0. 083 *** （15. 67）	0. 083 ** （3. 46）	0. 267 * （3. 34）	0. 357 * （5. 35）
Obs.	300	300	300	300	300
R - squared	0. 326	0. 457	0. 582	0. 685	0. 699

注： *** 表示在1%的水平上显著， ** 表示在5%的水平上显著， * 表示在10%的水平上显著。括号内为 t 值。

回归结果显示，KI 与 C 对能消费结构的影响显著，且这两个核心解释变量对能源消费结构的影响与泰尔指数和工业结构层次系数的影响方向相同，这个结果佐证了没有替换核心解释变量之前回归结果的稳健性：工业结构合理化程度越高，工业结构高级化程度越高，对能源消费结构优化的促进效用越明显。在控制变量中，工业能源消耗强度、能源价格、规模以上工业企业数量、外商直接投资的回归系数与没有替换核心解释变量之前的影响方向不变，只是大小有所变化，说明原方程具有一定的稳健性。因此，得出如下结论：工业结构的合理化与高级化对能源消费结构的升级具有促进作用。

（7）区域异质性检验。

根据上文，不同地区能源消费水平和结构存在较大差异，下文对能源消费结构区域异质性进行检验。本章根据经济带①，将全国除西藏和港澳台地区以外的 30 个省份样本划分为东部沿海地区、中部内陆地区、西部边远地区三个子样本②，进行分区域的区域异质性检验，表 7.14 展示了其固定效应模型回归结果。

表 7.14　　　　　　　　　　　分区域回归结果

变量	东部		中部		西部	
TL	0.058 *** (6.05)		0.003 (1.06)		0.066 *** (5.12)	
$stru$		−0.007 ** (−1.10)		−0.007 (−1.16)		0.009 (1.12)
e	0.035 *** (−10.19)	0.037 *** (−7.30)	0.016 *** (28.73)	0.015 *** (11.57)	0.012 *** (23.60)	0.012 *** (28.79)
$company$	1.91E−06 *** (16.32)	1.73E−06 *** (13.75)	3.19E−06 *** (50.74)	3.18E−06 *** (25.52)	−3.93E−06 *** (−9.35)	−3.17E−06 *** (−9.37)
$\ln EP$	−0.018 (−0.67)	−0.030 (−1.04)	0.016 *** (−4.91)	0.018 *** (−2.89)	−0.004 (−0.25)	−0.010 (−0.76)
$\ln FDI$	0.016 *** (−7.48)	0.020 *** (−8.48)	0.016 *** (27.23)	0.017 *** (14.64)	0.005 *** (4.65)	0.003 *** (3.16)
$constant$	0.461 *** (3.59)	0.597 *** (4.24)	0.053 *** (−3.07)	−0.041 (−1.26)	0.110 *** (1.52)	0.162 *** (2.89)
模型	固定效应	固定效应	固定效应	固定效应	固定效应	固定效应
Obs.	130	130	90	90	80	80
R^2	0.843	0.814	0.982	0.955	0.975	0.977

注：*** 表示在 1% 的水平上显著，** 表示在 5% 的水平上显著，* 表示在 10% 的水平上显著。括号内为 t 值。

---

① 三大经济带分别为：东部地区、中部地区、西部地区。
② 东部地区：北京、天津、河北、辽宁、上海、江苏、浙江、福建、山东、广东、广西、海南、重庆。中部地区：山西、内蒙古、吉林、黑龙江、安徽、江西、河南、湖北、湖南。西部地区：四川、贵州、云南、陕西、甘肃、青海、宁夏、新疆。

分区域的估计结果显示，分区域估计结果和整体估计结果方向一致，但仍然存在着一些差别。从核心解释变量来看，东部沿海地区工业结构合理化和高级化的作用均显著且效果较好，而西部边远地区只有工业结构合理化的作用显著，中部内陆地区工业结构合理化和高级化均不显著。

可能的原因如下：选取的2010~2019年，工业结构合理化在中部内陆地区测量值泰尔指数高于东部沿海地区和西部边边远地区。中部内陆地区的泰尔指数为0.27，而东部沿海地区的泰尔指数为0.16，西部偏远地区的泰尔指数为0.21。由于泰尔指数越大代表工业结构越不合理，则东部地区和西部地区的工业结构协调程度高于中部，则工业结构对能源消费结构的作用效果也会更显著。工业结构高级化程度最高的是东部沿海地区，其工业结构层次系数为0.76，远高于中部内陆地区和西部边远地区的测算值0.39和0.32，即相比于西部和中部地区，东部地区低能耗、高附加值的产业明显更多，因此工业结构高级化对能源消费结构的影响更显著。

从控制变量来看，能源消费强度在三个地区都发挥着显著的作用，说明能源消费强度对能源消费结构具有显著的促进作用；规模以上工业企业数量的增加能够显著改善该地区的能源消费结构；中部地区影响最为显著的是能源价格，即能源价格的提高可以促进中部内路地区能源消费结构的优化升级；外商直接对三大地区能源消费结构都会产生显著负向影响。

（8）实证结论。

第一，能源消费结构现状及工业结构对其影响。

从工业结构角度，总体上看，中国的工业结构逐渐趋于合理化和高级化，但变化趋势缓慢；从不同地区看，工业结构合理化程度最低的是中部内陆地区，工业结构高级化程度最高的地区是东部沿海地区。

从工业能源消费结构角度，分行业进行分析，黑色金属冶炼加工业能源消耗占工业行业的1/5以上，节能减排，促进内部产业调整升级的任务最为艰巨。分地区进行分析，东部沿海地区能源消耗强度低，且由于生产力水平和技术水平先进等原因，能源消耗强度逐年降低，中部和西部地区能源消耗强度较大，与东部沿海地区的工业能源强度始终存在着较大差距，西部地区在工业生产中降低能源消费量对能源消费的转型至关重要。

计量模型的分析结果显示，工业结构的合理化程度越大，工业结构的高级化程度越大，其显著促进能源消费结构转型升级的效果越好，且相对于合理化来说，高级化促进能源消费结构升级的作用更加明显，各地区应该根据当地特色，加强对工业结构高级化的调整。

第二，其他因素对能源消费结构的影响。

由控制变量回归结果的显著性可以看出，工业能源消耗强度、外商直接投资、工业规模以上企业数量对能源消费结构具有显著的正向影响，且工业能源消耗强度的上升、工业规模以上企业数量的增加、外商直接投资的减少会促进能源消费结构的转型升级。在降低能耗、减少化石能源消费目标的过程中不仅需要对工业结构的调整，还需要对以上因素进行综合考量和利用。

7.4 部门层面产业结构对能源消费结构协调促进机制检验

7.4.1 变量选取与说明

（1）被解释变量。

关于能源消费结构的衡量，不同的角度有不同的衡量方法，常用的衡量指标有：一次能源消费中煤炭的比重、清洁能源对非清洁能源的比重、可再生能源对非可再生能源的比重、煤炭占总能源消费量的比重、一次能源消费量占总能源消费量的比例表示。周明磊（2011）将能源分类中按结构由低到高排列为煤、石油、天然气及其他水电核电等四大能源，使用基于夹角余弦法的 Moore 值构造能源结构的高级化指数[236]。陶长琪等（2018）则选取了 17 种能源经过折算得到能源消费总量，并用其中 13 种化石能源的占比代表能源消费结构[48]，也有学者用碳排放量来侧面反应能源消费结构（唐诗佳，2014）[222]。本章中能源消费结构（ES）是指一次能源消费结构，一次能源包括原煤、原油、天然气和一次电力等新能源，虽然煤炭是中国能源结构中的主要能源，但当下的能源发展趋势是大力发展新能源代替传统能源，因此，本章用一次能源消费总量中新能源占比来代表能源消费结构（邹璇等，2019）[145]。新能源主要指风电、核电等一次电力，其中以水电等一次电力为主，因此，各省份的新能源消费量数据采用各地能源消费总量乘以一次电力消费占比估算得到，而一次能源消费总量由煤油气及新能源的消费量进行统一换算加总得到。能源消费结构指标 ES 越大，说明新能源使用比重越大，能源结构越清洁。

（2）主要解释变量。

产业结构调整是指各个经济部门和产业的比重以及生产要素分配的变化，这个过程既包含产业间比例的调整，也有产业的优化升级，本章选取部门（第一、第二、第三产业部门）层面的产业结构合理化（R）和产业结构高度化（H）对产业结构调整进行评价，这代表产业结构调整的两个方向，具体的测算方法见前文。

（3）控制变量。

查阅相关文献，考虑对地区能源消费结构产生影响的因素，本章选取以下变量作为控制变量。

第一，经济发展水平（GDP）。经济增长会拉动能源需求，增加能源消费量，同时也会带来居民收入水平的提高，使民众对能源的消费偏好发生相应改变，影响能源的消费结构。此外，经济发展水平较高的地区往往更易推广新的生产技术，加快新能源的普及，从而改善能源结构。本章采用各省份的实际人均地区生产总值水平，用国内生产总值指数将名义人均地区生产总值换算为 2000 年不变价得到。

第二，能源禀赋（ER）。能源禀赋反映了当地在能源的获取上是否具有优势条件，而能源消费往往会依赖当地的能源资源禀赋，并在此基础上发展相关的能源产业，较小的能源使用压力也会让当地缺少动力改变传统的高能耗产业，最终形成高碳的产业结构和能源消费结构。拥有丰富的能源资源无疑会让当地拥有产业和经济发展优势，但在一定情况下能源禀赋对经济的发展转型造成阻碍。对于能源禀赋的衡量，以各地区的一次能源生产量占全国总产量的比重表示。

第三，能源价格（EP）。各类能源的消费量受到能源市场价格调整，通过能源相对价格有利于降低能源强度，有利于优化能源消费结构。但由于能源要素市场的不完善，这种影响并不稳定，而且能源价格主要与其他因素一起共同起作用。能源是重要的投入要素和商品，本章采用商品零售价格指数中的燃料价格指数来代表能源价格，并为了消除异方差的影响对其进行取对数处理。

第四，城镇化水平（U）。城市的建设和运行需要大量的能源支撑，城市发展水平不同其能源需求也会不同，城镇化水平的上升会带来能源需求和能源消费的增加，也会改变人们的能源消费习惯，促进新能源对传统化石能源的替代，改变能源消费结构。本章利用总人口中城镇常住人口的比重衡量城镇化水平。

第五，对外开放水平（OL）。地区开放程度会影响当地经济（包括产业）的发展，同时也会影响当地能源的供给与消费。对外贸易的发展带来大量的能源消耗，同时外商投资的进入也会带来先进的生产技术和生产方式，当地企业能够在对外交流中获得先进的生产资料，有利于也会促进当地产业的发展、提高能源的利用效率。本章采用对外贸易总额占地区总产值的比重代表对外开放水平。

本章实证部分总共涉及 8 个变量，其中以 2000 年为基期对地区生产总值、价格指数等名义指标均进行平减，从而消除通胀因素对变量测度的影响。此外，为保证数量级一致，部分变量做取对数处理。综上，本章中各个变量的取值说明如表 7.15 所示。

表 7.15 变量说明

变量名	符号	变量说明
能源消费结构	ES	一次电力消费量估计的新能源消费的比重
产业结构合理化指数	R	根据式（3.1）计算得到（见附录 1 中附表 1.1）
产业结构高度化指数	H	根据式（3.2）计算得到（见附录 1 中附表 1.2）
经济发展水平	GDP	以 2000 年不变价格计算的人均 GDP（万元）
能源禀赋	ER	各地区的一次能源生产量占全国总量的比重
能源价格	EP	以 2000 年为基期的燃料类商品零售价格指数取对数
城镇化水平	U	城镇人口占总人口的比重
对外开放水平	OL	对外贸易总额占地区生产总值的比重

资料来源：作者整理。

7.4.2 模型设定

（1）基础计量模型。

考察产业结构调整对地区能源消费结构的影响，基础计量模型设定如下：

$$ES_{it} = c + \beta_1 R_{it} + \beta_2 H_{it} + \beta_3 X_{it} + \alpha_i + u_t + \varepsilon_{it} \tag{7.24}$$

其中，t 表示时间，i 表示省份，ES_{it} 为能源消费结构，H_{it}、R_{it} 分别表示产业结构高度化、产业结构合理化，X_{it} 为控制变量，包括经济发展水平、资源禀赋、能源价格、城镇化水平。α_i 表示地区固定效应，反映了不同地区间存在的一些出了解释变量以外的异质性因素带来的影响；u_t 表示时间固定效应，主要反映一些因时间变化的因素带来的影响；ε_{it} 是与地区和时间都无关的随机误差项。

（2）空间计量模型。

考虑区域能源消费结构等变量会存在的一定的空间相关性，地区间的经济发展、能源消费都会受周边地区影响，因此，本章还进行了空间计量分析。空间计量模型相比于普通面板模型是从另一个视角对省际数据进行分析，通过空间权重矩阵对各个地区建立联系，从而分析出各区域之间是否存在"溢出"现象、误差扰动等。常见的有三种空间计量模型，本章采用似然比检验法（LR）来确定应用模型的选取，分两步进行 LR 检验，结果如表 7.16 所示。通过检验可知，使用 3 种空间权重矩阵的检验结果，均无法拒绝空间自相关和空间滞后效应的原假设，因此，使用空间杜宾模型（SDM）进行分析，空间杜宾模型既包含了因变量的空间滞后也考虑了自变量的空间滞后，即其他地区因变量和自变量对本地区因变量的影响。然后，通过 Hausman 检验选择双固定效应形式。

表 7.16　　　　　　　　　LR 与 Hausman 检验结果

检验法	W_{7-1}		W_{7-2}		W_{7-3}	
	统计量	p 值	统计量	p 值	统计量	p 值
LR – SAR	52.94	0.00	66.00	0.00	41.40	0.00
LR – SEM	65.70	0.00	67.61	0.00	65.11	0.00
Hausman	61.28	0.00	53.88	0.00	57.49	0.00

根据上述分析，本章采用分析双固定效应的 SDM 模型展开计量实证，模型设定如下：

$$ES_{it} = \beta + \rho W_{ij}ES_{it} + \beta_1 R_{it} + \beta_2 W_{ij}R_{it} + \beta_3 H_{it} + \beta_4 W_{ij}H_{it} + \beta_5 X_{it}$$
$$+ \gamma W_{ij}X_{it} + \alpha_i + u_t + \varepsilon_{it} \tag{7.25}$$

其中，$ES_{it}W_{ij}$ 是空间滞后被解释变量，反映了各个省份之间能源消费结构的相互影响；$X_{it}W_{ij}$ 是空间滞后解释变量，反映了能源消费结构受到的其他地区产业结构等解释变量的影响。其中空间权重矩阵 W_{ij} 的构建，本章采用常用的地理邻接矩阵 W_{7-1}、地理距离矩阵 W_{7-2}、经济地理距离矩阵 W_{7-3}，分别设定如下。

地理邻接矩阵是以地区间是否相邻为依据构造的 0 – 1 矩阵，i 地区 j 地区相邻，则赋权重为 1，否则为 0。矩阵可表示为：

$$W_{7-1} = \begin{cases} 1 & i \neq j \\ 0 & i = j \end{cases} \tag{7.26}$$

随着距离的增加，空间效应的作用效果会快速减弱，因此本章采用各地区质心点间地理距离平方项的倒数①，得到地理距离矩阵，矩阵可表

---

① 各地区质心点间的地理距离采用国家测绘地理信息局下属国家基础地理信息中心公开的电子地图（1∶400 万）的数据，利用 GeoDa 软件测得出。

示为：

$$W_{7-2} = \begin{cases} \dfrac{1}{d_{ij}^2} & i \neq j \\ 0 & i = j \end{cases} \qquad (7.27)$$

将地理距离矩阵和经济权重矩阵相乘得到经济地理距离矩阵，其中，经济权重矩阵的元素由各地区人均 GDP 年均值之差的绝对值取倒数得到，即经济地理距离矩阵可表示为：

$$W_{7-3} = W_{7-2} \times diag\left(\frac{1}{|\overline{Y_1} - \overline{Y_1}|}, \cdots, \frac{1}{|\overline{Y_i} - \overline{Y_j}|} \right) \qquad (7.28)$$

7.4.3　数据来源与描述性统计

考虑数据的可得性，本章选取除西藏以外的全国 30 个省（区市）为研究对象，采用年度面板数据，样本区间为 2003～2017 年，数据来源于各省统计年鉴、中国统计年鉴、中国能源统计年鉴及 EPS 数据平台等。本章选用 2003～2017 年中国 30 个省（区市）作为研究样本，样本观测值总计 450 条，采用指数平滑法以及均值替换法等方法对极少部分缺失的数值进行数据填补。所有变量的描述性统计如表 7.17 所示。

表 7.17　　　　　　　　　　　**变量描述性统计**

变量	符号	样本数	均值	标准差	最小值	最大值
能源消费结构	ES	450	0.053	0.02	0.021	0.133
产业结构合理化	R	450	0.549	0.194	0.037	0.986
产业结构高度化	H	450	1.33	0.12	0.893	1.603
经济发展水平	GDP	450	2.579	1.90	0.337	12.272
能源禀赋	ER	450	0.033	0.045	0.0001	0.227
能源价格	EP	450	5.254	0.258	4.631	5.749
城镇化水平	U	450	0.519	0.143	0.25	0.896
对外开放水平	OL	450	0.318	0.399	0.017	1.721

资料来源：作者计算整理。

7.4.4　能源消费结构的空间相关性分析

根据托布勒（Tobler）的地理学第一定律，事物之间普遍相互联系，且距离相近的事物具有更强的相关性[223]。空间自相关方法可通过空间权重矩阵刻画变量之间的空间关系以及关联程度，因此，本章运用空间自相关分析方法分析省际能源消费结构的空间。

（1）全局空间相关性分析。

全局空间自相关（global spatial autocorrelation）是从区域的整体刻画能源消费的空间分布情况。本章使用 Moran's I 指数对地区能源消费结构进行全局相关性进行检验。Moran's I 定义如下：

$$Moran's\ I = \left\lfloor \sum_{i=1}^{n} \sum_{j=1}^{n} W_{ij}(\overline{Y_i} - \overline{Y})(\overline{Y_j} - \overline{Y}) \right\rfloor / \left\lfloor S^2 \sum_{i=1}^{n} \sum_{j=1}^{n} W_{ij} \right\rfloor$$

（7.29）

其中，$S^2 = \frac{1}{n} \sum_{i=1}^{n} (\overline{Y_i} - \overline{Y})$，$\overline{Y} = \frac{1}{n} \sum_{i=1}^{n} Y_i$，$Y_i$ 表示第 i 地区的值，n 为地区总数，W_{ij} 为空间权重矩阵。本章使用上文的地理邻接矩阵 W_{7-1}、地理距离权重矩阵 W_{7-2}、经济地理距离矩阵 W_{7-3} 这 3 种空间权重矩阵对中国省际能源消费结构的全局 Moran 指数进行测算，可得到 2003～2017 年部分年份各地区能源消费结构的 Moran's I 值，如表 7.18 所示。

表 7.18 　　　　　　　　　能源消费结构 ES 的全域 Moran's I 值

年份	W_{7-1}		W_{7-2}		W_{7-3}	
	I	P 值	I	P 值	I	P 值
2003	0.264	0.015	0.1	0.074	0.182	0.06
2006	0.277	0.012	0.096	0.085	0.174	0.072
2009	0.178	0.088	0.027	0.417	0.103	0.238
2012	0.244	0.024	0.069	0.173	0.201	0.042
2015	0.254	0.019	0.067	0.177	0.234	0.020
2017	0.281	0.011	0.089	0.102	0.245	0.016

由表 7.18 可以看出，在 3 种权重矩阵下，Moran's I 指数均大于零，表明中国的各省市的能源消费结构具有明显的空间正相关性，而且在地理邻接矩阵下，能源消费结构的空间正相关性更强，大部分年份 Moran's I 值超过 0.2。空间地理因素是能源消费结构不可忽视的重要因素，因此下文在考虑空间地理因素的基础上，围绕产业结构调整影响能源消费结构的作用机制和影响效应进行实证研究。

（2）局部空间相关性分析。

为了分析中国各省份能源消费结构的集聚水平和类型，绘制 Moran 散点图进行局部空间相关性分析。Moran 散点图有四个象限，分别对应于高—高集聚、低—高集聚、低—低集聚和高—低集聚。其中一、三象限的高—高集聚和低—低集聚表示存在空间正相关；二、四象限的低—高集聚和高—低集聚表示空间负相关。本章基于地理邻接矩阵绘制了 2003 年和 2017 年能源消费结构的 Moran 散点图，以此分析 30 个省份能源消费结构的空间关联模式，如图 7.6 和图 7.7 所示。

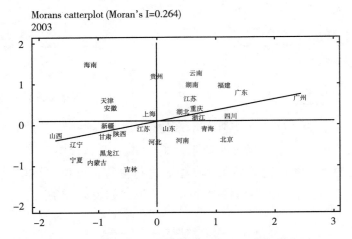

图 7.6　2003 年中国能源消费结构的 Moran 散点图

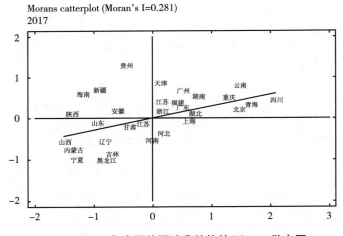

图 7.7　2017 年中国能源消费结构的 Moran 散点图

由上述图可知，中国大部分省份位于第一、三象限，2003 年和 2017 年位于一、三象限的省份分别为 24 个和 21 个，说明 2003～2017 年能源消费结构呈现较强的空间正相关性，大部分地区能源消费结构存在协同发展效应。其中位于第一象限的省份分别有 14 个、10 个，属于高—高集聚，这些省份具有自身能源消费结构水平较高且周围被能源消费结构较优的邻接省份包围的特点，处于第三象限的省份分别有 10 个、11 个，属于低—

低集聚类型，具有自身能源消费结构水平较低且周围被低能源消费结构优度的邻接省份包围的特点。从 2017 年中国能源消费结构的莫兰散点图来看，广东、北京、上海、天津、浙江、福建、湖南、湖北、江西、重庆、广西、云南等省份属于高—高聚集，黑龙江、辽宁、山东、内蒙古、山西、宁夏、甘肃等省份属于低—低聚集。

分析中国能源消费结构在省级空间层面形成这样的高—高集聚和低—低集聚特征的原因，一方面可能是由于各个省份之间在制定相关能源消费和产业结构政策上存在相互之间的学习、竞争，部分省份优化能源消费结构的努力会带动周边省份能源消费结构的改善；另一方面，各个省份间的技术扩散、产业转移等因素都会增强能源消费结构在省级空间层面的空间外溢效应。当然，这种能源消费结构在省级空间层面的交互，也必须基于各个地区自身的经济、产业发展以及资源条件发生作用，不同对外开放度的地区受到空间效应影响的大小也会不同。

7.4.5　计量实证分析

（1）基础计量模型回归结果分析。

本章首先根据基础计量模型进行了 OLS 估计，表 7.19 报告了估计结果。对全国 30 个省份 2003 ~ 2017 年的面板数据分别采用混合效应模型、固定效应模型、双向固定效应模型和随机效应模型进行估计。进行 Hausman 检验，结果发现 p 值为 0，强烈拒绝原假设，且固定效应模型进行回归的 R^2 明显大于混合效应模型和随机效应模型，因此，选择固定效应模型，而考察发现数据中还含有时间效应，双向固定效应模型的拟合度也更高，因此，最终选择双向固定效应模型。此外，采用逐步回归的方式对模型的稳定性进行考察，发现核心变量的系数和显著性都没有较大变化，说明双向固定效应面板模型比较稳定，且拟合度 R^2 的值逐渐增大，增加的控制变量使模型的拟合度不断提高。

表 7.19　　　　　　　　　　基础计量模型估计结果

变量	双向固定效应						固定效应	混合效应	随机效应
	(1)	(2)	(3)	(4)	(5)	(6)	(7)	(8)	(9)
R	0.027 *** (3.44)	0.039 *** (4.58)	0.029 *** (3.33)	0.030 *** (3.44)	0.029 *** (3.33)	0.028 *** (3.22)	0.036 *** (3.70)	0.038 *** (4.02)	0.022 ** (2.53)
H	0.030 *** (4.38)	0.034 *** (4.96)	0.036 *** (5.44)	0.038 *** (5.60)	0.037 *** (5.48)	0.035 *** (5.07)	0.016 (1.21)	0.016 ** (2.00)	0.020 *** (2.71)

变量	双向固定效应						固定效应	混合效应	随机效应
	(1)	(2)	(3)	(4)	(5)	(6)	(7)	(8)	(9)
GDP		0.002 *** (3.45)	0.002 *** (3.16)	0.003 *** (3.57)	0.003 *** (3.32)	0.003 *** (3.72)	0.007 *** (5.10)	0.005 *** (5.68)	0.004 *** (7.03)
ER			−0.124 *** (−4.07)	−0.129 *** (−4.21)	−0.130 *** (−4.15)	−0.116 *** (−3.62)	−0.125 (−1.66)	−0.180 *** (−9.27)	−0.133 *** (−4.12)
EP				0.014 (1.65)	0.014 * (1.65)	0.017 ** (2.01)	−0.028 *** (−6.51)	0.001 (0.07)	0.003 (0.68)
U					0.003 (0.16)	−0.005 (−0.26)	0.152 *** (4.38)	−0.022 (−1.56)	0.050 *** (3.15)
OL						0.003 ** (2.16)	−0.001 (−0.22)	−0.011 *** (−7.15)	−0.003 ** (−2.10)
_cons	−0.008 (−0.80)	−0.020 * (−1.89)	−0.016 (−1.49)	−0.084 * (−1.96)	−0.086 * (−1.95)	−0.089 ** (−2.03)	0.064 *** (3.20)	−0.004 (−0.21)	−0.039 ** (−2.18)
R^2	0.816	0.821	0.828	0.829	0.829	0.831	0.749	0.394	0.371
N	450	450	450	450	450	450	450	450	450

注：括号内为 z 统计量，***、** 和 * 分别表示在 1%、5% 和 10% 水平上显著。

从表 7.19 中（6）列双向固定效应模型估计结果可知：产业结构合理化的系数显著为正，控制其他条件不变时产业结构合理化指数每增加 1 单位，能源消费结构中新能源的比重就增加 0.028 个单位，且显著性水平为 1%。产业结构高度化也表现出显著的正向效应，控制其他条件不变时产业结构高度化每增加 1 单位，能带来能源消费结构指标 0.035 个单位的提升，显著性水平为 1%。从控制变量来看，经济发展水平、能源价格和对外开放水平的系数在不同水平下显著为正，说明经济发展水平的提高、能源价格的上涨、对外开放程度的提高都有利于能源消费结构的改善。而能源禀赋对能源消费结构表现为显著的负效应，这可能与中国的能源禀赋特征有关。能源禀赋优越的地区往往会基于当地的能源资源优势发展配套产业，并进行相应能源资源的开发和消费，形成一定的能源消费惯性，而中国的能源禀赋主要表现为煤炭等化石资源的丰富，因此能源禀赋反而会阻碍新能源消费比重的提高。

（2）空间计量模型回归结果分析。

第一，空间杜宾模型估计结果。采用双固定效应空间杜宾模型，使用地理邻接矩阵 W_{7-1}、地理距离矩阵 W_{7-2} 和经济地理距离矩阵 W_{7-3} 进行估计，最终回归结果如表 7.20 所示。

表 7.20 空间杜宾模型估计结果

变量	W_{7-1}	W_{7-2}	W_{7-3}
R	0.022 * (1.95)	0.022 ** (1.97)	0.024 * (1.72)
H	0.031 *** (2.65)	0.033 *** (3.01)	0.026 ** (1.99)
GDP	0.004 * (1.95)	0.004 ** (2.29)	0.004 * (1.80)
ER	− 0.149 ** (− 1.98)	− 0.189 *** (− 2.89)	− 0.101 (− 1.39)
EP	0.010 (0.63)	0.024 (1.31)	0.022 (1.15)
U	− 0.068 (− 1.55)	− 0.002 (− 0.05)	− 0.019 (− 0.38)
OL	0.003 (1.00)	0.002 (0.91)	0.004 * (1.75)
$W \times ES$	0.329 *** (3.19)	0.414 *** (4.59)	0.327 *** (2.75)
Cross/Per.	Y/Y	Y/Y	Y/Y
R^2	0.179	0.214	0.186
N	450	450	450

注：括号内为 z 统计量，***、** 和 * 分别表示在 1%、5% 和 10% 水平上显著。

由表 7.20 可知，能源消费结构的空间滞后参数 $W \times ES$ 在 3 个空间矩阵下回归均通过了在 1% 的显著性水平上的检验，且符号为正。这说明中国的省域能源消费结构有显著的正向的空间外溢效应，本地的能源消费结构与周边地区的能源消费结构正相关，即周边省份新能源消费比重的提高也会有利于本地区新能源的消费。这种正的外溢效应会表现为省份之间在促进能源消费结构过程中的相互效仿与跟随，当某一省份采取措施促进能源消费结构优化，会带动周边其他省份也会进行优化能源消费结构的努力，表现出一种"协同发展"效应。在采用地理邻接矩阵 W_{7-1} 加权的空间杜宾回归结果中，能源消费结构的空间加权项的回归系数为 0.329，这意味着周边省份的能源消费结构指标每增加 1 单位，则本省的能源消费结构也会随之有 0.329 个单位的提升。而为了验证之一发现的稳健性，分别改用地理距离矩阵 W_{7-2}、经济地理距离矩阵加权 W_{7-3}，得到的能源消费结构的空间加权项的回归系数和显著性水平与 W_{7-1} 基本一致，说明该发现是可信的。

表 7.20 中采用 3 种空间权重矩阵的估计结果基本一致，从表 7.20 中可以得知：一是产业结构合理化的系数显著为正，产业结构合理化程度的改善有利于新能源消费占比的上升。从采用地理邻接矩阵 W_{7-1} 加权回归的结果来看，控制其他条件不变，产业结构合理化增加 1 单位将带来能源消费结构中新能源的比重 0.022 个单位的增长，且显著性水平为 10%。产业结构合理化水平的提高代表着产业间比例更加协调、资源要素在产业间的配置也更加合理高效，各个产业部门能够更加协同发展从而促进地方经济的增长。而在样本期内，中国各省份产业结构向合理化转变的过程中，劳动力、资本等要素的流动方向主要是从第一产业向第二、三产业转移，这一过程中能源需求量快速增加，而第三产业的发展有利于促进新能源的消费。二是产业结构高度化对能源消费结构也有显著正效应。从采用地理邻接矩阵 W_{7-1} 加权回归的结果来看，控制其他条件不变的情况下，产业结构高度化指数每增加 1 单位，能带来能源消费结构指标 0.031 个单位的提升，且显著性水平为 1%。产业结构转型升级会表现为产业的生产层次提升、生产过程中生产效率提高以及高技术和高附加值产业占比的增加，这个过程中产业体系对能源的利用效率也随之提高，也有利于新能源的推广发展，提高能源消费中新能源消费的占比。产业结构的比例优化和转型升级都会促进经济发展，带来能源消费需求的增长和能源消费偏好的改变，进而影响能源消费结构。而从本章的回归结果来看，产业结构的升级能够对能源消费结构产生显著的优化作用。

从控制变量来看，经济发展水平的系数显著为正、能源禀赋系数显著为负，而能源价格、城镇化水平、对外开放水平的系数都不显著，这说明在考虑了空间因素的影响后，经济增长仍表现出对能源消费结构优化的促进，而能源禀赋也表现出对能源消费结构的负向影响。

第二，空间效应的分解分析。由于被解释变量能源消费结构的空间滞后系数显著不为零，空间因素的影响明显，因此，进一步采用塞奇和佩斯（Sage and Pace，2009）[224] 提出的方法，进行空间效应的分解分析，从直接效应、间接效应和总效应三个方面分析自变量对因变量的影响。其中，直接效应是指各个解释变量对本省份能源消费结构造成的平均影响，反映了地区内的溢出效应；间接效应是指各个解释变量对邻接省市能源消费结构造成的平均影响；总效应是指各个解释变量对所有地区造成的平均影响。此外，间接效应与解释变量的空间滞后项（即空间杜宾模型中的 W_{ij} X_{it}）存在一定的相似性，两者之间也会相互影响，但两者考察的角度不同，本章中的间接效应考察的是本省份产业结构调整对周边省份能源消费结构的影响，而空间滞后项主要反映了外省份的产业结构调整对本省份能源消费结构的影响。

表 7. 21   空间杜宾模型估计的直接和间接效应结果

变量	W_{7-1}			W_{7-2}			W_{7-3}		
	直接效应	间接效应	总效应	直接效应	间接效应	总效应	直接效应	间接效应	总效应
R	0. 023 ** (2. 03)	0. 023 (0. 67)	0. 046 (1. 21)	0. 024 ** (2. 14)	0. 043 (0. 71)	0. 067 (1. 07)	0. 024 * (1. 86)	0. 01 (0. 25)	0. 034 (0. 85)
H	0. 033 *** (2. 8)	0. 049 (1. 53)	0. 082 ** (2. 14)	0. 036 *** (3. 18)	0. 102 (1. 47)	0. 139 * (1. 84)	0. 027 ** (2. 26)	0. 025 (0. 62)	0. 052 (1. 28)
GDP	0. 004 ** (1. 99)	0. 003 (0. 51)	0. 001 (0. 05)	0. 004 ** (2. 18)	0. 005 (0. 48)	0. 001 (0. 03)	0. 005 ** (2. 13)	0. 007 (0. 97)	0. 012 (1. 55)
ER	− 0. 163 (− 1. 97)	− 0. 159 (− 0. 71)	− 0. 321 (− 1. 12)	0. 224 *** (2. 8)	− 0. 851 (− 1. 02)	− 1. 076 (11. 21)	− 0. 089 (− 1. 08)	− 0. 277 (− 0. 75)	− 0. 188 (− 0. 45)
EP	0. 015 (0. 9)	0. 062 (1. 58)	0. 077 * (1. 67)	0. 030 (1. 53)	0. 147 * (1. 8)	0. 177 * (1. 87)	0. 026 (1. 4)	0. 059 (0. 87)	0. 085 (1. 17)
U	0. 066 (1. 43)	0. 028 (0. 2)	0. 038 (0. 23)	0. 008 (0. 16)	0. 25 (1. 23)	0. 258 (1. 11)	− 0. 011 (− 0. 2)	0. 129 (1. 27)	0. 118 (0. 85)
OL	0. 003 (1. 06)	0. 008 (0. 81)	0. 011 (0. 91)	0. 002 (0. 67)	− 0. 011 (− 0. 68)	− 0. 009 (− 0. 52)	0. 004 ** (2. 04)	0. 011 (1. 29)	0. 016 * (1. 67)

注：括号内为 z 统计量，*** 、** 和 * 分别表示在1%、5%和10%水平上显著。

空间效应分解的结果如表 7. 21 所示，具体而言，在地理邻接矩阵 W_{7-1} 加权回归结果中，产业结构合理化的直接效应系数 0. 023，均在 5% 水平上显著；产业结构高度化的直接效应系数为 0. 033，显著性水平为 1%，这说明中国的产业结构升级存在明显的正向地区内溢出效应。从间接效应来看，产业结构合理化和高度化间接效应系数均为正，但未通过 10% 的显著性检验，说明中国产业结构调整对周边地区能源消费结构优化的空间溢出效应有限。从总效应来看，产业结构合理化的系数为 0. 046 但不显著，而产业结构高度化的系数为 0. 082 且通过 5% 的显著性检验，表明产业结构合理化在总效应层面对能源消费结构无显著促进作用，而产业结构高度化在总效应层面能够显著促进能源消费结构优化。

（3）异质性分析。

中国幅员辽阔、资源分布不均，地区之间存有较大的区域异质性，有必要进一步采用分地区样本和加入能源禀赋交互项来考察不同地区之间的产业结构调整对能源消费结构影响的差异，这样的研究有助于对针对中国各地区的产业结构和能源消费结构提供更具操作性的政策建议。

第一，分地区分析。中国不同地区之间发展不平衡，各省份经济、产业发展水平等有明显差异，因此，产业结构调整对能源消费结构的影响也可能存在区域异质性。本章按照常见的三大经济区域的划分，将 30 个省份划分为东部、中部、西部①，分别采用地理邻接矩阵 W_{7-1} 进行回归分析，部分回归结果如表 7.22 所示。

表 7.22　　　　　　　　　　分地区的空间杜宾模型回归结果

变量	东部	中部	西部
R	−0.012 (−0.35)	−0.005 (−0.42)	0.033 *** (3.92)
$W \times R$	−0.073 * (−1.84)	0.003 (0.21)	0.032 ** (2.01)
H	0.006 (0.23)	−0.011 (−1.02)	0.047 *** (3.04)
$W \times H$	−0.044 * (−1.76)	−0.016 (−1.37)	0.156 *** (4.15)
$W \times ES$	0.043 (0.80)	−0.145 (−1.60)	−0.198 (−1.34)
CV	Y	Y	Y
R^2	0.156	0.339	0.204
N	165	120	165

注：括号内为 z 统计量，***、** 和 * 分别表示在 1%、5% 和 10% 水平上显著。

如表 7.22 中所示，产业结构对能源消费结构的影响存在明显的区域差异，具体来说：东部的产业结构合理化和产业结构高度化的系数为一负一正，且均不显著；但产业结构合理化和产业结构高度化的空间滞后项均显著为负，即东部地区省份的产业结构升级对能源消费结构有较显著的负向空间效应。这可能是由于中国东部地区经济发展水平和工业化程度较高，能源需求量也大，但现阶段中国新能源的发展较滞后，产业结构升级激发的能源需求中新能源的增幅远低于煤炭等化石能源，这使得东部产业结构的调整无法对当地能源消费结构优化产生显著促进作用，反而周边地

---

① 按照国家统计局的划分标准，东部地区包括京、津、冀、辽、沪、苏、浙、闽、鲁、粤和琼 11 个省份，中部地区有晋、吉、黑、皖、江西、豫、鄂、湘 8 个省份；西部地区包括川、渝、黔、滇、藏、陕、甘、青、宁、新、桂、内蒙古 12 省份。

区的产业结构会因为空间竞争效应对当地能源消费结构造成负向溢出。中部地区的产业结构合理化系数和高度化系数都是负值，但是中部地区的产业结构调整对能源消费结构回归系数在10%的置信水平下不显著。对西部进行回归分析，得到的结果与全国层面大体一致，产业结构合理化和高度化及其空间滞后项的系数均显著为正，西部地区产业结构和合理化和高度化水平的提高能够有效促进当地能源消费结构优化，且周边地区的产业结构调整也会对当地能源消费结构产生正向影响。

第二，加入能源禀赋交互项。中国各省份的能源资源禀赋差距较大，部分省市拥有丰富的煤、油、气等化石能源资源，同时当地也会发展出能源开采、利用和运输的产业链，长期以来逐步形成高耗能为主的产业结构以及煤炭为主的能源消费结构。能源禀赋会影响当地的产业结构和能源消费结构，但反过来产业结构的转型升级能够推动改变当地能源消费习惯和经济发展方式的转变，改善当地能源结构对资源禀赋的路径依赖。因此本章在前文的实证基础上，在模型中加入能源禀赋与产业结构合理化、高度化的交互项进行回归分析，结果如表7.23所示。

表 7.23 加入能源禀赋交互项的回归结果

变量	普通面板	W_{7-1}	W_{7-2}	W_{7-3}
R	0.034 *** (3.71)	0.032 *** (3.24)	0.026 *** (2.59)	0.028 ** (2.27)
H	0.027 *** (3.28)	0.017 (1.14)	0.012 (0.87)	0.017 (1.09)
$R \times ER$	−0.002 *** (−2.94)	−0.004 *** (−2.94)	−0.003 *** (−3.51)	−0.003 *** (−2.70)
$H \times ER$	0.001 (0.94)	0.001 (1.06)	0.002 ** (2.43)	0.001 (1.17)
$W \times ES$	0.305 *** (2.97)	0.299 ** (2.55)	0.203 * (1.82)	
CV	Y	Y	Y	Y
R^2	0.836	0.163	0.191	0.188
N	450	450	450	450

注：括号内为 z 统计量，*** 、 ** 和 * 分别表示在1%、5%和10%水平上显著。

表 7.23 报告了加入了产业结构合理化 R 和产业结构高度化 H 分别与资源禀赋 ER 的交互项后，分别用普通面板模型以及 3 种矩阵加权的空间面板模型回归的估计结果。结果显示，产业结构合理化与资源禀赋的交互

项 R×ER 的系数显著为负，这说明产业结构合理化对能源消费结构的正向作用，要显著小于能源禀赋对能源消费结构的负效应，从现实情况来看，在一定时期内能源资源丰富的地区相对更缺少产业调整与优化的动力，难以对固有的能源消费结构进行优化。而产业结构高度化与资源禀赋的交互项 H×ER 的系数为正，即产业结构高度化的正效应要大于资源禀赋对能源消费结构的负向作用，使得交互项 H×ER 为正，这说明产业结构的优化升级将有助于化解能源禀赋对能源消费结构的负向影响，帮助产业和经济发展摆脱对当地传统优势能源的依赖。在此基础上，对比两个产业结构调整指标分别与能源禀赋交互的回归估计结果，结合现实情况来分析，说明对于传统化石能源丰富的资源型省份来说，相比调整产业比例，引导当地产业进行生产效率和生产层次的提升、提高产业结构高度化水平，会更有助促进当地能源消费结构的优化。

7.4.6　稳健性检验与内生性讨论

（1）稳健性检验。

在前文的实证分析中，一般计量模型和空间计量模型检验结果一致，而且采用不同空间权重矩阵进行空间模型以及引入交互项，都没有造成估计结果发生很大变化，这就基本证实了产业结构对能源消费结构具有明显的稳健性影响。为了进一步验证实证结果的稳健性，本节将更换主要解释变量和被解释变量的指标进行回归检验。

第一，更换产业结构变量。在上文实证检验中，主要采用产业结构的合理化和产业结构的高度化来衡量产业结构的调整程度，这里将借鉴黄亮雄等（2012）衡量产业结构调整程度的指标，用第三产业与第二产业的产值之比来表示产业结构调整[176]，符号为 IS。采用该新的代理变量表示产业结构的调整，并进行普通面板和 3 种空间权重矩阵的空间杜宾模型估计，估计结果如表 7.24 所示。

表 7.24　　　　　　　　　　更换产业结构变量的估计结果

变量	普通面板	W_{7-1}	W_{7-2}	W_{7-3}
IS	0.002 *** (2.56)	0.004 *** (2.68)	0.003 ** (2.33)	0.003 ** (2.10)
GDP	0.003 *** (3.16)	0.004 *** (4.58)	0.004 *** (4.28)	0.004 *** (4.36)
ER	-0.105 *** (-3.47)	-0.148 *** (-5.50)	-0.192 *** (-6.49)	-0.107 *** (-3.65)

变量	普通面板	W_{7-1}	W_{7-2}	W_{7-3}
EP	0.015 * (1.70)	0.012 (1.47)	0.023 *** (2.90)	0.022 *** (2.66)
U	0.030 (1.27)	−0.027 (−1.23)	0.024 (1.09)	0.014 (0.62)
OL	0.005 *** (2.99)	0.004 *** (2.92)	0.003 ** (2.42)	0.005 *** (3.33)
$W \times ES$		0.379 *** (6.19)	0.383 *** (3.95)	0.358 *** (5.43)
R^2	0.821	0.188	0.202	0.187
N	450	450	450	450

注：括号内为 z 统计量，*** 、** 和 * 分别表示在 1% 、5% 和 10% 水平上显著。

由表 7.24 可知，对产业结构采取新的代理变量后，产业结构变量的回归系数依然显著为正，这表明中国产业结构升级对能源消费结构的正向促进作用表现出较强的稳健性，不受产业结构变量指标选取的影响。同时能源消费结构的空间滞后项也显著为正，表现出稳健的空间溢出效应。

第二，更换能源消费结构变量。除了采取新指标来表示产业结构调整，被解释变量能源消费结构的指标选取也会影响估计结果。在前文的实证分析中，本章采用新能源消费占比来表示能源消费结构变量，而新能源消费量根据一次电力消费量估算而来，且在一次能源消费总量中所占的比重较小，当下中国能源消费主要还是以煤油气这三类能源为主。因此，采用天然气在煤油气这三类能源消费中的占比即清洁能源比重，以此表示能源消费结构优度，进一步检验实证分析结果的稳健性，普通面板和 3 种空间权重矩阵的空间杜宾模型估计的回归结果如表 7.25 所示。

表 7.25　　　　　　　　　更换能源消费结构变量的估计结果

变量	普通面板	W_{7-1}	W_{7-2}	W_{7-3}
R	0.139 *** (2.86)	0.155 *** (3.34)	0.139 *** (3.12)	0.199 *** (4.54)
H	0.180 *** (4.74)	0.160 *** (4.30)	0.160 *** (4.38)	0.210 *** (5.95)
GDP	0.022 *** (4.57)	0.021 *** (4.27)	0.023 *** (4.82)	0.011 ** (2.09)
ER^2	−0.194 (−1.10)	−0.077 (−0.45)	−0.411 ** (−2.31)	0.026 (0.16)

变量	普通面板	W_{7-1}	W_{7-2}	W_{7-3}
EP	0.001 (0.02)	-0.062 (-1.27)	0.030 (0.66)	0.002 (0.06)
U	-0.410*** (-3.65)	-0.443*** (-3.81)	-0.185* (-1.66)	-0.206* (-1.94)
OL	0.003 (0.34)	-0.001 (-0.17)	-0.007 (-0.95)	0.016** (2.04)
$W \times ES$		-0.017 (-0.23)	0.126 (1.35)	0.180*** (2.64)
R^2	0.331	0.138	0.111	0.123
N	450	450	450	450

注：括号内为 z 统计量，***、** 和 * 分别表示在 1%、5% 和 10% 水平上显著。

由表 7.25 可知，采取新指标来表示能源消费结构之后，产业结构合理化和高度化的回归系数依然显著为正，这表明中国产业结构升级对能源消费结构的正向效应表现出较强的稳健性，不受能源消费结构变量指标选取的影响。

（2）内生性问题分析。

在实证分析中，解释变量与误差项相关时就会出现内生性问题（Wooldridge，2006）[225]。王宇、李海奇（2017）归纳了实证中内生性问题主要来源于遗漏变量偏差、选择偏差、双向因果、动态面板和测量误差这 5 个方面[226]。本章采用双向固定效应和空间杜宾模型进行估计能够在一定程度上解决部分遗漏变量的问题，但模型中依然可能存在由于双向因果以及双向固定效应无法控制的遗漏变量导致的内生性问题。

本章中较突出的内生性问题主要来源于能源消费结构可能对产业结构存在反向的影响，也就是双向因果问题，这会对实证结果的正确性造成影响。能源资源在产业的形成和发展中具有重要作用，产业结构的优化升级往往离不开能源结构的改善，但随着产业结构层次的提升，产业结构受到能源消费结构的制约会逐渐减小。产业结构与能源消费结构总是紧密联系、相互影响的。因此，本章研究产业结构调整对能源消费结构的影响，必须考虑两者间存在的双向因果关系。

对此，本章加入能源消费结构的滞后项分别进行差分 GMM 和系统 GMM 估计，回归结果如表 7.26 所示。加入能源消费结构的一阶滞后项进行回归时，其差分 GMM 和系统 GMM 估计的扰动项均无法满足"一阶差分相关、二阶或更高阶差分不相关"的条件，因此进一步加入能源消费结构的二阶滞后项进行估计。此时，系统 GMM 仍不适用，而差分 GMM 估计的 AR（1）和 AR（2）检验结果为接受原假设"扰动项无自相关"，且 Sargan 值为 224.31，通过了过度识别检验。加入能源消费结构的二阶滞后项的差分 GMM 估计结果如（2）列所示，产业结构合理化的系数在 5% 的水平上显著为正，产业结构高度化的系数为正，但不显著，这说明在考虑内生性问题后，产业结构的合理化调整仍然显示出对能源消费结构的正向效应。

表 7.26　　　　　　　　　　广义矩估计回归结果

变量	Dif – GMM		Sys – GMM	
	（1）	（2）	（3）	（4）
L1_ES	0.934 *** （13.49）	0.449 *** （5.89）	0.861 *** （30.36）	0.625 *** （19.07）
L2_ES		0.589 *** （9.29）		0.402 *** （16.02）
R	0.011 （1.48）	0.019 ** （2.15）	0.016 *** （5.04）	0.024 *** （6.18）
H	0.001 （0.11）	0.002 （0.10）	0.002 （0.45）	0.008 * （1.77）
CV	Y	Y	Y	Y
AR(1)	−4.48 （0.000）	−2.75 （0.006）	−4.59 （0.000）	−4.21 （0.000）
AR(2)	3.88 （0.000）	−0.53 （0.596）	3.99 （0.0001）	2.00 （0.045）
Sargan Test	194.22 （0.000）	218.20 （0.000）	28.88 （0.99）	28.60 （0.99）
N	420	420	420	420

注：括号内为 z 统计量，*** 、** 和 * 分别表示在 1%、5% 和 10% 水平上显著。

本节设定一般和空间计量模型，采用 2003～2017 年中国除西藏以外的 30 个省份的数据进行普通面板和空间面板回归，实证考察产业结构调整对能源消费结构的协调促进作用及其空间效应。实证发现：中国的能源消费结构在省级空间层面具有显著的正向溢出效应，各省的能源消费结构会与周边省份的能源消费结构状况协同发展；根据普通面板和空间面板的计量回归结果，发现产业结构合理化和高度化对能源消费结构的回归系数都显著为正，说明产业结构升级对能源消费结构具有显著的正向促进效应；分地区的回归结果显示，三大经济区产业结构调整对能源消费结构的影响具有明显的区域差异；加入能源禀赋交互项的回归结果显示，产业结构高度化的调整能够有效改善能源禀赋对能源消费结构的"负向锁定"，促进能源消费结构的清洁化调整。最后，进行了稳健性检验和内生性问题的分析，证明了本节实证结果的可信度。

7.5　本章小结

本章从理论上探索了产业结构调整对能源消费结构的协调促进机制，从四个方面阐释了理论机制，并通过数理模型推导了产业结构调整对能源消费结构的内在促进作用。进而，采用2003～2017年中国30个省份（除西藏以外）的面板数据，定量考察产业结构合理化与高度化对能源消费结构的内在作用关系及其空间效应，并进一步考察了不同地区、不同能源禀赋情况下产业结构调整对能源消费结构的影响。结果发现，中国省际能源消费结构具有显著的空间溢出效应，周边省份能源消费结构的改善会对本省的能源消费结构优化产生促进作用。产业结构合理化和高度化的提升都能显著促进能源消费结构的优化，但不同地区产业结构调整对能源消费结构的影响有明显的差异性，因此各地区需要结合自身的经济和产业发展水平以及能源消费特征，及时调整产业调整方向，提高能源消费结构优化效果。从产业结构与能源禀赋交互项的回归结果分析，产业结构高度化与能源禀赋的交互项为正，也就是产业结构升级能够在一定程度上改善当地传统能源禀赋对能源消费结构的"负向锁定"，促进能源消费结构优化。

在实证分析的基础上，结合第3章中国产业发展和能源供需体系的现状，尝试挖掘产业与能源协调发展的政策取向，对于提高经济效率和实现节能低碳的能源消费结构调整具有重要的理论价值。

第8章 能源消费结构与产业结构双向协调优化促进机制研究

根据第4章第4.3节能源消费结构与产业结构双向调优化促进机理，能源消费结构对产业结构的协调优化可通过节能减碳效应、技术效应、价格效应和空间效应实现，同时，产业结构对能源消费结构的协调优化可以通过产品结构调整、生产技术更新、组织结构调整和生产需求变化实现。从而形成能源消费结构和产业结构之间循环往复的螺旋式协调优化机制。但这样的螺旋式协调优化机制不是自动产生的，而必须借助于市场机制调节、环境规制诱导和政府宏观调控协同促进才能构建。

8.1 能源消费结构与产业结构双向协调优化的促进要素

根据第4章第4.3节能源消费结构与产业结构双向调优化促进机理，不难看出宏观调控、市场调节和规制诱导三个要素对双向协调优化具有十分重要的影响。一方面，中国能源消费结构和产业结构的优化升级与政府宏观调控息息相关，政府要对产业结构和能源结构进行宏观调控（林伯强，2022），除建立健全相关法律法规外，合理的产业政策、财税政策能够引导能源结构的转型（张长征等，2022）。另一方面，政府补贴不可持续，还需要采取市场化手段来提升化石能源价格，抑制化石能源消费和传统能源密集型产业发展，提高清洁能源和新能源密集型产业的竞争力（林伯强，2022）。张冰冰等（2017）实证研究发现市场化水平对能源效率提高具有显著的负效应。刘晨跃等（2021）研究发现市场化对产能过剩偏向性作用于环境污染具有调节作用。此外，环境规制在微观层面上通过增加企业生产的环境成本迫使企业改进生产经营方式，在宏观层面上通过前期的成本效应和后期的补偿效应实现经济与环境双赢（余泳泽，2022）。尹迎港等（2022）研究发现中国碳排放权交易政策能够通过推动科技创新提高绿色全要素生产率。可见宏观调控、市场调节和规制诱导对能源消费结构与产业结构双向协调优化影响重大，但其影响程度取决于宏观调控强度、市场化程度和规制诱导程度。为此，下文首先分析中国宏观调控、市场化和规制诱导的状况。

8.1.1 政府宏观调控能力

本章采用政府财政收入占地区生产总值的比例来衡量政府宏观调控能力。如表 8.1 所示，从全国整体来看，我国 30 个省份（除西藏外）的政府宏观调控能力基本都呈现出先增加后减少的规律。2011 年，河北和辽宁的政府宏观调控能力最强，达到了 40% 以上，北京、天津、上海和宁夏四地政府宏观调控能力次之，为 30%~40%，山西、吉林、黑龙江、江苏、山东、广东、海南、云南、陕西、青海和新疆等地政府宏观调控能力均在 20% 以上，而其余地区政府宏观调控能力均处于 20% 以下的水平。2020 年，河北的宏观调控力度最强，始终在 40% 以上，2020 年甚至达到了 54.63%。北京、上海两地在 2020 年超过了 30%，天津、山西、内蒙古、辽宁、浙江、山东、广东、海南、贵州、宁夏和新疆这 11 个地区的政府宏观调控强度在 20%~30%，其余省份均处于 10%~20% 的水平。相比于 2011 年，河北、山西、上海、浙江、安徽、江西、山东、河南、广东、海南和甘肃等地的政府宏观调控能力在一定程度上都有所增强。

表 8.1　　2011~2020 年我国 30 个省份政府宏观调控能力　　单位：%

省份	2011 年	2012 年	2013 年	2014 年	2015 年	2016 年	2017 年	2018 年	2019 年	2020 年
北京	34.98	34.85	34.65	35.13	38.13	37.58	36.35	34.95	32.82	30.51
天津	35.87	38.93	41.81	44.93	49.03	47.46	37.11	31.52	34.30	27.46
河北	42.84	46.10	46.16	45.99	48.70	49.66	51.95	52.59	53.20	54.63
山西	22.28	25.96	28.39	30.11	27.75	26.07	25.78	28.73	27.68	25.75
内蒙古	28.69	29.66	30.21	30.33	30.34	29.25	22.86	23.02	23.93	23.77
辽宁	43.10	46.40	46.42	42.52	28.07	28.78	29.41	29.67	28.46	28.32
吉林	21.98	24.00	24.54	24.15	24.54	24.24	22.00	22.00	19.05	17.71
黑龙江	20.08	21.12	21.56	21.38	19.95	19.31	20.20	19.97	18.65	16.91
上海	34.28	35.14	35.42	36.29	41.06	42.87	40.35	39.48	37.72	36.17
江苏	21.09	21.83	22.13	22.31	22.53	21.00	19.03	18.52	17.84	17.62
浙江	19.78	20.02	20.34	20.60	22.11	22.44	22.15	22.75	22.57	22.41
安徽	17.97	19.55	20.16	19.70	20.60	20.32	18.95	17.93	17.28	16.90
福建	16.76	17.59	18.84	18.94	18.97	17.93	16.60	15.55	14.43	14.12

省份	2011 年	2012 年	2013 年	2014 年	2015 年	2016 年	2017 年	2018 年	2019 年	2020 年
江西	18.19	21.42	22.67	24.02	25.81	23.40	22.24	20.89	20.17	19.45
山东	23.59	25.20	25.68	26.40	26.67	26.59	25.81	25.95	24.67	24.03
河南	13.08	14.09	15.27	15.85	16.27	15.67	15.20	15.08	15.05	15.37
湖北	15.31	16.14	17.27	18.18	19.81	18.60	17.45	15.74	14.92	11.68
湖南	16.04	16.81	17.25	17.49	17.63	17.49	16.30	15.75	15.08	14.48
广东	20.78	21.85	22.66	23.66	25.07	25.29	24.70	24.22	23.44	23.25
广西	18.40	20.63	21.17	20.93	20.48	19.31	18.16	17.13	17.06	15.52
海南	27.61	29.36	30.87	32.20	33.62	31.17	29.98	30.65	30.54	29.32
重庆	29.29	29.38	25.99	26.29	26.87	24.72	22.45	20.99	18.09	16.73
四川	19.43	20.24	21.00	21.19	22.12	20.45	18.88	18.23	17.56	17.57
贵州	27.53	30.08	30.26	29.80	28.52	26.48	23.72	22.49	21.08	20.01
云南	23.34	24.12	25.13	24.19	24.17	22.14	20.41	19.10	17.86	17.24
陕西	24.64	22.64	21.98	21.73	23.02	19.26	18.69	18.74	17.74	17.35
甘肃	18.69	19.30	20.19	20.64	22.69	22.78	22.24	21.50	19.51	19.48
青海	22.16	24.39	26.13	27.24	26.57	21.12	19.97	19.86	19.19	19.80
宁夏	30.37	33.03	35.32	36.63	38.61	37.17	34.80	33.16	30.13	28.27
新疆	22.06	24.53	26.89	27.68	28.60	26.97	26.28	23.91	23.21	21.41

资料来源：国家统计局。

8.1.2 市场机制调节程度

本章采用樊纲等的市场化指数来衡量市场化。如表 8.2 所示，从全国整体来看，我国 30 个省份的市场化均在逐年提高。2010 年，上海、江苏和浙江三个地区的市场化指数高于 8，处于我国市场化的第一梯队，北京和广东的市场化略低于以上三个地区，分别为 7.66 和 7.73，山西、内蒙古、黑龙江和海南的市场化较低，为 4~5，而贵州、山西、甘肃、青海、宁夏和新疆的市场化最低，仅有 2~4 的水平。2019 年，北京、天津、上海、江苏、浙江和广东这 6 个地区的市场化最高，均超过了 10，山东和重庆两地市场化相对较高，为 8~9，而甘肃、青海和新疆三个地区市场化程度较低，市场化指数在 5 以下，其余省份的市场化处于中等水平。由此可见，近 10 年，虽然各省份的市场化都有所提高，但仍然呈现出显著的区域异质性，即东部地区的市场化最高，中部地区次之，西部地区的市场化最低。

表 8.2**2010～2019 年我国 30 个省份市场化指数**　　　　　　　单位：%

省份	2010 年	2011 年	2012 年	2013 年	2014 年	2015 年	2016 年	2017 年	2018 年	2019 年
北京	7.66	7.83	8.31	8.70	9.08	9.30	9.61	10.29	10.54	10.88
天津	6.98	7.29	8.87	9.30	9.17	9.19	9.38	10.37	10.52	10.88
河北	5.07	5.30	5.58	5.77	6.19	5.95	6.04	7.13	6.78	6.93
山西	4.60	4.70	4.89	5.08	5.27	5.40	5.57	5.84	6.17	6.36
内蒙古	4.56	4.68	5.34	5.33	5.10	5.34	5.43	5.17	5.96	6.12
辽宁	6.36	6.44	6.65	6.70	7.00	7.24	7.57	7.59	8.05	8.24
吉林	5.49	5.64	6.15	6.23	6.42	6.40	6.52	7.07	7.35	7.55
黑龙江	4.84	5.02	6.01	6.20	6.22	6.53	6.80	7.03	7.25	7.49
上海	8.74	8.83	8.67	8.89	9.77	9.85	10.22	11.11	11.03	11.33
江苏	8.58	9.18	9.95	9.88	9.63	9.76	9.58	9.67	11.10	11.44
浙江	8.23	8.38	9.33	9.44	9.78	10.11	10.46	10.92	11.31	11.64
安徽	6.18	6.53	6.36	6.61	7.46	7.26	7.46	8.78	8.43	8.68
福建	6.63	6.84	7.27	7.44	8.07	7.98	8.20	9.36	8.75	8.93
江西	5.66	5.87	5.74	5.90	6.79	6.53	6.69	8.10	7.75	8.00
山东	6.87	7.02	7.41	7.55	7.93	7.89	8.04	8.83	8.94	9.16
河南	6.19	6.34	6.48	6.67	7.00	7.03	7.19	7.73	8.12	8.37
湖北	5.59	5.83	6.32	6.71	7.28	7.30	7.59	8.76	8.42	8.71
湖南	5.49	5.74	5.73	5.87	6.79	6.56	6.76	8.19	7.73	7.99
广东	7.73	7.91	8.37	8.69	9.35	9.35	9.65	10.86	10.34	10.60
广西	5.11	5.30	6.19	6.34	6.51	6.54	6.72	7.43	7.22	7.41
海南	4.59	4.71	5.44	5.67	5.94	6.22	6.52	6.98	6.78	6.99
重庆	6.14	6.28	6.89	7.17	7.78	7.82	8.13	9.27	8.85	9.13
四川	5.80	5.86	6.10	6.26	6.62	6.54	6.66	7.42	7.38	7.56
贵州	3.55	3.63	4.36	4.52	4.85	4.57	4.65	5.90	5.43	5.59
云南	5.01	5.18	4.49	4.57	4.94	4.86	4.89	5.12	5.58	5.71
陕西	3.95	4.37	5.18	5.71	6.36	6.33	6.69	8.28	7.24	7.52
甘肃	3.43	3.48	3.38	3.63	4.04	4.42	4.97	4.80	4.77	4.89
青海	2.53	2.54	2.64	2.84	2.53	2.78	2.93	2.37	2.91	2.95
宁夏	3.92	3.99	4.37	4.50	5.26	4.91	5.05	6.66	5.92	6.11
新疆	2.87	2.95	2.94	2.98	3.49	3.00	2.95	4.22	3.71	3.77

资料来源：马克数据网。

8.1.3 环境规制诱导水平

本章采用排污费征收金额来衡量我国环境规制强度。如表 8.3 所示，我国各省份的环境规制强度没有显著统一的规律，但整体上来看环境规制强度都有所增加。2006 年，山西排污费征收金额最多，有 15.59 亿元，还有江苏、山东和广西三个省份都超过了 10 亿元，河北、辽宁、浙江、河南、湖南五个地区排污费征收金额在 5 亿～10 亿元，其余大部分省份的排污费征收金额都处于 5 亿元以下的水平。相比于 2006 年，2014 年基本所有省份加强了环境规制，排污费征收金额在一定程度上都有所增加，其中，河北、江苏、山东三地的排污费征收金额都超过了 10 亿元，5 亿元以下的省份减少至北京、吉林、黑龙江、上海、福建、广西、海南、重庆、云南、甘肃、青海、宁夏 12 个省份，其余省市均处于中间水平。

表 8.3 　　　　　　2006～2014 年我国 30 个省份环境规制强度 　　　　单位：亿元

省份	2006 年	2007 年	2008 年	2009 年	2010 年	2011 年	2012 年	2013 年	2014 年
北京	1.25	0.81	0.42	0.31	0.28	0.31	0.31	2.47	2.56
天津	2.41	2.46	1.65	1.74	1.96	1.92	1.87	3.60	5.54
河北	7.60	10.55	11.70	13.72	14.87	16.65	16.65	15.11	16.38
山西	15.59	27.69	25.07	15.94	19.15	12.65	15.13	11.45	9.40
内蒙古	3.32	5.62	6.96	7.97	9.18	9.84	10.05	8.79	7.07
辽宁	8.71	9.65	9.93	11.41	13.36	12.86	14.13	12.59	8.72
吉林	2.26	2.82	3.63	4.05	3.48	3.36	3.44	3.25	3.05
黑龙江	2.86	3.01	3.16	4.35	4.37	4.33	4.69	3.48	3.46
上海	2.96	3.47	2.94	2.96	2.47	2.35	1.90	2.24	1.76
江苏	11.64	13.12	17.67	20.03	19.88	20.07	19.06	20.00	18.40
浙江	9.29	10.66	10.36	10.11	9.60	9.54	8.63	7.46	9.45
安徽	3.22	4.22	4.30	5.17	4.71	5.69	5.43	5.67	5.30
福建	3.78	4.25	3.95	3.54	3.80	3.41	3.37	3.21	3.81
江西	2.41	3.83	4.10	4.91	6.38	8.43	8.41	8.58	8.36
山东	10.94	11.78	12.27	13.66	13.99	14.76	15.83	14.46	13.56
河南	7.34	7.53	8.78	8.48	9.29	10.44	9.54	8.16	7.90
湖北	3.35	3.77	3.82	3.70	3.87	4.01	4.06	4.24	5.16
湖南	5.15	3.92	4.92	5.31	6.02	6.01	5.70	5.56	5.21
广东	2.90	9.61	8.81	8.84	9.23	8.74	9.29	8.56	7.12
广西	10.81	3.08	2.25	4.20	2.64	2.70	2.76	2.35	2.27
海南	0.31	0.40	0.40	0.35	0.35	0.35	0.45	0.44	0.44
重庆	3.48	4.17	4.59	3.59	3.72	3.63	3.86	3.56	3.91
四川	4.02	4.85	5.12	4.55	5.51	6.05	5.53	7.33	5.48
贵州	4.15	4.60	3.86	4.49	4.45	5.12	5.45	4.36	3.69
云南	2.65	2.92	2.82	2.82	3.16	3.64	3.58	3.47	1.89

省份	2006 年	2007 年	2008 年	2009 年	2010 年	2011 年	2012 年	2013 年	2014 年
陕西	3.35	3.98	4.31	4.64	5.19	5.47	6.02	6.21	5.89
甘肃	1.94	2.18	2.35	2.12	2.63	2.33	2.33	1.97	2.31
青海	0.18	0.32	0.40	0.63	0.64	0.68	0.69	0.73	0.75
宁夏	1.43	1.63	1.43	1.22	1.59	1.78	1.69	2.59	2.02
新疆	1.90	2.08	2.60	3.25	3.22	3.59	4.69	6.44	6.74

资料来源：EPS 数据库。

8.2 能源消费结构与产业结构双向协调优化促进要素的作用机制

8.2.1 宏观调控对双向协调优化的作用机制

政府对能源的宏观调控主要体现在财税政策上，通过新能源产业规模化和要素流动、生产转移两条途径影响我国能源消费结构与产业结构协调优化。

首先，政府的财税政策是推动我国能源结构双向协调优化的重要保障。一方面，政府出台针对传统能源的税收政策，对传统能源加收能源税，能源税提高了企业的生产成本，理性的企业会减少传统能源的投入，转向价格相对较低的新能源来代替传统能源，导致传统能源在工业能源消费中的占比下降，新能源在工业能源消费结构中的比例上升，促进产业结构的优化。同时，随着新能源在生产中的投入比例增加，传统产业还会通过引进新技术、新生产方式由生产"高污染、高排放"的产品转而生产"低污染、低排放"的新产品，改善能源产品结构。此外，随着传统能源成本的上升，一部分传统企业由于积累了大量的资本和丰富的经营经验，会通过改进生产技术、调整生产结构、提升产品质量、转变经营方式实现自我优化，而那些没有足够资金支持创新和技术改造的传统企业，只能维持原有的生产经营模式，最终因竞争力不足而退出市场，能源产业结构也因此得以优化改善。另一方面，政府对新能源企业进行税收减免和补贴，缩减了新能源企业的生产成本，企业会降低产品价格来提高产品竞争力，因此获得超额利润。然后企业可以通过横向兼并生产同质产品的小型企业来扩大生产规模，或者纵向兼并上游企业降低成本，由此获得更高的利润并进一步扩大生产规模、实现规模效应。同时，这些新能源企业的超额利润必然会引起新企业进入市场，行业规模随之扩大，而新能源企业之间的竞争会使得技术水平不断提高、产品质量不断提升，与传统企业相比竞争能力更强，由此获得更高的利润，可吸引更多的竞争者进入市场，促使新能源产业的规模进一步扩大，从而使得能源产业结构得以优化。

其次，政府能源政策的颁布实施能够促使企业在空间层面通过要素流动和生产转移实现资源的优化配置，促进我国能源消费结构与产业结构的双向协调优化。一方面，随着传统能源成本的增加，原本依赖于传统能源投入、粗放式增长的企业将难以延续，传统能源的限制以及行业的竞争会迫使部分高能耗企业提高能源利用效率，由高能耗向低能耗转变，同时也有一部分高能耗企业会将生产转移至政策相对宽松的其他地区。另一方面，新能源成本的降低使得企业有更多的资金更换落后陈旧的机器设备，并且引入其他地区的先进技术和高技术人才，提高产品质量和生产效率，推动其向"低污染、低排放"进一步发展。通过要素流动和生产转移能够实现资源在区域间的合理配置，并且促进能源产业结构、能源供给区域结构和产业结构的协调优化。

8.2.2 市场调节对双向协调优化的作用机制

随着新能源所占比重的上升，提高新能源消纳保障能力、促进传统能源向与新能源融合的系统重构方向发展，进行能源市场化改革是我国能源政策的重点（郭海涛等，2022），我国在能源领域的市场化改革主要包括价格改革、放松投资限制、构建竞争性市场等。本章主要从能源价格和能源利用效率两个方面来阐述市场化对我国能源消费结构与产业结构协调优化的影响。

首先，能源价格由市场供需决定会使资源更好地进行优化配置。市场化对能源结构双向协调优化的影响最直接的表现就是能源价格，随着我国产业结构的优化，新能源消费增加，传统能源消费减少，即对新能源的需求增加，对传统能源的需求减少，在市场机制的作用下，新能源的价格会上升，传统能源的价格会下降，这会激励企业增加对新能源的供给而减少对传统能源的供给，使得能源消费结构得以优化。而新能源供给的增加和传统能源供给的减少会促使供给曲线向右移动，使得新能源价格下降和传统能源价格上升，这会激励工业企业增加对新能源的消费、减少对传统能源的消费，同时还会提高传统企业尤其是高耗能企业的生产成本，迫使其提高能源利用率或转变能源供给动力由传统能源向新能源转化，也降低了新能源企业的生产成本，有助于这些企业形成更强的竞争力，从而改善产业结构。在市场机制的调节下，传统能源的生产量和消费量会减少，而新能源的生产量和消费量会增加，使得我国能源消费结构与产业结构得以协调优化。

其次，市场化能够促进能源效率的提高。市场化对能源利用效率的影响是多方面的，除价格外还包括科技水平、对外开放水平、技术成果的市场化、产品市场的发育程度等。科技水平的提高会对工业企业的生产经营产生方方面面的影响，可能会使得机器设备更新换代、改变企业的生产方式，也可能会改变产品的原料构成、产品种类。机器设备的优化改造可能会减少企业在生产过程中的能源浪费、提高加工转换效率，从而使得企业在消耗相同数量能源的条件下生产更多的产品、带来更大的经济效益；生产方式的改进意味着工业企业由传统的生产方式转变为一种相对更为先进的生产方式，可能会缩减一些不必要的生产环节，减少单位产品生产对能源的消费量；而产品原料或者种类的改变可能会直接导致能源投入量的减少。由此观之，科技进步能够提高能源效率，进而改善产业结构。此外，对外开放水平决定了工业企业能够引进外资的程度，同时也会对科技水平产生影响，随着对外开放水平的提高，我国可以兴办"三资企业"，积极加强与外国机构的技术合作和技术交流，促进技术研发、提高技术成果转换率，以此提高我国能源效率，进而促进我国能源消费结构与产业结构的协调优化。

8.2.3　规制诱导对双向协调优化的作用机制

我国的环境规制诱导主要是一种以政府行政命令和市场规制工具相结合的典型混合模式，本章将从环境成本和产业链优化两个方面来阐述环境规制对我国能源消费结构与产业结构协调优化的影响机制。

首先，环境规制能够增加工业企业的环境成本。工业企业在生产过程中排放的污染物会对社会产生负外部性，而环境规制则会通过外部成本内部化来约束工业企业的生产行为。例如，对工业企业征收排污费通过后期的补偿效应对工业企业产生环境成本，压缩企业的利润空间，高污染、高排放、低效率的工业企业将会面临更高的环境成本。一方面会敦促企业提高排污技术以提升对污染物的处理能力，并加强对污染物排放的监督管理，推动生产向低污染、低排放的方向发展，由此减少对企业在排污费征收方面的开支，缓解环境成本造成的压力，从而促进能源供给主体结构的优化升级。另一方面会促使企业在产品生产过程中就能减少能源消耗，倒逼企业提高能源效率，使得产品生产从"高污染、高排放"向"低污染、低排放"转变，促进能源产品结构的优化调整。

其次，环境规制能够促进产业链的双向优化。碳排放权交易市场是环境规制中一项重要内容，它利用市场机制控制和减少温室气体排放，导致传统能源利用成本增加，进一步体现在其终端产品的价格中，消费者会因为价格上涨减少对其终端产品的需求，转而增加价格相对低廉、更加绿色低碳环保的新能源产品的消费。从横向上来看，我国能源结构从以传统能源为主转为以新能源为主，新能源企业的生产规模会不断扩大，产业间、行业内的知识外溢将有助于新能源产业实现规模效应；从纵向上来看，企业尤其是高能耗企业将增加技术创新投入、吸纳高水平劳动力，加快劳动密集型、资本密集型向技术密集型转化，在技术进步的推动下，一方面企业会采用新工艺、新技术，开发新产品或提高现有产品质量，实现产品结构的优化升级；另一方面企业会提高产品附加值，推动产品向产业链中高端延伸。

8.2.4 三要素协同促进双向协调优化的影响机制

政府宏观调控、市场机制调节和环境规制诱导往往不会对我国能源消费结构与产业结构独立地产生影响，而是三者相互作用共同促进能源消费结构和产业结构双向协调优化。如图 8.1 所示。

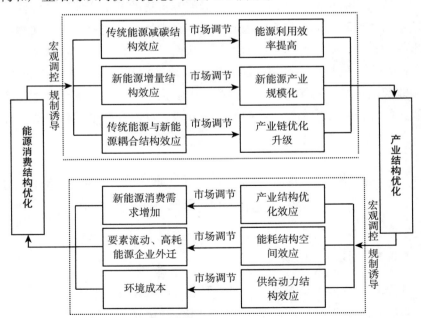

图 8.1 能源消费结构与产业结构双向协调优化的促进要素作用机制

首先，环境规制可通过政府宏观调控来实现。政府制定各种排污标准、环境标准并建立排污收费制度、排污权交易制度等形成环境规制，增加企业尤其是高能耗企业的生产成本，倒逼其提高能源效率，促进我国能源消费结构和产业结构的协调优化。

　　其次，市场化能够促进环境规制的实施。例如，在碳排放权交易市场上，工业企业可以将过剩的碳排放量出售给需要碳排放量的企业，通过价格机制对碳排放量高的企业产生成本约束。通过能源市场的供求关系，调整能源供给侧和需求端结构，实现双向协调优化。政府对能源市场的过度干预无法使市场机制更好地发挥作用。政府与市场的关系是许多学者长期思考的一个重要命题，在不同的历史时期，政府与市场在社会发展中的作用程度往往不同，在能源供给侧结构改革和产业结构优化的要求下，这两者也在发展中不停地探索一个最优解。目前，我国能源还未完全实现市场化，政府对能源市场长时间干预，会使得市场机制难以发挥作用实现资源的优化配置。能源市场化主要是通过能源价格来实现的，而能源价格宏观调控很大程度上依赖于政府干预（彭晓洁，2021），使得能源市场价格扭曲。一方面长期以来我国要素市场能源价格被低估，尤其是煤炭等传统能源，工业企业可以低成本从事生产经营活动，通过产品数量的增长就能保持高收益，形成粗放式增长的模式，企业将对其产生路径依赖，难以实现能源消费结构的转型升级。另一个方面能源价格的低估会使得企业注重产品数量增长而不是质量提升，因此企业不会去加大科研投入，无法促进技术水平的提高，抑制能源效率的提升，从而形成"低技术、低效率、高排放、高污染"的特点，影响到能源供给主体结构和能源产品结构的转型，抑制能源消费结构的优化升级。因此，市场化在政府的过度干预下不会促进我国能源消费结构和产业结构的优化升级，反而会产生抑制作用。

8.3　能源消费结构与产业结构双向协调优化的要素作用机制实证

8.3.1　计量模型设计

本章选取个体时点双固定效应模型进行计量分析，如式（8.1）所示：

$$\ln CCD_{it} = \alpha_i + \lambda_t + \beta_1 \ln GOV_{it} + \beta_2 \ln MAR_{it} + \beta_3 \ln ENV_{it} + \beta_4 \ln UBL_{it}$$
$$+ \beta_5 \ln FDI_{it} + \beta_6 \ln RD_{it} + \varepsilon_{it}, i = 1,2,\cdots,n; t = 1,2,\cdots T \quad (8.1)$$

式（8.1）中，被解释变量为能源消费结构与产业结构的耦合协调度（lnCCD），核心解释变量为政府宏观调控能力（lnGOV）、市场化程度（lnMAR）、环境规制水平（lnENV），控制变量为城镇化水平（lnUBL）、对外开放水平（lnFDI）和技术进步（lnRD）。α_i、λ_t、ε_{it}分别表示个体固定效应、时点固定效应和随机误差项。

（1）指标选取。

第一，被解释变量。本章研究能源消费结构与产业结构协调优化的问题，因此选取能源消费结构与产业结构的耦合协调度（lnCCD）作为被解释变量，该指标值越高，说明我国能源消费结构与产业结构的协调优化程度越高。

第二，核心解释变量。政府宏观调控能力（lnGOV）。政府能够通过税收和补贴来改变能源产业结构，而政府财政收入是这些政策实施的保障。因此，本章采用政府财政收入占地区生产总值的比重来表示政府宏观调控能力。

市场化程度（lnMAR）。在市场化机制下，能源价格、对外开放水平等能够充分发挥作用调节能源结构。目前学界主要采用产权结构和市场化指数来衡量市场化程度。姜磊（2012）采用樊纲等的市场化指数研究市场化对能源消费强度调节作用。本章使用樊纲等在《中国分省份市场化指数报告》中提供的省际市场化指数来衡量市场化，分析市场化对我国能源消费结构与产业结构协调优化的影响。该指数越大，表明市场化越高。

规制诱导水平（lnENV）。环境污染是一种具有负外部性的行为，而环境规制的主要作用就是使得外部成本内部化，由企业自身来承担环境污染的成本，对企业行为产生约束，促进能源效率的提高，从而改善能源结构。我国以环境标准为依据，对超过规定排放污染物标准的企业征收排污费（汪明月，李颖明，王子彤，2022）[230]。基于此，本章采用排污费征收金额来衡量环境规制强度。

第三，控制变量核心解释变量往往不能充分说明被解释变量变动的原因，通常需要引入控制变量作为辅助进行计量分析。本章选取了城镇化水平（lnUBL）、对外开放水平（lnFDI）和技术进步（lnRD）作为控制变量。

城镇化水平（lnUBL）。马海良等（2017）认为城镇化水平的提升使得能源消费总量和结构发生了变化[231]。王晓岭等（2012）验证了能源强度与城镇化率之间的动态变化关系[232]。梁朝晖（2010）通过对能源消费和城镇化之间的关系进行实证研究，得出结论：城镇化是能源消费变动的影响因素之一[233]。因此，参考学者们的研究，本章采用城镇化率，即城镇人口占总人口的比重作为控制变量之一。

对外开放水平（$\ln FDI$）。外商直接投资是衡量对外贸易水平的一个重要指标。沈小波等（2021）通过构建空间杜宾模型研究发现，优化外商投资、提升对外贸易水平有利于促进能源强度下降。本章引入外商直接投资这一指标来表示对外开放水平[234]。

技术进步（$\ln RD$）。随着社会的不断进步，技术创新已成为产业发展的重要推动力。邹璇等（2017）通过实证研究得到工业能源消耗结构受到技术的影响，并且技术对能源消耗结构有优化作用（邹璇，贾蕾玉，2017）[145]。金晶（2021）研究发现，技术创新对工业能源效率有正向促进作用，但是目前影响力度仍然不足，未达到理想状态[235]。本章采用研发投入经费（R&D）来衡量技术进步。

（2）数据说明。

本章所选取的数据来自于 2006~2020 年的《中国能源统计年鉴》、国家统计局官网、《中国工业统计年鉴》、EPS 数据库等。各变量的描述性统计结果如表 8.4 所示。

表 8.4　　　　　　　　　各变量描述性统计分析结果

变量名称	样本量（个）	均值	标准差	最小值	最大值
$\ln CCD$	413	−0.836	0.954	−2.769	3.980
$\ln ESS$	415	1.489	2.152	−5.135	4.605
$\ln ECS$	420	3.518	0.352	2.146	4.162
$\ln GOV$	420	3.115	0.311	2.432	4.001
$\ln MAR$	420	1.826	0.325	0.864	2.454
$\ln ENV$	275	1.420	0.961	−1.715	3.321
$\ln UBL$	450	3.992	0.243	3.313	4.495
$\ln FDI$	449	1.770	1.478	−1.609	5.615
$\ln RD$	360	4.927	1.418	−0.131	7.824
$\ln TFP$	450	0.247	0.638	−2.663	1.065

8.3.2　实证检验与结果分析

（1）单位根检验。

如表 8.5 所示，被解释变量、核心解释变量和其他控制变量在单位根检验中，均在 1% 的水平上显著，由此可见，所有变量都是平稳的。

表 8.5　　　　　　　　　　　　各变量单位根检验结果

变量	统计量	统计值	是否平稳
lnCCD	P Z L* Pm	126. 1902 *** − 4. 5915 *** − 4. 9889 *** 6. 3313 ***	是
lnESS	P Z L* Pm	130. 9242 *** − 4. 1612 *** 4. 7632 *** 6. 4745 ***	是
lnECS	P Z L* Pm	137. 9701 *** − 5. 8335 *** − 5. 9468 *** 7. 1177 ***	是
lnGOV	P Z L* Pm	117. 5115 *** − 5. 0517 *** − 4. 9617 *** 5. 2501 ***	是
lnMAR	P Z L* Pm	177. 8969 *** − 8. 2213 *** − 8. 5464 *** 10. 7625 ***	是
lnENV	P Z L* Pm	111. 5401 *** − 4. 3341 *** − 4. 3188 *** 4. 7050 ***	是
lnUBL	P Z L* Pm	144. 8161 *** − 5. 0172 *** − 5. 5948 *** 7. 7426 ***	是
lnFDI	P Z L* Pm	117. 7113 *** − 3. 8606 *** − 3. 9699 *** 5. 2683 ***	是
lnRD	P Z L* Pm	120. 2308 *** − 4. 3469 *** − 4. 4061 *** 5. 4983 ***	是
lnTFP	P Z L* Pm	188. 3728 *** − 8. 7766 *** − 9. 1174 *** 11. 7188 ***	是

注：***、*分别表示在1%、10%水平上显著。

（2）模型选择。

对于面板数据的而言，最常用的计量模型有固定效应模型和随机效应模型，而固定效应模型又包括个体固定效应模型、时点固定效应模型和个体时点固定效应模型。本章使用 F 检验、Hausman 检验和 VIF 检验对模型进行选择，结果显示：F 检验拒绝选择混合效应模型的原假设，Hausman 检验拒绝选择随机效应模型的原假设，且变量之间不存在多重共线性。如表 8.6 所示。结合经济意义，本章选择个体时点双固定效应模型进行实证分析。

表 8.6　　　　　　　　　　　模型实证检验结果

检验方法	检验内容	检验结果	结论
F 检验	混合效应模型与固定效应模型的选择	$F(29,147) = 248.70$ $Prob > F = 0.0000$	选择固定效应模型
Hausman 检验	固定效应模型与随机效应模型的选择	$chi2(6) = 58.34$ $Prob > chi2 = 0.0000$	选择固定效应模型
VIF 检验	多重共线性	VIF 值均小于 10	不存在多重共线性

（3）结果分析。

为研究政府宏观调控、市场化、环境规制等因素对我国能源消费结构与产业结构协调优化的影响，本章最终采用了个体时点双固定效应模型进行分析，结果如表 8.7 所示。

表 8.7　　　　　　　　　　个体时点双固定效应模型回归结果

变量名称	模型 ln*CCD*	模型 ln*CCD*	模型 ln*CCD*	模型 ln*CCD*
ln*MAR*	−0.539 *** (−3.71)	−0.525 *** (−3.38)	−0.582 *** (−3.31)	−0.590 *** (−3.31)
ln*ENV*	0.082 *** (2.66)	0.136 *** (3.59)	0.130 *** (3.33)	0.133 *** (3.29)
ln*UBL*	−1.552 *** (−5.55)	−1.694 *** (−5.01)	−1.908 *** (−4.47)	−1.872 *** (−4.22)
ln*FDI*	0.110 *** (2.64)	0.116 ** (2.33)	0.197 *** (2.72)	0.193 *** (2.61)
ln*GOV*	—	−0.150 (−0.89)	—	−0.059 (−0.30)
ln*RD*	—	—	0.102 (0.96)	0.103 (0.97)
R − squared	0.984	0.984	0.988	0.988
F	322.2	297.2	281.7	273.0

注：括号内数据表示稳健标准误。 *** 、 ** 分别表示在 1% 、5% 水平上显著。

根据上述实证结果，政府宏观调控对我国能源消费结构与产业结构协调优化没有显著影响。原因可能有以下两点：一是政府的财税政策不能有效促进新能源产业规模化。一方面，传统企业会对原本的生产经营方式产生路径依赖，短时间内难以仅通过政府对传统能源的限制政策发生改变。另一方面，政府对新能源的优惠政策会滋生部分生产者的寻租行为，原用于新能源企业进行技术创新、产品研发的资金无法发挥真正作用，造成资源浪费，导致新能源企业得不到充分发展。这种情况下，政府宏观调控反倒会对我国能源消费结构与产业结构产生负向影响。二是政府宏观调控对要素流动和生产转移没有显著作用。一方面，传统企业将生产转移到其他国家或地区需要花费时间和成本，生产者可能会放弃生产转移，同时又无法及时转向新能源产品生产。另一方面，政府的补贴不足以支付新能源企业引进先进技术和高技术人才的成本。

　　每个模型中市场化的系数均为负，说明市场化水平的提高对我国能源消费结构与产业结构协调优化具有显著的负向效应。原因可能在于：我国目前还没完全实现能源市场化，政府宏观调控与市场机制长期并行存在，长期以来政府对能源市场的过度干预。一方面，造成能源市场价格扭曲，不能反映真实的供求关系，阻碍市场对能源生产领域的资源配置和对能源消费的调节，使得传统企业可以低成本从事生产经营活动，注重产品数量增长而不是质量提升，形成粗放式增长，而新能源企业形成垄断，不利于行业整体的发展。另一方面，也会抑制能源效率的提升，不但市场失灵对企业会丧失激励作用，无法促进技术水平的提高，而且政府政策会影响外资引进程度，可能会不利于两国之间的技术合作与交流，从而抑制能源消费结构和产业结构的协调优化。

　　在所有模型中，环境规制对能源消费结构与产业结构的协调优化具有显著的正向效应。一方面，排污费的征收会增加企业环境成本，尤其是高能耗行业，以利润最大化为目标的企业不但会提高排污技术增强对污染物的处理能力，而且还会提高能源效率减少生产过程中的污染物排放，促进能源产品结构和能源供给主体结构的优化。另一方面，通过市场机制实现目标的环境规制会促进产业链的双向优化，横向上使得新能源产业实现规模效应，纵向上促进能源产品结构的优化升级，从而对能源产业结构和产业结构的优化产生正向影响。

　　回归结果显示，城镇化水平会抑制能源消费结构与产业结构的协调优化。中国工业能耗主要以高能耗工业为主，虽然人们的生活水平在很大程度上得到了提高，但人们对产品的消费需求仍然没有发生实质性的改变。

随着城市化水平的提高，城市人口密度在逐步加大，对以传统能源生产的产品的需求只增不减，抑制了传统能源企业转型升级的积极性，不利于能源结构的改善。

根据模型结果，对外开放水平能够促进能源消费结构与产业结构的协调优化。一方面，高水平的对外开放使得国家和地区之间联系密切，有助于创新水平的提高。另一方面，对外开放有助于资源的优化配置，一些无法达到本地环境标准的企业可以将生产中心移至环境标准相对较低的地区，而留在本地的企业则通过优化调整向"高技术、高效率、低污染"的方向转变。

此外，在所有的模型中，技术进步都不显著，说明其对促进能源消费结构与产业结构协调优化的影响作用有限。

（4）内生性分析。

在表8.8个体时点双固定效应的回归结果分析中，市场化对我国能源消费结构与产业结构具有显著的负向影响，环境规制对其有显著的正向影响，而政府宏观调控的影响作用不显著。考虑到被解释变量与市场化可能存在双向因果关系，本章采用工具变量法来解决可能存在的内生性问题，选取滞后一阶市场化指数（lnMAR）作为工具变量（llnMAR），采用 LM 检验和 Wald F 检验对工具变量有效性进行检验。如表 8.9 所示，LM 检验和 Wald F 检验显示该工具变量是有效的。在四个模型中，工具变量（llnMAR）对被解释变量具有负向影响，与原解释变量（lnMAR）影响方向一致，并且环境规制对被解释变量有正向影响，政府宏观调控对被解释变量无显著影响，也与原回归结果一致。由此说明，该工具变量缓解了模型的内生性问题，同时增强了回归结果的可靠性。

表8.8 工具变量回归估计结果

变量名称	模型 lnCCD	模型 lnCCD	模型 lnCCD	模型 lnCCD
llnMAR	−0.980 *** (0.281)	−1.035 *** (0.288)	−0.960 *** (0.321)	−0.993 *** (0.332)
lnENV	0.118 *** (0.0342)	0.130 *** (0.0353)	0.126 *** (0.0351)	0.132 *** (0.0361)
lnUBL	−1.962 *** (0.319)	−1.868 *** (0.326)	−2.150 *** (0.422)	−2.085 *** (0.425)
lnFDI	0.137 *** (0.0442)	0.118 *** (0.0463)	0.232 *** (0.0697)	0.225 *** (0.0699)
lnGOV	—	−0.211 (0.160)	—	−0.123 (0.179)

变量名称	模型 lnCCD	模型 lnCCD	模型 lnCCD	模型 lnCCD
lnRD	—	—	0.156 (0.103)	0.160 (0.104)
LM	62.543***	60.695***	44.023***	42.118***
Wald F	69.743***	66.651***	44.980***	42.153***
Observations	241	241	183	183
R – squared	0.984	0.984	0.987	0.987

注：括号内数据表示稳健标准误。 *** 表示在 1% 水平上显著。

（5）稳健性分析。

为检验模型的稳健性，本文采取变量替换法，原本被解释变量由能源消费结构与产业结构的耦合协调度来衡量，现替换为产业结构（lnECS）和能源消费结构（lnESS），此外，将衡量技术进步的研发投入经费替换为全要素增长率（lnTFP）。实证结果表明，如表 8.9 所示，变量替换前后核心解释变量和控制变量的回归系数、显著性基本不变，证明了模型的稳健性。

表 8.9 　　　　个体时点双固定效应模型变量替换法估计结果

变量名称	替换前 lnCCD	被解释变量替换后 lnECS	被解释变量替换后 lnESS	解释变量替换后 lnCCD
lnGOV	− 0.059 (− 0.30)	0.007 (0.04)	− 0.944 (− 1.45)	− 0.184 (− 1.08)
lnMAR	− 0.590*** (− 3.31)	− 0.429*** (− 2.87)	− 1.328** (− 2.21)	− 0.503*** (− 3.24)
lnENV	0.133*** (3.29)	0.066* (1.90)	0.297** (2.18)	0.143*** (3.75)
lnUBL	− 1.872*** (− 4.22)	0.565 (1.51)	− 9.252*** (− 6.19)	− 1.724*** (− 5.10)
lnFDI	0.193*** (2.61)	0.223*** (3.52)	0.311 (1.25)	0.116** (2.34)
lnRD	0.103 (0.97)	0.167* (1.82)	− 0.093 (− 0.26)	—
lnTFP	—	—	—	0.040 (1.49)
R – squared	0.988	0.921	0.970	0.985
F	273.0	40.93	111.7	292.1

注：括号内数据表示稳健标准误。 *** 、 ** 、 * 分别表示在 1% 、 5% 、 10% 水平上显著。

（6）区域异质性分析。

我国包括东部、中部、西部和东北四大经济地区，由于资源禀赋、历史等因素的影响，可能会使得能源消费结构与产业结构的协调优化存在区域性差异。为进一步探索这种区域异质性，本章对这四个地区分别进行模型回归，结果如表8.10所示。

表8.10　　　　　　个体时点双固定效应模型分地区估计结果

变量名称	东部地区	中部地区	西部地区	东北地区
lnGOV	1.709 *** (2.96)	0.256 ** (2.16)	0.266 (1.63)	−0.317 ** (−2.65)
lnMAR	−0.801 (−1.48)	0.493 * (1.95)	−0.360 *** (−2.72)	−0.599 ** (−2.21)
lnENV	0.128 * (1.98)	—	−0.005 (−0.09)	—
lnUBL	−2.647 *** (−3.36)	—	−3.283 *** (−5.48)	1.834 (1.64)
lnFDI	0.577 *** (4.74)	−0.069 (−0.81)	0.245 *** (3.94)	0.092 (0.82)
lnRD	—	0.082 (1.21)	0.184 (1.62)	—
R − squared	0.950	0.985	0.985	0.980
F	49.06	146.5	132.1	55.85

注：括号内数据表示稳健标准误。 *** 、 ** 、 * 分别表示在1%、5%、10%水平上显著。

结果显示，东部、中部、西部和东北四大经济地区核心解释变量对区域能源消费结构与产业结构协调优化的影响具有异质性。东北地区的政府宏观调控对区域能源消费结构与产业结构协调优化具有显著的负向影响，东部和中部地区的政府宏观调控对区域能源消费结构与产业结构协调优化具有显著的正向影响，西部地区的影响不显著；西部地区和东北地区的市场化对区域能源消费结构与产业结构协调优化具有显著的负向影响，与全国一致，中部地区的市场化具有显著的正向影响，东部地区的影响不显著；东部地区的环境规制对区域能源消费结构与产业结构协调优化具有显著的正向效应，与全国一致，而西部地区的影响作用不显著。原因可能在于：一是东北地区的政府宏观调控滋生了生产者的寻租行为，抑制了东北地区新能源产业的发展。东部地区和中部地区政府对新能源企业的优惠政策能够促进新能源产业规模化，对传统能源企业能源税的征收能够增加传统企业的生产成本，同时能够促进要素流动和生产转移。而西部地区经济发展水平和技术水平较低，政府的财税政策不能显著促进能源消费结构与产业结构的协调优化。二是西部地区经济发展水平较低，东北地区是老工业基地，这两个地区的经济发展长期依赖传统能源，政府对能源市场的过度干预使得能源市场价格扭曲，并且抑制了能源效率的提升。中部地区市场化能够促进能源效率的提高，并且能够很好地发挥价格机制的调节作用。东部地区市场化程度较高，但政府干预也会在一定程度上会影响市场发挥作用。三是西部地区市场化水平低，市场机制不完善，受政府宏观调控的影响较大，并且传统能源企业占据垄断地位，没有建立良好的竞争机制，环境规制对企业所造成的环境成本无法对传统能源企业形成有效约束。

8.4　本章结论

本章探究了能源消费结构与产业结构双向协调优化的促进要素及其内在作用机制，并根据 2006～2020 年 30 个省级面板数据建立个体时点双固定效应模型，对我国能源消费结构与产业结构的协调优化进行实证研究，结果表明：一是政府宏观调控对我国能源消费结构与产业结构协调优化的影响作用不显著，原因在于传统能源企业对生产经营方式的路径依赖、新能源企业的寻租行为以及生产转移和要素流动的高成本。因此有必要改进政府宏观调控水平。二是政府对能源市场的长期干预造成能源价格扭曲，并且抑制能源效率提升，使得市场化对我国能源消费结构与产业结构协调优化产生负面影响。因此有必要切实遵循市场机制对资源配置的主导地位，政府主动削减对能源价格的干预。三是规制诱导能够通过增加企业环境成本和促进产业链双向优化推动我国能源消费结构与产业结构协调优化。四是我国四大经济地区能源消费结构与产业结构协调优化存在显著的区域异质性。

第9章 协调优化下理想能源消费结构和理想产业结构分析

前文第4~8章虽然从多个角度厘清了能源消费结构和产业结构的协调优化机制和促进机制,但是学界和政界还很关心协调优化下的能源消费结构和产业结构的理想状况究竟如何。为此,本章基于前述理论机制,建立相关测算模型,预测未来(2022~2060年)各年协调优化状态下的理想能源消费结构和理想产业结构。

9.1 理想的能源消费结构测算

9.1.1 国内生产总值预测

(1)确定 GDP 增长率目标。

根据"十四五"规划和 2035 年远景目标纲要确定 2022~2050 年各年 GDP 增长率。以 2022 年和 2023 年下限增长率 4.5%、5% 和上限增长率 5.5%、6% 为目标。此后,考虑到 2030 年和 2060 年"双碳"目标任务,分两种情况控制 GDP 增长速度。

一是在 2022 年和 2023 年下限增长率基础上,2024~2028 年增速放缓,以每年 0.1 个百分点增长,到 2028 年增长率为 5.5%;此后以每年以 0.3 个百分点下降,到 2035 年降为 4%;此后每年以 0.2 个百分点继续下降,到 2040 年降为 3.6%;在此后以 0.05 个百分点继续下降,到 2060 年下限目标增长率为 2%。如表 9.1 中 GDP 增长率下限列所示。这样的增长速度设计意在 2030 年和 2060 年"双碳"目标下最低限度实现"十四五"规划和 2035 年远景目标纲要设定的目标任务。

表 9.1　经济增长目标和"双碳"目标下的 GDP 与能源消费总量预测

年份	GDP 增长率（%）		GDP（万亿元）		能源消费强度（吨标准煤/万元）		能源消耗总量（万吨标准煤）	煤炭消费量（万吨标准煤）
	下限	上限	下限	上限	下限	上限		
2019	6	6	986515	986515	0.494	0.494	487488	281281
2020	**2.3**	**2.3**	**1013567**	**1013567**	**0.491**	**0.491**	**498000**	**282864**
2021	8.1	8.1	1143670	1143670	0.458	0.458	524000	293440
2022	4.5	5.5	1195135	1206572	0.449	0.445	537000	295080
2023	5	6	1254892	1278966	0.438	0.430	550000	296720
2024	5.1	5.8	1318891	1353146	0.427	0.416	563000	298360
2025	**5.2**	**5.6**	**1387474**	**1428922**	**0.415**	**0.403**	**576000**	**300000**
2026	5.3	5.4	1461010	1506084	0.398	0.386	582000	294286
2027	5.4	5.2	1539904	1584401	0.382	0.371	588000	288571
2028	5.5	5	1624599	1663621	0.366	0.357	594000	282857
2029	5.5	4.8	1713952	1743474	0.350	0.344	600000	277143
2030	**5.5**	**4.6**	**1808219**	**1823674**	**0.335**	**0.332**	**606000**	**271429**
2031	5.2	4.4	1902247	1903916	0.322	0.321	612000	265714
2032	4.9	4.2	1995457	1983880	0.310	0.312	618000	260000
2033	4.6	4	2087248	2063236	0.299	0.302	624000	254286
2034	4.3	3.8	2177000	2141639	0.289	0.294	630000	248571
2035	**4**	**3.6**	**2264080**	**2218737**	**0.281**	**0.287**	**636000**	**242857**
2036	3.8	3.55	2350115	2297503	0.271	0.277	637480	237143
2037	3.6	3.5	2434719	2377915	0.262	0.269	638960	231429
2038	3.4	3.45	2517499	2459953	0.254	0.260	640440	225714
2039	3.2	3.4	2598059	2543592	0.247	0.252	641920	220000
2040	**3**	**3.35**	**2676001**	**2628802**	**0.240**	**0.245**	**643400**	**214286**
2041	2.95	3.3	2754943	2715553	0.234	0.237	644880	208571
2042	2.9	3.25	2834836	2803808	0.228	0.231	646360	202857
2043	2.85	3.2	2915629	2893530	0.222	0.224	647840	197143
2044	2.8	3.15	2997267	2984676	0.217	0.218	649320	191429
2045	**2.75**	**3.1**	**3079692**	**3077201**	**0.211**	**0.211**	**650800**	**185714**
2046	2.7	3.05	3162843	3171056	0.206	0.206	652280	180000
2047	2.65	3	3246659	3266187	0.201	0.200	653760	174286
2048	2.6	2.95	3331072	3362540	0.197	0.195	655240	168571
2049	2.55	2.9	3416014	3460053	0.192	0.190	656720	162857
2050	**2.5**	**2.85**	**3501414**	**3558665**	**0.188**	**0.185**	**658200**	**157143**

年份	GDP 增长率(%)		GDP(万亿元)		能源消费强度(吨标准煤/万元)		能源消耗总量(万吨标准煤)	煤炭消费量(万吨标准煤)
	下限	上限	下限	上限	下限	上限		
2051	2.45	2.8	3587199	3658308	0.184	0.180	659680	151429
2052	2.4	2.75	3673292	3758911	0.180	0.176	661160	145714
2053	2.35	2.7	3759614	3860402	0.176	0.172	662640	140000
2054	2.3	2.65	3846085	3962702	0.173	0.168	664120	134286
2055	**2.25**	**2.6**	**3932622**	**4065733**	**0.169**	**0.164**	**665600**	**128571**
2056	2.2	2.55	4019140	4169409	0.166	0.160	667080	122857
2057	2.15	2.5	4105551	4273644	0.163	0.156	668560	117143
2058	2.1	2.45	4191768	4378348	0.160	0.153	670040	111429
2059	2.05	2.4	4277699	4483429	0.157	0.150	671520	105714
2060	**2**	**2.35**	**4363253**	**4588789**	**0.183**	**0.147**	**673000**	**100000**

二是在 2022 年和 2023 年上限增长率基础上，从 2024 年开始以每年 0.2 个百分点下降，2035 年降到 3.6%；此后以每年 0.05 个百分点下降，到 2060 年增长率降为 2.35%。如表 9.1 中 GDP 增长率上限列所示。这样的增长速度设计意在略高限度实现"十四五"规划和 2035 年远景目标纲要设定的目标任务，但最低限度完成"双碳"目标任务，实现经济高质量发展。

（2）测算未来各年 GDP。

以 2021 年 GDP 值为基数，测算 2022～2060 年各年 GDP。计算公式如下：

$$GDP_t = GDP_{t-1}(1 + g_{LGDP,t}), \quad GDP_t = GDP_{t-1}(1 + g_{HGDP,t}) \quad (9.1)$$

式（9.1）中，t = 2022，2023，……，2060。$g_{LGDP,t}$ 是未来各年 GDP 最低目标增长率，$g_{HGDP,t}$ 是未来各年 GDP 最高目标增长率。

基于上述两种增长速度的设计，以已公布的 2021 年 GDP 为基数，并按照 2021 年的不变价格根据上面推测的各年 GDP 增长速度，测算出 2022～2060 年各年 GDP 的下限、上限值，结果如表 9.1 中 GDP 的下限和上限列所示。

9.1.2 全社会能源消费总量预测

（1）预测 GDP 能源消费强度。

根据"十四五"规划和 2035 年远景目标纲要，确定 2022～2060 年各年能源消费强度。以 2021 年单位 GDP 的能源消费强度 0.458 为基数，根据中金公司预测 2060 年将比 2019 年的能源消费强度下降 63%，即 2060 年能源消费强度为 0.183 吨标准煤/万元。从而根据如下滑动平均增长率公式可以计算 2022～2059 年各年的 GDP 能源消费强度。计算公式为：

$$EI_{ENG/GDP,t} = EI_{ENG/GDP,t-1}(1 + \Delta g_{EI,t}) \qquad (9.2)$$

其中，$EI_{ENG/GDP,t}$ 是第 t 年的 GDP 能源消费强度，$\Delta g_{EI,t}$ 是第 t 年相对上一年（第 t-1 年）的能源消费强度变化率，等于第 t～第 2060 年的 GDP 能源消费强度的变动率平均值，即：

$$\Delta g_{EI,t} = \frac{EI_{ENG/GDP,2060} - EI_{ENG/GDP,t}}{(2060 - t) \times EI_{ENG/GDP,t}} \qquad (9.3)$$

根据式（9.1）计算得到的 2022～2059 年各年的下限和上限 GDP 预测值，利用式（9.2）和式（9.3）测算出 2022～2050 年各年的 GDP 能源消费强度，如表 9.1 中能源消费强度列所示。

（2）测算全社会能源消费总量。

根据式（9.2）测算出来的未来各年能源增长率和 2021 年能源消费总量的基数，采用如下公式得到未来各年能源消费总量：

$$ENG_t = GDP_t \times EI_t \qquad (9.4)$$

其中，ENG_t 是第 t 年的能源消费总量。测算结果如表 9.1 能源消费总量列所示。

9.1.3 测算各类能源消费结构

（1）"双碳"目标下煤炭消费量测算。

考虑"双碳"目标对煤炭能源的强约束性，下文进一步对未来各年煤炭消费量测算。具体测算方法是：以达到"双碳"目标对各重要节点的控制用量为测算基础（2025 年、2035 年和 2060 年能源消费总量分别控制在 576000 万吨标准煤、636000 万吨标准煤和 673000 万吨标准煤）。2021 年、2025 年和 2060 年煤炭消费总量分别为 293440 万吨标准煤、300000 万吨标准煤、100000 万吨标准煤为基数，2021～2060 年各年的煤炭消费总量率测算公式为：

$$ENGc_t = ENGc_{t-1}(1 + g_{ENGc,t}) \qquad (9.5)$$

其中，$g_{ENGc,t}$ 是第 t 年的煤炭消费增长率，计算公式如下：

$$g_{ENGc,t} = g_{ENGc,t-1}(1 + \Delta g_{ENGc,t}) \qquad (9.6)$$

$\Delta g_{ENG,t}$ 是第 t 年相对上一年（第 t-1 年）的能源增量变化率，等于第

t～2060 年的煤炭消费增长率的率平均值，即：

$$\Delta g_{ENGc,t} = \frac{g_{ENGc,2060} - g_{ENGc,t}}{(2060 - t)g_{ENGc,t}} \qquad (9.7)$$

根据式（9.6）和式（9.7）计算得到的 2021～2059 年各年的煤炭增长率（中间过程不再给出）。进而，根据式（9.4）测算出 2021～2059 年各年的煤炭消费总量，如表 9.1 煤炭消费量列所示。为如期完成 2030 年和 2060 年"双碳"目标任务，下文以保守的下限 GDP 增长率、GDP 及其对应的单位 GDP 能源消费强度为基础展开后续测算。考虑篇幅过大，以上限基数测算的结果不在下文展示。

（2）"双碳"目标下各类能源消费结构测算。

首先，基于"双碳"目标任务，设定特定年份的阶段性消费份额任务。具体设定如下。

2025 年化石能源煤炭、石油、天然气和非化石能源消费份额分别不超过 52.1%、17.5%、10.4%、20%。且非化石能源中水资源能、核能消费、太阳能消费、风能消费和其他清洁能源份额分别为 8.4%、3.6%、2.3%、4.5%、1.2%。

2035 年化石能源煤炭、石油、天然气和非化石能源消费份额分别不超过 38.2%、14%、13%、34.8%。且非化石能源中水资源能、核能消费、太阳能消费、风能消费和其他清洁能源份额分别为 9%、6%、6%、9%、4.8%。

2045 年化石能源煤炭、石油、天然气和非化石能源消费份额分别不超过 28.5%、9.6%、5.8%、56%。且非化石能源中水资源能、核能消费、太阳能消费、风能消费和其他清洁能源份额分别为 9.7%、8.4%、15%、16%、7%。

2050 年化石能源煤炭、石油、天然气和非化石能源消费份额分别不超过 24%、7.5%、4.3%、64.5%。且非化石能源中水资源能、核能消费、太阳能消费、风能消费和其他清洁能源份额分别为 10%、10%、18.3%、19%、7.2%。

2060 年化石能源煤炭、石油、天然气和非化石能源消费份额分别不超过 15%，3%、2%、80%。且非化石能源中水资源能、核能消费、太阳能消费、风能消费和其他清洁能源份额分别为 9%、12%、25%、25%、9%。

其次，求各种能源的消费份额，具体如下。

第一，煤炭消费份额。

用式（9.5）$ENGc_t = ENGc_{t-1}(1 + g_{ENGc,t})$ 求出来的各年煤炭消费量

（见表9.1）除以式（9.4）$ENG_t = GDP_t \times e_t$ 求出来的各年能源消费总量（见表9.1）。即 $r_{ENGc,t} = 100 \times ENGc_t/GDP_t$，结果如表9.2所示。

第二，煤炭以外其他能源消费份额。

石油、天然气和非化石能源消费份额，以及非化石能源中的水资源能、核能、太阳能、风能消费和其他清洁能源消费份额根据特定年份设定的阶段性消费份额任务，利用如下公式计算：

$$r_{ENGi,t} = r_{ENGi,t-1}(1 + gr_{ENGi,t}) \tag{9.8}$$

其中，i 分别代表化石能源石油、天然气和非化石能源，以及非化石能源中的水资源能、核能、太阳能、风能消费和其他清洁能源。$gr_{ENGi,t}$ 是第 t 年的 i 种能源消费份额增长率，等于第 t ~ 2060 年的 i 种能源消费份额增长率的变动率平均值，即：

$$gr_{ENGi,t} = \frac{r_{ENGi,ts} - r_{ENGi,t}}{(ts - t)r_{ENGi,t}} \tag{9.9}$$

其中，ts 是特定年份，$r_{ENGi,ts}$ 是特定年份 ts 设定的第 i 种能源的消费份额。

根据式（9.9）计算得到的 2020 ~ 2060 年各年的化石能源石油、天然气和非化石能源，以及非化石能源中的水资源能、核能、太阳能、风能消费和其他清洁能源的消费构成变化率，进而，根据式（9.8）测算出 2020 ~ 2060 年各年的化石能源石油、天然气和非化石能源，以及非化石能源中的水资源能、核能、太阳能、风能消费和其他清洁能源的消费份额（见表9.2）。

表9.2　　　　碳达峰碳中和目标下未来历年各类能源理想消费结构　　单位：%

年份	煤炭	石油	天然气	非化石能源	水资源	核能	太阳能	风能	其他清洁能源
2019	57.70	19.00	8.00	15.30	7.99	2.19	1.40	3.28	4.68
2020	**56.80**	**18.90**	**8.40**	**15.90**	**8.05**	**2.43**	**1.55**	**3.48**	**0.38**
2021	56.00	18.80	9.00	16.20	8.12	2.67	1.70	3.69	0.03
2022	54.95	18.48	9.36	17.22	8.18	2.91	1.85	3.89	0.39
2023	53.95	18.15	9.71	18.19	8.25	3.15	2.00	4.09	0.70
2024	52.99	17.83	10.07	19.12	8.31	3.39	2.15	4.30	0.97
2025	**52.08**	**17.50**	**10.42**	**20.00**	**8.38**	**3.63**	**2.30**	**4.50**	**1.19**
2026	50.56	17.15	10.68	21.61	8.44	3.86	2.67	4.95	1.68
2027	49.08	16.80	10.94	23.19	8.51	4.10	3.04	5.40	2.13
2028	47.62	16.45	11.19	24.74	8.57	4.34	3.41	5.85	2.56
2029	46.19	16.10	11.45	26.26	8.64	4.58	3.78	6.30	2.96

年份	煤炭	石油	天然气	非化石能源	水资源	核能	太阳能	风能	其他清洁能源
2030	**44.79**	**15.75**	**11.71**	**27.75**	**8.70**	**4.82**	**4.15**	**6.75**	**3.32**
2031	43.42	15.40	11.97	29.21	8.77	5.06	4.52	7.20	3.67
2032	42.07	15.05	12.23	30.65	8.83	5.30	4.89	7.65	3.98
2033	40.75	14.70	12.48	32.07	8.90	5.54	5.26	8.10	4.27
2034	39.46	14.35	12.74	33.45	8.96	5.78	5.63	8.55	4.53
2035	**38.19**	**14.00**	**13.00**	**34.81**	**9.03**	**6.02**	**6.00**	**9.00**	**4.77**
2036	37.20	13.56	11.90	37.34	9.09	6.26	6.90	9.70	5.39
2037	36.22	13.12	10.91	39.75	9.16	6.50	7.80	10.40	5.90
2038	35.24	12.68	10.02	42.06	9.22	6.74	8.70	11.10	6.30
2039	34.27	12.24	9.21	44.27	9.29	6.98	9.60	11.80	6.61
2040	**33.31**	**11.80**	**8.49**	**46.40**	**9.35**	**7.21**	**10.50**	**12.50**	**6.84**
2041	32.34	11.36	7.84	48.45	9.42	7.45	11.40	13.20	6.98
2042	31.38	10.92	7.26	50.44	9.48	7.69	12.30	13.90	7.06
2043	30.43	10.48	6.73	52.36	9.55	7.93	13.20	14.60	7.08
2044	29.48	10.04	6.26	54.22	9.61	8.17	14.10	15.30	7.04
2045	**28.54**	**9.60**	**5.83**	**56.03**	**9.68**	**8.41**	**15.00**	**16.00**	**6.94**
2046	27.60	9.16	5.45	57.80	9.74	8.65	15.67	16.60	7.14
2047	26.66	8.72	5.10	59.52	9.81	8.89	16.33	17.20	7.29
2048	25.73	8.28	4.79	61.20	9.87	9.13	17.00	17.80	7.40
2049	24.80	7.84	4.51	62.85	9.94	9.37	17.67	18.40	7.48
2050	**23.87**	**7.40**	**4.26**	**64.46**	**10.00**	**10.00**	**18.33**	**19.00**	**7.13**
2051	22.95	6.96	4.04	66.05	9.90	10.20	19.00	19.60	7.35
2052	22.04	6.52	3.83	67.61	9.80	10.40	19.67	20.20	7.54
2053	21.13	6.08	3.65	69.14	9.70	10.60	20.33	20.80	7.71
2054	20.22	5.64	3.48	70.66	9.60	10.80	21.00	21.40	7.86
2055	**19.32**	**5.20**	**3.34**	**72.15**	**9.50**	**11.00**	**21.67**	**22.00**	**7.98**
2056	18.42	4.76	3.20	73.62	9.40	11.20	22.33	22.60	8.09
2057	17.52	4.32	3.08	75.08	9.30	11.40	23.00	23.20	8.18
2058	16.63	3.88	2.97	76.52	9.20	11.60	23.67	23.80	8.25
2059	15.74	3.44	2.88	77.94	9.10	11.80	24.33	24.40	8.31
2060	**14.86**	**3.00**	**2.00**	**80.14**	**9.00**	**12.00**	**25.00**	**25.00**	**9.14**

根据表 9.2 的测算结果，可以看出与"双碳"目标和经济发展战略相

协调的能源理想消费结构存在如下变化趋势。

一是非化石能源消费比例逐年加速提升。非化石能源消费占总能源消费比重从 2020 年的 15.9% 开始，持续上升到 2025 年的 20%，2030 年的 27.75%，2035 年的 34.81%，2040 年的 46.40%，2045 年的 56.03%，2050 年的 64.46%，2055 年的 72.15%，2060 年的 80.14%。其中，水能、核能、太阳能、风能和其他非化石清洁能源的消费比重存在如下变化趋势。

水能资源消费占总能源消费比重，从 2020 年的 8.05% 开始，持续上升到 2025 年的 8.38%，2030 年的 8.70%，2035 年的 9.03%，2040 年的 9.35%，2045 年的 9.68%，2050 年的 10.0%，然后下降到 2055 年的 9.50%，2060 年的 9.0%。

核能消费占总能源消费比重，从 2020 年的 2.43% 开始，持续上升到 2025 年的 3.63%，2030 年的 4.82%，2035 年的 6.02%，2040 年的 7.21%，2045 年的 8.41%，2050 年的 10.0%，2055 年的 11.0%，2060 年的 12.00%。

太阳能消费占总能源消费比重，从 2020 年的 1.55% 开始，持续上升到 2025 年的 2.30%，2030 年的 4.15%，2035 年的 6.00%，2040 年的 10.05%，2045 年的 15.0%，2050 年的 18.33%，2055 年的 21.67%，2060 年的 25.00%。

风能消费占总能源消费比重，从 2020 年的 3.48% 开始，持续上升到 2025 年的 4.50%，2030 年的 6.75%，2035 年的 9.0%，2040 年的 12.50%，2045 年的 16.0%，2050 年的 19.0%，2055 年的 22.0%，2060 年的 25.00%。

其他非化石清洁能源消费占总能源消费比重，从 2020 年的 0.38% 开始，持续上升到 2025 年的 1.19%，2030 年的 3.32%，2035 年的 4.77%，2040 年的 6.84%，2045 年的 6.94%，2050 年的 7.13%，2055 年的 7.98%，2060 年的 9.14%。

二是化石能源消费比例逐年下降。化石能源消费占总能源消费比重，从 2020 年的 84.1% 开始，持续上升到 2025 年的 80%，2030 年的 72.25%，2035 年的 65.91%，2040 年的 53.60%，2045 年的 43.97%，2050 年的 35.57%，2055 年的 27.85%，2060 年的 19.86%。其中，煤炭、石油、天然气的消费比重存在如下变化趋势。

煤炭消费占总能源消费比重，从 2020 年的 56.80% 开始，持续下降到 2025 年的 52.08%，2030 年的 44.79%，2035 年的 38.19%，2040 年的

33.31%，2045 年的 28.54%，2050 年的 23.87%，2055 年的 19.32%，2060 年的 14.86%。

石油消费占总能源消费比重，从 2020 年的 18.9% 开始，持续下降到 2025 年的 17.50%，2030 年的 15.75%，2035 年的 14.00%，2040 年的 11.80%，2045 年的 9.60%，2050 年的 7.40%，2055 年的 5.20%，2060 年的 3.0%。

天然气消费占总能源消费比重，从 2020 年的 8.40% 开始，持续上升到 2025 年的 10.42%，2030 年的 11.71%，2035 年的 13.00%，2040 年的 8.49%，2045 年的 5.83%，2050 年的 4.26%，2055 年的 3.34%，2060 年的 2.0%。

9.2 理想的产业能源消费结构测算

9.2.1 三大产业和工业的能源消费份额测算

根据欧美发展过程中的三大产业和工业的能源消耗份额，预期 2060 年我国第一、二、三大业能源消耗份额比为 1∶30∶69，其中，工业能耗份额占 33.33%。同时，根据 2019 年我国第一、二、三产业能源消费结构 1.2∶68.4∶30.4，其中，工业能源消费占总能源消费的 66%。可以根据下列公式测算 2020～2060 年各年的三大产业和工业的能源消费份额增长率。

$$r_{lengX,t} = r_{lengX,t-1}(1 + gr_{lengX,t}) \tag{9.10}$$

其中，X 分别代表第一产业、第二产业、第三产业或工业。$r_{lengX,t}$ 是第 t 年的 X 类产业的能源消费份额，gr_{ENGX} 是第 t 年相对上一年（第 $t-1$ 年）的 X 类产业能源消费份额增长率（或者说变化率），等于第 t～2060 年的 X 类产业能源消费份额增长率的平均值，即：

$$gr_{lengX,t} = \frac{r_{lengX,2060} - r_{lengX,t}}{(2060 - t)r_{lengX,t}} \tag{9.11}$$

式（9.11）中，$r_{lengX,2019}$、$r_{lengX,2060}$ 分别为第 X 类产业的滑动始年能源消费份额和预测末年（2060 年）能源消费份额。

根据式（9.11）计算得到的 2020～2060 年各年的三大产业和工业的能源消费份额变化率，进而，根据式（9.10）测算出 2020～2060 年各年的三大产业和工业的能源消费份额，表 9.3 第 2～4 列为三大产业各年能源消费份额。同时，参照美国工业占全社会总能耗的 1/3 的标准，测算出 2020～2060 年各年工业能源消费份额（见表 9.3 第 5 列）。

表 9.3 　　　　　三大产业部门及其中的工业、制造业、建筑业

和高耗能产业的能源消费份额（占全社会能源消费的比重）　单位：%

年份	第一产业	第二产业	第三产业	工业	制造业	建筑业	六大高能耗产业
2019	1.20	68.40	30.40	66.00	54.78	2.00	45.18
2020	**1.20**	**67.46**	**31.34**	**64.80**	**53.78**	**2.00**	**44.36**
2021	1.19	66.53	32.28	63.60	52.79	1.90	43.54
2022	1.19	65.59	33.22	62.40	51.79	1.90	42.72
2023	1.18	64.65	34.17	61.20	50.80	1.90	41.89
2024	1.18	63.72	35.11	60.00	49.80	1.80	41.07
2025	**1.17**	**62.78**	**36.05**	**58.80**	**48.80**	**1.80**	**40.25**
2026	1.17	61.84	36.99	57.60	47.81	1.70	39.43
2027	1.16	60.91	37.93	56.40	46.81	1.70	38.61
2028	1.16	59.97	38.87	55.20	45.82	1.70	37.79
2029	1.15	59.03	39.81	54.00	44.82	1.60	36.97
2030	**1.15**	**58.10**	**40.76**	**52.80**	**43.82**	**1.60**	**36.14**
2031	1.14	57.16	41.70	52.20	43.28	1.60	35.70
2032	1.14	56.22	42.64	51.50	42.75	1.60	35.25
2033	1.13	55.29	43.58	50.90	42.21	1.50	34.81
2034	1.13	54.35	44.52	50.20	41.67	1.50	34.36
2035	**1.12**	**53.41**	**45.46**	**49.60**	**41.13**	**1.50**	**33.92**
2036	1.12	52.48	46.40	48.90	40.59	1.50	33.47
2037	1.11	51.54	47.35	48.30	40.05	1.50	33.03
2038	1.11	50.60	48.29	47.60	39.51	1.40	32.58
2039	1.10	49.67	49.23	47.00	38.97	1.40	32.14
2040	**1.10**	**48.73**	**50.17**	**46.30**	**38.43**	**1.40**	**31.69**
2041	1.09	47.80	51.11	45.70	37.89	1.40	31.25
2042	1.09	46.86	52.05	45.00	37.35	1.40	30.80
2043	1.08	45.92	53.00	44.40	36.81	1.30	30.36
2044	1.08	44.99	53.94	43.70	36.27	1.30	29.92
2045	**1.07**	**44.05**	**54.88**	**43.10**	**35.73**	**1.30**	**29.47**
2046	1.07	43.11	55.82	42.40	35.19	1.30	29.03
2047	1.06	42.18	56.76	41.80	34.65	1.30	28.58
2048	1.06	41.24	57.70	41.10	34.11	1.20	28.14

年份	第一产业	第二产业	第三产业	工业	制造业	建筑业	六大高能耗产业
2049	1.05	40.30	58.64	40.50	33.57	1.20	27.69
2050	**1.05**	**39.37**	**59.59**	**39.80**	**33.03**	**1.20**	**27.25**
2051	1.04	38.43	60.53	39.20	32.49	1.20	26.80
2052	1.04	37.49	61.47	38.50	31.96	1.20	26.36
2053	1.03	36.56	62.41	37.90	31.42	1.10	25.91
2054	1.03	35.62	63.35	37.20	30.88	1.10	25.47
2055	**1.02**	**34.68**	**64.29**	**36.60**	**30.34**	**1.10**	**25.02**
2056	1.02	33.75	65.23	35.90	29.80	1.10	24.58
2057	1.01	32.81	66.18	35.30	29.26	1.10	24.13
2058	1.01	31.87	67.12	34.60	28.72	1.00	23.69
2059	1.00	30.94	68.06	34.00	28.18	1.00	23.24
2060	**1.00**	**30.00**	**69.00**	**33.30**	**27.64**	**1.00**	**22.80**

9.2.2　制造业及主要行业的能源消费份额测算

制造业、采掘业、建筑业以及电力、煤气及水生产和供应业四类产业能源消费份额，以及黑色金属冶炼加工业，化学制造业，有色金属冶炼加工业，非金属矿采选业，医药制造业，燃料加工业以及电力、热力生产和供应业，煤炭开采和洗选业，石油和天然气开采业 9 个行业（包括六大高耗能行业）的当年能源消费份额分别用各自上一年的能源消费份额占工业耗能份额计算。根据式（9.10）预测出来的未来各年工业（IN）能源消费份额 $r_{lengIN,t}$（见表 9.3 第 5 列），利用如下公式预测其他门类和行业（x）的能源消费份额 $r_{lengx,t}$：

$$r_{lengx,t} = r_{lengIN,t} \times \frac{r_{lengx,t-1}}{r_{lengIN,t-1}} \tag{9.12}$$

其中，x 分别代表制造业、采掘业、建筑业以及电力、煤气及水生产和供应业四类，以及黑色金属冶炼加工业，化学制造业，有色金属冶炼加工业，非金属矿采选业，医药制造业，燃料加工业以及电力、热力生产和供应业，煤炭开采和洗选业，石油和天然气开采业九个行业（包括六大高耗能行业——黑色金属冶炼和压延加工业，化学原料和化学制品制造业，有色金属冶炼加工业，非金属矿物制品业，石油、煤炭及其他燃料加工业，电力、热力生产和供应业）。初始工业消费份额 $r_{lengIN,2019}=0.66$，其他各类产业的消费份额初始值 $r_{lengx,2019}$ 都是已知值。前四类预测结果如表 9.3 中第 6～9 列所示，表 9.3 第 10 列特意列出六大高能耗产业总的能源消费份额。

根据式（9.12），后九个行业——黑色金属冶炼和压延加工业，化学原料和化学制品制造业，有色金属冶炼加工业，非金属矿物制品业，医药制造业，石油、煤炭及其他燃料加工业，电力、热力生产和供应业，煤炭开采和洗选业，以及石油和天然气开采业预测结果如表 9.4 所示。

表 9.4　　　　　九个行业的能源消费份额（包括六大高耗能行业，
占全社会能源消费的比重）　　　　　单位：%

年份	黑色金属冶炼和压延加工业	化学原料和化学制品制造业	有色金属冶炼加工业	非金属矿物制品业	石油、煤炭及其他燃料加工业	电力、热力生产和供应业	医药制造业	煤炭开采和洗选业	石油和天然气开采业
2019	13.15	10.96	4.93	6.57	3.90	6.57	3.00	2.20	1.60
2020	**12.91**	**10.76**	**4.84**	**6.45**	**3.83**	**6.45**	**2.95**	**2.16**	**1.57**
2021	12.67	10.56	4.75	6.33	3.76	6.33	2.89	2.12	1.54
2022	12.43	10.36	4.66	6.22	3.69	6.22	2.84	2.08	1.51
2023	12.19	10.16	4.57	6.10	3.62	6.10	2.78	2.04	1.48
2024	11.95	9.96	4.48	5.98	3.55	5.98	2.73	2.00	1.45
2025	**11.71**	**9.76**	**4.39**	**5.86**	**3.47**	**5.86**	**2.67**	**1.96**	**1.43**
2026	11.47	9.56	4.30	5.74	3.40	5.74	2.62	1.92	1.40
2027	11.23	9.36	4.21	5.62	3.33	5.62	2.56	1.88	1.37
2028	11.00	9.16	4.12	5.50	3.26	5.50	2.51	1.84	1.34
2029	10.76	8.96	4.03	5.38	3.19	5.38	2.45	1.80	1.31
2030	**10.52**	**8.76**	**3.94**	**5.26**	**3.12**	**5.26**	**2.40**	**1.76**	**1.28**
2031	10.39	8.66	3.90	5.19	3.08	5.19	2.37	1.74	1.26
2032	10.26	8.55	3.85	5.13	3.04	5.13	2.34	1.72	1.25
2033	10.13	8.44	3.80	5.06	3.00	5.06	2.31	1.70	1.23
2034	10.00	8.33	3.75	5.00	2.97	5.00	2.28	1.67	1.22
2035	**9.87**	**8.23**	**3.70**	**4.94**	**2.93**	**4.94**	**2.25**	**1.65**	**1.20**
2036	9.74	8.12	3.65	4.87	2.89	4.87	2.22	1.63	1.19
2037	9.61	8.01	3.60	4.81	2.85	4.81	2.19	1.61	1.17
2038	9.48	7.90	3.56	4.74	2.81	4.74	2.16	1.59	1.15
2039	9.35	7.79	3.51	4.68	2.77	4.68	2.13	1.57	1.14
2040	**9.22**	**7.69**	**3.46**	**4.61**	**2.74**	**4.61**	**2.10**	**1.54**	**1.12**
2041	9.09	7.58	3.41	4.55	2.70	4.55	2.08	1.52	1.11
2042	8.96	7.47	3.36	4.48	2.66	4.48	2.05	1.50	1.09

年份	黑色金属冶炼和压延加工业	化学原料和化学制品制造业	有色金属冶炼加工业	非金属矿物制品业	石油、煤炭及其他燃料加工业	电力、热力生产和供应业	医药制造业	煤炭开采和洗选业	石油和天然气开采业
2043	8.83	7.36	3.31	4.42	2.62	4.42	2.02	1.48	1.08
2044	8.71	7.25	3.26	4.35	2.58	4.35	1.99	1.46	1.06
2045	**8.58**	**7.15**	**3.22**	**4.29**	**2.54**	**4.29**	**1.96**	**1.44**	**1.04**
2046	8.45	7.04	3.17	4.22	2.51	4.22	1.93	1.41	1.03
2047	8.32	6.93	3.12	4.16	2.47	4.16	1.90	1.39	1.01
2048	8.19	6.82	3.07	4.09	2.43	4.09	1.87	1.37	1.00
2049	9.75	8.04	3.85	5.12	4.48	1.84	2.39	1.35	0.98
2050	**9.59**	**7.91**	**3.79**	**5.03**	**4.41**	**1.81**	**2.35**	**1.33**	**0.96**
2051	9.43	7.78	3.73	4.95	4.34	1.78	2.31	1.31	0.95
2052	9.28	7.65	3.66	4.87	4.27	1.75	2.28	1.28	0.93
2053	9.12	7.52	3.60	4.79	4.20	1.72	2.24	1.26	0.92
2054	8.96	7.40	3.54	4.71	4.12	1.69	2.20	1.24	0.90
2055	**8.81**	**7.27**	**3.48**	**4.62**	**4.05**	**1.66**	**2.16**	**1.22**	**0.89**
2056	8.65	7.14	3.42	4.54	3.98	1.63	2.12	1.20	0.87
2057	8.49	7.01	3.36	4.46	3.91	1.60	2.08	1.18	0.85
2058	8.34	6.88	3.29	4.38	3.84	1.57	2.04	1.15	0.84
2059	8.18	6.75	3.23	4.29	3.76	1.54	2.01	1.13	0.82
2060	**8.02**	**6.62**	**3.17**	**4.21**	**3.69**	**1.51**	**1.97**	**1.11**	**0.81**

根据表9.3和表9.4的测算结果，可以看出与能源理想消费结构相协调的产业理想能源消费结构存在如下变化趋势。

第一产业能源消费占总能源消费比重，从2020年的1.20%开始，持续下降到2025年的1.17%，2030年的1.15%，2035年的1.12%，2040年的1.10%，2045年的1.07%，2050年的1.05%，2055年的1.02%，2060年的1.00%。

第二产业能源消费占总能源消费比重，从2020年的67.46%开始，持续下降到2025年的62.78%，2030年的58.10%，2035年的53.41%，2040年的48.73%，2045年的44.05%，2050年的39.37%，2055年的34.68%，2060年的30%。

第三产业能源消费占总能源消费比重，从2020年的31.34%开始，持续上升到2025年的36.05%，2030年的40.76%，2035年的45.64%，

2040 年的 50.17%，2045 年的 54.88%，2050 年的 59.59%，2055 年的 64.29%，2060 年的 69.00%。

工业能源消费占总能源消费比重，从 2020 年的 64.80% 开始，持续下降到 2025 年的 58.0%，2030 年的 52.80%，2035 年的 49.60%，2040 年的 46.30%，2045 年的 35.73%，2050 年的 33.03%，2055 年的 30.34%，2060 年的 33.30%。

制造业能源消费占总能源消费比重，从 2020 年的 53.78% 开始，持续下降到 2025 年的 48.80%，2030 年的 43.82%，2035 年的 41.13%，2040 年的 38.43%，2045 年的 11.680%，2050 年的 48.00%，2055 年的 44.0%，2060 年的 40.1%。

建筑业能源消费占总能源消费比重，从 2020 年的 2.00% 开始，持续下降到 2025 年的 1.80%，2030 年的 1.60%，2035 年的 1.50%，2040 年的 1.40%，2045 年的 1.30%，2050 年的 1.20%，2055 年的 1.10%，2060 年的 1.00%。

六大高耗能产业能源消费占总能源消费比重，占 GDP 比重从 2020 年的 44.36% 开始，持续下降到 2025 年的 40.25%，2030 年的 36.14%，2035 年的 33.92%，2040 年的 31.69%，2045 年的 29.47%，2050 年的 27.25%，2055 年的 25.02%，2060 年的 22.80%。

此外，包括六大高耗能行业在内的 9 个主要行业与能源理想消费结构相互协调的各产业的理想能源消费结构变化趋势如表 9.4 所示。

9.3　理想的产业产值结构测算

9.3.1　未来各年各产业能源消费量测算

根据式（9.10）测算出历年各产业能源消费份额，根据式（9.4）测算出历年能源消费总量，再根据如下公式测算出 2020～2060 年各产业未来各年份的能源消费量。

$$IengX_t = ENG_t \times r_{IengX,t} \qquad (9.13)$$

其中，$IengX_t$ 表示第 t 年产业 X 的能源消费总量，ENG_t 是第 t 年全社会消费的能源总量，$r_{IengX,t}$ 是第 t 年产业 X 的能源消费份额，X 表示第一产业、第二产业、第三产业、四大类和九个主要行业。第一产业、第二产业、第三产业及工业、制造业、建筑业和六大高耗能产业的能源消费量计算结果如表 9.5 所示。

表 9.5　　　　　三大产业部门、工业、制造、建筑业
及高耗能产业的能源消费量　　　　单位：万吨标准煤

年份	第一产业	第二产业	第三产业	工业	制造业	建筑业	六大高耗能行业
2019	5850	333442	148196	321742	387641	9750	263103
2020	**5952**	**335968**	**156080**	**322704**	**388800**	**9779**	**263889**
2021	6237	348601	169163	333264	401523	10099	272525
2022	6365	352220	178415	335088	403720	10154	274016
2023	6493	355595	187912	336600	405542	10200	275253
2024	6619	358727	197654	337800	406988	10236	276234
2025	**6743**	**361616**	**207641**	**338688**	**408058**	**10263**	**276960**
2026	6785	359932	215283	335232	403894	10159	274134
2027	6827	358135	223038	331632	399557	10049	271190
2028	6867	356226	230907	327888	395046	9936	268128
2029	6907	354205	238888	324000	390361	9818	264949
2030	**6947**	**352071**	**246982**	**319968**	**385504**	**9696**	**261652**
2031	6986	349825	255189	319158	384528	9671	260989
2032	7024	347467	263509	318270	383458	9645	260263
2033	7062	344996	271942	317304	382294	9615	259473
2034	7099	342413	280488	316260	381036	9584	258620
2035	**7136**	**339717**	**289147**	**315138**	**379684**	**9550**	**257702**
2036	7121	334537	295822	311728	375576	9446	254913
2037	7106	329329	302524	308298	371444	9342	252109
2038	7092	324094	309254	304849	367288	9238	249289
2039	7077	318831	316013	301381	363110	9133	246453
2040	**7062**	**313540**	**322798**	**297894**	**358909**	**9027**	**243601**
2041	7046	308221	329612	294388	354684	8921	240734
2042	7031	302875	336454	290862	350436	8814	237851
2043	7016	297501	343324	287317	346165	8707	234952
2044	7000	292099	350221	283753	341871	8599	232037
2045	**6984**	**286669**	**357146**	**280169**	**337553**	**8490**	**229107**
2046	6968	281212	364100	276567	333213	8381	226161
2047	6952	275727	371081	272945	328849	8271	223199
2048	6936	270215	378089	269304	324462	8161	220221
2049	6920	264674	385126	265643	320052	8050	217228

年份	第一产业	第二产业	第三产业	工业	制造业	建筑业	六大高耗能行业
2050	**6903**	**259106**	**392191**	**261964**	**315619**	**7938**	**214219**
2051	6886	253510	399283	258265	311162	7826	211194
2052	6870	247887	406404	254547	306683	7714	208154
2053	6853	242235	413552	250809	302180	7600	205098
2054	6836	236556	420728	247053	297654	7486	202026
2055	**6818**	**230850**	**427932**	**243277**	**293105**	**7372**	**198938**
2056	6801	225115	435164	239482	288532	7257	195835
2057	6783	219353	442424	235667	283937	7141	192716
2058	6766	213563	449711	231834	279318	7025	189581
2059	6748	207745	457027	227981	274676	6909	186430
2060	**6730**	**201900**	**464370**	**224109**	**270011**	**6791**	**183264**

　　根据式（9.13）计算的九个主要行业——黑色金属冶炼和压延加工业，化学原料和化学制品制造业，有色金属冶炼加工业，非金属矿物制品业，医药制造业，石油、煤炭及其他燃料加工业，电力、热力生产和供应业，煤炭开采和洗选业以及石油和天然气开采业耗能量如表9.6所示。

表9.6　　　九个主要行业的能源消费量（包括六大高耗能行业）

单位：万吨标准煤

年份	黑色金属冶炼和压延加工业	化学原料和化学制品制造业	有色金属冶炼加工业	非金属矿物制品业	石油、煤炭及其他燃料加工业	电力、热力生产和供应业	医药制造业	煤炭开采和洗选业	石油和天然气开采业
2019	77528	63961	30624	40702	35663	14625	19012	10725	7800
2020	**77760**	**64152**	**30715**	**40824**	**35770**	**14668**	**19069**	**10757**	**7823**
2021	80305	66251	31720	42160	36940	15148	19693	11109	8079
2022	80744	66614	31894	42391	37142	15231	19801	11170	8123
2023	81108	66914	32038	42582	37310	15300	19890	11220	8160
2024	81398	67153	32152	42734	37443	15355	19961	11260	8189
2025	**81612**	**67330**	**32237**	**42846**	**37541**	**15395**	**20013**	**11290**	**8211**
2026	80779	66643	31908	42409	37158	15238	19809	11174	8127
2027	79911	65927	31565	41953	36759	15074	19596	11054	8040
2028	79009	65183	31209	41480	36344	14904	19375	10930	7949
2029	78072	64410	30839	40988	35913	14727	19145	10800	7855

年份	黑色金属冶炼和压延加工业	化学原料和化学制品制造业	有色金属冶炼加工业	非金属矿物制品业	石油、煤炭及其他燃料加工业	电力、热力生产和供应业	医药制造业	煤炭开采和洗选业	石油和天然气开采业
2030	77101	63608	30455	40478	35466	14544	18907	10666	7757
2031	76906	63447	30378	40375	35377	14507	18859	10639	7737
2032	76692	63271	30293	40263	35278	14467	18807	10609	7716
2033	76459	63079	30201	40141	35171	14423	18750	10577	7692
2034	76207	62871	30102	40009	35055	14375	18688	10542	7667
2035	75937	62648	29995	39867	34931	14324	18622	10505	7640
2036	75115	61970	29670	39435	34553	14169	18420	10391	7557
2037	74289	61288	29344	39002	34173	14014	18218	10277	7474
2038	73458	60603	29016	38565	33791	13857	18014	10162	7390
2039	72622	59913	28686	38127	33406	13699	17809	10046	7306
2040	71782	59220	28354	37685	33020	13541	17603	9930	7222
2041	70937	58523	28020	37242	32631	13381	17396	9813	7137
2042	70087	57822	27684	36796	32240	13221	17187	9695	7051
2043	69233	57117	27347	36347	31847	13060	16978	9577	6965
2044	68374	56409	27008	35896	31452	12898	16767	9458	6879
2045	67511	55696	26667	35443	31055	12735	16555	9339	6792
2046	66643	54980	26324	34987	30656	12571	16343	9219	6705
2047	65770	54260	25979	34529	30254	12407	16129	9098	6617
2048	64892	53536	25633	34069	29851	12241	15913	8977	6529
2049	64010	52809	25284	33605	29445	12075	15697	8855	6440
2050	63124	52077	24934	33140	29037	11907	15480	8732	6351
2051	62232	51342	24582	32672	28627	11739	15261	8609	6261
2052	61337	50603	24228	32202	28215	11570	15041	8485	6171
2053	60436	49860	23872	31729	27801	11400	14821	8360	6080
2054	59531	49113	23515	31254	27384	11230	14599	8235	5989
2055	58621	48362	23155	30776	26966	11058	14375	8109	5898
2056	57706	47608	22794	30296	26545	10886	14151	7983	5806
2057	56787	46850	22431	29813	26122	10712	13926	7856	5713
2058	55864	46087	22066	29328	25697	10538	13699	7728	5620
2059	54935	45322	21699	28841	25270	10363	13472	7599	5527
2060	54002	44552	21331	28351	24841	10187	13243	7470	5433

9.3.2 未来各年各产业能源消费强度测算

（1）测算未来各年三大产业能源消费强度。

首先，根据已经公布的 2019 年三大产业产值和已知的 2019 年三大产业能源消费份额计算出来的三大产业能源消费量，得到 2019 年第一、二、三产业的能源消费强度分别为 0.0835、0.8756、0.2767。

其次，根据"双碳"目标约束对第一、二、三产业能源消费强度的约束，2030 年的约束指标为 0.077、0.600、0.220，2035 年的约束指标为 0.074、0.480、0.200，而 2060 年的能源强度比 2019 年的分别下降 42%、60% 和 54%（即 2060 年三大产业能源消费强度分别为 0.048、0.350、0.127）。

最后，根据下面的公式计算出 2020～2059 年各年的三大产能能源消费强度：

$$EI_{lengX,t} = EI_{lengX,t-1}(1 + \Delta g_{EIlengX,t}) \tag{9.14}$$

其中，$g_{EIlengX,t}$ 是第 t 年的第 X 产业的能源消费强度增长率，$\Delta g_{EIlengX,t}$ 是第 t 年相对上一年（第 $t-1$ 年）的第 X 产业的能源消费强度增长率的变化率，X 产业第 t～第 2060 年的能源消费强度增长率的变动率平均值为：

$$\Delta g_{EIlengX,t} = \frac{g_{EIlengX,2060} - g_{EIlengX,t}}{(2060 - t)g_{EIlengX,t}} \tag{9.15}$$

式（9.14）中，$EI_{lengX,t}$ 表示第 t 年第 X 产业的能源消费强度，X 分别代表第一、二、三产业，测算结果如表 9.7 所示。

表 9.7　　　　三大产业、工业、制造业和六大高耗能
行业的能源消强度　　　　　　单位：吨标准煤/万元

年份	第一产业	第二产业	第三产业	工业	制造业	建筑业
2019	0.084	0.876	0.277	1.032	0.993	0.138
2020	**0.083**	**0.858**	**0.271**	**1.018**	**0.979**	**0.136**
2021	0.082	0.840	0.266	1.004	0.966	0.135
2022	0.081	0.822	0.261	0.990	0.953	0.133
2023	0.080	0.804	0.256	0.976	0.939	0.131
2024	0.079	0.786	0.250	0.962	0.926	0.130
2025	**0.078**	**0.750**	**0.240**	**0.949**	**0.913**	**0.128**
2026	0.078	0.720	0.236	0.935	0.900	0.126
2027	0.077	0.690	0.232	0.921	0.886	0.125
2028	0.076	0.660	0.228	0.907	0.873	0.123
2029	0.075	0.630	0.224	0.893	0.860	0.121

年份	第一产业	第二产业	第三产业	工业	制造业	建筑业
2030	**0.074**	**0.600**	**0.220**	**0.879**	**0.846**	**0.119**
2031	0.073	0.576	0.216	0.866	0.833	0.118
2032	0.072	0.552	0.212	0.852	0.820	0.116
2033	0.072	0.528	0.208	0.838	0.806	0.114
2034	0.071	0.504	0.204	0.824	0.793	0.113
2035	**0.070**	**0.480**	**0.200**	**0.810**	**0.780**	**0.111**
2036	0.069	0.475	0.197	0.796	0.766	0.109
2037	0.068	0.470	0.194	0.783	0.753	0.108
2038	0.067	0.464	0.191	0.769	0.740	0.106
2039	0.066	0.459	0.188	0.755	0.726	0.104
2040	**0.066**	**0.454**	**0.185**	**0.741**	**0.713**	**0.103**
2041	0.065	0.449	0.183	0.727	0.700	0.101
2042	0.064	0.444	0.180	0.713	0.686	0.099
2043	0.063	0.438	0.177	0.700	0.673	0.098
2044	0.062	0.433	0.174	0.686	0.660	0.096
2045	**0.061**	**0.428**	**0.171**	**0.672**	**0.646**	**0.094**
2046	0.060	0.423	0.168	0.658	0.633	0.093
2047	0.060	0.418	0.165	0.644	0.620	0.091
2048	0.059	0.413	0.162	0.630	0.607	0.089
2049	0.058	0.407	0.159	0.616	0.593	0.088
2050	**0.057**	**0.402**	**0.156**	**0.603**	**0.580**	**0.086**
2051	0.056	0.397	0.153	0.589	0.567	0.084
2052	0.055	0.392	0.151	0.575	0.553	0.082
2053	0.054	0.387	0.148	0.561	0.540	0.081
2054	0.054	0.381	0.145	0.547	0.527	0.079
2055	**0.053**	**0.376**	**0.142**	**0.533**	**0.513**	**0.077**
2056	0.052	0.371	0.139	0.520	0.500	0.076
2057	0.051	0.366	0.136	0.506	0.487	0.074
2058	0.050	0.361	0.133	0.492	0.473	0.072
2059	0.049	0.355	0.130	0.478	0.460	0.071
2060	**0.048**	**0.350**	**0.127**	**0.464**	**0.447**	**0.069**

（2）测算未来各年工业、制造业、建筑业和九个主要行业的能源消费强度。

初始年份（2019 年）的工业、制造业、建筑业（由于采掘业及电力、煤气及水生产和供应业这两个产业缺乏历史增加值统计数据，此后不再测算）及九个行业的能耗强度根据上文计算出来的各产业行业能源消费量除以各产业行业对应的增加值得到。预测末年（2060 年）的工业和制造业能耗强度根据"双碳"目标约束，为初始年份的各自能耗强度降幅65%，九个主要行业的预测末年能耗强度降幅均参照制造业能耗强度降幅根据 2019 年基数测算 2060 年数据。然后，根据式（9.15）和式（9.14）测算出工业、制造业和建筑业未来各年的能耗强度（见表9.7）。同时，根据式（9.15）和式（9.14）测算出九个行业未来各年的能耗强度，测算结果如表9.8 所示。

表 9.8　　　　　　九个主要行业的能源消强度（包括六大高耗能行业）

单位：吨标准煤/万元

年份	黑色金属冶炼和压延加工业	化学原料和化学制品制造业	有色金属冶炼加工业	非金属矿物制品业	石油、煤炭及其他燃料加工业	电力、热力生产和供应业	医药制造业	煤炭开采和洗选业	石油和天然气开采业
2019	3.491	2.574	2.347	1.144	2.594	1.489	0.266	0.809	0.414
2020	3.442	2.538	2.314	1.128	2.557	1.468	0.263	0.797	0.408
2021	3.393	2.502	2.281	1.112	2.521	1.447	0.259	0.786	0.403
2022	3.344	2.466	2.249	1.096	2.485	1.427	0.255	0.775	0.397
2023	3.296	2.430	2.216	1.080	2.448	1.406	0.251	0.763	0.391
2024	3.247	2.394	2.183	1.064	2.412	1.385	0.248	0.752	0.385
2025	3.198	2.358	2.150	1.048	2.376	1.364	0.244	0.741	0.379
2026	3.149	2.322	2.117	1.032	2.339	1.343	0.240	0.729	0.374
2027	3.100	2.286	2.084	1.016	2.303	1.322	0.236	0.718	0.368
2028	3.051	2.250	2.051	1.000	2.267	1.301	0.233	0.707	0.362
2029	3.002	2.214	2.018	0.984	2.230	1.281	0.229	0.695	0.356
2030	2.953	2.177	1.986	0.968	2.194	1.260	0.225	0.684	0.350
2031	2.904	2.141	1.953	0.952	2.158	1.239	0.222	0.673	0.345
2032	2.856	2.105	1.920	0.936	2.122	1.218	0.218	0.661	0.339
2033	2.807	2.069	1.887	0.920	2.085	1.197	0.214	0.650	0.333
2034	2.758	2.033	1.854	0.904	2.049	1.176	0.210	0.639	0.327
2035	2.709	1.997	1.821	0.888	2.013	1.156	0.207	0.627	0.321
2036	2.660	1.961	1.788	0.872	1.976	1.135	0.203	0.616	0.316
2037	2.611	1.925	1.756	0.856	1.940	1.114	0.199	0.605	0.310
2038	2.562	1.889	1.723	0.840	1.904	1.093	0.195	0.594	0.304
2039	2.513	1.853	1.690	0.824	1.867	1.072	0.192	0.582	0.298

年份	黑色金属冶炼和压延加工业	化学原料和化学制品制造业	有色金属冶炼加工业	非金属矿物制品业	石油、煤炭及其他燃料加工业	电力、热力生产和供应业	医药制造业	煤炭开采和洗选业	石油和天然气开采业
2040	**2.465**	**1.817**	**1.657**	**0.808**	**1.831**	**1.051**	**0.188**	**0.571**	**0.292**
2041	2.416	1.781	1.624	0.792	1.795	1.030	0.184	0.560	0.287
2042	2.367	1.745	1.591	0.776	1.758	1.010	0.181	0.548	0.281
2043	2.318	1.709	1.558	0.760	1.722	0.989	0.177	0.537	0.275
2044	2.269	1.673	1.525	0.744	1.686	0.968	0.173	0.526	0.269
2045	**2.220**	**1.637**	**1.493**	**0.727**	**1.649**	**0.947**	**0.169**	**0.514**	**0.263**
2046	2.171	1.601	1.460	0.711	1.613	0.926	0.166	0.503	0.258
2047	2.122	1.565	1.427	0.695	1.577	0.905	0.162	0.492	0.252
2048	2.073	1.529	1.394	0.679	1.540	0.884	0.158	0.480	0.246
2049	2.025	1.493	1.361	0.663	1.504	0.864	0.154	0.469	0.240
2050	**1.976**	**1.457**	**1.328**	**0.647**	**1.468**	**0.843**	**0.151**	**0.458**	**0.234**
2051	1.927	1.421	1.295	0.631	1.431	0.822	0.147	0.446	0.229
2052	1.878	1.385	1.263	0.615	1.395	0.801	0.143	0.435	0.223
2053	1.829	1.349	1.230	0.599	1.359	0.780	0.140	0.424	0.217
2054	1.780	1.312	1.197	0.583	1.323	0.759	0.136	0.412	0.211
2055	**1.731**	**1.276**	**1.164**	**0.567**	**1.286**	**0.738**	**0.132**	**0.401**	**0.205**
2056	1.682	1.240	1.131	0.551	1.250	0.718	0.128	0.390	0.200
2057	1.633	1.204	1.098	0.535	1.214	0.697	0.125	0.378	0.194
2058	1.585	1.168	1.065	0.519	1.177	0.676	0.121	0.367	0.188
2059	1.536	1.132	1.032	0.503	1.141	0.655	0.117	0.356	0.182
2060	**1.487**	**1.096**	**1.000**	**0.487**	**1.105**	**0.634**	**0.113**	**0.344**	**0.176**

9.3.3 与能源消费相协调的各产业增加值结构测算

（1）测算与能源消费量相协调的各产业增加值结构。

第一，测算三大产业、工业、制造业、建筑业和六大高耗能产业各年份的增加值。根据式（9.13）测算出来的各产业未来各年能源消费量（见表9.5）和根据式（9.14）测算出来的各产业未来各年年能源消费强度（见表9.7），利用下列公式测算出三大产业、工业、制造业、建筑业和六大高耗能产业的增加值：

$$GDP_{X,t} = IengX_t \times EI_{IengX,t} \tag{9.16}$$

三大产业及工业、制造业、建筑业和六大高耗能产业测算结果如表9.9所示。

表9.9　　　　　与能源结构相协调的三大产业、工业、制造业
和六大高耗能行业的增加值　　　　　单位：亿元

年份	第一产业	第二产业	第三产业	工业	制造业	建筑业	六大高耗能产业
2019	70043	380795	535678	311859	269000	70648	119254
2020	72000	391709	575060	312903	265900	72445	121309
2021	76238	415125	635519	372575	314000	80138	127084
2022	78632	428596	683729	338414	291906	76373	129647
2023	81061	442366	734870	344760	297379	77701	132164
2024	83526	456454	789127	350964	302731	78990	134632
2025	86029	482154	865171	357020	307955	80240	137050
2026	87518	499905	912217	358609	309325	80480	137757
2027	89033	519036	961373	360089	310602	80692	138427
2028	90574	539737	1012748	361455	311780	80874	139057
2029	92143	562230	1066463	362703	312856	81025	139645
2030	93740	586785	1122645	363826	313825	81144	140190
2031	95366	607335	1181431	368707	318035	82094	142189
2032	97023	629469	1242968	373655	322304	83052	144221
2033	98711	653401	1307415	378674	326633	84018	146287
2034	100431	679390	1374943	383767	331025	84991	148391
2035	102186	707744	1445737	388937	335485	85973	150532
2036	103243	704570	1500945	391414	337621	86351	151640
2037	104325	701267	1557951	393953	339812	86735	152779
2038	105432	697830	1616837	396560	342060	87127	153953
2039	106566	694255	1677691	399236	344369	87525	155162
2040	107727	690538	1740604	401986	346741	87930	156408
2041	108916	686672	1805675	404815	349181	88343	157695
2042	110135	682654	1873010	407726	351692	88765	159025
2043	111385	678478	1942720	410725	354279	89195	160400
2044	112667	674137	2014923	413817	356946	89634	161823
2045	113983	669627	2089748	417007	359698	90082	163298
2046	115333	664940	2167331	420303	362540	90541	164827
2047	116720	660070	2247818	423710	365480	91010	166416
2048	118144	655011	2331364	427237	368521	91490	168067
2049	119609	649754	2418138	430891	371673	91982	169786

年份	第一产业	第二产业	第三产业	工业	制造业	建筑业	六大高耗能产业
2050	**121114**	**644294**	**2508320**	**434680**	**374942**	**92486**	**171577**
2051	122663	638620	2602104	438615	378336	93004	173446
2052	124258	632725	2699697	442706	381865	93536	175399
2053	125899	626601	2801327	446964	385538	94082	177443
2054	127591	620237	2907236	451403	389366	94645	179585
2055	**129335**	**613624**	**3017687**	**456036**	**393363**	**95225**	**181834**
2056	131133	606751	3132966	460879	397540	95822	184199
2057	132989	599607	3253384	465948	401913	96439	186690
2058	134906	592181	3379276	471264	406498	97077	189319
2059	136886	584460	3511010	476847	411314	97736	192099
2060	**138933**	**576431**	**3648987**	**482722**	**416381**	**98420**	**195046**

第二，测算与能源消费量相协调的九个主要高耗能行业各年份增加值。根据式（9.13）测算出来的各产业未来各年能源消费量（见表9.6）和根据式（9.14）测算出来的各产业未来各年能源消费强度（见表9.8），利用式（9.16）测算出九个主要高耗能行业（包含六大高耗能产业）的增加值，测算结果如表9.10所示。

表9.10　　　　　与能源结构相协调的九个主要行业的
增加值（包括六大高耗能行业）　　　单位：亿元

年份	黑色金属冶炼和压延加工业	化学原料和化学制品制造业	有色金属冶炼加工业	非金属矿物制品业	石油、煤炭及其他燃料加工业	电力、热力生产和供应业	医药制造业	煤炭开采和洗选业	石油和天然气开采业
2019	18358	20750	10240	28012	71401	12355	9821	13262	18831
2020	**18675**	**21107**	**10416**	**28495**	**72631**	**12568**	**9990**	**13491**	**19156**
2021	19564	22112	10912	29851	76089	13166	10466	14133	20067
2022	19958	22558	11132	30454	77624	13432	10677	14418	20472
2023	20346	22996	11348	31045	79130	13693	10884	14698	20870
2024	20726	23426	11560	31625	80608	13948	11087	14972	21259
2025	**21098**	**23846**	**11768**	**32192**	**82056**	**14199**	**11286**	**15241**	**21641**
2026	21207	23969	11829	32359	82479	14272	11345	15320	21753
2027	21310	24086	11886	32516	82880	14342	11400	15394	21859
2028	21407	24195	11940	32664	83257	14407	11452	15464	21958
2029	21497	24298	11991	32802	83610	14468	11500	15530	22051

年份	黑色金属冶炼和压延加工业	化学原料和化学制品制造业	有色金属冶炼加工业	非金属矿物制品业	石油、煤炭及其他燃料加工业	电力、热力生产和供应业	医药制造业	煤炭开采和洗选业	石油和天然气开采业
2030	21581	24393	12037	32930	83936	14524	11545	15590	22137
2031	21889	24740	12209	33400	85133	14731	11710	15813	22453
2032	22202	25094	12384	33877	86349	14942	11877	16039	22773
2033	22520	25454	12561	34362	87587	15156	12047	16268	23100
2034	22844	25820	12742	34856	88846	15374	12220	16502	23432
2035	23173	26192	12926	35359	90128	15596	12397	16741	23770
2036	23344	26385	13021	35620	90791	15711	12488	16864	23945
2037	23519	26583	13118	35887	91474	15829	12582	16990	24125
2038	23700	26787	13219	36163	92176	15950	12678	17121	24310
2039	23886	26998	13323	36447	92900	16075	12778	17255	24501
2040	24078	27215	13430	36740	93646	16205	12881	17394	24698
2041	24276	27439	13541	37042	94417	16338	12987	17537	24901
2042	24481	27670	13655	37354	95213	16476	13096	17685	25111
2043	24692	27909	13773	37677	96036	16618	13209	17838	25328
2044	24912	28157	13895	38012	96888	16766	13326	17996	25553
2045	25139	28413	14022	38358	97771	16918	13448	18160	25786
2046	25374	28679	14153	38717	98687	17077	13574	18330	26027
2047	25619	28956	14289	39090	99638	17241	13705	18507	26278
2048	25873	29243	14431	39478	100627	17412	13841	18691	26539
2049	26137	29542	14579	39882	101656	17591	13982	18882	26810
2050	26413	29854	14732	40303	102728	17776	14130	19081	27093
2051	26701	30179	14893	40742	103847	17970	14284	19289	27388
2052	27001	30519	15061	41201	105017	18172	14444	19506	27697
2053	27316	30875	15236	41681	106240	18384	14613	19733	28019
2054	27646	31247	15420	42184	107523	18606	14789	19971	28358
2055	27992	31639	15613	42712	108870	18839	14974	20222	28713
2056	28356	32050	15816	43268	110285	19084	15169	20485	29086
2057	28740	32483	16030	43853	111777	19342	15374	20762	29480
2058	29144	32941	16256	44470	113351	19614	15591	21054	29895
2059	29572	33425	16495	45123	115016	19902	15820	21363	30334
2060	30026	33937	16748	45815	116780	20208	16062	21691	30799

（2）测算与能源结构相协调的各产业增加值结构。

根据式（9.16）测算出来的三大产业、工业、制造业、建筑业和六大高耗能产业各自未来各年增加值（见表9.8），进一步计算出三大产业、工业、制造业、建筑业和六大高耗能产业未来各年的增加值构成，结果如表9.11所示。

表9.11　　与能源结构相协调的三大产业、工业、制造业、建筑业
和六大高耗能行业的理想产值结构（增加值占 GDP 比重）　单位：%

年份	第一产业	第二产业	第三产业	工业	制造业	建筑业	六大高耗能产业
2019	7.100	38.600	54.300	31.612	27.268	7.161	12.088
2020	**7.700**	**37.800**	**54.500**	**30.871**	**26.234**	**7.148**	**11.969**
2021	7.300	39.400	53.300	32.577	27.455	7.007	11.112
2022	6.602	35.988	57.410	28.316	24.424	6.390	10.848
2023	6.442	35.156	58.402	27.473	23.698	6.192	10.532
2024	6.284	34.343	59.373	26.611	22.953	5.989	10.208
2025	**6.002**	**33.638**	**60.360**	**25.732**	**22.195**	**5.783**	**9.878**
2026	5.836	33.335	60.829	24.545	21.172	5.509	9.429
2027	5.673	33.071	61.256	23.384	20.170	5.240	8.989
2028	5.513	32.849	61.638	22.249	19.191	4.978	8.559
2029	5.355	32.672	61.974	21.162	18.254	4.727	8.148
2030	**5.199**	**32.542**	**62.260**	**20.121**	**17.355**	**4.487**	**7.753**
2031	5.062	32.234	62.704	19.383	16.719	4.316	7.475
2032	4.926	31.961	63.112	18.725	16.152	4.162	7.227
2033	4.793	31.726	63.481	18.142	15.649	4.025	7.009
2034	4.661	31.530	63.809	17.628	15.206	3.904	6.816
2035	**4.530**	**31.376**	**64.094**	**17.179**	**14.818**	**3.797**	**6.649**
2036	4.472	30.517	65.011	16.655	14.366	3.674	6.452
2037	4.414	29.670	65.916	16.181	13.957	3.562	6.275
2038	4.357	28.835	66.809	15.752	13.587	3.461	6.115
2039	4.300	28.011	67.689	15.367	13.255	3.369	5.972
2040	**4.243**	**27.199**	**68.558**	**15.022**	**12.957**	**3.286**	**5.845**
2041	4.187	26.398	69.415	14.694	12.675	3.207	5.724
2042	4.131	25.608	70.261	14.383	12.406	3.131	5.610
2043	4.076	24.829	71.095	14.087	12.151	3.059	5.501
2044	4.021	24.061	71.917	13.806	11.909	2.991	5.399
2045	**3.967**	**23.305**	**72.728**	**13.541**	**11.680**	**2.925**	**5.302**
2046	3.913	22.559	73.529	13.289	11.462	2.863	5.211
2047	3.859	21.823	74.318	13.051	11.257	2.803	5.126

年份	第一产业	第二产业	第三产业	工业	制造业	建筑业	六大高耗能产业
2048	3.806	21.099	75.096	12.826	11.063	2.747	5.045
2049	3.752	20.384	75.863	12.614	10.880	2.693	4.970
2050	**3.700**	**19.681**	**76.620**	**12.414**	**10.708**	**2.641**	**4.900**
2051	3.647	18.987	77.366	12.227	10.547	2.593	4.835
2052	3.595	18.304	78.101	12.052	10.396	2.546	4.775
2053	3.543	17.632	78.826	11.889	10.255	2.502	4.720
2054	3.491	16.969	79.540	11.737	10.124	2.461	4.669
2055	**3.439**	**16.317**	**80.244**	**11.596**	**10.003**	**2.421**	**4.624**
2056	3.388	15.675	80.937	11.467	9.891	2.384	4.583
2057	3.336	15.043	81.621	11.349	9.789	2.349	4.547
2058	3.285	14.421	82.294	11.243	9.698	2.316	4.516
2059	3.234	13.809	82.956	11.147	9.615	2.285	4.491
2060	**3.183**	**13.208**	**83.609**	**11.063**	**9.543**	**2.256**	**4.470**

根据式（9.16）测算出来的九个主要高耗能行业各自未来各年增加值（见表9.9），进一步计算出九个行业——黑色金属冶炼和压延加工业，化学原料和化学制品制造业，有色金属冶炼加工业，非金属矿物制品业，医药制造业，石油、煤炭及其他燃料加工业，电力、热力生产和供应业，煤炭开采和洗选业以及石油和天然气开采业产业的未来各年的增加值构成，结果如表9.12所示。

表9.12　　　　　　九个主要行业（包括六大高耗能行业）的理想产值结构（增加值占 GDP 比重）　　　　　单位：%

年份	黑色金属冶炼和压延加工业	化学原料和化学制品制造业	有色金属冶炼加工业	非金属矿物制品业	石油、煤炭及其他燃料加工业	电力、热力生产和供应业	医药制造业	煤炭开采和洗选业	石油和天然气开采业
2019	2.251	2.519	1.323	3.607	1.394	0.996	7.238	1.344	1.909
2020	**2.229**	**2.494**	**1.309**	**3.571**	**1.380**	**0.986**	**7.166**	**1.331**	**1.890**
2021	2.069	2.315	1.216	3.315	1.281	0.915	6.653	1.236	1.755
2022	2.020	2.260	1.187	3.236	1.251	0.893	6.495	1.206	1.713
2023	1.961	2.195	1.152	3.142	1.214	0.867	6.306	1.171	1.663
2024	1.901	2.127	1.117	3.046	1.177	0.841	6.112	1.135	1.612
2025	**1.839**	**2.058**	**1.081**	**2.947**	**1.139**	**0.813**	**5.914**	**1.098**	**1.560**
2026	1.756	1.965	1.032	2.813	1.087	0.776	5.645	1.049	1.489
2027	1.674	1.873	0.983	2.682	1.036	0.740	5.382	1.000	1.419

年份	黑色金属冶炼和压延加工业	化学原料和化学制品制造业	有色金属冶炼加工业	非金属矿物制品业	石油、煤炭及其他燃料加工业	电力、热力生产和供应业	医药制造业	煤炭开采和洗选业	石油和天然气开采业
2028	1.594	1.784	0.936	2.554	0.987	0.705	5.125	0.952	1.352
2029	1.517	1.698	0.891	2.431	0.939	0.671	4.878	0.906	1.287
2030	**1.444**	**1.615**	**0.848**	**2.313**	**0.894**	**0.638**	**4.642**	**0.862**	**1.224**
2031	1.392	1.558	0.818	2.230	0.862	0.616	4.475	0.831	1.180
2032	1.346	1.506	0.791	2.156	0.833	0.595	4.327	0.804	1.141
2033	1.305	1.460	0.767	2.091	0.808	0.577	4.196	0.779	1.107
2034	1.269	1.420	0.746	2.034	0.786	0.561	4.081	0.758	1.076
2035	**1.238**	**1.385**	**0.727**	**1.984**	**0.767**	**0.548**	**3.981**	**0.739**	**1.050**
2036	1.202	1.345	0.706	1.925	0.744	0.531	3.863	0.718	1.019
2037	1.169	1.308	0.687	1.872	0.724	0.517	3.757	0.698	0.991
2038	1.139	1.274	0.669	1.825	0.705	0.504	3.661	0.680	0.966
2039	1.112	1.244	0.653	1.782	0.689	0.492	3.576	0.664	0.943
2040	**1.088**	**1.218**	**0.639**	**1.744**	**0.674**	**0.481**	**3.499**	**0.650**	**0.923**
2041	1.066	1.193	0.626	1.708	0.660	0.471	3.427	0.637	0.904
2042	1.045	1.169	0.614	1.674	0.647	0.462	3.359	0.624	0.886
2043	1.024	1.146	0.602	1.641	0.634	0.453	3.294	0.612	0.869
2044	1.005	1.125	0.591	1.611	0.623	0.445	3.233	0.600	0.853
2045	**0.987**	**1.105**	**0.580**	**1.582**	**0.611**	**0.437**	**3.175**	**0.590**	**0.837**
2046	0.970	1.086	0.570	1.555	0.601	0.429	3.120	0.580	0.823
2047	0.955	1.068	0.561	1.529	0.591	0.422	3.069	0.570	0.809
2048	0.940	1.051	0.552	1.505	0.582	0.416	3.021	0.561	0.797
2049	0.926	1.036	0.544	1.483	0.573	0.409	2.976	0.553	0.785
2050	**0.913**	**1.021**	**0.536**	**1.462**	**0.565**	**0.404**	**2.934**	**0.545**	**0.774**
2051	0.900	1.008	0.529	1.443	0.557	0.398	2.895	0.538	0.764
2052	0.889	0.995	0.522	1.425	0.551	0.393	2.859	0.531	0.754
2053	0.879	0.983	0.516	1.408	0.544	0.389	2.826	0.525	0.745
2054	0.870	0.973	0.511	1.393	0.538	0.385	2.796	0.519	0.737
2055	**0.861**	**0.963**	**0.506**	**1.379**	**0.533**	**0.381**	**2.768**	**0.514**	**0.730**
2056	0.853	0.955	0.501	1.367	0.528	0.377	2.744	0.510	0.724
2057	0.847	0.948	0.498	1.357	0.524	0.374	2.723	0.506	0.718
2058	0.841	0.941	0.494	1.347	0.521	0.372	2.704	0.502	0.713
2059	0.836	0.936	0.491	1.340	0.518	0.370	2.689	0.499	0.709
2060	**0.832**	**0.931**	**0.489**	**1.334**	**0.515**	**0.368**	**2.676**	**0.497**	**0.706**

从表 9.11 和表 9.12 的测算结果可以看出，与能源消费结构协调优化的理想产业产值结构存在如下变化趋势。

第一产业增加值占 GDP 比重，从 2020 年的 7.70% 开始，持续下降到 2025 年的 6.002%，2030 年的 5.199%，2035 年的 4.530%，2040 年的 4.243%，2045 年的 3.967%，2050 年的 3.700%，2055 年的 3.439%，2060 年的 3.700%。

第二产业增加值占 GDP 比重，从 2020 年的 38.60% 开始，持续下降到 2025 年的 33.638%，2030 年的 32.542%，2035 年的 31.376%，2040 年的 27.199%，2045 年的 23.305%，2050 年的 19.681%，2055 年的 16.317%，2060 年的 13.208%。

第三产业增加值占 GDP 比重，从 2020 年的 54.30% 开始，持续上升到 2025 年的 60.36%，2030 年的 62.260%，2035 年的 64.094%，2040 年的 68.558%，2045 年的 72.728%，2050 年的 76.620%，2055 年的 80.244%，2060 年的 83.609%。

工业增加值占 GDP 比重，从 2020 年的 31.612% 开始，持续下降到 2025 年的 25.732%，2030 年的 20.121%，2035 年的 17.179%，2040 年的 15.022%，2045 年的 13.541%，2050 年的 12.414%，2055 年的 11.596%，2060 年的 11.063%。

制造业增加值占 GDP 比重，从 2020 年的 27.268% 开始，持续下降到 2025 年的 22.195%，2030 年的 17.355%，2035 年的 14.818%，2040 年的 12.957%，2045 年的 11.680%，2050 年的 10.708%，2055 年的 10.003%，2060 年的 9.543%。

建筑业增加值占 GDP 比重，从 2020 年的 7.148% 开始，持续下降到 2025 年的 5.783%，2030 年的 4.487%，2035 年的 3.797%，2040 年的 3.286%，2045 年的 2.925%，2050 年的 2.641%，2055 年的 2.421%，2060 年的 2.256%。

六大高耗能产业增加值，占 GDP 比重从 2020 年的 11.969% 开始，持续下降到 2025 年的 9.878%，2030 年的 7.753%，2035 年的 6.649%，2040 年的 5.845%，2045 年的 5.302%，2050 年的 4.900%，2055 年的 4.624%，2060 年的 4.470%。

此外，包括六大高耗能行业在内的九个主要行业与能源消费结构相互协调优化的各自理想产值结构如表 9.12 所示。

第10章 能源消费结构和产业结构协调优化推进机制设计

本章主要基于第 4 章中的能源消费结构和产业结构双向协调优化机理，以及第 5 章能源消费结构对产业投资结构的协调促进机制、第 6 章能源消费结构对制造业结构的协调促进机制、第 7 章产业结构对能源消费结构的协调促进机制、第 8 章能源消费结构与产业结构双向协调优化促进机制研究和第 9 章协调优化下理想能源消费结构和理想产业结构分析，设计能源消费结构和产业结构协调优化的推进机制。

10.1 协调优化推进机制的设计原则和目标指向

10.1.1 协调优化推进机制的设计原则

（1）坚持市场主导与政府引导相结合。

充分发挥市场在能源消费结构与产业结构协调优化机制建设中的主导作用，更好发挥政府在能源消费结构与产业结构协调方面的引导作用，促进能源消费结构与产业结构协调优化机制有效有序运行。

（2）坚持中央统筹与地方负责相结合。

加强中央对能源消费结构与产业结构协调优化机制的顶层设计，明确地方政府的实施能源消费结构与产业结构协调优化体责任，充分调动地方按照能源消费结构与产业结构协调优化机制推动本地能源消费结构与产业结构协调优化的主动性和积极性。

（3）坚持能源消费结构与产业结构调整的地区差别与公平竞争相结合。

深入细化能源政策、产业政策和区域政策，针对不同能源、不同产业、不同地区实际情况制定差别化的能源政策、产业政策和区域政策，同时更加注重能源—产业—区域系统性协调发展，维护全行业、全市场统一的公平竞争，防止出现制造行业政策洼地、产业政策洼地和地区政策洼地及地方保护主义等问题。

（4）坚持继承完善与改革创新相结合。

坚持和完善能源消费结构与产业结构协调优化的推进机制，同时根据新情况新的要求不断推陈出新，建立更加科学、更加有效的能源消费结构与产业结构协调优化机制。

（5）坚持目标导向与问题导向相结合。

瞄准实施高质量发展、绿色低碳发展及"双碳"战略的目标要求，破解能源消费结构与产业结构协调机制中存在的突出问题，增强能源消费结构与产业结构协调发展的协同性、联动性、整体性。

10.1.2 协调优化推进机制的目标指向

能源消费结构与产业结构的协调优化的政策目标指向是，以习近平经济思想和绿色发展思想为指导，按照高质量发展要求，谋求实现绿色低碳发展和"双碳"目标任务。具体而言，通过能源结构和产业结构协同调整，确保经济平稳增长的前提下，降低传统能源的消耗、减少二氧化碳等废弃物的排放，实现能源和产业绿色、低碳、协调、可持续发展。在实践中应实现下列政策目标。

（1）建立新建能源项目和产业项目的协调审批标准体系，确保能源消费结构和产业结构协调优化的质量。根据条件明确、程序简便、速度高效、运行顺畅、行为规范、服务热情、监管有力的要求，尤其要建立新建化石能源和高耗能产业的协调审批运行程序、内部管理、服务行为、监督考评和联合审批事项等的资格条件，以及协调审批运行协调推进机制及运行责任与等具体标准，做到清晰明确、操作性强，环环相扣、配套完整、形成化石能源、新能源结构的协调审批标准体系和高—低耗能产业的协调审批标准体系。

（2）理顺新建能源项目和产业项目相协调的联审机制，确保能源消费结构和产业结构协调优化的效率。一是建立新建能源项目和产业项目相协调的联审机构。二是统一标准、统一受理、统一审批。三是在联审中打通能源行业和高耗能行业，打通国有企业、民营企业和外资企业的层次界限，做到能源和产业发展相协调，国有企业、民营企业和外资企业相协调。四是新建化石能源和高耗能产业项目申请人明确应尽的义务，明确联审受理单位能源管理部门和产业管理部门应尽协调责任，相关能源管理和产业管理的业务部门应当明确相互配合的责任，使联审部门之间紧密协作，确保运行顺畅，最终实现新建化石能源和高耗能项目申请人办理审批事项由新建立的能源—产业项目联审部门负责。五是优化新能源和低能耗产业的投资环境。通过项目协调审批批标准化体系的构建和推进运行，为新建能源企业和产业企业提供更加便捷、有利、透明、高效、规范的能源项目和产业项目协调联审服务。

（3）监督规范新建能源项目和产业项目协调审批权力运行机制，确保能源消费结构和产业结构协调优化得到重点保障。建立健全新建能源项目和产业项目审批权力旁落的风险防控机制与责任追究体系，铲除任何个人独立行使审批权力的土壤，面向社会公开审批权力运行流程，在监管上及时发现纠正和严厉查处审批权力乱用问题，真正做到审批权运行规范，知情权公开透明，监督权严格有力。

10.2　能源消费结构与产业结构的协调优化推进机制的系统构成

能源消费结构与产业结构的协调优化机制是一个系统工程，应主要包括市场驱动协调优化机制、政府管理推动协调优化机制和规制诱导协调优化机制三个组成部分。市场驱动协调优化机制是基础，能源消费结构与产业结构的协调优化必须遵循市场规律，按照市场机制优化资源配置。同时，能源行业具有公共物品的外部性，市场很难决定其市场主体的逆向选择和道德风险问题，无法削减其外部不经济性，因此，必须通过政府管理推动两者的协调优化，同时，还需要通过法律手段规制诱导能源企业和生产企业在节能减排和绿色低碳发展上行为一致。

10.2.1　市场驱动协调优化机制

市场驱动优化机制是企业通过影响产品、市场和行业层面的价值创造，进而引领行业，并促进市场环境根本性改善。强化市场竞争机制，结合国家能源开发、供给、利用、各地资源禀赋、发展基础、产业结构和能源结构等因素，促进能源消费与产业结构协调优化。市场驱动优化战略认为，消费者的认知能力有限，在激烈的市场竞争情形下，消费者对产品的技术性和专业性不可能完全了解，同时又极容易受到周围市场环境的影响。因此，消费者需求具有引导性。在能源消费中，消费者也具有被引导的特性，可以利用市场驱动的各种机制，包括市场发展理念、市场技术运用、市场价格导向、市场空间分布、市场反馈机制，引导消费者进行绿色低碳消费，进而朝优化产业结构的方向进行引导，达到产业结构优化的目的，最终实现能源消费与产业结构协调优化的目标。具体的驱动机制如图10.1所示。

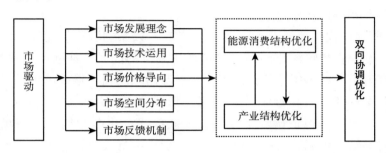

图10.1 市场驱动推进能源消费与产业结构双向协调优化

（1）市场发展理念。

产业系统优化的设计运行，首先要明确发展方向。深化能源价格改革应紧紧围绕"双碳"目标，考虑相关方面承受能力，充分发挥价格机制的激励、约束作用，促进经济社会发展全面绿色转型。为此从能源供给、消费两方面提出了重点举措：一是促进能源供给结构低碳转型。二是推动能源消费结构优化。可见，当前的中国能源消费的出路就是节能减排，大力发展清洁能源与可再生能源，减少化石能源的消耗以及污染物的排放。

（2）市场技术运用。

以市场手段促进新能源技术更新换代是推动能源革命的根本路径。首先，要通过提高化石能源的市场价格，抑制不合理的能源消费，提高传统能源的利用效率；同时，要降低新能源生产成本，进而降低其市场价格，促进新能源的开发和利用。此外，还要制定更严格的能效环保标准，加快升级与改造燃煤发电设备，促进高效清洁能源产业可持续快速发展。市场手段促进新能源技术更新换代要着力于自主创新和知识产权保护，得到产权保护的新技术研发应用是提高能效的重要手段，是形成节能型生产和消费新模式的根本途径。其次，要建立市场化的多元能源供应体系，在大力推进煤炭清洁高效利用的同时，着力发展非煤能源，形成煤、油、气、核、新能源、可再生能源多轮驱动的能源供应体系。市场化手段的新能源技术更新换代是发展多层次能源供给的重要支撑。新能源与传统能源都要还其商品属性，构建有效竞争的能源市场结构和能源市场体系，形成主要由市场决定的能源价格机制。新能源技术更新换代和降本增效是推进能源价格市场化改革的基础，通过新能源技术创新降低能源开发和利用成本，提高新能源和可再生能源市场价值，进而带动产业结构优化，从而为价格机的市场化制形成和有效竞争的市场结构和市场体系的构建创造有利条件。

（3）市场价格导向。

"管住中间、放开两头"是"十三五"以来国家市场化改革的总体思路。政府在持续深化能源价格市场化改革的同时，加强了对输配电、天然气管道运输等领域价格监管，在能源领域起到了很好的市场导向作用；竞争性环节价格逐步放开由市场形成，极大地激发了市场主体活力。为了推动绿色低碳经济发展，国家持续深化电力能源的市场化改革，对钢铁、水泥等高耗能行业实行差别化电价政策，制定支持燃煤发电机组超低排放改造的电价政策，完善风电、光伏发电等新能源上网电价政策。这些政策的实施都取得了明显成效。但是，中国能源消费过于依赖化石能源，新能源占比还比较低，能源结构转型的任务仍然艰巨。未来十余年甚至数十年里，能源价格改革都紧扣"碳达峰、碳中和"目标深化，发挥价格机制对能源供求主体的激励、约束作用，促进能源和产业全面向绿色低碳方向转型。国家提出了"十四五"期间能源供需两侧转型方向：一是促进能源供给结构低碳转型。持续深化清洁能源（如水电、核电、天然气发电等）上网电价市场化改革，完善新能源（如风电、光伏发电等）价格形成机制，全面落实抽水蓄能价格机制，加快建立新型储能价格机制，提升风电、光电、水电等新能源转化率，推动新能源及相关储能产业快速发展壮大（中华人民共和国国民经济和社会发展第十四个五年规划纲要，2021.3.11）。二是推动能源消费结构优化。完善绿色电价政策，针对高耗能、高排放行业实行差别电价、阶梯电价等，促进节能减碳，谋求早日实现"双碳目标"。

（4）市场空间分布。

首先，优化城市市场空间分布。目前，中国城市社会经济空间活动最突出的问题在于布局比较分散，各类开发区功能紊乱，各类经济开发区与能源消耗聚集区不仅在中小城镇分散布局，大中城市也是如此。由于空间分布不合理导致聚集效应不强，带来资源能源配置不合理，引发严重的资源能源浪费。随着城市能源消费的不断增加，城市能源和环境问题应是未来城市化速度和水平的先决条件。能源和环境问题会引发城市自身的土地、能源和资源的空间优化缺失，导致市民技能提升、劳动力就业以及服务成本提高。只有解决了能源与环境问题，才能改善城市环境质量和居民的生活质量。为此，应遵循城市空间发展自身规律，优化城市能源消费结构。

其次，优化能源供需两侧空间分布。中国经济发展与其能源的使用量往往成正比，与能源拥有量成反比。东部地区往往需要大量的能源，但本地能源持有量非常少，只能向能源储备丰富的中西部地区"进口"能源，而中西部地区的能源过剩也没有真正的运用到社会经济发展上来，这样一来就导致了高额的经济成本与资源浪费问题，所以正视产业结构对能源消费结构影响的区域差异。

（5）市场反馈机制。

由于各个产业包含的行业差别较大，因此其对能源的需求的差别也就很大。譬如，第二产业主要以工业为主，工业是通过大量的物质投入，生产出需要的产品，这其中大量的物质投入就包括了能源的投入，因此，第二产业是对能源的需求最大的产业。而第三产业主要是服务行业为主，服务行业最需要的是人力的投入而不是物质的投入，第三产业对能源的需求就没有那么大。同理，第一产业的能源需求也不是很大。产业结构的变动对能源的需求有影响。因此，通过调整优化第二产业的内部结构，同时降低其产值比重，增加第一和第三产业的比重，在同样的经济增长态势下可大大减少对能源的消耗量。可见，能源消费结构和产业结构之间同样是互为反馈关系。能源消费结构的变动会引起产业结构的变动，新能源的产生就可能带来新产业的发展；反过来产业结构的调整也会影响到能源的消费，第二产业比重的下降可大大降低对能源的需求量。

中国应当通过深化能源市场化机制改革，建立起传统能源价格和新能源价格都能充分反映市场供求关系的现代能源市场体系。在确保规范能源交易活动正常有序进行的法规条款之上，逐步削减行政力量对能源市场的干预，不断加大市场价格主导能源供求关系，提升市场竞争优化能源配置的能力。剥离各能源行业的竞争性业务与非竞争性业务是能源市场化机制改革的关键。能源链条上的竞争性环节完全交给市场，其非竞争性环节则遵循公平公开原则作安排。绿色低碳发展转型的本质是能源生产方式和消费方式的转型，能源—产业系统中市场驱动激活内在需求，是推动能源供需两侧转型升级（能源转型升级和产业转型升级）的较优路径。新能源的低排放环保优势契合了人民群众对美好生活向往的目标，其必然是能源消费结构优化的最优选择。通过新能源开发利用推动能源消费结构与产业结构调整，不仅有利于中国能源可持续供应和产业可持续发展，也是落实国家节能减排与经济发展方式转变的重要举措。

10.2.2　政府管理推动协调优化机制

随着中国经济社会的快速发展，中国的能源消费强度也呈现出一种增长的态势，在中国能源与产业空间分布不协调的情况下，以及提出二氧化碳排放争取在 2030 年到达峰值，努力争取在 2060 年之前实现碳中和的远景目标。促进能源消费结构与产业结构的优化，降低中国的能源消费强度，提升能源的综合利用效率是保障中国的能源安全、推动生态环境质量的优化，促进温室气体减排的重要举措。促进中国能源消费结构与产业结构的协调优化，企业自身的改进与政府政策的引导和管理都必不可少，"有形的手"与"无形的手"都必不可少，让市场在能源资源配置中起决定性作用的同时，如何更好地发挥政府的作用值得深入思考。

在政府管理促进能源消费结构与产业结构的优化过程中，最为常用有效的方式莫过于政府的直接干预与间接引导。政府的直接干预就是政府的行政命令与法律法规，我们将它看作是一种正向的推动效应，而政府的间接的引导就是财税政策发挥作用去调节能源的产业结构，我们将它看作是一种反向的吸引效应。在双重作用力的影响下，政府的管理机制能够促进能源和消费结构与产业结构的协调优化。

（1）政府管理促进能源供给结构优化。

第一，促进煤炭高效清洁利用政策。煤炭资源在中国的能源供需两侧（能源生产侧和产业耗能侧）发展中占据核心位置，其地位在"碳达峰"之后的十数年里都将难以撼动。然而，其消费过程带来的高污染物排放问题，使得人们对其必须对其做清洁化处理，实现煤炭清洁高效利用是绿色低碳发展的基本要求。目前，中国虽然已经在大力开放煤炭清洁高效利用技术，但其清洁化成本过高，使得清洁高效利用的市场驱动力不足。为此，只能采取行政调控手段加强政府引导，出台相关环境保护政策措施，促使煤炭生产企业在市场供应之前对其进行洗选和提质加工。为降低煤炭清洁化成本，有必要大力发展集洗选和提质加工于一体的现代化煤化工产业，力求最大限度提高煤炭综合利用率；促进消费端积极进行煤电机组的节能减排升级改造，针对不同污染源加装高效率脱硫除尘及脱硝设施，可持续利用煤炭的国家政策借此得到不断完善。在中国经济发展进入新常态之后，产业发展向低能源依赖度方向转型，能源开发利用向清洁化方向转变，中国政府对煤炭产业的引导、煤炭企业应对市场变化的策略，都应该符合当期的能源—产业共生体系的现状。国家应依据经济发展各阶段对煤炭的依赖程度，制定符合产业结构转型要求的阶段性梯度战略调控规划。实现战略调控目标的关键是建立利好驱动强的市场推进机制，同时，要建立相关政策引导行业参与者主动遵循市场推进机制和阶段性梯度战略调控规划。当前，应从煤炭消费量最大的电力热力生产和供应业、石油加工炼焦及核燃料加工业、非金属矿物制品业、黑色金属冶炼及压延加工业、有色金属冶炼及压延加工业、化学原料及化学制品制造业等六大高耗能产业行业入手，认真分析行业高耗能特点，制订提高煤炭利用效率计划。

第二，促进非常规油气资源开发利用政策。随着全球经济规模不断增大、不可再生的油气资源日渐减少，世界各国都将目标投向非常规油气资源的开发利用。未来中国油气市场会面临重大转折，石油需求还会保持持续低速增长，天然气增速相对下降，油气市场化迎来最佳改革窗口期。

中国天然气利用政策历来坚持以产定需。对供需平衡、利用规划、高效节约、安全稳供、完善价格机制等做出了战略性指导，针对天然气基础设施建设与运营出台了专门的管理办法，对天然气的利用领域做了明确要求，尤其是给利用对象按优先类、允许类、限制类、禁止类顺序做出了明确规定。针对中国国内油气资源不足，且未形成健康的市场竞争机制，需要开源节流，建立安全稳定的油气进口渠道，开发利用生物质油气资源，规范引导市场机制形成，使用高效节能技术。

第三，促进清洁能源消费结构与产业结构协调优化。遵循"自发自用，就地消纳"原则，做好清洁能源与产业行业的空间布局。重点拓展"遍在型""分布式"光伏发电。太阳能是遍在型分布式能源，其具有单位能源强度低、电能转换率低、受地理空间限制小的特征，其与化石能源（煤炭、石油、天然气等）的禀赋地区集中和能源密度高特征完全不同。因此，光伏发电不能遵循煤炭发电的路子——"大规模、高度集中开发，远距离、高电压输送"，应走小规模"遍地开花"式就近发电之路，以此提高太阳能的利用率和操作效用。

（2）政府管理促进能源供给结构优化。

早在"十二五"规划之初，为推进能源消费结构优化，中国就借鉴了国际上的规则和做法，出台了一系列的政策措施，推进国内能源资源税费、环境税费改革，促进能源结构调整，保障了国家能源安全改善能源结构、保障能源安全需要，完善了国内能源定价机制。当前应从以下四个方面推进能源消费结构的优化调整。

一是节能减排并举，大力推进节能减碳。节能减排不仅是减缓经济发展对于能源的需求强度，更是要减轻对资源环境的压力。中央政府在"十四五"规划纲要中对节约能源明确提出，要实施能源消耗强度和总量双控制，具体要求单位 GDP 能耗在"十三五"降低 19.1% 的基础上，继续降低 16%。

二是加大资金对于能源利用技术上的投入，提升能源的利用效率。发展先进的综合采煤，三次采油、低渗透油藏开发等先进技术，提高采收率，增加经济可采储量。加快天然气、煤层气开发，发展能源洁净化利用技术，提升煤炭洗选率，炼油轻油收率，发展石油化工、煤化工深度加工。特别应注重的是发展煤、电、化一体化综合利用，建设坑口电站，通过特高压输电送往沿海发达地区，改变不合理的火电布局。整合有效资源、淘汰落后产能，继续关闭淘汰破坏资源、污染环境、不符合安全要求的小煤矿、小炼油和小火电。

三是加快对于新能源的探索与发展。2015 年和 2020 年，中国就实现了新能源在能源消费结构中的占比达到 11.3% 和 15% 的目标。21 世纪以来，中国积极推进水能、核能、风能、太阳能、生物质能等非化石能源的开发利用。水电开发空间不大但又潜力可挖，其经济开发容量和技术开发容量分别约为 4 亿千瓦和 5.4 亿千瓦，目前已达到技术开发容量的 43%，距离 60% 的合理开发率空间不大，但还有潜力。目前核电装机容量为 1200 万千瓦，发电量仅占 2%，距离核电装机容量 8000 万千瓦还很大的开发空间。为此，要理顺能源政策与产业政策，使之协调对接，加速发展新一代能源技术和产业技术，要尽快提高新能源消费比例，加快建设智能电网，推进能源清洁化、低碳化。

四是统筹国内国外两个市场，鼓励引导能源开发企业和高耗能消费企业"走出去"。经济全球化必然导致资源、技术、市场的国际化。能源开发企业和高耗能企业要运用自身的技术、工程和资金优势，通过贸易、并购、投资、参股和合作等方式打入国际市场，参与能源资源开发利用，捕捉国际市场发展机遇。

（3）政府管理促进能源行业结构的优化。

面对日益严峻的生态环境压力，促使能源企业开发利用新能源，生产企业使用节能减排技术和加强节能减排管理，是促进能源行业结构优化的重要举措。虽然，已经给能源行业设立了较为严格的前置能效准入条件（规定或制度），但其后置监督管理没有跟上，以至于目前的实际节能减排效果不理想。由于采用节能减排技术无法获得应有的经济效益，致使节能减排的市场驱动力弱小。同时，虽然新能源的开发利用已经具备良好的政策环境、社会舆论环境与资源开发效益，但其目前的能源转化率过低、开发利用成本过高已经产生和消纳空间不匹配，以至于新能源企业主要依靠国家财税优惠政策维持生计，与替代产品的比价关系扭曲。事实上，国家早已经认识到了这一问题的严重性，《国家能源局2016年体制改革工作要点》就提出，将着力解决弃水、弃风、弃光等威胁新能源开发利用问题，力促新能源（风电、光伏、生物质能、地热能）就近消纳，推动新能源供给侧结构性改革。然而，新能源开发利用技术的突破、新能源市场竞争的形成，需要摆脱原有的传统能源运营模式，创新建能源市场新运营模式，建立新能源可与传统能源展开市场竞争的市场体系和市场机制。

早在国务院印发的《"十二五"国家战略性新兴产业发展规划》（以下简称《规划》）就确立了新能源产业的战略性新兴产业地位，突出了太阳能光伏和热发电在新能源发展核心位置，明确了光伏产业发展的产业目标。规划明确指出，到2015年，新能源占能源消费总量的比例提高到4.5%，减少二氧化碳年排放量4亿吨以上，太阳能发电装机容量达到2100万千瓦以上，光伏发电系统在用户侧实现平价上网。太阳能热利用安装面积达到4亿平方米。掌握太阳能发电、热利用关键技术，太阳能利用设备及其新材料的研发制造能力大幅提高。开展太阳能热发电试验示范。

中国在能源产业管理方面的财税政策主要有激励性的政策与限制性的政策。激励类主要包括增加预算投入、国债投入、财政贴息、税收优惠与政府采购政策等。限制类的政策主要包括调高传统能源开发使用税负、扩大传统能源利用的税种征收范围、开征新的能源税类税种等。中国的前期财税政策存在很大的不足，新能源开发利用鼓励政策没有系统性，难以有效促进传统能源节能降耗以及新能源开发利用，各项税收优惠政策难以到位，企业的新能源投资长期难以收回。从政府的财税政策角度考虑调节能源结构的产业优化，可以直接调节也可以间接调节。直接调节可以通过对某种能源产业的增税后者减税直接进行导向；间接调节可以通过调节与某种能源产业的相关其他产业进行间接调控。具体来说，在财税政策引导方面有以下措施。

一是财税政策要紧密围绕能源政策和产业政策，使两类政策相协调，同时注意将新能源与传统能源协调并重。制定财税政策时，要充分考虑不同产业的能源利用效率、废弃物排放强度、能源可再生性、技术含量、国际分工与竞争性、区域特点、发展阶段等因素，力求制定的政策具有合情合理的差异性。在能源产业结构调整中，传统能源产业的主体地位难以动摇；新能源产业则具有引领作用，也是能源经济新的增长点。一方面，要对传统化石能源行业及化石能源使用的产业采取限制性政策，促进其节能减排；另一方面，要对水电、风电、光伏发电等新能源产业采取鼓励性政策，促进其快速发展。

二是财税政策发挥作用要以促进能源技术的提升为出发点。能源产业结构的优化主要是通过技术进步，促使能源产业的结构和生产效率，向着更高层次不断演进。运用财税政策促进能源行业结构优化，无论是化石能源行业发展中的节能减排，还是可再生新能源行业的快速发展，能源的技术进步都非常重要。财税政策方面，要通过预算、补贴、政府采购、设立专项资金、转移支付等方式，引导能源行业加快技术进步速度。税收政策方面，可以通过研发投入等额减税手段鼓励研究开发创新的投入，并制定科技成果转化收入的税收减免制定加快科技成果产业化步伐。

三是综合各种能源财税政策的作用特点，进行科学合理的选择与组合。产业结构优化需要政府通过对相关财税政策的调整，影响能源产业供给结构和消费结构的变化，实现资源的优化配置，推进能源产业结构向着合理化、高级化的方向发展。

（4）政府管理促进能源消费结构与产业结构的协调优化。

在政府管理促进能源消费结构与产业结构的协调优化问题上，一方面，可以通过政府出台相关的方针政策，经济发展规划方案去引导国家能源产业的消费结构调整，对于国家的能耗标准做出明确具体的指示，降低中国经济发展对于能源的消耗强度，减轻对资源环境的压力。另一方面，也可以通过对于财政资金的支出方向进行控制，引导能源产业的结构调整，通过能源税收方面的鼓励与限制，对传统石油化石能源产业促进其节能减排降耗，提升能源的使用效率；对可再生循环利用的新能源加以大力开发，促进开采，提升新能源产业在国家能源产业中的比重。总的机制形成如下。

为进一步促进能源消费结构和产业结构协调发展，提高能源供给技术，提高能源供给、能源消费绿色发展，进而优化产业结构。"十三五"以来，在政府的有效引导下，能源产业结构都在逐步调整和加快转型升级。要促进新能源供给和消费结构与产业结构协调发展，需要政府通过宏观调节，政府管理思维转型，政府管控方式转变等引导协调运作。

第一，政府宏观调控。经验表明，即使在能源需求量增长很快时，也可以实现能源消费结构的优化。而能源消费结构的优化最重要的环节是合理调整产业结构，因而两者的协调发展举足轻重。市场在能源投资决策和能源价格的决定上起着决定性作用。市场有序竞争比行政调控能更好地分配市场资源。但是由于市场不能完全考虑到一些公共问题，也就是市场失灵的情况，此时需要政府干预。

一是健全相关法律法规体系。首先，中国在能源消费方面已经相继颁布了《能源法》《煤炭法》《节能法》等一系列法律法规，能源的法律体系虽然已经初步具备，但是仍然存在很多问题。部分相关法律颁布时间已经久远，也实施了很多年，这就导致了这些法律法规已经远远跟不上当今时代的发展，与目前能源结构产业发展现状出现不符。中国的能源与产业结构的法律在确立时，立法目标、手段都是粗线条的、抽象的，整个罚款法规体现为笼统、理论性强但实际操作性弱，部分规定含糊不清。再者，这些法律法规在架构方面的内容过于单薄等较为明显的不合理之处。其次，中国的能源法在某些方面规定的市场准入门槛较低，导致产业结构的不合理，进而导致资源的浪费和对环境的严重破坏。相关法律法规的不完善，无政策支持务必导致行业和市场管理无依据，政府因为缺乏法律依据而无法有所举措，能源产业结构发展不协调等问题。因此，进一步根据发展现状以及出现的问题针对性完善相关配套法规和法则，形成基本法、专项法和执法行为一体的法律体系的同时，健全能源、产业结构法律、法规的执法监督体系。

二是规范宏观能源管理体制。通过较大幅度缩减行政审批项目，并简化和合并审批手续，将政府从市场准入规则的制定者与审批者的位置转变为促进市场良好发展的地位。首先，政府应该进一步利用自身优势为投资主体构建公平竞争的市场环境，规范市场竞争秩序，加强市场监管和安全生产监管。其次，政府还应进一步协调宏观政策与地方政策之间的关系，建立能够促进产业结构优化、能源结构优化利用以及两者协调发展的相关政策。深化垄断行业改革，引入竞争机制，通过市场本身的弹性以及竞争机制促进行业效率，形成合理的政府管理体系，促进结构优化。

三是建立完善市场交易机制。由于能源与产业彼此不能分离，这就要求能源市场和产业市场紧密融合，也需要深入推进两类市场协调互动，亟待理顺两者共同的市场交易机制。首先，能源市场不断扩大，可能进一步影响产业市场的定价水平；当前能源参与的多模式市场不确定可能增加企业的运营成本；其次，以储能为代表的能源新技术应用存在身份认同。政府可以出台一系列有利于节能减排的财税优惠政策和金融服务优惠措施，并逐步完善相关产业交易机制，以此引导和鼓励企业、组织壮大市场交易。

第二，政府管理思维转型。首先，在传统的政府管理模式中，科层制发挥了重要作用，市政府管理模式中的不可或缺的一部分。在科技技术快速发展的今天，能源结构和产业结构优化的发展也在同步提升。政府工作同样需要与时俱进，通过网络开展工作已经成为当前政府重要工作方式，通过这种方式极大地推动了政府各方面的发展，促进流程简单化与工作总量减少，最重要的是政府观念的同步改变。以前的政府管理思维已经不能满足当前的需求。在促进能源消费结构和产业结构协调发展中，政府应当加大与各地方政府、能源供给方、企业乃至群众的联系，使能源和产业结构共同发展更加优化，切实提升政府的管理能力与决策能力，大大降低行政成本，为能源消费结构和产业结构协调良性发展做出有利推动。

其次，传统的管理机制缺乏相应的监督与明确的职责分配，导致在实际工作中职责混乱，工作开展不畅和权力划分不清等问题不断产生，严重阻碍了政府工作的开展。从纵向角度分析，由于压力型体制的存在，基层部门倾向于服从和完成上级设置的各项考核指标。从横向角度分析，当前政府设置相应的部门存在不合理现象，导致职能重合、冗杂，从而产生了严重的效率低下和资源浪费的问题，容易激发社会的不满情绪，造成上述问题的原因既有制度因素，也有技术因素。随着中国技术水平的不断提升，创新能源结构和产业结构发展的协调理念，并不断打破传统政府管理模式的束缚，使能源机构优化带来的成果切实落实到产业结构优化，以及各方面进步，使成果共享，让各方受益。

最后，结合当前国际形势，关注全球其他国家在能源消费和产业结构优化上的建设方案和政府管理方面的经验。利用先进的科学技术为支撑，健全和完善相应的管理理念；通过大数据平台和网络技术来保证政府工作的效率与准确性。

第三，政府管理方式转变。在过去的粗放型经济发展中，中国过于注重数量扩张，其产业结构调整忽略产业内部结构的高度化，主要盯住产业的增长和收益，没有注意到环境与能源的约束，导致发展不长久，会出现不可预测的问题。只有在考虑了能源资源和环境约束的条件下，政府管理避免高耗能产业的过度发展，才能引导产业和能源协调可持续发展。

一是提高能源利用效率，调整产业结构。政府要遏制和治理产能过剩，坚决淘汰落后产能。各级政府严格管控高能耗产业部门的项目立项投产，坚决遏制低水平重复投资。其次发挥市场配置资源的基础作用和标准的门槛作用。再者政府应当加强财政资金的引导作用，为产业结构的优化升级改造提供支持。

对于产业尤其是该科技产业制定和实施完善新优惠政策体系，建立产业、能源、社会发展的交流机制，构建公共研发平台，以促进研究所和企业的结合以达到共同促进的效果，以及即使解决相关问题，提高效率，促进技术成果的流通。政府对于传统行业、产业的结构改造要有政策偏向，技术支持、资金扶持，着力推动两者协调发展。

二是转变能源利用方式，促进产业结构优化。从中国长期发展战略上来看，中国必须构筑清洁能源新体系，走新能源发展之路，这是一条包括提高能源效率以新技术为支撑的能源结构优化之路。

目前在总体战略上，中国必须把减少经济发展对煤的高度依赖作为长期战略，构建多元化的能源供应体系，减少传统化石能源消费带来的环境污染，同时，将能源清洁利用作为推动能源结构优化的一项具体措施。

10.2.3 规制诱导协调优化机制

（1）环境规制诱导能源结构与产业结构协调优化的原理。

规制是为了约束经济活动市场失灵带来严重后果所采取的政府强制性行为。同时，基于规制客体差异，可将规制划分为社会性规制和经济性规制，经济性规制侧重于社会资源的优化配置和服务公平，对社会中垄断和交易信息不对称的行业具有较强的约束力；社会性规制主要以消除负外部性和健康安全隐患为目的，对环境污染、影响居民健康和安全等行为实施规制，环境规制，主要是指政府为调节市场机制在环境外部性问题上的失灵，谋求经济与环境协调发展的目标，通过制定和实施行政制度、利用市场机制并发挥公众的监督作用，约束经济行为主体恣意排放废弃物的制度安排。目前，环境规制不仅包括命令—控制型环境规制和市场激励型环境规制，还包括依靠企业和社会组织力量共同监督的自愿意识型环境规制，可将上述三种环境约束力归纳与"显性规制"，若政府管制失灵时，基于个人环保意识和环保思想观念等无形的但具有约束力的"隐形规制"将发挥作用。因此，环境规制演变为以有形制度和无形意志共同作用的约束方式，其通过对微观经济主体进行管制和约束，来实现经济的绿色可持续增长目标。

由于能源供应产业具有对技术要求高、物理网络建设成本大的特点，形成了自然垄断的局面。因此，电力供应、管道天然气供应等自然垄断产业要进行合理的规制。这类产业的垄断地位不可动摇，难以实现供给成本上的节约。但这并不意味着垄断企业可以为所欲为，政府必须对其合理规制诱导，以保护消费者和产业本身的利益和社会公共利益。

对属于自然垄断行业的能源来说，政府具有以下几个路径进行选择：路径一，要维护既有企业的垄断地位，并强制其承担"供给责任"，适当放松进入规制；路径二，要维护消费者的利益，限制其价格，即价格规制；路径三，实施有效的法律规制；路径四，引入环境规制，促使能源与产业结构的优化。

对于路径一：设立进入规制的初衷是控制进入自然垄断行业的市场主体数量，维护自然垄断行业的市场份额，避免同质化重复投资，防止出现过度竞争，实现规模经济优势。但是中国对大部分垄断产业的进入规制较严。曾经放松过进入规制，但是有一些无形力量和以前制度惯性依然使进入规制较严，导致效果不明显。在相关产业虽然没有相关法律和法规明确规定进入规制的程度，但是规制机构实际上不仅严格控制新进入企业数量，而且对于非国有企业以及新进入的国有企业，也是长期实行歧视性的进入规制或者打压。

严格的进入规制会导致进入成本过于高昂，在位产业能轻易达到阻止潜在竞争者进入的目的。实行适当放松进入规制，有利于促使潜在竞争者的进入成本降低，预期进入市场的成本收益关系发生改变。规制机构可以对产业进入规制设置一个合理的标准，确保它们朝着正常的市场竞争秩序过度。

对于路径二：价格规制的初衷是防止某些行业中的经营者利用其垄断地位获取不正当的垄断利润，阻止其不要侵害消费者和其他行业的利益。中国目前大部分自然垄断产品的价格产品属于严格国家定价或者国家指导价，自然垄断企业没有自主的定价权，如电价、水价、燃气价等。政府对这些产品价格规制的目的是为了避免垄断企业利用垄断地位定高价，保护消费者福利。价格规制的一般手段是设定价格上限。中国的价格规制却常常出现政府规定价格下限，即要求被规制企业的产品价格不低于某一个价格，而这个下限价格一般较高。这种价格规制实际上是偏向被规制企业，不利于保护消费者利益。因此，虽然中国自然垄断产品价格受到政府严格限制，但是实际上偏高。

从能源供给、消费两方面提出推进电价、天然气价格改革的重点举措，在充分考虑相关方面承受能力的基础上，发挥价格机制的激励、约束作用，综合调节供求两端，防止能源价格过高。增强全社会节能减碳的内生动力，推动更多企业使用清洁能源，促进资源节约和环境保护，在助力"碳达峰、碳中和"目标实现方面发挥重要作用，推动经济社会发展全面绿色转型。

对于路径三：很多能源行业的规制，主要是通过投资规制实现。企业很多投资需要上报国家相关部委。在中国，能源产业几乎只能由政府垄断，然而，政府财政往往支不抵收，难以对能源产业进行大规模投资，无法达到能源行业与产业发展需要相协调，其结果必然使能源行业供求失衡。比如发电行业，严格的投资规制导致了发电行业对市场需求变动反应滞后，不能及时根据市场需求变化进行投资。近几年中国电力短缺与过剩不断交替出现就是一个典型的事实。

目前，各级地方政府都在成立政府产业投资基金，该基金已经成为中国加快产业结构升级、撬动社会资本、降低地方政府债务压力和促进市场经济发展的重要途径，事实上，政府产业投资基金已经成为了中国新时代产业政策实施的主要手段之一。当前，各级各类政府产业投资基金数量多、规模庞大、影响广泛，有必要尽快出台针对政府产业投资基金规范运营的法律或行政法规。没有与政府产业投资基金相对应的法律规制，其运作中难以把握政府与市场的边界，以至于放大政府产业投资基金风险，加剧其自身发展的不确定性。政府产业投资基金的良性发展亟待系统全面的顶层制度设计。

可以考虑以财政预算资金的规范管理贯穿政府产业投资基金运作全过程，围绕财政预算资金构建总体制度框架。厘清政府产业投资基金与一般股权投资基金、证券投资基金以及私募基金等之间的区别与联系，明确其法律定位。以全面约束、公开透明为理念，以面向市场化发展为原则，满足产业市场化改革的需求，防止市场和政府"单失灵"甚至"双失灵"。建立统一的标准化监管目标、监管权限、监管体系，避免碎片化低效率监管。

对于路径四：首先，政府采用正式环境规制与非正式环境规制（社会公众的消费和投资等方式），来共同约束能源行业内各企业的污染行为，并正向激励行业内各企业投资于污染治理设施、环保技术和环保劳动力，从而减少甚至于完全消除其超标排污量，进而实现其能源产品清洁生产。环境规制具体包括正式环境规制和非正式环境规制。正式环境规制是政府制定相关政策与措施调整产业活动，以达到环境和经济协调发展的目标。当政府实施的正式环境规制达不到约束能源行业内部企业节能减排行为时，社会公众、各团体会主动与污染厂商进行谈判或协商以促使污染减排，甚至以消费和投资等非正式环境规制方式激励污染厂商节能减排。政府若能建立科学而系统的能源清洁生产标准体系，并强制能源产业在其能源产品上标注具体的清洁生产程度，则会使偏好清洁生产能源的能源消费者获得市场上关于能源产品清洁生产度的完全信息，进而正向激励能源消费者消费清洁生产度高的能源产品，从而使能源消费结构达到优化。

其次，政府应对进行达标排污的能源企业增加转移支付，且适当在增值税、企业所得税等税种上对进行达标排污的能源企业予以税率上的政策优惠。且政府可以根据能源企业的达标排污量和超标排污量，设计能源企业的环境信用评级制度，并规定能源企业在债权融资或股权融资时，必须引入公正权威的第三方评级机构对其或其项目进行环境信用评级，且唯有其或其项目的环境信用评级在 A 以上时，才允许银行等金融企业予以信贷或准许其上市发行股票。此外，政府若能在现有排污收费制度的超标排污收费标准和达标排污收费标准的基础上，以能源企业的超标排污量和达标排污量为征税对象，为超标排污环境保护税税率和达标排污环境保护税税率设计不同的基准税率。

诱导关键在于激励产业从"无"到"有"地引入环境有益技术，通过税收减免的规范设计，以实际的税收减免利益给予产业引入环境有益技术这一行为选择足够强烈的经济激励，诱导产业切实降污减排，从而达到能源消费结构和产业结构协调优化。

（2）环境规制诱导促进产业结构优化。

对于环境规制与产业结构优化间的关系，主要可以从环境规制的显性规制和隐性规制角度体现，进一步来看，显性规制带来的"遵循成本效应"和"创新补偿效应"者两个方面促进了产业结构的优化，隐形规制则依靠消费者行为促进了产业结构优化（见图 10.2）。环境规制不仅能减少环境成本外部性的问题，也能推动生产技术改进，进而通过市场机制，调整和转变产业结构。

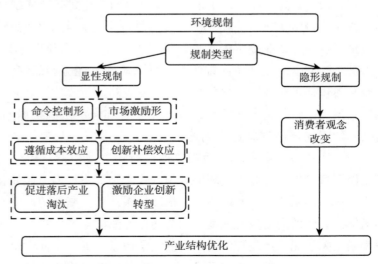

图 10.2　规制诱导促进产业结构协调优化

从显性规制来看，从"遵循成本效应"角度而言，环境规制抬高了高排放产业的环境"遵循成本"，环境规制带来的高"遵循成本"建立了行业更高的"进入壁垒"，特别是对于污染密集型工业企业，能够促进落后产业的淘汰，可以产生优胜劣汰的作用，会对产业和企业进行强制性清洗，重新配置企业市场份额，进而直接影响产业结构优化，最终驱动产业结构的调整。

从"创新补偿效应"角度而言，环境规制能通过对产业行业施加更为严格的环境标准，改变企业成本收益，影响生产绩效，改进生产行为，从而激励企业的技术创新，使企业资源得到优化配置，提高企业的生产率和市场竞争力，企业能够获得较高的创新绩效，不仅能使环境管理成本得到一定补偿，还能进一步强化自身创新动机，从而形成一个良性循环，在企业创新不断加强的同时，还促进了产业结构优化。此外，"遵循成本效应"和"创新补偿效应"是共同作用的，"遵循成本"能促进"创新补偿效应"的发挥，随着环境规制强度的增加，"遵循成本"增加，企业的利润空间被压缩，企业必须通过调节自身生产行为来应对要素成本上升，迫使该类产业去掉落后产能并追求清洁绿色化生产，即加速"创新"，以内化其环境成本。

从隐形规制来看，环境规制已经从单一的命令控制型为主向多种规制工具并存的体系转变，隐形环境规制工具的影响范围越来越大，绿色出行、绿色消费的概念得到普罗大众的认可。而企业为了迎合消费者观念上的转变，会扩大环保低碳型产品的生产，从而促进产业结构的转变。

（3）环境规制诱导促进能源消费结构优化。

环境规制能够通过影响煤炭消费比例，促进能源消费结构的"绿色化"调整进而影响污染排放。中国以煤为主的能源消费结构在支撑经济发展，环境管制亦可影响燃煤和清洁能源的使用比例，促进可再生能源和清洁能源对传统化石能源的替代，达到促进能源消费结构优化，进而实现能源消费结构的绿色低碳化转型。

政府运用环境规制工具对排污企业进行干预和约束，政府通过对使用化石能源的排污企业征收相关税费，增加其排污的成本，降低其使用化石能源的收益，将排污企业对环境造成的负的外部效应内部化。这样的做法能够有效提高能源使用率，降低经济活动主体对化石能源的无效率、不合理使用，从而降低二氧化碳的排放，达到倒逼碳减排的效果。同样，政府对使用清洁能源或者可再生能源的企业进行补贴，以刺激社会上其他重污染企业采用清洁能源替代化石能源，一样能够达到倒逼减排的效果。除了这一途径，政府还可以采取强制命令和设立行政法规的方式，对重污染企业实行生产限制，严格管控相关企业的排污情况，这种方法也能促进碳排放的减少，进而促进能源消费结构的优化。

另外，政府采取规制的手段对能源消费结构进行影响，可能会产生"绿色悖论"效应。绿色悖论是指，鉴于政府未来可能会颁布愈发严格的环境规制政策，化石能源的供应商预期化石能源的开采成本会越来越高，因而会加速化石能源的开采，导致化石能源供过于求，迫使化石能源价格下降，也可能在环境规制下，企业只管眼前经济利益，增加化石能源的开采和消费，环境规制的加强反而可能在短期恶化能源消费结构，促使现期碳排放强度提高。

10.3 协调优化推进机制的政策支点

通过上面的市场驱动协调优化机制、政府调控推动协调优化机制和规制诱导协调优化机制分析，不难发现推动能源消费结构与产业结构的协调机制优化有四个支点。

支点一：多层次的能源协调开发。能源协调开发，既包括对煤炭、石油、天然气等传统化石能源的开发和清洁化，也包括风电、水电、光伏发电、生物质发电等新能源的开发和利用；既包括国外调入新能源，也包括国内新能源的跨区域调配，及传统能源与新能源的协调耦合，是一个多层次的能源协调开发系统。

支点二：不同能耗强度的产业协调发展。不同能耗强度的产业协调发展，既包括高能耗行业的收缩，也包括低能耗行业的扩展；既包括高能耗行业技术改造，使其节能降耗、扩产，也包括低能耗行业技术更新，促使其进一步节能减排，及高能耗行业与低能耗行业的协调耦合，是一个多层次的产业协调发展系统。

支点三：能源和产业的区域协调开发。一是能源的区域协调发展，也就是促使能源富集地区和能源缺口较大地区合理调配能源；二是产业的区域协调发展。促使产业高度集聚的地区和产业布局较少的地区进一步优化布局适合地区资源禀赋特征的产业；三是以新能源密集型产业（如新能源汽车产业等）发展突破能源消费结构和产业结构的区内协调优化和区际协调优化。

支点四：能源—产业—区域一体化，也可称为能源、产业与区域协同发展。既要打破单纯的能源开发、产业发展的孤立发展模式，也要打破区域发展只管自己"一亩三分地"的思维定式，实际上就是要打破行业分割和区域的分割、各自为政。要按照优势互补、互利共赢的原则，走一条可持续的协同发展新路子。要面向全国统一的大市场、全区域，产业要对接、要分工，能源要支撑，要对现有的高能耗产业链进行重组，要重新整合资源，构筑一体化的能源—产业—区域价值链。

第 11 章　能源消费结构和产业结构协调优化路径探索

11.1　以能源消费结构调整促进产业投资结构优化

根据前文第 5 章构建的产业投资结构优化内在作用机制模型和实证结果，发现中国能源消费结构的优化、技术进步以及行业投资、环保治理、价格等因素均对采矿业、热力、制造业和电力、燃气和水的生产和供应业的投资结构有不同的优化作用。但考虑各地经济发展状况、产业发展基础、资源条件等背景的差异，应采用宏观规划因地制宜地对各地区的各行业投资结构制定差别化、有针对性的优化方案。由此，从能源消费结构优化方面提出如下促进产业投资结构优化的建议。

（1）加强政府调控力度，加快价格机制的完善和能源市场限量定价政策的推进，促进能源消费结构的优化。

作为市场机制的核心价格机制，要求价格由市场自发形成，要求价格在市场有效配置资源时起着决定性作用。近年来，中国价格改革步伐明显加快，但能源领域等垄断行业的某些关键环节价格改革还有待深化。中国的能源消费结构以煤为主，煤炭资源价格低廉，经济发展自然离不开丰富的煤资源。促进价格机制的逐步完善，加强政府对能源市场限量定价方面的调控力度，从劳动力、资本及产品价格等方面，提高传统能源的消耗成本，降低新型能源的使用成本，进而促进能源消费结构和产业投资结构的优化，促进能源和资本资源的高效利用。

一方面，要加快推进能源价格市场化改革，推进电力、天然气等能源价格改革，促进市场主体多元化有序竞争，在适当的时机放松政府对成品油价格的管制，加快放开天然气气源和销售价格，有序放开上网电价和公益性以外的销售电价，建立主要由市场决定的能源价格形成机制。另一方面，严格控制区域煤炭消费总量，推进煤炭的清洁化利用，并通过适当的财税优惠政策引导企业积极开展绿色技术创新，加大政府对节能减排和污染防治技术研发的支持力度，并推进能源价格的市场化改革，以有效抑制能源回弹效应，依靠市场化机制实现绿色清洁能源对传统化石能源的逐步替代。

因此，应该建立健全政府引导的市场价格形成制度，对国计民生重大战略领域不得不由政府定价的，要实行政府定价项目清单化，规范和公开政府定价程序，加强成本监审和成本信息公开。加强市场价格监管，逐步确立市场竞争对价格形成的基础性地位，健全市场价格行为规则，完善价格社会监督体系。充分发挥价格杠杆作用，更好服务宏观调控，加强价格总水平调控，健全生产领域节能环保价格政策，完善资源有偿使用制度和生态补偿制度，创新促进区域发展的价格政策。

（2）加强环境污染的监管治理力度，鼓励环保产业的发展，完善污染治理的绿色产业链，加快推进工业污染物排放的治理进程。

环境规制对工业中高耗能、高污染的企业的生产性投资有一定的消极作用，从而对工业能源消费结构优化有一定的促进作用，抑制污染企业的发展。习近平总书记考察时亦提出，从压减燃煤、调整产业、强化管理、依法治理等方面采取相应措施以应对空气污染，改善空气质量。但目前，由于中国的污染治理力度不够，管理系统并不完善等原因，使得这样的消极作用并不显著。同时，为追求经济增长，更多的资源会投向更具有增长效应的领域，而非无增长效应的环保领域（彭昱，2012[229]）。因此，我们应以相应的政策法规，加强对工业污染物的排放尤其是工业废气的排放的治理力度，不仅要加大对事后污染的监测和治理力度，更要在工业生产过程中加强对污染源的监管和治理。

目前来看，中国的环保行业总体规模尚小，相比发达国家还有很大差距，产业链和支撑体系也还不完善，难以实现对环境污染的系统、有效的治理。鼓励环保企业的发展，形成包括技术研发、产品制造、设备安装和运行以及后续维护服务等完整的产业链，对中国环境污染的有效治理有至关重要的作用。因此，要通过市场性环境规制手段倒逼能源消费结构和产业结构向绿色低碳方向优化，并建立绿色低碳发展的长效机制，以保持政策实施的连贯性；同时，加快促进传统产业向绿色低碳方向转型升级，推动产业生态化、生态产业化，补贴清洁生产，发展绿色金融，推动重化工业等传统产业绿色改造，构建绿色产业体系。

（3）鼓励扶持清洁能源的研发及普及，加大科研投入，提高能源利用率和环境生产效率，促进技术水平的提升。

目前，中国的能源消费结构依旧以煤炭、石油等传统资源型能源为主，尤其是重工业生产和电力结构对煤炭的依赖程度非常高，随着电力需求的日趋增长，电用能源结构的优化对中国能源结构优化有重要的作用。2019年，中国火电发电量占全国总发电量的72.32%，其中燃煤发电量占火力发电量的比例就高达90%以上。但由于煤、油资源污染度高，提炼复杂，加上煤炭资源的有限性和燃煤带来的污染，过度依赖煤炭资源的能源消费结构对经济发展方式由高碳经济型向低碳经济型转变有较为明显的滞后作用。因此政府应出台相应的优惠政策，鼓励扶持清洁能源的研发及普及，降低清洁能源的开发和使用成本，从而普及清洁能源的使用，同时技术水平的提高也有利于提高能源利用率，降低能源成本，减少污染排放。

目前，中国的能源消耗量与环境污染程度位居世界首位，但节能技术和产业的发展还不完善，使得中国陷于越发展越污染的境地。重视节能技术和环保产品的推广，从根源上减少污染物的排放。因此，应扶持相关技术及清洁能源的研发及普及，鼓励能源和环保技术的发展，促进资源的优化配置，减少污染排放，进而倒逼产业投资结构的优化升级。

（4）完善金融和管理体系，从资本和劳动力价格入手，促进产业投资结构的优化。

中国依旧是一个未完成资本积累的发展中的经济体，在经济发展方式的转型过程中，更多的工业产业将从"制造"向"创造"转变，金融市场将进入快速发展阶段。新常态下的经济增长，应该依靠优化投资结构来推动经济发展，鼓励扶持新型工业产业的发展，降低能耗较大的产业的投资比重，加快高耗能高污染产业的结构转型，从压减燃煤、调整产业、依法治理等方面采取措施以应对环境污染问题，推动经济的转型发展。因此，应加快能源供给侧和产业供给侧改革，矫正能源行业和产业行业的要素配置扭曲，扩大新能源和绿色产品的供给——增加有效供给，提高能源领域和产业领域供给结构对各自需求领域变化的适应性和灵活性，进而促进能源行业和产业行业协调可持续发展。而有力的财力保障是供给侧结构性改革的重要前提，故要优化投融资结构，尤其是加快完善地方金融体系，促进资源整合，实现资源的优化配置与优化再生。

过去的金融市场主要服务于大型国有企业，对创新性的中小企业的支持以及保护中小投资者的权益方面相对不足。要充分发挥金融体系对产业转型的支持作用，需要有良好的市场投资环境为支撑。而目前相关制度体系不健全，闲散资金缺少充足的激励去投入金融市场。因而，应从优化上市审批制度、健全信息披露制度、完善相关法律制度等方面着手，优化金融市场的投资环境，建立多层次金融市场，进一步发展场外市场的股权融资平台，为实体经济的经济活动提供持续性的支持和推动。故此，需要进一步完善中国的投资管理和金融融资体系，确保顺利的融资渠道，使资本得到合理、有效的利用，达到生产质量和环境质量、经济和环境的均衡，实现资源的优化配置和社会效用的最大化。

（5）通过一定政策调控，合理规划产业转移，淘汰工业过剩产能，促进产业内部提质增效，引导产业资本的流向，实现产业投资结构的优化。

中国第三产业比重已经超过第二产业的比重，但多数资源密集型产业集聚的资源大省还仍然是工业占比最高，更有甚者工业产量达到经济总量的一半以上。因此，从优化能源消费结构来升级产业结构的视角来看，在这些传统产业居多的省份，必须控制并逐步降低传统能源的消耗比重，从而倒逼钢铁、水泥、玻璃等行业的落后产能的淘汰，控制传统工业的产业规模。并在制度安排层面上规划好污染型产业的区位转移方向。政府应充分考虑到污染的外溢效应，避免污染行业的过分集中，通过对这些产业的区位调度及合理配置，减少经济增长带来的负外部效应，进而提高要素配置的整体效率，实现增长方式的平稳过渡。

一方面，加大工业行业内的节能技术的研究、开发和推广，降低工业内部的能源消耗强度，并进一步优化行业内的能源消费结构，进而促进传统工业结构的优化。在当前区域经济一体化与"一带一路"建设的背景环境下，应积极抓住战略机遇，将地方资源优势工业产能借势"走出去"。另一方面，应发挥自身优势，积极探索工业行业内部转型升级的路径，可以通过制定和完善环境规制的相关法规、标准和政策体系，以及征收环境税、碳税、资源税及构建全国性的排污权交易市场等市场激励型的环境规制手段，提高高污染、高耗能行业的环境进入门槛，加快淘汰落后产能，提高环境生产效率。在"中国制造2025"的指导下，实施创新驱动、绿色发展，转变高污染、高耗能的粗放型发展模式，实现产业整体提质增效。

11.2　以能源消费结构调整促进制造业结构优化

（1）完善能源税收补贴体系。

基于能源消费结构清洁化，对制造业结构的优化主要包括化石能源比重下降和新能源占比上升两个方面，中国应持续完善以能源税为主体、新能源补贴为辅的能源税收补贴体系，推动能源消费结构的优化，促进制造业结构升级。鉴于政策实践往往存在难以落地、界定不明等现象，特别是能源层面的税收补贴涉及到经济、社会等多个方面，牵一发而动全身，为此：一是加快政策出台和立法，完善中国能源税收体系，逐步加强化石能源税的征收；二是针对不同的能源品种合理设置相应的税率，化石能源多征税，由于中国能源消费具有"富煤、贫油、少气"的特征，煤炭消费量居高不下，因此应重点加强对煤炭的征税，同时为鼓励新能源使用，应对清洁能源、可再生能源实行减免税和补贴；三是减少煤炭占比需要一个长时间的过程，目前应从煤炭能源利用效率和生产工艺的革新入手，对企业节能技术研发和引进给予补贴。

（2）实行差别化能源结构调整政策。

中国能源消费结构对制造业结构的影响具有明显的区域异质性，因此政府在进行政策设计的过程中，必须结合各地实际情况，指定有地区特色的能源结构调整政策，在政策落实过程中因地制宜，才能减小变革阻力，获得各方主体的支持。东部地区的经济增长对于制造业的依赖性较小，服务业也能提供充足的增长动力，其能源消费对于化石能源的依赖相对较弱，具有调整能源结构、升级制造业结构和推动政策落地的积极性和主动性；而东北地区作为老工业基地，众多支柱性产业都以化石能源为支撑，照搬东部地区的政策制度，对能源消费实行"一刀切"将会打击到经济正常运行，损害区域经济利益，并激起地方民众强烈反抗，形成地方保护主义，导致政策无法落实。因此，中国政府必须在充分考虑东部、中部、西部和东北地区实际经济状况的基础上进行能源政策设计，分阶段分地区逐步实现能源结构和制造业结构调整。同时，为了鼓励中西部和东北地区政策实施，减小阻力，可以适当给予补贴和减税。

（3）重视制造业结构的空间溢出效应。

构建区域制造业的协同发展格局。制造业结构具有空间负向外溢效应，即某一省份制造业结构改善抑制了邻近省份制造业结构升级，因此要重视制造业结构在空间层面的互动机制。政策制定应注意加强区域联系合作，在地理位置邻近、文化背景相似、资源禀赋相近的地区间制定产业协同发展规划，减小资本、技术和劳动力等要素的流动壁垒，促进其双向流动，发挥先进技术、知识和生产模式等的正向溢出效应，发挥好制造业高水平地区对低水平地区的辐射和带动。同时，制造业结构低水平省份要发挥自身生产要素成本低等比较优势，积极承接产业转移，但也要有选择地接受产业转移，拒绝高污染、高排放、低技术的企业迁入。

（4）推进能源政策与制造业结构相协调。

第 6 章实证研究发现，能源消费结构在不同地区对制造业结构升级的影响具有显著差异，因此应努力实现能源政策与制造业结构相协调，最大化发挥能源政策的效力。东部地区的制造业结构较优，其经济增长对于高耗能制造业的依赖性较小，对化石能源的依赖相对较弱，具有主动推动能源政策落地的积极性和主动性，未来政策应加强在东部地区的能源消费结构调整力度，促进其大力发展新能源，逐步提高东部地区的能源自给率。对中西部地区而言，众多支柱性产业都以化石能源为支撑，照搬东部地区的政策制度，将会打击到经济正常运行，损害区域经济利益，不利于就业与社会稳定，导致政策无法落实，因此中西部地区能源政策的推进要循序渐进。

（5）鼓励技术创新，加强人才引进。

技术和人才是制造业结构升级不可或缺的要素。政府应加强对能源技术创新和人才引进的补贴力度，用政策优惠吸引高技术产业入驻。同时，政府应重视地区内部人力资本结构不合理的问题，应引进专业知识技能对口的人才来匹配制造业需求，重点吸收高技术人才和高素质劳动力。

11.3　以产业结构调整促进能源消费结构优化

当前中国经济进入新常态，中国经济由高速增长转向高质量发展，能源经济是其中重要的内容，政府的相关决议和规划也提出要大力推进能源革命，积极发展新能源和可再生能源。而作为实现经济高质量发展的重要手段，产业结构的调整不仅决定了社会经济发展，也会对能源消费产生巨大的影响。本文研究发现，产业结构升级能够有效促进能源消费结构的优化，对实现能源的高质量发展具有重要意义。因此，结合实证分析结果，提出以下对策建议。

（1）以产业结构升级促进能源消费结构优化。

前文实证表明，产业结构合理化和高度化都对能源消费结构优化具有显著促进作用，因此要因地制宜地采取相关措施，推动地方产业结构尤其是高耗能产业的转型升级。在这方面，本书结合相关实证结果，提出以下三点建议。

第一，要通过产业结构调整实现能源消费总量的降低和能源消费结构的改善。各地政府要重视当地产业的协调发展，提高产业结构合理化水平。要针对不同行业的特性确定合适的行业规模，控制重化工业、高耗能行业的比重，积极发展当地具有比较优势的新兴产业、第三产业等，比如部分地区利用自身优势，集中资源打造特色的高新技术产业、战略性新兴产业等。同时要大力发展光伏发电产业、节能产业、环保产业、动力电池回收、新能源密集型产品等绿色产业，发展这些绿色产业能够有效改善能源消费结构，政府要加以鼓励、扶持。同时，要重视各个行业内部产业结构的提升，促进产业集约化生产，逐渐形成相对完善的产业集群，鼓励企业提高生产层次，向高附加值的生产环节转变，降低生产能耗，减少环境污染。这方面，主要还是以企业为主导，地方政府要通过改革相关制度、完善基础设施等手段，尽量提供优越的营商环境，降低企业运营成本。

第二，重视产业结构的高级化发展，通过产业内生的技术创新促进能源消费结构的优化。一方面，要通过政策支持和税收优惠等多种手段引导产业升级，鼓励企业增大技术投资比例，提高产品的技术含量，淘汰落后的高能耗设备，引进先进的生产方式，实现低碳化生产。另一方面，要加强对技术创新的资金投入，各地政府要因地制宜，采用设立政府引导基金等形式激发企业的创新活力，通过技术的进步真正实现当地产业结构和能源结构的优化，达到经济、能源、环境的均衡发展。对于创新型的企业，政府应给予一定的支持，比如人才引进的优惠政策、技术攻坚的资源支持以及建设科技共享平台等，树立地区科技创新示范企业，有利于带动地区整体的创新能力的提升。此外，对外开放对产业结构优化具有重要促进作用，各个地区应该有计划地引进外部的资金、技术和生产经验，带动当地产业结构合理化、高级化。

第三，正视区域间产业结构和能源消费结构的异质性。每个地区的经济发展水平和产业发展层次、能源结构特征都不一样，相关政策的制定要有针对性和侧重点，通过完善的产业政策、能源政策及产业—能源协调发展的政策体系，推动区域能源高质量发展的制度化、规范化。东部地区应注重新能源的推广与能源技术的进步，地方政府应鼓励新能源密集型产业发展，大力推广新能源的使用，实现产业结构与能源消费结构的协调发展。而中西部地区调整不同的产业协调发展，淘汰高耗能、高污染的落后产业，以产业结构升级带动能源消费结构优化。尤其是西部的一些资源大省，虽然能源资源丰富但产业发展水平并不高，要充分吸收先进的生产技术，加快当地产业的转型升级，引进高技术产业，降低当地经济发展对低效能源资源的依赖。当地政府可以有针对性地对一些高耗能行业进行监管和帮扶，促使企业逐步转向清洁化生产。最后，地方政府无论制定怎样的产业或能源发展规划，产业政策的持续性必须得到保证，才能推动地方经济的平稳发展。

（2）促进地区间能源消费协调发展。

本书研究发现中国的省际能源消费结构具有显著的空间相关性，而这种空间关联不仅来源于能源、技术等生产要素的流动，也与各个地方政府政策层面的空间互动息息相关，因此中央和地方政府在制定相关产业和能源发展的政策或规划时，必须对这种能源消费的空间溢出效应给予重视，并尽量发挥其积极作用。

首先，政府相关部门在对地区经济发展进行考量时，应加入能源效率、环境保护等因素，促使地方政府在政策制定时能够加强对节能、清洁化生产的把控，促进经济的高质量发展。各个地区的能源开发和利用要与当地的经济发展相适应，经济发达的地区更要注重能源消费和产业发展的环境影响，并且要采用科学的方法对地区的能源经济发展进行评估和分析，实现经济发展的效益最大化。在评估方法上，能源消费质量与碳排放、空气质量等息息相关，相关监测系统的建立和完善是地方能源经济评价的重要参考。此外，要制定合理的政策考察周期和制度，引导地方政府在产业发展和节能减排等方面的良性竞争，加强后期追责，避免地方政府追求短期经济高速低质发展的短视行为，保证能源资源和产业的可持续发展。在这一点上，中央和各地政府的制度设计尤为重要，政府在制定绩效考核、政治晋升等方面的制度时要注重科学性和长效性，尽量明晰和规范考核内容，最大化地保证相关产业和能源发展决策的正确性、可持续性。

其次，政府在制定相关政策时要注意区域协调，加强各省在能源结构调整上的合作交流，实现省域能源消费结构的协同发展。中央政府需加强统筹协调，尤其是在顶层设计上做好战略规划和政策引导，推动各个地区在产业规划、新能源产业建设投资等领域的发展合作，避免重复建设，实现区域的共赢发展。地方政府在制定相应政策时，既要响应中央政府的统一部署，也必须立足自身条件综合考虑各方面因素，循序渐进、稳步推进各项投资建设。同时充分发挥先进地区的示范效应，加强地方政府之间的交流，促进地区间能源技术和清洁能源资源的等要素流动，实现区域间能源消费结构的相互促进。落后的地区要积极提高对外开放水平，充分吸收先进的生产技术，积极承接产业转移，提升经济效率。

（3）加快新能源产业发展。

中国的能源需求量巨大，且长期存在固有的能源消费习惯，要想改变中国当前的能源消费结构并不容易。从对中国当前能源供需的现状分析可以看出，新能源的开发和推广是中国提升能源发展和环境质量的重要内容，新能源的发展有助于满足日益扩张的能源需求、降低能源的对外依存度，也能替代传统能源消费、优化能源消费结构，缓解中国经济发展中的环境压力。只有足够高比重的新能源供给才有可能在满足能源需求增长的同时，用清洁的新能源替代高排放的传统能源，同时新能源的广泛使用也是推动产业结构与能源消费结构协调优化的重要基础。

十几年来，中国的新能源产业取得了飞跃式的发展，各种能源技术也取得了很大的进步，中国的风力发电、太阳能发电等相关产业都具备了一定的规模和实力，但新能源产业还是存在稳定性不高的问题。新能源企业多属于资金密集型和技术密集型产业，其在建设和生产经营过程中需要投入大量资金，大量投资的同时也存在较大的风险。因此政府应出台相应的金融扶持政策，引导资金进入新能源产业，并鼓励银行等金融机构为有潜力的新能源企业提供完善的金融服务，加强相关金融平台建设。同时政府也要制定严格的资金扶持政策，在对相关产业进行补贴时要提高技术门槛，将更多的资金向高技术企业和高技术产品倾斜，制定合理的资金支持力度和配额，加强监管，避免重复建设或是"骗补"等现象的出现。新能源产业的发展离不开技术的积累和进步，要加强建设以企业为主体的创新体系，鼓励企业和高校合作，探索完善新能源领域的"产学研用"机制。技术创新的实现不能闭门造车，要加强国际交流，吸引优质的资本、人力要素充实自身研发实力，不断缩小与发达国家之间的差距。

此外，要想加快新能源的推广使用，实现低碳能源的替代，除了在加强新能源的开发供应，还要加强基础设施的投资建设，打造完善的配套产业链。以新能源密集型产业为例，前期的发展新能源企业的技术逐渐成熟，成本也大大降低，接下来要大规模地推广普及，就必须完善配套的基础设施，加快充电桩的建设普及，同时建立统一的、标准化的管理平台。当然，相关基础设施的建设必须在科学规划的前提下进行，要保证投资的质量和效率，避免过度竞争和资源浪费的产生。在这方面，需要政府协调各方责任主体参与，完善相关责任制度，加强对相关企业的监管。

（4）以工业结构调整促进能源消费结构优化。

通过第 7 章的实证研究发现，中国工业结构合理化、工业结构高级化、能源消耗强度、规模以上工业企业数量、能源价格、外商直接投资等因素均对能源消费结构有不同的优化作用。但是中国在能源消费结构升级方面还面临诸多问题，主要问题如下：一是中国的工业合理化水平总体上来说水平较低，并且地区间的发展水平存在较大差异；与工业合理化水平相比，工业结构高级化水平整体的提升幅度较小，高附加值产业和高新技术行业的数量和水平增长较为缓慢，整体的工业升级进程较为缓慢。二是中国的能源消费结构仍然是处于高能耗、高污染、能源利用率低的较低水平，特别是黑色金属冶炼等重工业行业的能源消耗水平巨大，并且这些重工业行业的单位能耗非常高，这些行业在未来仍然具有极大的节能减排和降耗压力。三是由于不同地区之间存在主导产业、资源优势和发展阶段等因素的差异，各地区间的能源消费结构也存在着较大的差异。综合权衡各地区间的实际经济发展水平、实际能源资源优势和实际工业发展基础等条件的不均衡，最终决定采用总体宏观规划和因地制宜的方式，对各地的各个行业的能源消费结构制订更具针对性和差异化的有效调控方案。因此，我们从区域差异化水平、外商投资水平、工业结构和能源价格等方面，针对性地提出如下能源消费结构优化建议。

第一，引导工业结构转型升级。工业结构升级能够带动能源消费结构的升级，各省域政府应该合理引导工业结构升级，根据当地工业结构发展的状况，引导其朝节约化石能源，运用新能源方向发展，继续加大对节能减排企业的技术创新、资金与政策扶持力度，不断促进工业结构向绿色技术创新的更高目标发展。各地政府应该鼓励各工业企业投入研发成本、更新生产设备等，引导工业企业从资源密集型向资本密集型和技术密集型转变，选择合适的企业规模和工业行业规模大小，促进工业内部各行业的协调稳定发展；此外，还要加强省域之间的交流合作，通过地区带动和地区转移作用，构建合理的工业价值链和工业价值体系，确保工业结构在空间上的合理性。

第二，促进能源价格定价机制市场化改革。加速推进能市场限量定价政策的实施，继续推进能源定价机制的完善，不断促进能源消费结构的优化与升级。通过逐步完善能源定价机制，继续加强对能源市场限量定价的宏观调控力度，分阶段逐步提高传统能源的消耗成本，逐步降低新能源的使用成本。

加快推进能源价格机制与市场化接轨，推进石油、煤炭、天然气和电力等多种能源的价格定价机制的改革，适当控制煤品的价格，开放油品的价格，放开天然气的价格，建立完善的能源价格的市场化调控机制。此外，政府严格管控区域煤炭能源消费总量，推进煤炭资源高效与清洁化利用，并且通过财政税务优惠政策引导本地区企业积极参与绿色技术创新的活动，继续加大对节能减排和相关技术的研发的企业的扶持与投资，进而有效抑制能源回弹效应的产生，依靠社会主义市场化机制的优势，分阶段有序化实现绿色清洁能源代替传统化石能源的要求。

第三，合理引进外资。在实证研究中，外商直接投资总体上会对能源结构的升级产生显著的负效应，说明外商投资的产业多数为高能耗低附加值产业，会降低外企能耗在能源消费中的占比，不利于能源消费结构的升级。而在分样本回归中发现，外商直接投资对能源消费的影响显著为正，这与总体的样本回归相矛盾。外商投资的增加，企业一方面会借鉴其生产经验和生产技术，促进劳动生产率的提高，减少对能源的消耗；另一方面会增强对其生产技术、操作技能的依赖，导致企业丧失了原本的创新能力和动力，无形之中增加生产过程中的能源消费。因此，应该合理引进外资，将外资控制在促进企业发展，不抑制企业创新的范围内，这样才能有效促进能源消费结构的升级。

第四，重视空间溢出效应，实行区域差异化政策。由于能源消费结构的空间溢出效应的存在，区域之间应该实现协调化治理。从总体上看，根据不同地区的现实发展状况，对症下药，实行差异化的节约能源、降低能源消耗的政策。由于各个地区之间的经济发展水平不同，能源消费结构也存在着较大的差异，因此需要我们根据各地区的实际发展需要，制定出合理有效的经济发展政策与可持续发展规划，从而能够高效合理地宏观调控省域能源消费结构，提高生产效率，降低生产成本，提高经济效益。

从各地区来看，东部沿海地区和中部内陆地区、西部边远地区在能源消费结构方面的政策侧重点应该各不相同：东部沿海地区应该更重视新能源的开发、新能源市场推广使用、传统能源的替代能源寻找，侧重点是工业与能源的协调，而中部内陆地区和西部边远地区应该将侧重点放在承接结构合理的工业转移，淘汰传统高能耗高污染的工业上，重点是促进工业结构的转型升级。

11.4 以宏观调控推进能源消费结构与产业结构双向协调优化

（1）提升政府调控水平，建立健全相关制度。

根据前第8章的实证结果，政府宏观调控会对我国能源消费结构与产业结构协调优化产生影响。因此，政府必须建立健全相关制度，加强宏观调控。

第一，坚持改革开放，提高对外开放水平。回归结果表明对外开放水平对我国能源消费结构与产业结构的协调优化具有正向影响。企业可以引进先进的生产技术、经营方式和新产品，并积极投资高新技术产业和新能源产业，同时制定合理的环境规制政策，发挥其正向调节作用。

第二，注重城镇化的发展质量。回归结果表明城镇化对我国能源消费结构与产业结构协调优化具有负向影响。政府应该尽可能地抑制城镇化水平提高对能源消费带来的增长，在城镇化发展的同时控制能源消费，减少环境污染。一方面，减少高能耗产业，加快发展新能源产业；另一方面，倡导绿色消费理念，鼓励居民低碳消费。

第三，要加强对能源工业的投资力度，提高科技创新能力。资本水平的高低不仅影响到企业厂房机器设备的质量高低，而且还会影响技术进步的程度，技术进步会对能源效率的提高产生正向影响，而能源效率的提高有助于能源消费结构与产业结构的协调优化。

第四，加强人才引进，提高人力资本水平。我国要注重高技术人才的培养和引进，一方面，增加教育经费的投入，加强教育的基础设施建设，完善教育体制机制，发挥人才优势，促进教育资源的优化配置并使得教育教学成果最优化，培养各领域、各层面、各岗位的高技术人才；另一方面，加强人才引进，政府要制定和完善相关的政策制度，适当提高人才的福利待遇，增强对高技术、高水平人才的激励。

（2）以差别化能源政策促进区际产业结构协调发展。

根据不同区域的发展现状实施差异化政策，建立区域合作机制，促进地方的工业能源消费结构和行业投资结构的优化。由于各地区的经济发展状况和能源消费结构的差异，我们需要针对不同地区的发展状况制定适宜的规划和方针政策，以便合理、高效的调控区域投资结构，促进经济发展方式的转型和产业结构的调整，进而促进能源消费结构的优化和环境污染的治理，使得资本和资源能够得到充分有效的利用，提高生产和生活的环境质量。政府可以派专门的考察团队，到各地区尤其是污染高发地等特定地区进行实地考察，进行适宜、合理的机制设计，针对不同区域的发展特征，制定差异化、有效的减排政策。根据第7章的实证分析结果发展，政府宏观调控、市场程度和环境规制对我国能源消费结构与产业结构协调优化的影响存在区域异质性。西部地区和东北地区的经济发展水平相较于东、中部地区较为落后，一方面基础设施建设不足，无法为工业的转型升级提供基本保障；另一方面，西部地区和东北地区人才短缺，引致创新水平低、技术进步不足、能源利用效率低等问题，这些都阻碍了能源结构的优化升级。东部地区工业化程度较高，对传统能源的依赖程度低，具有能源结构调整的积极性，而西部地区和东北地区的经济发展对能源的依赖程度较高，若实施与中部和东部相同的能源政策，可能无法达到预期效果。因此，政府必须充分考虑各地区的具体情况，实施与之相适应的政策，使各地区逐步实现能源消费结构与产业结构的协调优化。

第一，东部地区，聚集了中国绝大多数的产业，为中国高排放核心区。要促进供给侧改革，进一步完善市场价格机制，促进油品、天然气的消耗结构的提升，并加快工业的污染治理体系和环保规制的完善，进而促进能源消费结构与产业结构的高水平协调发展。

第二，中部地区，面临着东部地区将污染产业向其转移而产生的污染"泄漏"问题，部分省份也是高排放区域。要加速产业结构优化进程，就要重视承接基础的升级改造，加强对工业废水和固体废弃物的监控和治理，完善价格机制，适当降低煤品消耗结构的降低和天然气、电力比重的提升，进而促进采矿业、生产和供应业的行业结构的均衡发展，并提高制造业结构。

第三，西南地区，要大力发展高新技术，完善市场机制，实现传统产业的改造升级，进而促进西南地区的采矿业及生产和供应业的投资结构的优化，实现经济发展与能源消费结构的协调发展。

第四，西北地区，也面临着承接东部地区产业转移而产生的污染。借助从东向西的产业转移的契机，通过科技创新与进步，努力将自身打造成为传统产业升级换代的区域平台，实现经济增长方式的转变，并缓解日益加重的环境压力。要利用资源和地势优势，以特色产业为突破口，促进产业结构的优化升级，并加强环保规制和完善市场机制，促进煤、油消耗比重的降低。同时政府可提供有效的物质激励，完善中央与地方、地方与地方之间的转移支付，从而在节能减排的政策的有效实施上，实现真正的激励和相容。

第五，东北地区，要积极引进新型技术，完善能源市场价格机制，促进煤品、油品的消耗比重的降低，改造夕阳产业，发展新兴产业，调整传统采矿业及生产和供应产业的产业投资结构，实现老工业基地的产业转型和振兴。

在区域差异化策略下，考虑到环境污染的扩散性特征，某个区域的治污努力，可能因为区域间的污染的扩散效应而变得徒劳无功，因此，应加强区域联合执法与监督力度，试行区域环境监控信息共享、防污联合预警机制，相互积极配合，形成有效的环境污染治理的区域合作。通过共同规划和实施环境治理方案，在总体的环境约束条件下实现区域内部个体的效益最大化，确保环保政策的有效实施，最终达到控制环境污染、共享治理成果的目的。

11.5 以市场机制驱动能源消费结构与产业结构双向协调优化

完善市场机制，发挥市场调节作用。目前，中国能源还未完全实现市场化，政府对能源市场的过度干预使得能源价格无法反映能源资源的稀缺程度和真实的供求关系，而且中国国内能源价格相对较低，对能源生产结构、能源消费结构和国家能源安全都会产生不利影响，因此，我国应尽快完善市场机制，使市场充分发挥调节作用。

第一，政府应尽量避免对市场进行直接干预，而应该通过市场的传导机制达到宏观调控的目的。实证结果说明政府对能源市场的过度干预会对中国能源消费结构与产业结构协调优化产生负向影响。虽然收取排污费能够对企业形成最直接的约束，但会使市场缺乏活力，而且对政府来说管控成本较高。因此，必须激发市场主体的积极性，通过市场调节作用对企业的生产行为和消费行为产生约束。

第二，要建立良性竞争市场。目前，中国电力行业垄断程度高，市场机制无法有效发挥作用，而传统能源市场过度竞争使得能源价格偏低，传统能源过度开采、过度消费，对传统产业转型产生抑制作用。政府可以提高传统能源的行业准入门槛，加大能源税的征收，迫使一些生产效率低的企业退出市场，而对新能源企业加大补贴，促进新能源企业进行生产经营模式的创新优化，增强新能源产品在市场上的竞争力，同时加强对新能源企业的监督，防止生产者的寻租行为，减少资源浪费。

11.6 以环境规制诱导能源消费结构与产业结构双向协调优化

优化环境规制工具，科学制定环境政策。模型回归结果显示，环境规制对我国能源消费结构与产业结构协调优化具有显著的正向影响。因此，制定科学合理的环境政策，优化环境规制工具对双向协调优化具有重要意义。

第一，政府要制定科学合理的环境标准。政府可以提高环境标准和污染物排放标准增强对工业企业的约束，但标准的制定不宜过高，过高的标准会使得减排成本较高的企业承担更高的成本，一方面可能会对生产和经营不利，甚至导致企业无法正常运转，另一方面也不利于企业进行优化升级。因此，政府要通过严格的评估和考察制定合理的环境标准，既不能因标准太低降低对工业企业的约束，同时也不能因标准太高，抑制工业企业尤其是高耗能、高污染、低效率企业的创新积极性。

第二，要充分利用市场机制实现环境规制的目标。通过政府行政命令实施的环境规制具有刚性，而市场型环境规制更为灵活。一方面，工业企业可以实现环境成本跨期分担，不仅能够对企业产生约束，促使企业提高排污能力，还可以使企业协调生产；另一方面，工业企业生产规模大、减排成本低会降低对企业减排的激励，但通过市场的调节作用，价格会进一步反映真实的供求关系，导致环境成本增加，激励企业减少对传统能源的消费、提高排污能力、加强自我监管，从而改善能源产品结构和产业结构。因此，政府要优化市场规制工具，充分利用市场机制，并积极完善相关配套制度。

第三，要加大环保宣传力度。一方面，企业会自主推动绿色技术创新，降低能耗，实现产品优化；另一方面，消费者会增加低碳消费，由传统能源产品转向新能源产品，促进传统能源产业向新能源产业转变，从而协调优化能源产业结构和产业结构。

附录 产业结构合理化与高度化测算

附表1

2003～2017年中国30个省份产业结构合理化指数

省份	2003年	2004年	2005年	2006年	2007年	2008年	2009年	2010年	2011年	2012年	2013年	2014年	2015年	2016年	2017年	2003～2017年总变化率（%）
北京	0.79	0.80	0.85	0.91	0.92	0.93	0.94	0.95	0.95	0.96	0.96	0.96	0.96	0.96	0.96	21.7
天津	0.74	0.76	0.76	0.78	0.77	0.75	0.78	0.82	0.84	0.85	0.87	0.86	0.85	0.88	0.91	23.8
河北	0.39	0.46	0.54	0.57	0.61	0.63	0.64	0.66	0.68	0.69	0.71	0.72	0.73	0.73	0.71	83.7
山西	0.29	0.37	0.43	0.49	0.49	0.49	0.54	0.57	0.56	0.58	0.62	0.64	0.71	0.73	0.72	144.1
内蒙古	0.32	0.34	0.37	0.39	0.37	0.34	0.33	0.34	0.32	0.32	0.34	0.35	0.35	0.35	0.42	31.3
辽宁	0.52	0.55	0.58	0.62	0.58	0.56	0.57	0.59	0.59	0.60	0.64	0.65	0.68	0.74	0.76	45.8
吉林	0.39	0.43	0.47	0.51	0.51	0.52	0.52	0.51	0.45	0.46	0.50	0.52	0.53	0.54	0.55	41.4
黑龙江	0.33	0.37	0.42	0.45	0.49	0.50	0.53	0.53	0.52	0.56	0.62	0.72	0.77	0.79	0.80	139.4
上海	0.83	0.84	0.86	0.91	0.93	0.94	0.96	0.98	0.98	0.98	0.98	0.99	0.97	0.96	0.96	16.0
江苏	0.57	0.62	0.67	0.64	0.76	0.79	0.81	0.82	0.80	0.81	0.82	0.83	0.83	0.83	0.83	46.3
浙江	0.59	0.65	0.70	0.74	0.78	0.80	0.81	0.82	0.84	0.84	0.84	0.84	0.83	0.83	0.83	40.4
安徽	0.16	0.26	0.36	0.41	0.48	0.53	0.55	0.55	0.48	0.49	0.50	0.52	0.56	0.59	0.60	273.7
福建	0.51	0.54	0.59	0.63	0.67	0.68	0.70	0.70	0.71	0.72	0.72	0.71	0.72	0.73	0.74	45.9

省份	2003年	2004年	2005年	2006年	2007年	2008年	2009年	2010年	2011年	2012年	2013年	2014年	2015年	2016年	2017年	2003~2017年总变化率（%）
江西	0.25	0.32	0.39	0.46	0.46	0.48	0.50	0.51	0.50	0.52	0.54	0.55	0.58	0.61	0.63	153.7
山东	0.42	0.47	0.53	0.54	0.59	0.59	0.61	0.63	0.65	0.67	0.69	0.71	0.73	0.73	0.73	73.8
河南	0.17	0.25	0.34	0.40	0.44	0.47	0.50	0.51	0.53	0.55	0.58	0.58	0.62	0.63	0.64	274.3
湖北	0.35	0.40	0.47	0.44	0.57	0.64	0.68	0.68	0.49	0.49	0.50	0.54	0.57	0.59	0.61	72.6
湖南	0.22	0.28	0.37	0.47	0.47	0.51	0.53	0.53	0.55	0.55	0.56	0.56	0.57	0.59	0.59	173.7
广东	0.51	0.54	0.60	0.69	0.69	0.70	0.73	0.75	0.79	0.80	0.81	0.82	0.83	0.83	0.83	62.4
广西	0.10	0.17	0.25	0.32	0.44	0.46	0.47	0.46	0.41	0.41	0.41	0.42	0.42	0.42	0.45	340.0
海南	0.44	0.48	0.52	0.52	0.50	0.52	0.57	0.60	0.59	0.60	0.63	0.65	0.69	0.72	0.72	65.2
重庆	0.23	0.31	0.41	0.42	0.51	0.54	0.55	0.53	0.45	0.49	0.53	0.58	0.62	0.64	0.64	181.4
四川	0.19	0.27	0.36	0.40	0.44	0.48	0.48	0.46	0.46	0.47	0.48	0.50	0.55	0.60	0.63	236.9
贵州	0.15	0.04	0.06	0.12	0.23	0.28	0.34	0.38	0.33	0.35	0.38	0.40	0.44	0.47	0.49	232.0
云南	0.06	0.11	0.17	0.23	0.27	0.31	0.36	0.37	0.36	0.40	0.40	0.42	0.43	0.45	0.47	694.8
陕西	0.17	0.26	0.33	0.37	0.41	0.44	0.50	0.55	0.59	0.42	0.44	0.45	0.47	0.49	0.50	197.4
甘肃	0.08	0.15	0.23	0.28	0.33	0.36	0.39	0.40	0.38	0.40	0.42	0.44	0.48	0.51	0.51	582.0
青海	0.23	0.27	0.32	0.36	0.40	0.42	0.44	0.45	0.44	0.44	0.43	0.45	0.50	0.52	0.56	146.7
宁夏	0.21	0.28	0.36	0.44	0.44	0.48	0.53	0.56	0.38	0.38	0.39	0.43	0.43	0.42	0.45	114.5
新疆	0.35	0.37	0.38	0.40	0.40	0.39	0.42	0.43	0.46	0.46	0.50	0.51	0.54	0.56	0.54	55.9

资料来源：根据式（3.1）计算所得。

附表 2

2003～2017 年中国 30 个省份产业结构高度化指数

省份	2003年	2004年	2005年	2006年	2007年	2008年	2009年	2010年	2011年	2012年	2013年	2014年	2015年	2016年	2017年	2003～2017年总变化率（%）
北京	1.28	1.25	1.21	1.37	1.37	1.40	1.40	1.44	1.44	1.43	1.42	1.42	1.43	1.45	1.47	14.9
天津	1.36	1.39	1.43	1.46	1.49	1.55	1.49	1.48	1.48	1.48	1.47	1.45	1.42	1.37	1.38	1.1
河北	1.24	1.25	1.26	1.28	1.28	1.29	1.31	1.29	1.32	1.32	1.31	1.31	1.29	1.29	1.31	6.3
山西	1.42	1.48	1.48	1.51	1.56	1.60	1.49	1.50	1.56	1.52	1.48	1.41	1.32	1.34	1.38	-2.5
内蒙古	1.23	1.32	1.30	1.36	1.43	1.52	1.50	1.54	1.58	1.58	1.54	1.49	1.47	1.39	1.22	-0.5
辽宁	1.29	1.28	1.30	1.32	1.38	1.44	1.41	1.44	1.46	1.44	1.42	1.39	1.32	1.25	1.27	-1.3
吉林	1.21	1.23	1.21	1.23	1.28	1.30	1.33	1.39	1.44	1.45	1.43	1.43	1.39	1.35	1.36	12.3
黑龙江	1.45	1.49	1.42	1.40	1.37	1.37	1.30	1.34	1.36	1.26	1.20	1.13	1.12	1.12	1.14	-21.6
上海	1.40	1.42	1.42	1.43	1.43	1.43	1.42	1.44	1.44	1.46	1.45	1.47	1.52	1.58	1.59	13.5
江苏	1.32	1.35	1.37	1.41	1.36	1.35	1.35	1.35	1.37	1.36	1.36	1.37	1.37	1.38	1.39	5.5
浙江	1.30	1.32	1.33	1.33	1.35	1.35	1.35	1.35	1.34	1.35	1.36	1.37	1.39	1.40	1.42	9.2
安徽	1.20	1.20	1.19	1.21	1.22	1.24	1.28	1.34	1.44	1.46	1.46	1.44	1.38	1.36	1.35	12.5
福建	1.25	1.26	1.27	1.28	1.29	1.31	1.32	1.34	1.36	1.36	1.37	1.39	1.38	1.36	1.36	9.1
江西	1.19	1.22	1.26	1.28	1.34	1.37	1.37	1.42	1.46	1.45	1.45	1.43	1.40	1.35	1.36	14.6
山东	1.32	1.37	1.40	1.42	1.42	1.42	1.42	1.40	1.39	1.37	1.36	1.35	1.35	1.35	1.36	3.4

省份	2003年	2004年	2005年	2006年	2007年	2008年	2009年	2010年	2011年	2012年	2013年	2014年	2015年	2016年	2017年	2003~2017年总变化率（%）
河南	1.26	1.27	1.30	1.33	1.36	1.40	1.41	1.42	1.43	1.42	1.40	1.36	1.33	1.33	1.34	6.3
湖北	1.29	1.27	1.21	1.24	1.22	1.22	1.25	1.28	1.36	1.38	1.37	1.33	1.32	1.31	1.30	1.1
湖南	1.16	1.15	1.16	1.18	1.21	1.22	1.24	1.28	1.31	1.32	1.32	1.32	1.30	1.28	1.31	12.7
广东	1.37	1.42	1.38	1.37	1.40	1.41	1.39	1.40	1.39	1.39	1.39	1.39	1.39	1.40	1.41	2.5
广西	1.10	1.12	1.11	1.14	1.16	1.18	1.21	1.27	1.32	1.33	1.33	1.32	1.31	1.30	1.22	10.7
海南	0.90	0.89	0.91	0.93	0.96	0.96	0.92	0.96	0.97	0.97	0.96	0.93	0.94	0.94	0.97	7.0
重庆	1.23	1.23	1.20	1.26	1.29	1.32	1.39	1.46	1.52	1.47	1.43	1.36	1.35	1.34	1.34	9.1
四川	1.16	1.16	1.17	1.21	1.22	1.25	1.30	1.37	1.41	1.41	1.42	1.37	1.29	1.25	1.24	6.3
贵州	1.20	1.25	1.21	1.25	1.23	1.24	1.18	1.22	1.26	1.27	1.28	1.27	1.24	1.23	1.25	3.6
云南	1.21	1.23	1.20	1.22	1.23	1.23	1.22	1.27	1.25	1.25	1.24	1.23	1.21	1.20	1.20	-1.5
陕西	1.30	1.33	1.36	1.43	1.45	1.48	1.42	1.42	1.44	1.51	1.51	1.50	1.43	1.40	1.42	9.5
甘肃	1.26	1.30	1.24	1.27	1.32	1.30	1.28	1.33	1.32	1.31	1.29	1.27	1.21	1.22	1.25	-0.6
青海	1.32	1.35	1.35	1.40	1.44	1.48	1.46	1.49	1.56	1.58	1.57	1.50	1.43	1.40	1.25	0.1
宁夏	1.28	1.33	1.30	1.33	1.37	1.39	1.36	1.36	1.43	1.43	1.42	1.41	1.39	1.38	1.32	6.8
新疆	1.18	1.24	1.24	1.30	1.29	1.34	1.27	1.29	1.32	1.29	1.26	1.23	1.17	1.16	1.20	2.1

资料来源：根据式（3.2）计算所得。

参 考 文 献

[1] 查建平，郑浩生，唐方方．中国区域工业碳排放绩效及其影响因素实证研究 [J]．软科学，2012，26（4）：1-6．

[2] 刘亚清，闫洪举．基于环渤海地区的产业结构调整的能源消费效应分析 [J]．系统工程，2018，290（2）：125-133．

[3] 何则，杨宇，宋周莺，刘毅．中国能源消费与经济增长的相互演进态势及驱动因素 [J]．地理研究，2018，37（8）：1528-1540．

[4] 李慧芳，聂锐．中国能耗变动影响因素的 LMDI 分解 [J]．统计与决策，2018，34（13）：135-138．

[5] 贾蕾玉．工业能源消耗结构对投资结构的影响及其地区差异 [D]．长沙：湖南大学，2018．

[6] 张媛，许罗丹．基于 SFA 的微观企业能源效率及影响因素实证研究 [J]．社会科学家，2018（5）：57-63．

[7] 邓光耀，韩君，张忠杰．产业结构升级，国际贸易和能源消费碳排放的动态演进 [J]．软科学，2018，32（4）：35-38，48．

[8] 于明亮，李雨莳，陈文浩，等．长三角地区能源消费变化的驱动因素分解研究—基于1995-2016年数据的分析 [J]．东南大学学报（哲学社会科学版），2020，122（2）：71-81．

[9] Guo Ju'e, Chai Jian, Xi Youmin. Analysis of Influences between the Energy Structure Change and Energy Intensity in China [J]. China Population, Resources and Environment, 2008, 18（4）：12.

[10] B. Liddle. 2013. Impact of population, age structure, and urbanization on carbon emissions/ energy consumption: Evidence frommacrolevel, crosscountry analyses [J]. Population Environment, 2013, 35（3）：286-304.

[11] 申俊，孙涵，彭丽思，聂飞飞，於世为．中国省域居民生活能

源消费的空间效应研究 [J]. 科研管理, 2016, 37 (12)：
82 - 91.

[12] 宋长鸣. 基于通径分析的能源消费影响因素研究 [J]. 干旱区
资源与环境, 2012, 26 (10)：174 - 179.

[13] 郭菊娥. 我国能源消费需求影响因素及其影响机理分析 [J].
管理学报, 2008, 5 (5)：651 - 655.

[14] 范德成, 王韶华. 低碳经济目标下一次能源消费结构影响因素
分析 [J]. 资源科学, 2012, 34 (4)：696 - 703.

[15] 朱承亮. 环境约束下的中国经济增长效率研究 [J]. 数量经济
技术经济研究, 2011 (5)：3 - 22.

[16] 胡军峰, 赵晓丽, 欧阳超. 北京市能源消费与经济增长关系研
究 [J]. 统计研究, 2011, 28 (3)：79 - 85.

[17] Dogan E, Turkekul B. CO2 emissions, real output, energy con-
sumption, trade, urbanization and financial development: testing
the EKC hypothesis for the USA [J]. Environmental Science and
Pollution Research, 2016, 23 (2)：1203 - 1213.

[18] Saidi K, Hammami S. Economic growth, energy consumption and
carbon dioxide emissions: recent evidence from panel data analysis
for 58 countries [J]. Quality and Quantity, 2016, 50 (1)：361 -
383.

[19] Magazzino C. Energy consumption and GDP in Italy: cointegration
and causality analysis [J]. Environment Development and Sustain-
ability, 2015, 17 (1)：137 - 153.

[20] 齐绍洲, 李杨. 能源转型下可再生能源消费对经济增长的门槛
效应 [J]. 中国人口·资源与环境, 2018, 28 (2)：19 - 27.

[21] 赵进文, 范继涛. 经济增长与能源消费内在依从关系的实证研
究 [J]. 经济研究, 2007 (8)：31 - 42.

[22] 徐斌, 陈宇芳, 沈小波. 清洁能源发展、二氧化碳减排与区域
经济增长 [J]. 经济研究, 2019, 54 (7)：188 - 202.

[23] 孟望生. 经济增长方式转变与能源消费强度差异的收敛性——
基于中国 2001 ~ 2016 年省级面板数据 [J]. 资源科学, 2019,
41 (7)：1295 - 1305.

[24] 张宗益, 吕小明, 汪锋. 能源价格上涨对中国第三产业能源效
率的冲击——基于 VAR 模型的实证分析 [J]. 低碳经济与中国

发展, 2010 (6): 61-70.

[25] 柴建, 郭菊娥, 汪寿阳. 能源价格变动对中国节能降耗的影响效应 [J]. 中国人口·资源与环境, 2012, 22 (2): 33-40.

[26] 李崇岩, 王富忠. 能源价格、能源结构与工业能源强度关系研究 [J]. 价格理论与实践, 2019 (8): 56-59, 63.

[27] 刘洽, 赵秋红. 政策对发电企业能源决策的影响及最优化模型 [J]. 系统工程理论与实践, 2015, 35 (7): 1717-1725.

[28] 滕玉华, 刘长进. 中国省际技术进步、技术效率与区域能源需求 [J]. 中国人口·资源与环境, 2010, 20 (3): 30-34.

[29] 姜磊, 季民河. 技术进步、产业结构、能源消费结构与中国能源效率——基于岭回归的分析 [J]. 当代经济管理, 2011, 33 (5): 13-16.

[30] Amir B. Ferreira Neto, Fernando S. Perobelli, Suzana Q. A. Bastos. Comparing energy use structures: An input-output decomposition analysis of large economies [J]. Energy Economics, 2014, 43.

[31] 廖茂林, 任羽菲, 张小溪. 能源偏向型技术进步的测算及对能源效率的影响研究——基于制造业 27 个细分行业的实证考察 [J]. 金融评论, 2018, 10 (2): 15-31, 122-123.

[32] 张志雯, 王子龙. 碳约束下技术创新对能源效率影响的空间计量分析 [J]. 中国科技论坛, 2017 (4): 164-171.

[33] 黄飞雪, 靳玲. 城市化对中国能源消费的影响机制研究 [J]. 产业经济评论, 2011 (1): 104-121.

[34] 王蕾, 魏后凯. 中国城镇化对能源消费影响的实证研究 [J]. 资源科学, 2014, 36 (6): 1235-1243.

[35] Pachaurs, Jiang L. The household energy transition in India and China [J]. Energy Policy, 2008, 36 (11): 4022-4035.

[36] [21] Liu Y B. Exploring the relationship between urbanization and energy consumption in China using A R D L (autoregressive distributed Lag) and FDM (factor decom position model) [J]. Energy, 2009, 34 (11): 1846-1854.

[37] 周敏, 谢莹莹, 孙叶飞等. 中国城镇化发展对能源消费的影响路径研究——基于直接效应与间接效应视角 [J]. 资源科学, 2018, 40 (9): 1693-1705.

[38] 贺小莉. 城镇化进程对能源消费的影响分析 [D]. 北京: 北京

交通大学，2018.

[39] 蔡荣生，刘传扬. 碳排放强度差异与能源禀赋的关系——基于中国省际面板数据的实证分析 [J]. 烟台大学学报：哲学社会科学版，2013，26（1）：104 – 110.

[40] 王军，仲伟周. 中国地区能源强度差异研究——要素禀赋的分析视角 [J]. 产业经济研究，2009（6）：44 – 51.

[41] 盛鹏飞. 中国能源效率偏低的解释：技术无效抑或配置无效 [J]. 产业经济研究，2015（1）：9 – 20，60.

[42] 陈峥. 能源禀赋、政府干预与中国能源效率研究 [D]. 武汉：中南财经政法大学，2017.

[43] Shi Y, Pang N, Ding Y. Environment effects of energy consumption structure based on comprehensive grey correlation degree：from 1998 to 2006 in China [C]. Asia – Pacific Power and Energy Engineering Conference. IEEE, 2009：1 – 4.

[44] 林伯强，李江龙. 环境治理约束下的中国能源结构转变——基于煤炭和二氧化碳峰值的分析 [J]. 中国社会科学，2015（9）：84 – 107.

[45] 孙早，屈文波. 环境规制影响能源消费的直接效应和间接效应 [J]. 现代财经（天津财经大学学报），2019，39（3）：41 – 51.

[46] Ploeg F V D, Withagen C. Is there really a green paradox? [J]. Journal of Environmental Economics & Management，2010，64：342 – 363.

[47] 周肖肖，丰超，胡莹，魏晓平. 环境规制与化石能源消耗——技术进步和结构变迁视角 [J]. 中国人口·资源与环境，2015，25（12）：35 – 44.

[48] 陶长琪，李翠，王夏欢. 环境规制对全要素能源效率的作用效应与能源消费结构演变的适配关系研究 [J]. 中国人口·资源与环境，2018，28（4）：98 – 108.

[49] 殷秀清，张峰. 环境规制、技术创新与制造业能源消费结构均衡度演变 [J]. 统计与决策，2019，35（24）：114 – 118.

[50] Machado G V. Energy use, CO2 emissions and foreign trade：an IO approach applied to the Brazilian case [C]. Italy, Macerata. Proceedings of Thirteenth International Conference on Input Output Techniques，2000（8）：21 – 25.

[51] Mongelli I, Tassielli G, Notarnicola B. Global warming agreements, international trade and energy/carbon embodiments: an input – output approach to the Italian case [J]. Energy Policy, 2006, 34: 88 – 100.

[52] Shahbaz M, Lean H H, Shabbir M S. Environmental Kuznets curve hypothesis in Pakistan: cointegration and Granger causality [J]. Renewable and Sustainable Energy Reviews, 2012, 16: 2947 – 2953.

[53] 许秀梅, 尹显萍. 贸易开放、对外出口对能源消费的影响——基于 2000 ~ 2013 年我国省级面板数据的研究 [J]. 国际商务（对外经济贸易大学学报）, 2016 (3): 5 – 14.

[54] 纪玉俊, 赵娜. 产业集聚有利于提高能源效率吗? ——基于产业集聚度与对外开放水平的门槛回归模型检验 [J]. 北京理工大学学报（社会科学版）, 2016, 18 (4): 19 – 27.

[55] 郑翔中, 高越. FDI 与中国能源利用效率: 政府扮演着怎样的角色? [J]. 世界经济研究, 2019 (7): 78 – 89, 135.

[56] 吴玉鸣, 李建霞. 中国省域能源消费的空间计量经济分析 [J]. 中国人口·资源与环境, 2008 (3): 93 – 98.

[57] 周建, 陈娟. 中国省际能源消费的空间相依、动态演进及其机制转换 [J]. 南方经济, 2017 (1): 50 – 65.

[58] 胡玉敏, 杜纲. 中国各省区能源消耗强度趋同的空间计量研究 [J]. 统计与决策, 2009 (11): 95 – 96.

[59] 刘亦文, 张勇军, 胡宗义. 能源技术空间溢出效应对省域能源消费强度差异的影响分析 [J]. 软科学, 2016, 30 (3): 46 – 49.

[60] 程叶青, 王哲野, 张守志, 叶信岳, 姜会明. 中国能源消费碳排放强度及其影响因素的空间计量 [J]. 地理学报, 2013, 68 (10): 1418 – 1431.

[61] 徐盈之, 管建伟. 中国区域能源效率趋同性研究: 基于空间经济学视角 [J]. 财经研究, 2011, 37 (1): 112 – 123.

[62] 刘华军, 刘传明, 孙亚男. 中国能源消费的空间关联网络结构特征及其效应研究 [J]. 中国工业经济, 2015 (5): 83 – 95.

[63] 黄杰. 中国能源环境效率的空间关联网络结构及其影响因素 [J]. 资源科学, 2018, 40 (4): 759 – 772.

[64] 周彦楠，何则，马丽，杨宇，张天媛，陈力原. 中国能源消费结构地域分布的时空分异及影响因素 [J]. 资源科学，2017，39（12）：2247 - 2257.

[65] 王立平，李婷婷，胡义伟. 经济增长、能源结构与工业污染——基于空间面板计量实证研究 [J]. 工业技术经济，2016，35（8）：3 - 11.

[66] 韩峰，秦杰，龚世豪. 生产性服务业集聚促进能源利用结构优化了吗？——基于动态空间杜宾模型的实证分析 [J]. 南京审计大学学报，2018，15（4）：81 - 93.

[67] 董利. 我国能源效率变化趋势的影响因素分析 [J]. 产业经济研究，2008（1）：8 - 18.

[68] 邓明，钱争鸣. 能源消费、污染物排放与中国经济增长——基于有向无环图的动态关系研究 [J]. 山西财经大学学报，2010（11）：42 - 49.

[69] 俞毅. GDP 增长与能源消耗的非线性门限——对中国传统产业省际转移的实证分析 [J]. 中国工业经济，2010（12）：57 - 65.

[70] 孙广生，向涛，黄祎，杨先明. 效率提高、产出增长与能源消耗——基于工业行业的比较分析 [J]. 经济学（季刊），2012（1）：253 - 268.

[71] Young Se Kim. Electricity consumption and economic development：Are countries converging to a common trend [J]. Energy Economics，2015（49）：192 - 202.

[72] Fatih Karanfil，Yuanjing Li. Electricity consumption and economic growth：Exploring panel - specific differences [J]. Energy Policy，2015（82）：264 - 277.

[73] 胡宗义，刘亦文. 能源消耗、污染排放与区域经济增长关系的空间计量分析 [J]. 数理统计与管理，2015（1）：1 - 9.

[74] 韩智勇，魏一鸣，范英. 中国能源强度与经济结构变化特征研究 [J]. 数理统计与管理，2004（1）：1 - 6，52.

[75] 李廉水，周勇. 技术进步能提高能源效率吗？——基于中国工业部门的实证检验 [J]. 管理世界，2006（10）：82 - 89.

[76] 王霞，淳伟德. 我国能源强度变化的影响因素分析及其实证研究 [J]. 统计研究，2010（10）：71 - 74.

[77] 王班班，齐绍洲．有偏技术进步、要素替代与中国工业能源强度 [J]．经济研究，2014 (2)：115 – 127.

[78] 刘亦文，胡宗义．能源技术变动对中国经济和能源环境的影响——基于一个动态可计算一般均衡模型的分析 [J]．中国软科学，2014 (4)：43 – 57.

[79] 张华，魏晓平，吕涛．能源节约型技术进步、边际效用弹性与中国能源消耗 [J]．中国地质大学学报（社会科学版），2015 (2)：11 – 22.

[80] Vivek Suri, Duane Chapman. Economic growth, trade and energy: implications for the environmental Kuznets curve [J]. Ecological Economics, 1998 (25)：195 – 208.

[81] 王锋，吴丽华，杨超．中国经济发展中碳排放增长的驱动因素研究 [J]．经济研究，2010 (2)：123 – 136.

[82] Surender Kumar, Shunsuke Managi. Environment and Productivities in Developed and Developing Countries: The Case of Carbon Dioxide and Sulfur Dioxide [J]. Journal of Environmental Management, 2010 (7)：1580 – 1592.

[83] Nicholas Z. Muller, Robert Mendelsohn, William Nordhaus. Environmental Accounting for Pollution in the United States Economy [J]. American Economic Review, 2011 (8)：1649 – 1675.

[84] Wilfred Beckerman, Economic growth and the environment: Whose growth? Whose environment?[J]. World Development, 1992, 20 (4)：481 – 496.

[85] Dinda. S. Environmental Kuznets Curve Hypothesis: A Survey [J]. Ecological Economics, 2004, 49：431 – 455.

[86] David I. Stern, Michael S. Common, Edward B. Barbier. Economic Growth and Environmental Degradation: The Environmental Kuznets Curve and Sustainable Development [J]. World Development, 1996, 24 (7)：1151 – 1160.

[87] Dinda. S, D. Coondoo, M. Pal. Air Quality and Economic Growth: An Empirical Study [J]. 2000, 34：409 – 423.

[88] Wen Chen. Economic growth and the environment in China. Proceeding of the Annual Conference on Development and Change [M]. Cape Town, 2007.

[89] 王兵,吴延瑞,颜鹏飞.环境管制与全要素生产率增长:APEC 的实证研究 [J].经济研究,2008 (5):19 – 32.

[90] 沈能,刘凤朝.高强度的环境规制真能促进技术创新吗? —— 基于"波特假说"的再检验 [J].中国软科学,2012 (4): 49 – 59.

[91] 宋马林,王舒鸿.环境规制、技术进步与经济增长 [J].经济 研究,2013 (3):122 – 134.

[92] Desmarchelier, Benoît, and Faïz Gallouj. Endogenous growth and environmental policy: are the processes of growth and tertiarization in developed economies reversible [J]. Journal of Evolutionary Economics, 2013 (23): 831 – 860.

[93] 李宁辉,孙继伟.我国农村农业投资问题分析 [J].统计研究, 2006 (6):58 – 61.

[94] 刘苏社.我国政府农业投资效率研究 [D].北京:中国农业科 学院,2009.

[95] 韩巍.新时期我国农业投资规模与结构研究 [D].北京:中国 农业科学院,2010.

[96] 徐承红,李标.能源消耗、碳排放与我国经济发展——基于静 态和动态面板的实证分析 [J].宏观经济研究,2012 (7): 33 – 44.

[97] 付宏,毛蕴诗,宋来胜.创新对产业结构高级化影响的实证研 究——基于2000—2011 年的省际面板数据 [J].中国工业经 济,2013 (9):56 – 68.

[98] 龚强,张一林,林毅夫.产业结构、风险特性与最优金融结构 [J].经济研究,2014 (4):4 – 16.

[99] 柯善咨,赵曜.产业结构、城市规模与中国城市生产率 [J]. 经济研究,2014 (4):76 – 88,115.

[100] 肖挺,刘华.产业结构调整与节能减排问题的实证研究 [J]. 经济学家,2014 (9):58 – 68.

[101] 王君斌,郭新强.产业投资结构、流动性效应和中国货币政策 [J].经济研究,2011 (S2):28 – 40.

[102] Sajid Anwar, Lan Phi Nguyen. Is foreign direct investment productive? A case study of the regions of Vietnam [J]. Journal of Business Research, 2014 (67): 1376 – 1387.

[103] Andreas Kappeler, Albert Solé – Ollé, Andreas Stephan, Timo Välilä. "Does fiscal decentralization foster regional investment in productive infrastructure?" [J]. European Journal of Political Economy, 2013 (31): 15 – 25.

[104] Annette Alstadsæter, Martin Jacob, Roni Michaely. Do dividend taxes affect corporate investment? [J]. Journal of Public Economics, 2015, 05: 001 – 010.

[105] Pasquale Pazienza. "The relationship between CO2 and Foreign Direct Investment in the agriculture and fishing sector of OECD countries: Evidence and policy considerations" [J]. Intellectual Economics, 2015 (11): 21 – 58.

[106] B. Hofman and K. Labar. Structural Change and Energy Use: Evidence from China's Provinces [J]. China Working Paper Series, 2006 (7): 138 – 157.

[107] 汪旭晖, 刘勇. 中国能源消费与经济增长: 基于协整分析和 Granger 因果检验 [J]. 资源科学, 2007 (5): 57 – 62.

[108] 孙广生, 黄祎, 田海峰, 王凤萍. 全要素生产率、投入替代与地区间的能源效率 [J]. 经济研究, 2012 (9): 99 – 112.

[109] 毛雁冰, 薛文骏. 中国能源强度变动的就业效应研究 [J]. 中国人口·资源与环境, 2012 (9): 142 – 148.

[110] Chor Foon Tang, Eu Chye Tan. Electricity Consumption and Economic Growth in Portugal: Evidence from a Multivariate Framework Analysis [J]. Energy Journal, 2012, 33 (4): 23 – 48.

[111] John A. List, Daniel L. Millimet, Per G. Fredriksson, W. Warren McHone. Effects of Environmental Regulations on Manufacturing Plant Births: Evidence from A Propensity Score Matching Estimator [J]. The Review of Economics and Statistics, 2003, 85 (4): 944 – 952.

[112] 董竹, 张云. 中国环境治理投资对环境质量冲击的计量分析——基于 VEC 模型与脉冲响应函数 [J]. 中国人口·资源与环境, 2011 (8): 61 – 65.

[113] 刘洁, 李文. 中国环境污染与地方政府税收竞争——基于空间面板数据模型的分析 [J]. 中国人口·资源与环境, 2013 (4): 81 – 88.

[114] 胡宗义，文晓茜，刘亦文．中国污染物排放强度及其收敛性的区域差异研究 [J]．经济数学，2014（4）：59 – 64.

[115] 魏巍贤，马喜立．能源结构调整与雾霾治理的最优政策选择 [J]．中国人口·资源与环境，2015（7）：6 – 14.

[116] 邵帅，李欣，曹建华，杨莉莉．中国雾霾污染治理的经济政策选择——基于空间溢出效应的视角 [J]．经济研究，2016（9）：73 – 88.

[117] 林伯强，牟敦国．能源价格对宏观经济的影响——基于可计算一般均衡（CGE）的分析 [J]．经济研究，2008，43（11）：88 – 101.

[118] 韦宁．2030 年碳排放峰值约束对中国能源结构调整的效应研究 [D]．杭州：浙江工业大学，2016.

[119] 王昕．1998 ~ 2007 年我国制造业族群能源消费分析 [J]．中外能源，2009，14（3）：16 – 20.

[120] 齐志新，陈文颖，吴宗鑫．工业轻重结构变化对能源消费的影响 [J]．中国工业经济，2007（2）：35 – 42.

[121] 刘明磊，朱磊，范英．我国省级碳排放绩效评价及边际减排成本估计：基于非参数距离函数方法 [J]．中国软科学，2011（3）：106 – 114.

[122] 于珍，李保明，施祖麟．中国工业能源消耗结构演变实证研究 [J]．中国人口·资源与环境，2010，20（11）：7 – 11.

[123] 邹璇．能源结构优化与经济增长 [J]．经济问题探索，2010（7）：33 – 39.

[124] 白岚，郭晓彤，常晓晶，陈洪霞，周颜宏．包头市能源消费结构与能效分析 [J]．北方环境，2011，23（4）：54 – 55，57.

[125] 史丹．结构变动是影响我国能源消费的主要因素 [J]．中国工业经济，1999（11）：38 – 43.

[126] 路正南．产业结构调整对我国能源消费影响的实证分析 [J]．数量经济技术经济研究，1999（12）：53 – 59.

[127] 曾波，苏晓燕．中国产业结构变动的能源消费影响——基于灰色关联理论和面板数据计量分析 [J]．资源与产业，2006，8（3）：109 – 112.

[128] 唐玲，杨正林．能源效率与工业经济转型——基于中国 1998 – 2007 年行业数据的实证分析 [J]．数量经济技术经济研究，

2009 (10): 34 - 48.

[129] 周江, 李颖嘉. 中国能源消费结构与产业结构关系分析 [J]. 求索, 2011 (12): 42 - 44.

[130] 刘冰, 孙华臣. 能源消费总量控制政策对产业结构调整的门限效应及现实影响 [J]. 中国人口·资源与环境, 2015, 25 (11): 75 - 81.

[131] 杨亚会. 我国能源消费结构与产业结构协同效应研究 [D]. 北京: 华北电力大学, 2016.

[132] 张占平, 高占东. 河北省产业结构变动对能源消费结构的影响 [J]. 石家庄经济学院学报, 2014, 37 (3): 55 - 59.

[133] 刘雅. 天津市产业结构与能源消费结构的互动关系研究 [D]. 天津: 天津商业大学, 2019.

[134] 王璐茜, 章俊涛. 浙江省消费结构对产业结构变动的影响分析 [J]. 现代商贸工业, 2019, 40 (5): 4 - 6.

[135] 汪小英, 成金华, 易杏花. 产业结构和能源消费结构协调性分析及对策 [J]. 武汉理工大学学报 (社会科学版), 2013, 26 (2): 201 - 208.

[136] 李翠, 王海静, 徐晔. 我国制造业升级对能源消费结构影响的实证研究——基于制造业 30 个行业面板数据的门槛模型分析 [J]. 江西师范大学学报 (自然科学版), 2018, 42 (1): 23 - 30.

[137] 赵燕敏. 从能源消费角度看中国产业结构的调整 [D]. 上海: 复旦大学, 2010.

[138] 尹春华, 顾培亮. 我国产业结构的调整与能源消费的灰色关联分析 [J]. 天津大学学报, 2003 (1): 104 - 107.

[139] 周密, 刘伟. 我国能源产业与产业结构相关性研究——基于改革开放三十年发展历程 [J]. 江淮论坛, 2009 (5): 48 - 55.

[140] 徐丽娜, 赵涛, 刘广为, 孙金帅. 中国能源强度变动与能源结构、产业结构的动态效应分析 [J]. 经济问题探索, 2013 (7): 40 - 44.

[141] Deng Shihuai, Zhang Jing, Shen Fei, et al. The relation - ship between industry structure, household - number and energy consumption in China [J]. Energy Sources Part B Economics Planning and Policy, 2014, 9 (4): 325 - 333.

[142] 张勇，蒲勇健. 产业结构变迁及其对能源强度的影响 [J]. 产业经济研究，2015（2）：15－22，67.

[143] 罗朝阳，李雪松. 产业结构升级、技术进步与中国能源效率——基于非动态面板门槛模型的实证分析 [J]. 经济问题探索，2019（1）：159－166.

[144] 李宏岳，陈然. 低碳经济与产业结构调整 [J]. 经济问题探索，2011（1）：66－71.

[145] 邹璇，贾蕾玉. 工业能源消费结构的优化路径及地区差异 [J]. 软科学，2017，31（6）：46－50.

[146] 王为东，杨健. 基于灰色关联法的江苏产业结构调整对能源消费的作用研究 [J]. 中国集体经济，2018（22）：39－42.

[147] 唐晓华，刘相锋. 能源强度与中国制造业产业结构优化实证 [J]. 中国人口·资源与环境，2016，26（10）：78－85.

[148] M Saatcý，Dumrul Y. The relationship between energy consumption and economic growth：evidence from a structural break analysis for Turkey [J]. International Journal of Energy Economics & Policy，2013，3（1）：20－29.

[149] Miech S，Papie M. Energy consumption and economic growth in the light of meeting the targets of energy policy in the EU：The bootstrap panel Granger causality approach [J]. Energy Policy，2014，71（3）：118－129.

[150] 刘畅，孔宪丽，高铁梅. 中国工业行业能源消耗强度变动及影响因素的实证分析 [J]. 资源科学，2008，30（9）：1290－1299.

[151] 王菲，董锁成，毛琦梁. 中国工业结构演变及其环境效应时空分异 [J]. 地理研究，2014，33（10）：1793－1806.

[152] 韩智勇，魏一鸣，焦建玲，范英，张九天. 中国能源消费与经济增长的协整性与因果关系分析 [J]. 系统工程，2014（12）：17－21.

[153] 张艳芳，付一夫，夏宜君等. 能源消费困境：促进工业增长与阻碍结构调整并存—生产要素贡献和能源强度分解双重视角的实证分析 [J]. 西部论坛，2017，27（4）：93－104.

[154] 冉江婧. 河南省工业低碳化发展研究——基于表观能源消耗量估算法与数据包络法分析 [D]. 郑州：华北水利水电大学，2019.

[155] 武运波，高志刚．能源价格、全要素生产率与工业能源强度关系的实证检验［J］．统计与决策，2019，35（16）：125－128.

[156] 吴萨，李泊言．关于我国产业结构演进的探讨［J］宏观经济管理，2005（7）：43－45.

[157] Maddison D . Environmental Kuznets curves：a spatial econometric approach［J］. Journal of Environmental Economics and Management，2006，51（2）：218－230.

[158] Kambara T. The Energy Situation in China［J］. The China Quarterly，1992（9）：608－636.

[159] Richard G N，Adam B J，Robert N S. The Induced Innovation Hypothesis and Energy－saving Technological Change［J］. The China Quarterly，1999（3）：941－975.

[160] Lewis R. Gale，Jose A. Mendez. The empirical relationship between trade，growth and the environment［J］. International Review of Economics and Finance，1998（1）：53－61.

[161] Brock，W. A. ，Taylor，M. S. Economic Growth and the Environment：A Review of Theory Empirics［M］. Handbook of Economic Growth，2005：1749－1821.

[162] Hosseini H M，Kaneko S. Can environmental quality spread through institutions［J］. Energy Policy，2013（56）：312－321.

[163] Panayotou T. Empirical Tests and Policy Analysis of Environmental Degradation at Different Stages of Economic Development［R］. Working Paper for Technology and Employment Programme，International Labor Office，1993.

[164] 朱永彬，刘昌新，王铮，史雅娟．我国产业结构演变趋势及其减排潜力分析［J］．中国软科学，2013（2）：35－42.

[165] 屈小娥．中国省际能源效率差异及其影响因素分析［J］．经济理论与经济管理，2009（2）：46－52.

[166] 闫窈博．能源消费总量控制对中国产业结构的影响［D］．大连：大连理工大学，2018.

[167] 吕明元，陈磊，王洪刚．产业结构生态化演进对能源消费结构影响的区域比较——基于京津冀地区与长三角地区的实证研究［J］．天津商业大学学报，2018（3）：9－19.

[168] 陶冶，薛惠锋，闫莉．能源税对中国交通业影响及政策响应

[J]. 西安工业大学学报，2009（1）：92 - 97.

[169] 刘满平. 我国产业结构调整与能源协调发展 [J]. 宏观经济管理，2006（2）：24 - 27.

[170] 许秀川，罗倩文. 重庆市产业结构、能源消费与经济增长关系的实证研究 [J]. 西南大学学报，2008（1）：160 - 164.

[171] 曹俊文，朱庆文，江西省能源消耗的产业特征分析 [J]. 江西财经大学学报，2007（2）：10 - 13.

[172] 刘凤朝，孙玉涛. 技术创新、产业结构调整对能源消费影响的实证分析 [J]. 中国人口·资源与环境，2008（3）：108 - 112.

[173] 李姝，姜春海. 战略性新兴产业主导的产业结构调整对能源消费影响分析 [J]. 宏观经济研究，2011（1）：36 - 40.

[174] Kuznets S. Quantitative Aspects of the Economic Growth of Nations：II. Industrial Distribution of National Product and Labor Force [J]. Economic Development and Cultural Change，1957，5（4）：1 - 111.

[175] 宋凌云，王贤彬. 政府补贴与产业结构变动 [J]. 中国工业经济，2013（4）：94 - 106.

[176] 黄亮雄，王鹤，宋凌云. 我国的产业结构调整是绿色的吗？ [J]. 南开经济研究，2012（3）：110 - 127.

[177] 靖学青. 产业结构高级化与经济增长——对长三角地区的实证分析 [J]. 南通大学学报（社会科学版），2005（3）：51 - 55.

[178] 王岳平，葛岳静. 我国产业结构的投入产出关联特征分析 [J]. 管理世界，2007（2）：61 - 68.

[179] 付凌晖. 我国产业结构高级化与经济增长关系的实证研究 [J]. 统计研究，2010，27（8）：79 - 81.

[180] 庞瑞芝，李鹏. 中国新型工业化增长绩效的区域差异及动态演进 [J]. 经济研究，2011，46（11）：36 - 47，59.

[181] 张同斌，高铁梅. 财税政策激励、高新技术产业发展与产业结构调整 [J]. 经济研究，2012，47（5）：58 - 70.

[182] 马珩. 制造业高级化对能源强度的影响研究——来自制造业强省的经验证据 [J]. 江苏社会科学，2015（3）：32 - 38.

[183] 李钢，廖建辉，向奕霓. 中国产业升级的方向与路径——中国第二产业占 GDP 的比例过高了吗 [J]. 中国工业经济，2011（10）：16 - 26.

[184] 周天勇，张弥. 全球产业结构调整新变化与中国产业发展战略 [J]. 财经问题研究，2012（2）：21-25.

[185] 周振华. 产业结构演进的一般动因分析 [J]. 财经科学，1990（3）：17-22.

[186] 干春晖，郑若谷，余典范. 中国产业结构变迁对经济增长和波动的影响 [J]. 经济研究，2011，46（5）：4-16，31.

[187] 韩永辉，黄亮雄，王贤彬. 产业政策推动地方产业结构升级了吗？——基于发展型地方政府的理论解释与实证检验 [J]. 经济研究，2017（8）：33-48.

[188] 刘伟，张辉，黄泽华. 中国产业结构高度与工业化进程和地区差异的考察 [J]. 经济学动态，2008（11）：4-8.

[189] 黄亮雄，王贤彬，刘淑琳，韩永辉. 中国产业结构调整的区域互动——横向省际竞争和纵向地方跟进 [J]. 中国工业经济，2015（8）：82-97.

[190] 袁航，朱承亮. 国家高新区推动了中国产业结构转型升级吗 [J]. 中国工业经济，2018（8）：60-77.

[191] 张红凤，杨方腾，井钦磊. 公共文化服务与经济高质量发展——基于耦合协调度模型的政策启示 [J]. 经济与管理评论，2022，38（2）：58-70.

[192] 邹璇，王盼. 产业结构调整与能源消费结构优化 [J]. 软科学，2019，33（5）：11-16.

[193] 农春仕. 高质量发展背景下现代能源经济发展：理论本质与实现路径 [J]. 现代经济探讨，2019（11）：50-55.

[194] 田双. 全球价值链嵌入与中国制造业转型升级 [D]. 济南：山东大学，2020.

[195] 齐志新，陈文颖. 结构调整还是技术进步？——改革开放后我国能源效率提高的因素分析 [J]. 上海经济研究，2006（6）：8-16.

[196] 成金华，李世祥. 结构变动、技术进步以及价格对能源效率的影响 [J]. 中国人口·资源与环境，2010，20（4）：35-42.

[197] 朴美兰. 低碳经济模式下技术进步对我国制造业结构演化机理研究 [D]. 哈尔滨：哈尔滨工程大学，2014.

[198] 李强，魏巍，徐康宁. 技术进步和结构调整对能源消费回弹效应的估算 [J]. 中国人口·资源与环境，2014，24（10）：64-67.

[199] 许长新，詹平原. 节能减排对江苏产业转型升级的影响分析 [J]. 南京社会科学，2012 (6)：17-25.

[200] 李贤珠. 中韩产业结构高度化的比较分析——以两国制造业为例 [J]. 世界经济研究，2010 (10)：81-86，89.

[201] 周茂，陆毅，杜艳，姚星. 开发区设立与地区制造业升级 [J]. 中国工业经济，2018 (3)：62-79.

[202] 綦良群，李兴杰. 区域装备制造业产业结构升级机理及影响因素研究 [J]. 中国软科学，2011 (5)：138-147.

[203] 阳立高，李永奇，韩峰，龚世豪. 人力资本积累影响制造业结构升级的实证研究 [J]. 科学决策，2018，4 (3)：1-15.

[204] 傅元海，叶祥松，王展祥. 制造业结构变迁与经济增长效率提高 [J]. 经济研究，2016，51 (8)：86-100.

[205] 孙浦阳，王雅楠，岑燕. 金融发展影响能源消费结构吗?——跨国经验分析 [J]. 南开经济研究，2011 (2)：28-41.

[206] Moran P A P. Notes on Continuous Stochastic Phenomena [J]. Biometrika，1950，37 (1)：17-23.

[207] 马草原，朱玉飞，李廷瑞. 地方政府竞争下的区域产业布局 [J]. 经济研究，2021，56 (2)：141-156.

[208] 孔伟杰. 制造业企业转型升级影响因素研究——基于浙江省制造业企业大样本问卷调查的实证研究 [J]. 管理世界，2012 (9)：120-131.

[209] 阳立高，谢锐，贺正楚，韩峰，孙玉磊. 劳动力成本上升对制造业结构升级的影响研究——基于中国制造业细分行业数据的实证分析 [J]. 中国软科学，2014 (12)：136-147.

[210] 周京奎，王贵东，黄征学. 生产率进步影响农村人力资本积累吗?——基于微观数据的研究 [J]. 经济研究，2019，54 (1)：100-115.

[211] 邓远建，杨旭，马强文，汪凯达. 中国生态福利绩效水平的地区差距及收敛性 [J]. 中国人口·资源与环境，2021，31 (4)：132-143.

[212] 苏丹妮，盛斌，邵朝. 产业集聚与企业出口产品质量升级 [J]. 中国工业经济，2018 (11)：117-135.

[213] 屈小娥，刘柳. 环境分权对经济高质量发展的影响研究 [J]. 统计研究，2021，38 (3)：16-29.

[214] 沈坤荣，金刚，方娴. 环境规制引起了污染就近转移吗？[J]. 经济研究，2017，52（5）：44－59.

[215] 孙晓华，郭旭，王昀. 产业转移、要素集聚与地区经济发展 [J]. 管理世界，2018，34（5）：47－62，179－180.

[216] Brian Heap, Bengt Kasemo. Panel Discussion on Energy Efficiency [J]. Energy 2050, 2010 (19): 22－25.

[217] Brookes L G. Enerey Efficiency and Economic fallacies; A Reply [J]. Energy Policy, 1992 (20): 390－392.

[218] 于斌斌. 产业结构调整与生产率提升的经济增长效应——基于中国城市动态空间面板模型的分析 [J]. 中国工业经济，2015（12）：83－98.

[219] 付艳. 能源消费、能源结构与经济增长的灰色关联分析 [J]. 工业技术经济，2014，33（5）：153－160.

[220] 郭四代，陈刚，杜念霜. 我国新能源消费与经济增长关系的实证分析 [J]. 企业经济，2012（5）：35－37.

[221] 周四军，孔晓琳. 能源消费结构影响能源效率的面板分位回归研究 [J]. 工业技术经济，2018，37（6）：145－153.

[222] 唐诗佳. 基于能源消费结构和产业结构视角的湖南省碳排放研究 [J]. 湖南工业大学学报（社会科学版），2014（6）：10－15.

[223] Tobler W. A computer movie simulating urban growth in the Detroit region [J]. Economic Geography, 1970, 46 (2): 234－240.

[224] Le Sage J, Pace R K. Introduction to spatial econometrics [M]. Boca Raton, Florida: CRC Press, 2009.

[225] Wooldridge J. Introductory econometrics: A modern approach [M]. Masan: OH: South－Western, 2006.

[226] 王宇，李海洋. 管理学研究中的内生性问题及修正方法 [J]. 管理学季刊，2017，2（3）：20－47，170－171.

[227] 戴魁早. 中国工业结构变迁的驱动因素：1985－2010 [J]. 当代经济科学，2012，34（6）：1－14.

[228] 史丹. 我国经济增长过程中能源利用效率的改进 [J]. 经济研究，2002（9）：49－56.

[229] 彭昱. 经济增长、电力业发展与环境污染治理 [J]. 经济社会体制比较，2012（5）：183－192.

[230] 汪明月，李颖明，王子彤．异质性视角的环境规制对企业绿色技术创新的影响——基于工业企业的证据［J］．经济问题探索，2022（2）：67-81．

[231] 马海良，王若梅，丁元卿，张红艳．城镇化对工业能源消费的门槛效应研究——以长江经济带省份为例［J］．中国人口·资源与环境，2017，27（3）：56-62．

[232] 王晓岭，武春友，赵奥．中国城市化与能源强度关系的交互动态响应分析［J］．中国人口资源与环境，2012，22（5）：147-152．

[233] 梁朝晖．城市化不同阶段能源消费的影响因素研究［J］．上海财经大学学报，2010，12（5）：89-96．

[234] 沈小波，陈语，林伯强．技术进步和产业结构扭曲对中国能源强度的影响［J］．经济研究，2021，56（2）：157-173．

[235] 金晶．技术创新对中国工业能源效率的影响研究［D］．武汉：武汉科技大学，2021．

[236] 周明磊．我国能源消费与产业结构相关性研究［D］．上海：上海交通大学，2011．

图书在版编目（CIP）数据

能源消费结构和产业结构协调优化机制研究/邹璇
等著. ‒‒北京：经济科学出版社，2023.6
国家社科基金后期资助项目
ISBN 978‒7‒5218‒4609‒6

Ⅰ.①能… Ⅱ.①邹… Ⅲ.①能源消费‒消费结构‒
关系‒产业结构‒研究‒中国 Ⅳ.①F426.2

中国国家版本馆 CIP 数据核字（2023）第 041306 号

责任编辑：张　蕾
责任校对：孙　晨
责任印制：邱　天

能源消费结构和产业结构协调优化机制研究
邹　璇　等著
经济科学出版社出版、发行　新华书店经销
社址：北京市海淀区阜成路甲 28 号　邮编：100142
应用经济分社电话：010‒88191375　发行部电话：010‒88191522
网址：www. esp. com. cn
电子邮箱：esp@ esp. com. cn
天猫网店：经济科学出版社旗舰店
网址：http://jjkxcbs. tmall. com
固安华明印业有限公司印装
710×1000　16 开　19.75 印张　370000 字
2023 年 9 月第 1 版　2023 年 9 月第 1 次印刷
ISBN 978‒7‒5218‒4609‒6　定价：119.00 元
（图书出现印装问题，本社负责调换。电话：010‒88191545）
（版权所有　侵权必究　打击盗版　举报热线：010‒88191661
QQ：2242791300　营销中心电话：010‒88191537
电子邮箱：dbts@ esp. com. cn）